초월의식

환각과 우연을 넘어서

◆ 일러두기

이 책은 정신세계사가 2007년 발행한 〈환각과 우연을 넘어서〉의 개정판입니다.
제목, 표지, 본문 디자인, 가격이 바뀌었고 추가적인 교정작업이 있었으나 내용의 차이는 없습니다.

When the Impossible Happens

초월의식

환각과 우연을 넘어서

스타니슬라프 그로프 지음 ◆ 유기천 옮김

정신세계사

초월의식: 환각과 우연을 넘어서

ⓒ 스타니슬라프 그로프, 2006

스타니슬라프 그로프 짓고, 유기천 옮긴 것을 정신세계사 정주득이 2007년 7월 27일 처음 펴내다.
김우종과 서정욱이 다듬고, 변영옥이 꾸미고, 한서지업사에서 종이를, 영신사에서 인쇄와 제본을,
하지혜가 책의 관리를 맡다. 정신세계사의 등록일자는 1978년 4월 25일(제1-100호),
주소는 03965 서울시 마포구 성산로4길 2층, 전화는 02-733-3134, 팩스는 02-733-3144,
홈페이지는 www.mindbook.co.kr, 인터넷 카페는 cafe.naver.com/mindbooky 이다.

2022년 5월 17일 펴낸 책(개정판 제2쇄)

ISBN   978-89-357-0419-4 04108
            978-89-357-0418-7(세트)

이 도서의 국립중앙도서관 출판시도서목록(CIP)은 서지정보유통지원시스템
홈페이지(http://seoji.nl.go.kr)와 국가자료공동목록시스템(http://www.nl.go.kr/kolisnet)에서
이용하실 수 있습니다.(CIP제어번호: CIP2018018845)

이 책의 저자인 스타니슬라프 그로프 박사는 자아초월심리학[1]의
창시자들 중 한 사람이며 그 중요한 이론가이자 임상연구가이다.
이 책에서 그는 50여년에 걸쳐 인간 의식의 미개지를 몸소 탐험하
고 연구한 경험들을 정리하여 동시성, 환생, 출산전후기의 체험,
시공간과 일상적 정체성을 초월한 세계들, 초감각적 지각, UFO,
비전통적 방식의 정신치료 등의 다양한 사례들을 주제별로 엮어
놓았다.

그로프 박사는 정신의학자로서 자아초월심리치료 연구분야
에서 활발한 저술활동을 해왔지만 이 책에서는 일반인들이 좀더
쉽게 접할 수 있는 형태로서 비일상적 의식상태와 관련된 신비롭
고 흥미로운 에피소드들을 소개해놓았다.

정신의학사에 한 획을 그으면서 프로이트와 융을 넘어 인간

---

1) Transpersonal Psychology. 변성의식상태, 궁극적 잠재력, 에고나 개인적 자아를 넘어선 초월의
식과 영성에 이르기까지 인간의 의식영역을 확대시켜 그 연구대상으로 삼는 새로운 심리학. 국내
에서는 소개되는 과정에서 자아초월심리학, 초개인심리학, 초개아심리학 등으로 번역되면서 아직
용어통일이 이루어지지 않고 있다. 본문에서는 초개인심리학으로 번역되었다. 편집자 주.

의식을 새롭게 정의해가고 있는 그로프 박사 필생의 작업의 일각이 뒤늦게나마 국내에 소개되는 것은 매우 기쁜 일이지만 한편으로 일말의 염려도 스치는 것은, 이 책에는 국내의 정서상 금기시되는 각종 환각제 사용과 관련된 체험내용이 상당 부분 포함되어 있어서 독자의 올바른 이해가 요구되기 때문이다.

그로프 박사는 수련의 시절부터 LSD의 정신의학적 용도를 연구해온 학자로서, 환각제의 사용을 목표지향적 사용(oriented usage)과 맹목적 남용(disoriented usage)으로 일찌감치 구분해놓고, 환각제의 용의주도한 사용은 정신질환 치료에 놀라운 효과를 가져올 뿐만 아니라 치료 이후의 정신적, 영적 성장에까지도 도움을 준다는 사실을 밝혀주는 풍부한 임상자료를 축적하고 발표해왔다.

환각제 사용과 관련하여 고려돼야 할 두 가지 중요한 사항이 있으니, 첫째는 그것이 그 사회에서 법적으로 허용되느냐 하는 문제이고, 둘째는 사용자가 환각제의 주인인가 노예인가 하는 문제이다. 환각제는 남용 및 중독과 정신적 육체적 부작용을 피할 수만 있다면 의학적으로, 정신문화적으로 큰 가치를 발휘할 수 있는 잠재력을 지니고 있다.

'환각제', 하면 곧바로 중독과 퇴폐와 범죄와 연결짓는 일반의 인식은 그것이 안타깝게도 사회의 음지에서 무분별하게 남용되어 온 작금의 상황에 기인하기는 하지만, 독조차도 때로는 약으로 쓰일 수 있듯이 하물며 인류가 고대로부터 통찰과 지혜와 영성 계발의 도구로 써온 무한한 잠재력을 지닌 물질을 구더기 무서워서 된장 못 담그게 하듯 무조건 금기시해버리는 것으로 반응하는 것은 사회가 그만큼 성숙하고 현명하지 못하다는 사실을 반영할 뿐이다.

이 책이 환각제에 대한 새로운 사회적 인식의 계기를 제공함으로써 학계의 연구만이라도 합법화하여서 그 병폐를 효과적으로 치유하는 한편 긍정적 측면의 다양한 용도를 밝혀내고 활용할 수 있게 될 날이 오기를 바란다.

그로프 박사의 또 다른 큰 공헌은 환각제와 같은 약물을 사용하지 않고도 유사한 효과를 유도할 수 있는 호흡기법을 개발해낸 데 있다. 이 책의 상당부분이 또한 이 기법에 의해 유도된 체험내용으로 이루어져 있다.

추천자의 미미한 경험이지만, 십여 년 전에 그로프 박사를 처음 만나서 홀로트로픽 호흡법을 배운 후 정신용해요법[2]을 체험한 적이 있다. 거기서, 의식변화를 위한 이 같은 새로운 기법이 널리 소개되면 자아심리학의 좁은 틀 속에 제한되어 있는 인간 의식세계가 자아초월적 영역으로 확대됨은 물론, 이로 말미암아 인류공존의 새로운 장이 열리게 되리라는 깊은 감회를 느낀 바가 있었다.

종합하자면, 전통적 정신수련법, 종교의식과 민간 주술의식, 약물복용, 현대에 개발된 다양한 의식변성 기법, 그리고 그 밖의 다양한 경로를 통해서 도달하게 되는 비일상적 의식상태는 대부분의 인류에게 아직 알려지지 않은 광대한 미개지임이 틀림없고, 그곳이 인류가 당면한 문제의 큰 답들을 발견할 수 있는 곳이라고 믿어진다. 이 책은 무지와 오해와 의심과 금기의 높은 벽이 가로막고

---

2) psycholytic therapy. 환각제를 이용하여 망상, 강박관념 등의 정신적 문제를 해소시키는 요법. 편집자 주.

있는 그 미개지로 독자를 안내해가는 흥미진진한 탐험기라고 할
수 있을 것이다.

그로프 박사가 50여 년의 연구를 종합하여 인간과 우주에 대
한 새롭고 대담한 시각을 펼쳐놓은 책인 〈초월의식2: 코스믹 게임〉
도 후속으로 같이 출간되니 정신세계사의 선도적인 역할에 갈채를
보내며, 독자들의 공감과 성원이 있기를 빈다.

연세대학교 의과대학 외래교수
서울 불교대학원 대학교 자아초월심리학과 석좌교수
한국 명상 - 영성 치료학회 회장
신경정신과 전문의
정성덕

약 50년 전에 불과 몇 시간 동안 겪었던 어떤 강력한 체험을 통해서, 나의 삶과 그 행로는 송두리째 바뀌었다. 당시 졸업한 지 몇 달 안 된 정신과 수련의였던 나는 LSD 복용 실험을 자원했다. LSD는 스위스의 화학자 알베르트 호프만이 바젤의 산도즈 사社 연구실에서 우연히 발견한 향정신성 물질이다.

　그때의 체험, 특히 그 절정기의 이루 말할 수 없는 우주의식 체험은 내 마음속에 비일상적 의식상태에 대한 관심을 강렬히 일깨워놓았고, 그것이 평생을 이어졌다. 그 후 나는 이런 의식상태가 마음의 치유와 변성과 진화에 어떤 도움이 될 수 있지 않을까 하는 문제를 체계적으로 탐구하는 데 임상실험과 연구활동의 대부분을 할애했다. 의식 연구에 바친 이 50년은 나에게 정신적 탐험과 자기 발견의 놀라운 여정이었다.

　이 세월의 약 절반 정도는 환각물질로 환자를 치료하면서 보냈는데, 그 전반부는 체코슬로바키아 프라하의 정신의학 연구소에서였고, 후반부는 미국 볼티모어의 메릴랜드 정신의학 연구소에서였다. 여기서 나는 미국에서 마지막으로 시행된 환각 연구 프로그램에 참여했다. 1975년 이후로는 아내인 크리스티나와 함께 홀로트로픽 호흡법을 이용했는데, 이것은 캘리포니아 빅서의 에살렌 연구소에서 치유와 자기 계발을 목적으로 우리가 함께 개발했던 강력한 방법이다. 여러 해 동안 우리는 저절로 비일상적 의식상태(아내와 나는 이 상태를 심령적 위기, 또는 '정신적 비상사태'로 불렀다)[1]에 빠지게 된 사람들을 도우면서 지냈다.

환각과 관련된 이런 체험들의 공통점은, 그 속에 항시 비일상적인 의식상태가 — 좀더 정확히 말하면 내가 '홀로트로픽holotropic'이라 부르는 의식상태가 — 존재한다는 것이다. 홀로트로픽이란 합성어는 '일체'를 의미하는 그리스어의 holos와 '어떤 방향으로 움직이는'이란 뜻의 trepien으로 이루어지며, '일체성을 지향하는', '일체성을 향해 움직이는'이란 뜻이다. 이 용어가 암시하는 바를 말하자면, 일상적 의식상태에서의 우리가 인식하는 '자기'는 참다운 자기의 아주 작은 단편일 뿐이라는 것이다. 홀로트로픽의 의미를 설명하는 최선의 방법은 인도철학에서 말하는 나마루빠namarupa(우리가 일상적으로 사용하는 이름과 형상)와 아트만-브라만Atman-Brahman(우주적 창조 원리에 맞먹는 우리의 가장 깊은 정체성)을 비교해보는 것이다. 홀로트로픽 의식상태에서는 육체와 에고의 갑갑한 한계를 까마득히 넘어선 우리들 자신의 정체성이 최대로 되살아난다. 그럴 때 우리는 창조된 세계에 속한 그 어떤 것이나, 거기서 더 나아간 창조 원리 그 자체와도 하나가 되는 것을 경험할 수 있다.

---

1) psychospiritual crisis, 또는 spiritual emergency. (이 책의 모든 각주는 옮긴이의 것임)

홀로트로픽 체험은 샤먼의 입문의례와 토착 문화의 치유의
식, 오스트레일리아 원주민의 통과의례, 그리고 정신수련 체계인
요가나 불교나 도교의 명상, 수피 디크르[2], 카발라의 실천, 기독교
의 예수기도(헤지카즘[3]) 등에서도 중요한 역할을 한다. 그것은 또한
지중해 연안과 세계의 다른 지역들에서 이난나[4] 탐무즈[5], 이시스
와 오시리스, 디오니소스, 아티스[6], 아도니스, 미트라, 오딘 등등의
이름으로 행해진 죽음과 재탄생의 고대 비의에 관한 문헌들에도
등장한다. 홀로트로픽 체험은 임사臨死 상태나 일상생활에서 특별한
이유 없이 자연발생적으로 나타날 수도 있고, 20세기 후반에 개발
된 강력한 체험요법들에 의해서도 유도될 수 있다.

환각요법에서는 LSD나 사일로사이빈[7], 메스칼린, 그리고 트
립타민[8]과 암페타민[9] 유도체 같은 의식변환 물질을 투여함으로써
홀로트로픽 상태를 유도한다. 홀로트로픽 호흡법에서는 빠른 호흡
과 특수한 음악, 에너지를 해방하는 몸동작이 함께 행해지면서 의

---

2) dhikr. 수피들의 종교의식 중 하나로, '알라'의 이름을 부르면서 춤을 통해 황홀한 명상에 든다.

3) hesychasm. 사막의 교부들에 의해 동방교회에서 발생한 영성 사상의 한 흐름. 근본적으로 관상생
활을 지향하며, 끊임없는 기도를 통해서 하느님과 합일하는 것이 인간의 완성이라고 주장함. 하느님
과의 합일에 도달하는 제일 탁월한 방법은 고요와 무념무상의 상태인 헤지키아를 추구하는 것이다.

4) Inanna. 수메르의 미의 여신으로서 메소포타미아 신화의 이슈타르, 그리스 신화의 아프로디테
와 동일시됨.

5) Tammuz. 수메르의 신 두무지, 즉 물의 신인 에아의 아들의 이름이 아시리아와 바빌로니아에
들어와 간략화된 것으로, 식물신적植物神的 성격을 띠고 있다. 이슈타르의 남편, 그리스 신화의 아
도니스와 동일시됨.

6) Attis. 그리스 · 로마 신화 속의 인물로, 프리기아의 미소년. 아도니스와 마찬가지로 겨울에 죽
었다가 봄에 부활하는 식물신인데, 특히 로마에서 숭배되었으며 춘분에 행해지는 그의 제사에는
신비한 의례가 거행되었다.

7) psilocybin. 중미산의 버섯에서 채취되는 환각물질.

8) tryptamine. 트립신이 단백질을 가수 분해 할 때 생기는 필수 아미노산

9) amphetamine. 중추신경과 교감신경을 흥분시키는 각성제.

식의 변화가 일어난다. 정신적 비상사태에서는 일상생활 도중에 홀로트로픽 상태가 자연발생적으로 나타나는데 그 원인을 잘 모르는 경우가 많다. 홀로트로픽 상태를 올바로 이해하고 돌봐주기만 한다면 그것은 치료와 의식전환, 나아가 영적 진화에까지도 놀라운 효과를 발휘할 수 있을 것이다.

나는 홀로트로픽 의식상태와 관련된 많은 수련에 참여했다. 인류학자들과 정보를 교환하면서 많은 시간을 보냈고, 페요테[10]와 아야후아스카[11], 환각버섯 같은 식물을 이용하거나 이용하지 않는 여러 토착문화의 종교의식에도 참가했다. 여기에는 북미와 멕시코, 남미, 그리고 아프리카의 수많은 샤먼과 힐러들이 포함된다. 또한 비파사나와 선禪, 티베트불교, 싯다 요가, 탄트라, 기독교의 베네딕토 수도회 등을 포함한 여러 정신수련 단체의 대표들과도 많은 접촉을 가졌다.

내가 큰 관심을 가졌던 또 다른 분야는 죽음의 심령적 측면과 임사체험을 연구하는 '사망(심리)학'이다. 1960년대 말과 70년대 초에 나는 암으로 죽어가는 사람들에게서 환각요법의 효과를 살피는 큰 연구 계획에 참가했다. 또 현대의 이름난 영매와 초超심리학자들, 인간의 의식을 실험하고 연구한 개척자들, 홀로트로픽 의식상태 유도법을 개발하고 실천한 전문가들과 직접 만날 수 있었던 것도 다행이었다.

내가 처음으로 홀로트로픽 상태를 접했을 때, 그것은 이성적으로나 감정적으로나 매우 벅찬 경험이었다. 환각물질에 관한 실

---

10) peyote. 멕시코와 미국 남서부에서 나는 환각성분 함유 선인장.
11) ayahuasca. 환각성분을 포함한 Banisteriopsis Caapi라는 넝쿨 식물, 또는 그것을 차로 가공한 것.

험과 임상 연구의 초창기에, 내가 배운 정신의학 지식으로 소화해 내기 어려운 온갖 현상들을 경험하고 관찰해야 했기 때문이다. 사실 말이지만, 나는 그때까지 익숙해 있던 과학적 관점에서는 있을 수 없는 것들을 보고 겪고 있었다. 불가능할 수밖에 없는 그런 일들이 계속해서 일어나고 있었다.

처음의 관념적 충격과 내가 본 것들에 대한 의문이 정리되고 내 정신이 이상해진 것이 아님을 확인하면서 차츰 알게 된 것은, 나의 관찰 능력이나 비판적 자세에 문제가 있는 것이 아니라, 현대의 심리학과 정신의학 이론 및 물질적인 패러다임의 서양과학에 문제가 있다는 사실이었다. 이런 결론에 도달한다는 것은 사실상 쉬운 일이 아니다. 의학도이자 햇병아리 정신과의사로서 학계의 체제와 학문적 권위, 사회적 신망과 자격을 무시할 수 없기 때문이다.

인간의 마음과 의식에 관한 학계의 이론이 올바르지 않다는 나의 첫 느낌은 수많은 임상관찰을 통해 강화되면서 아주 분명해졌다. 홀로트로픽 상태의 연구를 통해 얻은 자료를 분석하면서 나는 심리학과 정신의학, 정신요법의 기반을 이루는 과학적 패러다임에 큰 문제가 있음을 확신하게 되었고, 일련의 전문서적들에 이런 견해를 밝혔다. 이 분야의 사고방식에는 뉴턴 물리학의 개념이 20세기 초반 30년 동안 직면해야 했던 대변혁과 같은 근본적인 수정이 필요하다는 결론에 도달했던 것이다.

내가 속해 있던 문화와 학교를 통해서 배우고 물려받은 기존의 세계관 ─ 그것을 의심케 하는 정보들이 여러 영역의 각기 다른 원천으로부터 내게 찾아왔다. 이들 정보의 대부분은 환각요법을 직접 체험한 내 고객과 우리의 홀로트로픽 호흡법 워크숍 참가자 및 수행자, 그리고 정신적 비상사태를 겪고 있던 다른 사람들에게서 나온 것이다. 나의 세계관을 바꾼 결정적인 요인은 나 스스로 체험하고 또 아내인 크리스티나도 함께한 여러 종류의 홀로트로픽 체험이었다.

그러나 내 세계관의 철저한 변화를 유도한 사건들이 모두 특수한 의식상태와 관련되는 것은 아니다. 세월이 흐르면서 일상적으로 겪는 일들도 나의 변화에 큰 영향을 주었으니, 여기에는 각기 다른 문화 출신의 샤먼이나 영매, 정신지도자들과의 만남, 그리고 여러 가지 놀라운 우연의 일치도 포함된다. 이 모든 사건들은 전통과학이 말하는 형태의 우주에서는 ─ 인과율이 다스리는 엄격한 결정론적 물질 우주에서는 ─ 결코 일어날 수 없다는 사실, 이런 사실로부터 연유한 것이 이 책의 제목이다.

이 책 〈불가능한 일이 일어날 때: 비일상적 현실의 탐험〉[12]은 나로 하여금 물질과학적이고 회의적인 세계관을 버리고 동양의 영적인 철학과 세계의 비전秘傳들을 수용하게끔 만든, 나의 일과 삶 속에서 일어났던 다양한 사건들의 이야기를 모아놓은 것이다. 그런 사건들을 통해서 나는 영적인 의례를 중시하는 삶, 서양과학이 원시적 미신의 산물로 배척하는 토착문화의 전통적 치료법, 이런 것들을 존중하지 않을 수 없게 되었다. 이 이야기들을 읽는다고 해서 독자가 거기에 담긴 내용을 실제로 체험하는 것처럼 느낄 수는 없다는 것을 나도 잘 안다. 다만 이 모든 이야기를 통해서 여러분도 그것들이 나 자신의 인생에 가져다준 황홀한 우주의 느낌을 조

---

12) When the Impossible happens: Adventures in Non-Ordinary Realities

금이나마 맛보게 되길 바랄 뿐이다.

이 책의 제1부는 C. G. 융이 말한 '동시성' 현상을 — 서양 과학적 사고의 기본 원리인 보통의 인과관계로는 설명될 수 없는 이상한 우연의 일치를 — 보여주는 이야기들로 이루어져 있다. 동시성 현상은 물질계가 인간 정신과 상호작용하는 흥미로운 모습을 보여줌으로써 데카르트-뉴턴 패러다임과 유물론적 세계관의 기초를 흔들어놓는다. 또한 의식과 물질은 서로 분리되어 있고 의식이 물질에 부수한다든지, 세상의 사건들은 오직 인과율에만 지배된다든지 하는 서양 학계의 사고방식도 철퇴를 얻어맞는다.

제2, 제3, 제4부는 기억의 본질과 기억의 한계에 관한 현대과학의 해석에 도전하는 이야기들이다. 대부분의 정신과의사와 신경생리학자들은 신생아의 뇌가 아직 미숙하여 출생 시의 긴장과 고통을 기억하지 못한다고 생각한다. 그러나 홀로트로픽 의식상태에서의 관찰에 의하면 우리들 모두가 출생 당시의 정신적 외상, 출생 이전과 태아 초기, 자신의 입태入胎, 우리네 인간과 동물 조상들의 삶에 관한 기억, 이 모든 것을 각자의 무의식 속에 감추고 있다.

생물로 살아온 우리의 모든 과거가 DNA 속에 저장되어 있고, 특수한 상황에서 그 기억이 생생하게 되살아날 수 있다는 것은 정말 믿기 어렵다. 그러나 어쨌든 정보 전달 가능한 매질이 있다면, 태아기의 기억과 조상들의 기억, 민족적·계통발생학적 기억들이 되살아날 수도 있을 것이다. 그런데 홀로트로픽 상태에서의 체험들은 어떤 매질도 통하지 않은 기억이 존재함을 보여주고 있으니 놀랍고 무섭기까지 한 문제가 생겨나는 것이다.

이를테면 (C. G. 융이 말한) 집단무의식의 창고에 저장되어 있었던 듯한 역사상의 사건과 관련된 체험들, 전생의 기억들, 다른 종種의 생물과 일체가 되는 경험들이 여기에 포함된다. 이런 체험들은 어떤 종류의 혈통이나 민족적·생물학적 계통과도 무관하고, 그것들이 기록될 수 있는 어떤 물질적 매체도 없다. 그것들은 현대과학이 알지 못하는 영역이나 의식의 장 그 자체에 저장되어 있는 것처럼 보인다.

제5부는 초심리학자들이 예전부터 연구해온 투시와 텔레파시, 사이코메트리[13], 아스트랄계 체험, 수호령이나 육체가 없는 존재들과의 교신, 원형적 존재들과의 만남, 채널링[14], 마음이 물질을 지배하는 현상(싯디), 육체를 벗어난 의식이 주변 상황이나 먼 곳의 일을 정확히 감지하는 현상 등을 예시하는 이야기들이다. 이런 범상치 않은 사건이나 체험들을 선입관 없이 연구해보면 이 분야와 이 분야의 연구가들이 그동안 물질과학으로부터 부당하게 조롱의 대상이 되어왔음을 알 수 있다. 이에 대한 관찰 결과들은 기존의 과학적 세계관을 수정하지 않을 수 없게 만드는 '이례적인 현상들'이 엄연히 존재함을 폭로하고 있다.

제6부는 이 책의 특별한 부분으로서, (대부분의 정신과의사들이 정신병으로 진단하는) 정신이상 징후들의 본질에 대한 기본적 가정을 뒤집게 만드는 관찰 결과들이 담겨 있다. 여기에는 또한 논란의 대상이 될 수 있는 희한한 방법을 사용해서 놀라운 치유 효과를 거둔 이야기들도 담겨 있다. 이런 정신의학적 '이단'의 한 사례에서는

---

13) psychometry. 시계나 사진 등 특정인의 소유물에 손을 대어, 그 물건이나 소유자에 관한 정보를 읽어내는 심령적 행위.
14) channeling. 다른 차원계의 존재와 교신하는 심령적 행위.

비일상적 의식상태의 상황들을 정신이상 징후라기보다 영적인 개안開眼의 위기('정신적 비상사태')로 바라본다. 또한 자기치유 의지의 표현으로 나타나는 증상들, 즉 명현瞑眩 현상을 인정하고 다스리는 일도 여기 포함된다. 또한 어떤 특이하고 과격한 상황에는 정신이상 징후를 (억압하기보다) 촉진하기 위해 환각제를 사용하고 액막이와 비슷한 방법으로 상황을 호전시키는 등 보통의 정신과의사들이 도저히 이해할 수 없는 방식이 포함되어 있다.

이 책의 부록은, 전통 심리학이 의식 연구와 초개인 심리학[15]에 의해 영성이나 심신상관성, 의식변환의 영역으로 확장되면서 무너지는 패러다임과 그것을 바라보는 전통과학자들의 자세에 초점을 맞춘다. 첫 번째 이야기는 학계의 많은 구성원들이 새로운 자료에 대해 보이는 극단적 저항의 대표적인 사례이다. 그 주인공은 자신의 지적인 신념을 지키기 위해 종교적 근본주의의 자세로 일관하는, 세계적으로 이름난 과학자이다. 두 번째 이야기는 전통적인 물질주의 교육을 받은 전문가가 홀로트로픽 의식상태를 체험할 때 어떤 일이 일어나는가를 보여준다. 세 번째 이야기는 진지한(?) 과학자들이 비웃고 나 자신도 단호하게 거부했던 점성학을 수많은 증거에 의해 인정할 수밖에 없게 된 상황을 설명한다.

이 책은 내 사생활과 직업적인 일들의 내밀한 부분이 많이 노출된 지극히 개인적인 보고서이다. 이렇게 많은 개인적 정보를 누설한다는 것은 자신의 과학적 신망을 생각하는 개업의나 연구가라면 주저할 만한 일이다. 내가 시련과 고난을 겪으면서 개인적으로

---

15) Transpersonal Psychology. 에이브러햄 매슬로우, 켄 윌버, 스타니슬라프 그로프 등의 개척자들에 의해 학문적으로 정립되어가고 있는 새로운 심리학.

탐구한 내용을 이토록 솔직하게 발표하는 이유는, 이런 지식이 자기 탐구의 길을 가는 진지한 구도자들의 고통을 완화하고 그들이 미개척의 새로운 영역을 탐험할 때 범하거나 빠지기 쉬운 실수와 함정을 피하는 데 도움이 되기를 바라는 마음에서이다.

나로 하여금 인간 정신의 깊은 곳에 숨겨진 지식과 지혜를 추구하게 만들었던 열정, 그것의 증언이자 인습을 넘어선 이 개인적 체험담이 마음 열린 독자들에게 올바로 이해되기를 바랄 뿐이다. 이 책이 홀로트로픽 의식상태를 체험하고 비일상적 현실로 여행하는 많은 사람들 중 다만 몇몇에게라도 유용한 정보가 되고 또 도움이 될 수 있다면 나의 사생활이 희생된다 해도 그것은 헛된 일이 아니다.

2005년 8월

캘리포니아의 밀 밸리에서

의학박사, 철학박사

스타니슬라프 그로프

◇ 차 례 ◇

01 동시성의 신비
시계장치 같은 우주

02 은혜의 흔적을 좇아서
출생과 그 이전의 기억들

LSD를 통한 나의 첫 우주의식 체험

이 이야기는 내 일생에서 가장 중요하고 강력했던 체험에 관한 것이다. 그 체험은 몇 시간밖에 지속되지 않았고 특히 중요한 부분은 약 10분에 불과했지만, 그로 인해 나는 그때까지 교육받고 준비해온 것과는 전혀 다른 길을 택하게 되었다. 그리고 오늘에 이르기까지 크나큰 열정을 갖고 그 길을 추구해온 것이다. 그 체험은 내 안에서 근본적 변화와 영적 각성을 촉구했다. 근 50년이 지난 오늘에 와서 생각해보면, 그것은 고대의 비의에서 비전 참가자들에게 주어지는 입문의례와도 같은 것이었다.

이야기는 내가 의학수업을 마치고 정신과의사 경력을 쌓기 시작하던 시절로 거슬러 올라간다. 1950년대 중반, 프라하의 찰스대학교 의과대학 정신의학과는 ─ 그때 나는 의대 4학년의 자원봉사 학생이었다 ─ 스위스의 산도즈 사社에서 개발한 초창기 신경안정제인 멜러릴에 대해 연구하고 있었다. 나의 지도교수는 업무상 산도즈와 좋은 관계를 유지하면서 이따금 그들의 제품 견본을 무료로 받았다. 이런 협동관계의 일환으로 어느 날 그는 새롭고 강력한 향정신성 약물인 리서직 애시드 디에틸아마이드, 즉 LSD-25를 제공받아 실험하게 되었다.

인간의 정신에 미치는 이 화합물의 놀라운 효과는 산도즈의 수석首席 화학자인 알베르트 호프만 박사가 1943년 4월에 발견했는데, 그는 실험실에서 이 물질을 합성하다가 자신도 모르게 그것에 취한 뒤부터 차츰 불안감이 솟아나고 현기증이 느껴져서 연구를 계속할 수 없었다. 그런데 이런 상태가 꿈같은 기분으로 발전하면서 기상천외한 영상과 만화경 같은 색채늘의 유희가 밀려왔고 이런 상황은 약 두 시간 동안 이어졌다.

3일 뒤에 박사는 자신의 비정상적인 정신상태가 LSD-25에 의한 것이었는지를 확인하기 위해 그것을 직접 복용해보기로 결심했다. 어떻게 해서 그것이 자신의 몸속으로 들어갔는지 알 수 없었던 박사로서는 당연한 생각이었다. 이렇게 계획된 실험에서 그는 250마이크로그램 분량의 LSD를 복용했다. '조심스런' 사람이었던 그는 그것이 '아주 작은 양'이라고 생각했던 것이다. 이런 계산은 전구前驅물질[1]인 맥각 알칼로이드가 밀리그램 단위로 이용된다는 사실에 입각한 것이었다. 그는 자신이 복용한 것이 전례가 없는 새로운 효능을 가진 물질, 세상에서 가장 강력한 향정신성 약물이라는 사실을 알지 못했다. 1950년대와 60년대에

---

1) 전구물질: 화학 반응에 의해 A가 B로, B가 C로 변할 때 C라는 물질의 입장에서 본 A나 B라는 물질을 가리킴.

진행된 임상실험 결과에 의하면, 호프만 박사가 복용했던 양은 두 사람의 안내자가 준비하고 지도하면서 치료실에서 밤을 새운 뒤에 반드시 면담을 해야 하는 정도의 과다한 분량이었다.

이 책에 실린 많은 이야기들이 LSD와 관련되어 있으므로 그 역사에 길이 남겨질 이때의 상황을 간단히 설명하겠다. 250 마이크로그램의 LSD-25를 복용한지 한 시간이 지나지 않아서 호프만 박사는 연구를 계속할 수 없게 되자 조수의 도움을 빌어 집으로 향했다. 전쟁 중이어서 자동차를 탈 수 없게 되어 있었으므로 자전거를 이용해야 했다. 과량의 LSD에 취하여 바젤 거리를 자전거로 이동하는 느낌이 어떠했는가에 대한 박사의 설명은 이제 전설이 되어 있다. 집에 도착한 뒤 그는 자신의 몸과 마음이 악마에게 조종당하는 것처럼 느껴졌고 그대로 미쳐버리는 것이 아닌가 두려웠다. 우유를 갖다주는 친절한 이웃집 아주머니가 무시무시한 마녀의 자태로 다가와서 자신에게 요술을 걸고 있는 것처럼 보였다. 육체적 고통이 극에 달하여 자신이 죽어가고 있다고 판단한 그는 조수에게 의사를 불러주도록 부탁했다.

의사가 도착했을 때는 위기가 넘어가고 상황이 완전히 변해 있었다. 그는 더 이상 죽어가고 있지 않았다. 그는 자신의 출생 당시 상황을 체험하고 다시 태어나 새롭게 활력을 얻으면서 회춘한 것처럼 느껴졌다. 이런 체험을 겪은 다음 날 그는 육체적으로나 정신적으로나 컨디션이 아주 좋았다. 그는 직속 상사인 아더 스톨 박사에게 체험 보고서를 제출했다. 때마침 스톨 박사의 아들인 베르너 A. 스톨이 취리히에서 정신과의사로 개업을 하고 있었는데, 그가 큰 흥미를 갖고 LSD의 효과를 임상적으로 실험하기 시작했다. 그리하여 '정상적인 지원자들'과 정신병자들의 LSD-25 복용효과에 관한 그의 선구적인 보고서가 1947년에 발행되면서 곧바로 학계에 센세이션이 일어났다.

LSD 연구의 초창기에 베르너 스톨은 극미량의 이 놀라운 물질이 인간의 의식을 6~10시간 동안 완전히 변환시킬 수 있다는 사실을 보여주었다. 산도즈의 간부진은 이제 LSD 샘플을 세계 각지의 연구가와 치료전문가들에게 제공하면서 그것의 효과와 가능성에 관한 피드백을 요청했다. 그들은 심리학과 정신의학 분야에서 이 물질을 합법적으로 이용할 수 있을지 알고 싶었던 것이다. 스톨 박사의 연구 결과는 LSD 효과와 정신병 증상 사이에 어떤 재미있는 유사성이 있음을 보여준다. 그래서 이런 '실험적 정신이상'을 연구하게 되면 정신병(그중에서도 가장 알 수 없는 정신분열증)의 원인을 파악하기 위한 흥미로운 단서를 찾아낼 수도 있는 것이다.

산도즈에서 보내온 LSD 샘플에는 나의 사생활과 직업관을 철저히 바꾸게 될 기본 설명서가 들어 있었다. 그것은 이 샘플이 정신질환자를 상대하는 정신건강 전문가들에게 혁명적인 학습 수단으로 이용될 수 있음을 암시하고 있었다. '정신이상'을 직접 체험하고 정상으로 되돌아온다는 것은 정신과의사나 심리학자, 정신과병동의 간호사, 사회사업가, 정신의학과 학생들에게는 아주 특별한 기회였다. 그를 통해 환자의 내면세계를 직접 체험하고 그들을 좀더 잘 이해하여 효율적으로 의사소통할 수 있으며 결과적으로 치료의 성공률을 높일 수 있을 것이었다.

이런 특별한 실습 기회를 갖게 된 것이 너무 좋아서 나는 지도교수인 게오르그 루비체크 박사에게 LSD 세션을 자원했다. 그러나 정신의학과의 임상실습 담당교수들은 몇 가지 이유를 들어 학생 신분의 지원자는 받지 않기로 결정했다. 루비체크 박사는 너무 바빠서 피실험자들의 LSD 세션 때마다 몇 시간씩 직접 참관할 수가 없었으므로 누군가의 도움이 필요했다. 이런 상황에서 내가 다른 사람들의 세션을 관리하고 기록물을 보관한다는 데는 아무도 반대하지 않았다. 그래서 실험 대상으로서의 자격을 갖기 전에 나는 체코의 정신과의사와 심리학자, 예술가를 포함한 지망자들의 LSD 세션을 참관하게 되었다. 그리하여 내가 의대를 졸업하고 직접 세션을 받을 수 있게 되었을 때쯤은 그동안 보고 들었던 타인들의 체험과 그에 대한 환상적인 이야기들에 의해서 욕망이 달궈질 대로 달궈져 있었다.

　　의과대학을 졸업한 뒤인 1956년 가을에 결국 나 자신이 세션을 받을 수 있게 되었다. 그 당시 루비체크 박사는 뇌의 전기 작용에 특별한 관심을 갖고 있어서, 세션을 받는 조건으로 세션 이전과 도중 및 이후에 뇌전도를 기록해야 했다. 그리고 내가 세션을 받을 즈음에는 특히 뇌파 '몰아가기'(driving) 내지 뇌파 '끌고 가기'(entraining)라고 불리는 것에 관심을 갖고 있었다. 이것은 섬광을 내는 여러 주파수의 고속점멸 조명에 노출되어 후두하부後頭下部의 뇌파가 어느 정도까지 변하는지 측정하는 일이었다. 이것은 들어오는 주파수를 뇌파가 받아들여야 한다는 뜻이다. LSD를 체험하고픈 욕구가 극에 달해 있던 나는 나의 뇌전도가 기록되고 뇌파가 '몰려'가야 하는 사항에 무조건 동의했다. 그리고 그 당시 의대생으로서 정신의학에 깊은 관심을 갖고 있던 내 동생 파울이 나의 세션을 참관하게 되었다.

LSD를 복용하고 45분 정도가 지나자 효과가 느껴지기 시작했다. 처음에는 약간의 불안감과 현기증, 구역질이 느껴졌다. 그런 다음 이런 증상이 사라지더니 기이하면서도 심오하여 도저히 믿어지지 않는 총천연색의 기하학적 영상들이 변화무쌍하게 이어졌다. 그중 어떤 것들은 중세 고딕식 성당 창문의 스테인드글라스와 비슷했고 또 어떤 것들은 회교사원의 아라베스크 무늬를 닮아 있었다. 이런 영상들의 정교함을 설명하기 위해서는 샤라자드의 천일야화나 사람을 망연자실케 하는 알함브라 궁전, 도원경桃源境[2]을 들먹일 수밖에 없었다. 그때 내게 연상되는 것은 이런 것들이었다. 지금 같으면 비선형非線型 방정식을 컴퓨터 그래픽으로 표현한 것과 같은 프랙털 이미지가 그보다 좀더 자유분방하게 움직이는 상황을 연상할 수도 있을 것이다.

세션이 이어지면서 나는 이런 불가사의한 황홀경을 통과하여 나 자신의 무의식과 만나게 되었다. 그때의 내 인생과 존재 전체에 관한 감정과 영상과 통찰의 명정酩酊 푸가[3]는 도저히 말로 설명할 수 없다. 그것은 너무나 심오하고 충격적이어서 내가 알고 있던 프로이트의 정신분석학 같은 것은 아주 볼품없게 느껴졌다. 이 몇 시간 동안 배운 것이 얼마나 되는지 나는 알 수도 말할 수도 믿을 수도 없다. 숨이 멎을 만큼 아름다운 향연과 엄청난 영적 통찰은 그 자체만으로도 LSD와의 첫 만남을 기념비

---

2) Xanadu. 영국 시인 Samuel T. Coleridge의 시 Kubla Khan 에 나오는 지명으로, 원나라의 옛 도시 상도上都를 가리킴.

3) fugue. 둔주곡遁走曲, 또는 추복곡追覆曲. 하나의 성부聲部가 주제를 나타내면 다른 성부가 그것을 모방하면서 대위법에 따라 좇아가는 악곡 형식.

적인 사건으로 만들기에 충분했다.

그러나 세션이 진행되는 동안 내가 체험한 다른 어떤 것보다도 더 중요한 사항이 있다. 세 시간이 지나 네 시간이 되어가는 사이에 루비체크 박사의 조교가 들어와 뇌전도를 기록해야 할 때임을 알렸다. 그녀는 나를 작은 부스 속으로 집어넣은 뒤 조심스럽게 내 머리에 전극들을 붙이고 누워서 눈을 감으라고 말했다. 그리고 내 머리 위로 고속점멸 조명을 이동시킨 다음 스위치를 켰다. 이때는 약효가 절정에 달했을 때였고, 그래서 섬광에 의한 충격이 더 강하게 느껴졌다.

무한한 빛과 초자연적인 아름다움이 정통으로 나를 때렸다. '백만 개의 태양'으로 밝혀진 광휘 — 이런 문구로 묘사된 신비체험에 관한 이야기가 떠올랐다. 히로시마나 나가사키에서 원자탄이 폭발할 때 그 진원지에서의 상황도 그랬을 것이었다. 지금 생각하면 그것은 〈티베트 사자의 서〉에서 죽음 직후에 나타난다고 하는 법신法身이나 원초적 정광명淨光明, 그 이상이었던 듯하다.

신성한 벼락이 투석기처럼 내 마음을 내 몸 밖으로 쏘아 내보내는 것 같았다. 나는 지도교수의 조교도 실험실도 정신의학 실습도 프라하도 지구도 까마득히 잊어버렸다. 내 의식은 믿을 수 없는 속도와 크기로 확대되어 우주 차원에 도달했다. 나와 우주 사이에는 경계도 차이도 없었다. 조교는 절차에 따라서 조심스럽게 움직였다. 그녀는 섬광전구의 주파수를 초당 2헤르츠에서 60헤르츠로 천천히 바꿨다가 되돌린 뒤 잠깐 동안 그것을 알파 대역의 중앙에 비추고, 그런 다음 시타 대역으로, 델타 대역으로 이동시켰다. 이러는 동안 나는 상상 불가능한 차원의 우주적 드라마 한가운데에 있는 나 자신을 보았다.

나중에 발견하여 몇 년 동안 읽은 천문학 서적은 그 놀라운 10분 동안에 내가 겪었던 환상적인 체험과 비슷한 항목들을 제시하고 있었으니, 그것은 빅뱅, 블랙홀과 화이트홀의 통과, 폭발하는 초신성超新星과 붕괴하는 별의 상황을 비롯한 특이 현상들이다. 나의 체험을 표현할 만한 적절한 어휘는 찾지 못했지만, 그것이 세상의 위대한 경전들에서 말하는 경지에 아주 가깝다는 점만은 분명했다. 내 정신이 LSD의 효과에 크게 지배되고 있었지만 나는 그 상황이 얼마나 역설적이고 모순적인 것인지 잘 알고 있었다. 소련의 통제를 받고 마르크스주의 정권이 지배하는 나라의 정신의학 실습실에서 어떤 실험이 행해졌는데, 20세기 화학자의 시험관 속에서 발견된 물질과 관련된 이 실험 중에 신神이 나타나 상황을 주도했던 것이다.

핵심에 도달하여 무한한 감동을 느꼈던 이 체험을 통해서 나는 일어섰다. 그리고 물질 위주의 서양과학과 전통 위주의 정신의학에서 벗어나기 시작했다. 당시의 나는 모든 인간에게 신비체험의 가능성이 내재되어 있음을 믿지 않았고, 모든 것을 LSD 효과로 돌렸다. 정신의학에서 내가 생각할 수 있는 가장 흥미로운 연구 분야는 비일상적(특히 환각물질에 의해서 얻어진) 의식상태였다. 적절한 상황 하에서의 환각 체험은 프로이트가 말한 꿈보다 훨씬 멋진 "무의식으로의 지름길"이었다. 그때 거기서 나는 비일상적 의식상태 연구에 내 인생을 바치기로 결심했던 것이다.

01

◆

동시성의 신비

시계장치 같은 우주

◇

인과의 사슬에 따라 이어지는 일상적 현실은 어느 정도 예측이 가능하다. 그러나 그런 사슬의 연결 고리가 끊어진 것 같은 상황에서 놀랍고 이상한 우연의 일치를 경험할 때가 있다. 홀로트로픽 의식 상태에서는 일차원적 인과관계가 성립되지 않는 일이 너무 잦아서 그것을 체험하고 나면 우리가 전부터 갖고 있던 세계관에 깊은 의문이 생겨난다. 이 책에 수록된 많은 이야기들이 그와 같은 예외적인 현상을 담고 있는데, 여기서는 그것의 타당성을 간단히 설명하여 독자가 현실과 의식의 본질을 이해하는 데 도움이 되고자 한다.

'의미 있는 우연의 일치'라는 개념을 발표하여 학계의 주목을 끈 사람은 스위스의 정신과의사인 C. G. 융이다. 서양의 세계관이 엄정한 결정론에 기반을 두고 있음을 잘 알았던 그는 자신의 개념을 발표하기까지 20년 이상을 망설였다. 강한 의혹과 거친 비난을 예상했던 그는 많은 사례를 들어 자신의 주장을 뒷받침하고자 했다. 결국 그는 '동시성: 비非인과적 연결의 원리'(Jung 1960)라는 유명한 논문에 자신의 연구 결과를 설명했다.

융은 일상생활에서 이따금 발생하는 놀라운 우연의 일치에 대한 실례로 논문을 시작하면서, 라마르크설[1]을 지지한 오스트리아의 생물학자 파울 카머러를 인용했다. 이 사람은 우연의 일치 현상과 그것의 과학적 의미를 탐구한 초창기 인물인데, 그의 비극적인 삶은 아더 쾨슬러가 쓴 〈산파개구리의 사례〉(Koestler 1971)를 통

---

1) 환경의 변화가 동식물의 구조에 변화를 가져온다는 진화설.

해 널리 알려졌다. 카머러가 보고했던 진기한 사례들 중 하나에 이런 것이 있다. 어느 날 그가 전차표를 산 뒤에 극장표를 샀는데 그 둘에 적힌 숫자가 똑같았다. 그리고 그날 저녁 물어서 알아낸 전화번호도 같은 순서로 이어진 숫자들이었다.

같은 글에서 융은 역시, 프랑스의 유명한 천문학자 플라마리옹이 말했던 재미있는 이야기를 예로 든다. 드샹이라는 사람은 소년이었을 때 퐁지뷔 씨에게서 자두가 든 진기한 푸딩 한 조각을 받은 적이 있었다. 그 후로 이 진미를 맛볼 기회가 없다가 10년이 흐른 뒤 파리에 있는 어떤 레스토랑의 메뉴판에서 같은 푸딩의 이름을 보았다. 그가 이것을 주문하자 웨이터는 그 푸딩의 마지막 남은 한 조각을 마침 그 레스토랑에 왔던 퐁지뷔 씨가 먼저 주문해서 먹어버렸다고 말했다.

수십 년이 흐른 뒤 드샹 씨는 이 푸딩이 특별 메뉴로 나오는 파티에 초대되었다. 푸딩을 먹으면서 그는 이 진미를 처음으로 알려주고 파리의 레스토랑에서 두 번째로 먹으려 했을 때 그것을 먼저 먹어버린 퐁지뷔 씨가 지금은 없다고 생각했다. 그때 마침 현관문이 열리면서 방향도 제대로 가리지 못하는 한 노인이 들어왔다. 그것은 자신의 목적지 주소를 잘못 알아듣고 이 파티에 뛰어든 퐁지뷔 씨였다.

이런 이상한 우연의 일치는 이 세상을 인과율의 관점에서 설명하는 물질과학적 우주관으로는 이해하기 어렵다. 그런 일이 우연히 일어날 확률은 너무 희박해서 단순한 우연으로 볼 수만은 없기 때문이다. 이런 사건들은 좀더 깊은 어떤 의미를 갖고 있으며, 차라리 신이 장난을 친다고 보는 편이 더 그럴듯하다. 실제로 흔히 그렇듯이 여기에 유머의 요소가 섞여 있으면 '신의 장난'이라는 가정이 더욱 그럴듯해 보인다. 이런 종류의 우연의 일치는 그 자체로서도 아주 재미있지만 C. G. 융은 일관성 없는 이 흥미로운 현상에 또 다른 매력적인 차원을 첨가한다.

카머러와 플라마리옹이 말한 상황은 정말로 믿기 어려운 우연의 일치이고, 후자에는 실제로 유머의 요소가 없지 않다. 그러나 이 두 이야기는 물질계에서의 일을 말하고 있다. 이런 곤혹스런 현상에다 융은 또 하나의 놀랄 만한 차원을 보탠다. 그는 자신이 '동시성' 현상이라 부른 이상한 우연의 일치에 대해 많은 사례를 들어 설명한다. 그 안에서는 현실 속의 여러 가지 사건들이 꿈이나 몽상과 같은 내면적인 체험과 어떤 의미를 통해서 연결된다. 그의 정의에 따르면 동시성이란 "일시적이고 주관적인 어떤 정신상태와 그에 상응하는 (하나나 그 이상의) 외부적인 사건의 동시발생"이다. 동시성은 우리의 마음과 물질계가 상응한다는 것을 나타내며, 그런 동시성 현상들이 있을 수 있다는 사실에 의해서 주관적 현실과 객관적 현실 사이의 경계가 희미해진다.

이런 현상을 해명하려고 애쓰면서 융은 상대론적 양자물리학과 그것의 세계관에 관심을 갖게 되었다. 그는 자신의 고객이자 친구이고 양자물리학의 개척자 중 한 사람인 볼프강 파울리와 많은 대화를 나누었다. 파울리의 인도에 의해서 융은 결정론적 사고와 일차원적 인과 법칙을 넘어서는 현대물리학의 혁명적 개념에 익숙해졌다. 그리하여 새로운 우주관에 입각해서 보면 자신의 견해가 훨씬 더 타당하다는 사실을 알았다. 아인슈타인도 개인적으로 융을 방문했을 때 융의 동시성 개념을 인정하고 격려했다. 왜냐면 그것이 물리학에서 새롭게 발견된 사실들과 완전히 일치하기 때문이다.(Jung 1973) 말년에 이르러 융은 자연법칙 안에서 동시성의 원리가 중요한 역할을 한다고 확신하고 그것을 일상생활의 지침으로 사용했다.

융이 경험한 여러 가지 동시성 현상들 중에서 가장 잘 알려진 것은 그가 고객과 상담하고 있을 때 일어났다. 이 고객은 정신요법이나 융의 설명, 초개인적 진리 같은 것을 받아들이려 하지 않는 여인이었다. 황금풍뎅이가 나타났던 그녀의 꿈을 분석하다가 상담이 난관에 부딪혔을 때 융은 유리창 쪽에서 어떤 소리를 들었다. 창가로 간 그는 아래쪽 창문턱에서 매끄럽게 빛나는 딱정벌레 한 마리가 안으로 들어오려고 애쓰는 것을 보았다. 그것은 황금풍뎅이에 가까운 아주 희귀한 종자였다. 이런 일은 융에겐 처음이었다. 그는 창문을 열고 그 벌레를 안으로 가져와 여인에게 보여주었다. 이때의 신기한 동시성 현상이 이 여인의 치료에 중요한 전환점이 되었다.

동시성을 관찰하는 일이 융의 사고와 연구에, 특히 원형原型과 집단무의식의 이해에 큰 도움을 주었다. 인간의 마음속에서 원형의 존재와 역할을 발견한 것은 융의 업적들 중에서 가장 중요한 부분이다. 주관과 객관, 내부와 외부를 엄격히 구분하면서 서양과학을 주도해온 데카르트와 칸트의 사상에서 벗어날 수 없었던 그는 원형들이 생물학적 본능과 마찬가지로 누구의 마음속에나 존재한다고 생각했다. 그리하여 초개인적 원리인 그것들의 모체가 뇌 속에 존재하면서 시대에서 시대로 이어진다고 가정했다.

동시성 현상을 관찰한 결과 융은 원형들이 마음과 물질계를 초월하여 존재하면서 양쪽을 제각각의 특질로 채우는 자율적인 의미 패턴임을 깨달았다. 그것들이 내부와 외부 사이의 가교 역할을 함을 알게 된 그는 물질과 의식 사이에 경계가 불분명한 영역이 있음을 시사하면서 원형들이 '정신 비슷한' 성질을 갖는다고 말하기 시작했다. 이렇게 충분히 성숙한 융의 견해를 슈테판 홀러는 시적인 언어로 간결하게 표현했다. "동시성 현상 속에 나타난 원형은 기적은 아닐지라도 경외감을 느끼게 한다. 그것은 경계영역의 불가사의한 거주자이다. 일찍이 정신이면서 육체였던 그것은 두 얼굴을 지닌 야누스 같은 존재이다. 원형의 두 얼굴은 의미의 한 머리에서 결합한다."(Holler 1994) 동시성에 관한 융의 논문이 간행되자 이 개념은 중요성을 점점 더하게 되었고, 지금까지도 많은 논설이나 서적의 주제가 되어 있다.(von Franz 1980, Aziz 1990, Mansfeld 1995)

50년 동안 인간의 마음을 연구해오면서 나는 고객을 통해 특이한 동시성 현상들을 수없이 보았고, 동료 연구가와 치료 전문가들로부터도 같은 주제의 이야기를 많이 들었으며, 나 스스로도 수백 가지 사례를 체험했다. 제1부에는 내가 경험하고 수집한 이야기들 중에서 가장 재미있는 것, 그중에서도 대표적인 것 몇 가지를 싣는다. 첫 번째 이야기는 융의 황금색 딱정벌레 이야기와 어느 정도 비슷하다. 전혀 불가능한 시간과 장소에 어떤 곤충이 나타난다는 점에서 …….

◆◆◆

동물적인 힘의 작용 방식

맨해튼에 나타난 사마귀

빅서의 에살렌 연구소에서 많은 워크숍을 진행한 조셉 캠벨은 그중 하나에서 자신이 좋아하는 주제에 — 신화와 심리학의 이해에 크게 공헌한 C. G. 융의 연구 성과에 — 대해 길게 얘기했다. 이 강좌에서 잠시 동시성 현상에 관한 이야기가 나왔는데 이 용어에 익숙지 못한 어떤 참가자가 강사의 말을 가로막고 동시성이 무엇인지 설명해주도록 요청했다. 조(조셉)는 이 개념을 정의하고 간단한 설명을 덧붙인 뒤 실례를 들었다. 이것은 널리 알려진 융의 풍뎅이 얘기가 아니라 그 자신이 겪은 사례였다.

조와 그의 아내는 나이가 들어 하와이로 거처를 옮기기 전에 뉴욕 시의 그리니치빌리지에 살았다. 그들의 아파트는 웨이벌리 지역 6번가에 있는 고층건물의 14층에 있었다. 조의 서재에는 창문이 두 쌍 있었는데, 그중 한 쌍은 허드슨 강을 바라보았고 다른 한 쌍은 6번가 쪽을 향하고 있었다. 강으로 면한 창들은 아름다운 경관을 제공했으니 날씨가 좋을 때는 항상 둘 다 열어두었다. 다른 둘은 경관이 그다지 좋지 않아서 거의 열지 않았다. 그의 말에 따르면 부부가 거기 살면서 40여 년 동안 두세 번도 열지 않았을 것이라고 한다.

세계의 샤먼 신화를 광범위하게 해설한 자신의 대표작 〈동물적인 힘의 작용방식〉[1]을 집필하고 있던 80년대 초의 어느 날 그는 칼라하리 사막에 사는 부시먼 족의 신화를 쓰고 있었다. 이 종족의 신들 중에서 가장 중요한 것은 장난꾸러기와 창조주의 성질을 함께 지닌 만티스[2]이다. 이 주제에 관한 논문과 책들을 뒤적이던 그는 로렌스 반 데어 포스트[3]의 이야기를 읽고 감동했다. 그것은 반 데어 포스트의 반[4] 부시먼 족 유모 클라라에 관한 기억을 담은 이야기였는데, 그녀가 사마귀에게 말을 걸어 어떤 질문을 했을 때 그것이 자신의 다리와 몸통을 움직여 적절히 응답하는 듯했다는 내용이다.

한참 원고를 쓰고 있던 조는 갑자기 이상한 충동을 느끼고 창가로 걸어가서 6번가 쪽으로 난 창문들 중의 하나를 열었다. 이것은 별로 보고 싶지 않은 경관 때문에 항상 닫아두었던 창이었다. 창문을 연 그는 별생각 없이 오른쪽을 보았다. 그런데 거기에, 맨해튼 번화가 높은 건물의 14층 벽을 커다란 사마귀가 천천히 기어 올라오고 있었다. 맨해튼에서 사마귀를 만난다는 것은 도저히 생각

---

1) The Way of The Animal Powers.

2) Mantis, praying mantis, Mantis religiosa(황라사마귀).

3) Laurens Van Der Post, 1906~96. 남아공 태생 저술가, 농장주, 전쟁 영웅, 인도주의자, 탐험가.

할 수도 없는 일이다. 조의 말에 의하면, 그 순간 사마귀가 조의 쪽으로 머리를 돌려 의미 있는 시선을 보냈다. 이 만남은 비록 2~3초밖에 지속되지 않았지만 이상한 일이었고 조에겐 의미심장한 사건이었다. 그는 조금 전에 로렌스 반 데어 포스트의 이야기에서 읽었던 것을 확신할 수 있었다. 사마귀의 얼굴에는 이상하게 사람과 비슷한 무언가가 있었다. "하트 모양으로 뾰족한 턱과 높은 광대뼈, 누런 외피 색깔 등이 부시먼 족의 그것처럼 보였다."

맨해튼 중심가의 높은 건물 14층에 사마귀가 나타난다는 것은 아무리 작은 일이라 해도 지극히 신기한 일이다. 그것이 하필이면 조가 칼라하리 부시먼 족의 신화에 몰두해 있던 바로 그 시각이란 점을 생각할 때 더욱 그렇다. 게다가 조가 창문을 열고 그것과 만나게 만든 그 이상한 충동, 이런 일련의 사건들이 함께 일어날 가능성은 사실상 거의 없는 것이다. 이런 종류의 일을 무심하게 그저 그런 우연으로만 여기는 사람이 있다면 그는 물질주의 광신자이리라.

기존의 정신의학은 동시성과 정신병자의 오해를 구분하지 않는다. 엄정한 결정론을 따르는 물질주의적 세계관에서는 '의미 있는 우연의 일치'라고 하는 개념을 인정하지 않기 때문에, 환자의 이야기 속에 어떤 종류의 신기한 동시성이 포함되어 있어도 그냥 '관계 망상'으로 해석해버린다. 그러나 세상에 진정한 의미의 동시성이 존재한다는 것은 의심의 여지가 없으며, 이것을 아는 사람은 그런 우연의 일치 가능성을 확률로 계산하지 않는다. 조와 사마귀와의 희한한 만남이 그것을 대변해준다.

◆◆◆

죽어가는 여왕

낮에 있을 일을 예고하는 꿈

1964년에 나는 영국의 정신과의사인 조슈아 비어러에게서 런던의 '사회 정신의학 대회(Congress of Social Psychiatry)'에 참석하도록 초청을 받았다. 조슈아는 이 대회의 주최자이자 프로그램 진행자였고, 나는 LSD 정신요법에 관한 심포지엄에서 한 가지 발표를 하기로 되어 있었다. 여기서 그때까지 글을 통해서만 알고 있었던 환각 요법의 몇몇 선구자들을 만났는데, 그중에 조이스 마틴과 폴린 맥크리릭이라는 영국의 독특한 여의사들이 있었다. 둘은 모두 프로이트의 정신분석학을 이수했고, 나와 만날 당시에는 런던의 저 유명한 웰벡 가(街)에 자리한 조이스의 호화로운 저택에서 LSD 요법을 실습하고 있었다. 두 사람은 함께 '융합요법(fusion therapy)'이라는 것을 개발했는데, 이것은 환자에게 LSD를 투여할 만큼 마음이 열린 용감한 의사들에게도 아주 혁명적인 방법이었다.

이 방법은 유아기에 버림받거나 거부당하고 감정적으로 상처를 입은 환자들에게 특히 적합한 것으로서 의사와 환자 사이의 긴밀한 육체적 접촉을 포함하고 있었다. 환자는 LSD를 복용한 후 담요를 깐 소파에 누운 상태로 연령 퇴행을 하면서 몇 시간을 보내는데, 그동안 조이스나 폴린이 환자 옆에 누워 아주 자상한 어머니가 자기 아이를 달래듯 환자를 깊이 포옹한다. 이들의 혁명적인 방법을 알게 된 LSD 요법가들은 두 진영으로 갈라섰다. 한쪽에서는 이것이 '태만에 의한 정신적 외상'과 어머니의 애정 결핍으로부터 생겨난 감정적인 문제들을 치료하는 데 아주 합리적이고 강력한 효과가 있다고 받아들였다. 그러나 이런 과격한 '의존[1] 요법'을 두려워하는 반대쪽에서는 비일상적 의식상태에서 환자와 의사가 긴밀한 육체적 접촉을 갖는 것이 심각한 부작용을 야기할 수 있다고 경고했다.

'태만에 의한 정신적 상처'가 대화만으로 치유될 수 없음을 잘 알고 있었던 나는 조이스와 폴린의 '융합요법'을 지지하는 쪽이었다. 그래서 그들의 파격적인 방식에 대해 진지한 어조로 많은 질문을 했더니 그들은 내가 자기네 환자들을 직접 만나서 결과를 확인하도록 웰벡 클리닉으로 나를 초청했다. 그리하여 자상한 육체적 접촉이 환자들에게 얼마나 유익하게 작용했는지를 알게 된 나는 감동을 받았다. 또한 의사가 '감정을 드러내지 않는' 프로이트식

---

1) 유아기의 아이에게는 본능 충족과 안전성이 절실히 요구된다. 여기에는 보호자가 안아주고 어루만지고 달래고 함께 놀아주면서 아이가 모든 것의 중심인 것처럼 느끼도록 배려해야 할 필요도 포함되어 있다. 이런 요구 사항을 소아과 의사나 소아 정신과의사는 의존성(anaclitic)이라 부른다. 이 말은 '매달리다', '의지하다'라는 뜻의 그리스어 anaklinein에서 왔다. 요구 사항이 충족되지 못하면 아이의 미래에 심각한 문제가 발생할 수 있다. (원주)

정신분석에서보다 조이스와 폴린의 방식에서는 '감정 전이' 문제도 훨씬 적게 나타났음을 알았다.

이듬해인 1965년 5월에 롱 아일랜드의 아미티빌에서 LSD 정신요법에 관한 국제회의가 열렸는데, 여기서 조이스와 폴린은 자신들의 '융합요법'에 관한 내용이 담긴 멋진 영화를 보여주었다. 이어서 열띤 토론이 벌어졌는데 참가들의 발언은 '감정의 전이와 역逆전이' 문제를 두고 맴돌았다. 폴린은 기존의 프로이트 방식보다 이 방식이 문제가 적은 이유를 아주 흥미롭고 확실하게 해명했다. 치료를 받으러 오는 환자들이 대부분 유아기나 아동기에 부모로부터 사랑을 받지 못한 사람들인데, 프로이트 방식의 냉정한 자세는 환자에게 과거의 감정적 상처를 상기시킨 뒤 그때 얻지 못했던 만족과 배려를 더욱더 갈구하게 만들 수 있다는 내용이었다.

'융합요법'은 그와 반대여서 유아기의 '의존' 갈망을 충족시키는 보정補正 효과가 있다는 것이 폴린의 설명이었다. 감정적 상처가 치유되고 나면 환자는 의사가 자신에게 적합한 섹스 상대가 아님을 알게 되고, 치료를 위해 만났던 의사와의 관계 밖에서 적절한 파트너를 찾을 수 있다. 이것은 대상관계(object relationship)가 발달하던 어린 시절의 상황과 마찬가지라고 폴린은 이어서 설명했다. 유아기와 아동기에 적절한 보육을 받은 사람은 나이가 들면서 어머니와의 감정적 유착으로부터 자연스럽게 벗어나 성숙한 인간관계를 찾을 수 있다. 그러나 감정적 박탈을 경험한 사람들은 유아기의 욕구에 병적으로 집착하면서 그것의 충족을 갈망하며 살아간다.

웰벡 가의 클리닉에서 조이스와 폴린의 환자들에게 직접 이야기를 들었던 나는 '융합요법'을 직접 체험하고 싶은 마음이 간절해졌다. 그래서 폴린과 나는 세션을 갖게 되었는데, 그 효과는 역시 대단한 것이었다. 우리 두 사람은 옷을 모두 입은 상태에서 담요에 의해 분리되어 있었지만, 나는 유아기로 되돌아가 포근한 어머니의 가슴에 안겨서 그 알몸에 닿아 있는 느낌이 들었다. 이런 느낌이 깊어지더니 아주 편안한 자궁 속의 태아가 되어 양수 속을 행복하게 헤엄쳤다. 객관적인 세 시간 이상의 이런 시간이 주관적으로는 영원처럼 느껴졌고, 나는 '만족스런 젖가슴'과 '만족스런 자궁'을 동시에 느끼기도 하고 번갈아 느끼기도 했다. 젖과 피라고 하는 두 가지 필수 자양액을 통해서 나는 어머니와 연결되어 있었다. 체험이 절정으로 달리면서 위대한 여신으로서의 어머니 — 즉, 태모신太母神과의 신성한 합일이 찾아왔다. 이 세션이 내게 큰 치유 효과가 있었음은 말할 필요도 없다.

1966년, 암스테르담에서 있었던 LSD 정신요법 회의 동안 나는 다시 한 번 폴린과 놀라운 세션을 가질 수 있었다. 우리는 좋은 친구가 되었고 공적인 모임에서나 사적인 용무로 내가 런던에 갈 때마다 만나곤 했다. 60년대 말에 조이스 마틴이 세상을 떠난 후 그녀를 대신할 사람이 없어지자 폴린은 내게 조이스의 역할을 뒤이어 해줄 수 없겠느냐고 물었다. 그 당시 나는 더 이상 유럽에 있지 않았으며, 볼티모어의 존스홉킨스 대학에 있었다. 폴린이 많은 돈과 시간, 에너지를 소비하면서 대서양을 여러 차례 건너다닌 것은 환각 세션의 가치를 깊이 확신하고 있었기 때문이다. 이런 세션들 중의 하나에서 나는 또 하나의 신기한 동시성 현상을 체험했다.

폴린과 세션을 약속한 날 아침 4시에서 5시 사이에 나는 아주 혼란스런 꿈을 꾸고 깨어났다. 꿈속에서 나는 중세의 어떤 우울한 성곽 안에 있었는데 전체적인 분위기가 불안하고 혼돈스러웠다. 많은 사람들이 손에 횃불을 들고 어두운 회랑을 달려갔고 괴로움으로 떨리는 커다란 목소리가 들려왔다. "여왕께서……, 여왕께서……, 여왕께서 돌아가신다!" 나 역시 허둥대면서 달려가는 사람들 중의 하나였다. 미로처럼 생긴 어두운 회랑을 숨 가쁘게 달려간 나는 결국 어떤 방에 도달했고, 거기에는 여왕임이 분명한 늙은 여인이 커다란 침대에 누워 있었다. 그것은 조각을 한 네 개의 나무 기둥이 화려한 장식의 천개天蓋를 떠받치고 있는 침대였다. 그녀는 숨을 헐떡이면서 고통으로 얼굴을 일그러뜨렸다. 그녀가 임종하는 순간이었다. 나는 절망한 기분으로 그녀를 응시하면서 이렇게 죽어가는 여인이 내 어머니임을 알고 격한 감정에 휩싸였다.

아침 일찍 꿈에서 깨어난 나는 아주 불안했다. 내가 갖게 될 세션이 이 꿈과 어떤 관계가 있을 것처럼 느껴져 마음이 내키지 않았다. 이것은 과거에 없던 아주 이례적인 일이었다. 이런 불안감은 그날로 약속된 방식의 세션에 대해 내가 평소에 갖고 있던 열정과는 완전히 반대되는 것이었다. 나는 침대에 누워 새벽의 꿈을 음미하면서 좋지 못한 기분을 어떻게든 이해해보려고 노력했다. 아침이 밝아오고 침실에 햇빛이 들자 이런 기분이 차츰 사라지면서 평소의 자신감을 회복했다.

폴린과의 세션이 시작되고 처음 몇 시간 동안은 특별한 일이 없었다. 이 말은 내가 알지 못했던 아주 특별한 어떤 일이 후반에 일어났다는 뜻은 아니다. LSD를 많이 복용한 폴린은 아주 강력한 체험을 했다. 그중에는 아동기와 유아기의 강렬한 감정들, 그녀 자신의 힘겨웠던 출생 기억, 집단무의식에서 나온 초개인적인 요소 같은 것들이 있었다. 우리의 세션은 약 다섯 시간 동안 이어졌다. 폴린에게 갑자기 왕가의 행렬에 관한 어린 시절의 기억이 떠올랐다. 그녀는 영국 국가를 부르기 시작했다. "신이시여 우리의 자비로운 여왕을 구원하시고, 고귀한 우리의 여왕이 만수무강하게 하소서, 신이시여 우리의 여왕을 구원하시고, ……"

노래를 부르던 그녀가 깜짝 놀라면서 말했다. "세상에, 스탠, 내가 '신이시여 우리의 여왕을 구원하시고' 이런 노래를 부르다니! 내가 어렸을 때는 여왕이 아니라 왕이었는데, 왜 그런 노래가 나왔을까?" 그녀의 얼굴 표정이 갑자기 일그러지면서 아주 고통스런 모습이 되었다. 그 표정은 내가 꿈에서 본 죽어가는 여왕의 얼굴 모습 그대로였다. "스탠, 이것은 내가 어렸을 때가 아니에요." 그녀는 심하게 숨을 헐떡이면서 오열했다. "나는 여왕이에요. 죽어가고 있어요." 나는 환각 세션에서 자신의 죽음을 체험하는 사람들을 많이 보았으므로 특별히 놀라지 않았고 그보다는 폴린의 육체적 컨디션을 걱정했다. 그러다가 그녀가, 간밤에 꾼 내 꿈을 재현하고 있다는 사실에 놀랐다. 그것은 꿈속에서 본 여왕의 이목구비 그대로였다.

폴린의 세션은 해피엔딩으로 끝이 났다. 늙은 왕비와의 동일시 속에서 죽음을 겪은 후 재탄생을 체험하고 며칠 동안 그 여운이 이어졌다. 그녀는 자신의 체험이 집단무의식으로부터가 아니면 자신의 카르마 기록에서 나왔을 것이라고 말했다. 자신이 왕가에 항상 매력을 느꼈고 화려한 의상과 장식품을 좋아했던 사실에 비추어 그렇게 느낀 것이다. 내가 왜 그런 예시적인 꿈을 꾸었는지 이따금 그 꿈이 생각날 때마다 그 원인과 의미가 궁금하다. 우리 사이의 이런 이상한 유대는 둘이서 함께했던 세션과 관련된 것이 아닐까. 그때 나는 만족스런 자궁 속의 태아이자 만족스런 젖가슴 속의 아기로서 그녀와의 공생적 합일을 체험했었으니…….

신들의 무지개다리
북유럽 전설의 세계

상서롭고 의미 깊은 동시성 현상들은 커다란 정신적 깨달음을 촉발하거나 수반할 수 있지만 거기에도 함정이 있다. 그것들은 우리가 범우주적인 큰 의미와 목적 속에 존재하는 듯한, 어떤 의미에서는 자신이 그 중심인 듯한 느낌이 들게 한다. 그러나 이런 동시성 현상들에서 느껴지는 신비감은 아주 믿을 수 없는 것인 경우도 있어서 무조건 받아들이면 안 된다. 다음 이야기에서 보듯이, 아주 멋진 동시성 현상들도 그걸 겪으면서 누구나 상상하게 될 좋은 결과를 보장하진 못했다.

이 사건들은 내가 미국에 도착한 지 약 4년 뒤에 일어났다. 그당시 나는 인생의 반려자가 필요한 시기였고, 굳이 바라진 않았지만 친구들도 그 문제에 관심을 갖고 있었다. 1971년 연말, 나의 가장 가까운 친구들인 리니와 밥 슈바르츠가 전화를 했다. 로어 맨해튼에 있는 그들의 집은 리니의 빈틈없는 취향을 그대로 반영하고 있었는데, 조셉 캠벨이나 베티 프리단[1] 같은 문화계 인물들이 즐겨 드나드는 아지트였다. 리니와 밥이 흥분한 어조로 내게 전화를 하면서 뉴스를 번갈아 얘기했다. "정말 특별한 여자를 만났네. 마이애미에 사는 조앤 핼리팩스라는 인류학자인데 너무 예쁘고 영리해. 아프리카의 사하라 남부에서 도곤 족[2]과 함께 현지조사를 했고 산테리아[3]와 카리브해의 종교들을 공부했지. 그녀와 얘기하면 많은 공감을 느낄 걸세! 그리고 아마 그녀를 사랑하게 될 걸."

　나는 밥과 리니의 배려에 고마움을 느끼면서 조앤의 전화번호를 적었다. 그러나 당시는 여자 문제로 혼란을 겪은 직후여서 (201쪽 참고) 새로운 여성을 사귈 기분이 아니었다. 그 후로 나는 이따금 조앤을 생각하면서 우리의 만남이 어떤 모습일지 그려보다가 몇 달 뒤에 결국 전화를 했다. 계기가 된 것은 텍사스의 댈러스에서 매년 있는 미국 정신의학 협회(APA)의 한 모임에 나가, 말기 암 환자들에 대한 LSD 정신요법의 연구 결과를 발표하는 일이었다. 모임이 금요일에 끝나기 때문에 마이애미에서 주말을 보내고 볼티모어로 돌아가도 되는 상황이었다.

　전화를 걸자 조앤이 받았다. "저는 볼티모어에 사는 스탠 그로프입니다. 제 친구인 밥과 리니 슈바르츠가 당신을 소개했습니다. 그들은 우리가 꼭 만나야 한다고 하는데, 어떻게 생각하십니까? 다음 주말에 제가 마이애미에 갈 수 있습니다. 만날 수 있을까요?"

---

[1] Betty Fridan. "여성의 신비(The Feminine Mystique)"(1963)의 저자로, 20세기 자유주의 페미니즘을 선도했음.

[2] Dogon. 서아프리카 말리에 거주하는 종족.

[3] Santeria. 아프리카 기원의 쿠바 종교.

"이를 어쩌나!" 조앤이 대답했다. "저는 여기에 없을 건데요. 댈러스에 갈 일이 생겨서요. 다음 주에 저는 APA 모임에 가서 산테리아에 관한 연구 결과를 제시하기로 되어 있거든요."

"그것 참 재미있군요." 우연의 일치에 놀라면서 내가 말했다. "저도 역시 댈러스에 가서 같은 모임에 참석할 예정입니다. 거기 갔다가 돌아오는 길에 마이애미에 들르려 했었거든요. 댈러스의 어느 호텔에 머무실 겁니까?"

상황이 빠르게 진척되고 있었다. "베이커 호텔이에요." 조앤이 대답했다.

이곳은 내가 예약한 바로 그 호텔이었고, 내 방은 조앤의 방바로 아래층에 있었다. 같은 호텔에 머물 예정이었으므로 우리는 도착한 뒤에 전화하기로 약속했다. 내가 호텔에 도착했을 때는 모임들이 이미 시작한 뒤였다. 조앤은 자신의 방에 없었고, 내게 남겨둔 메시지도 없었다. 나는 모임들을 돌면서 그녀를 찾아보려고 생각했다. 프로그램은 여러 개가 병행되도록 짜여 있었는데 내 기억이 옳다면 모두 여덟 개였던 것 같고, 몇 개의 호텔에서 나뉘어 진행되고 있었다. 나는 프로그램을 훑어보면서 조앤이 어떤 모임에 갔을지 추측해보았다. 그리고 그녀가 인류학자인 데다 우리 둘의 관심이 비슷하다고 리니와 밥이 단언했던 점을 생각하면서 얼마 동안 궁리한 끝에 한 호텔의 강당에서 상영 중인 영화를 선택했다.

안으로 들어가니 이미 소등이 된 상태에서 영화가 상영되고 있었다. 나는 주위를 두리번거리다가 가까이에 있는 빈 좌석에 앉았다. 영화를 보고 있는데 나의 바로 앞줄에 왼쪽으로 세 번째 좌석에 앉은 어떤 여인의 뒷모습에 자꾸 눈길이 갔고, 그녀의 머리

주위에 연한 오라 같은 것이 보였다. 잠시 후 그녀가 내 쪽으로 고개를 돌리기 시작했는데 우리의 눈이 마주치려면 상당히 많이 몸을 비틀어야 했으므로 이것은 아주 예외적인 일이었다. 이런 상황이 꽤 오래 이어지다가 영화가 끝났을 때 우리는 아주 강한 확신을 갖고 서로를 잘 살핀 뒤 자기소개를 통해 상대방을 확인했다. 이리하여 댈러스에서의 만남 이전부터 있었던 우연의 일치가 계속되고 있는 것이었다.

우리의 저녁식사는 여러 가지 재료를 한데 넣은 보통 수준의 중국 북부지방 요리였는데 매우 특별해 보였다. 우리는 여러 가지 관심사에 대해 쉴 새 없이 얘기했고, 나는 리니와 밥의 말이 옳았다는 생각이 들었다. 우리는 많은 점에서 정말로 비슷했다. 식사를 끝내자 웨이터가 점치는 쿠키[4]를 가져왔다. 이런 식의 점괘는 대부분의 사람들이 별로 진지하게 받아들이지 않는다. 그러나 이미 신기한 동시성 현상이 겹친 판국이라 거기에 담긴 글이 절대적으로 옳을 것 같았고, 고대 중국의 역경易經을 읽는 것처럼 느껴졌다. 내 쿠키에 담긴 글은 이렇게 말하고 있었다. "당신들이 만난 순간부터 당신의 심장은 그녀의 것이다." 그녀의 것은 또 이러했다. "오래 기다린 뒤에 당신의 꿈은 결국 이루어진다!" 우리가 각자의 집으로 돌아가지 않고 댈러스에서 주말을 함께 보내기로 한 것은 두말할 필요도 없다.

이처럼 상서롭게 시작된 우리의 관계는 빠른 속도로 발전했다. 댈러스에서의 만남에 이은 그다음 주말, 나는 마이애미로 날아

---

4) fortune cooky. (중국 음식점 등에서 내는 것으로) 운세 등을 인쇄한 쪽지가 들어 있음.

가서 조앤과 함께 며칠을 보냈다. 그다음 주말에는 조앤이 나를 찾아 볼티모어로 왔고 우리는 아주 즐거운 시간을 가졌다. 두 번에 걸친 각각의 방문을 통해서 우리의 관계는 더 깊어졌다. 세 번째 만남이 끝날 무렵 우리는 아주 가까운 사이가 되었고 헤어진다는 것은 생각도 하기 싫었다. 그러나 앞으로의 내 일정이 문제였다. 나는 국제 초개인 협회의 제1차 회의에 참석하기 위해 약 열흘 동안 아이슬란드에 가 있어야 했다.

이때 놀랍고 기쁘게도, 조앤이 휴가를 얻어 나와 동행할 것을 결심했다. 우리는 뉴욕의 케네디 공항에서 만나 아이슬란드 항공사인 로프트레이디르를 타고 레이캬비크[5]로 향했다. 그 시절 나는 캘리포니아 빅서의 에살렌 연구소와 미국의 다른 지역들에서 많은 워크숍을 진행했는데, 그것을 마치고 볼티모어로 돌아오면서 야간 항공편을 이용하는 일이 잦았다. 이런 경우에 대비해서 나의 한 친구가 자신이 직접 만든 특별한 과자를 준 적이 있다. 그것은 휴식과 수면이 부족한 데서 오는 증상을 말끔히 처리해주는 것 같았고, 시차증과 긴 여행에서 오는 다른 문제점을 해결해주었다.

친구가 준 과자는 천일야화에 나오는 중동 지방의 사막과 같은 맛이 났다. 나중에 조리법을 알게 된 그것은 견과류를 잘게 썬 것과 대추야자, 말린 무화과 열매, 건포도를 혼합하여 만든 작은 공 모양의 것으로 큰 호두 정도의 크기였다. 그 혼합물의 진수는 '방기bhang ghee'였는데, 이것은 빅서에 자생하는 대마의 꽃과 말린 잎, 신세밀랴 엑기스를 포함한 버터이다. 나는 야간 항공편으로 멀리

---

5) Reykjavik. 아이슬란드 남서부, 팍사만灣에 면한 이 나라 최대의 상업도시이자 어항이며, 북위 64°에 위치한 세계 최고 위도상의 수도이다.

여행하면서 탑승 전에 이것을 먹곤 했다. 약효가 나타나기 시작할 때는 미각이 예민해지고 식욕도 왕성해져서 기내식이 진수성찬으로 느껴졌다. 저녁식사가 끝나면 눈가리개를 착용하고 음악을 듣다가 잠이 들었다. 밤잠을 잘 잔 뒤 느긋하게 깨어나면 기분이 상쾌했고 대체로 아침식사 때가 되어 있었다.

조앤과 나는 레이캬비크까지의 야간 비행을 편히 하기 위해 이 마법의 과자를 각각 두 개씩 먹었다. 목적지에 도착했을 때 우리는 의사들이 '환각 여운'이라고 부르는 도취 상태에 있었다. 그리고 아이슬란드에 머무는 동안 이 특별한 상태가 며칠 더 이어졌다. 우리는 회의가 시작되기 전 사흘 동안 랜드로버를 세내어 섬을 둘러보기로 했다. 아이슬란드의 풍광은 눈을 머리에 인 웅장한 산과 화산 분화구, 반짝이는 빙하, 평화로운 초원과 목장, 오염되지 않은 강과 거대한 폭포들로 장관을 이루고 있었다. 태곳적의 경치가 그대로 유지되면서 세상의 시작과 끝이 공존하는 것 같았다.

작은 간헐 온천과 물웅덩이가 딸린 A자 형태의 소주택 몇 개가 산악지대에 동화 속의 풍경처럼 드문드문 흩어져 있고 조금 떨어진 곳에 소박한 오두막 한 채가 보였다. 우리는 몇 시간 동안 레이캬비크 북쪽으로 이동하여 북극권 안으로 깊이 들어와 있었다. 그때가 5월 말경이었고 '환각 여운'으로 느낌이 강화된 백야白夜의 경이로움은 정말 잊을 수 없는 체험이었다. 전보다 더 서로 가깝게 느껴진 우리는 집으로 돌아가기 전에 이 아름다운 자연경관이 있는 아이슬란드에서 결혼해버릴까 하는 등의 농담을 주고받기 시작했다.

우리는 높은 언덕의 작은 둥지 안에서 꿈같은 시간을 보낸 뒤, 70명의 다른 참가자들 틈에 끼기 위해 국제 초개인 회의 장소인 비프로스트로 향했다. 놀랄 만큼 아름다운 화산성의 풍광 속에 위치한 비프로스트 회의 센터는 중앙 관리소와 거주용의 소주택들, 그리고 통나무로 지은 커다란 사우나 시설을 갖추고 있었다. 회의에는 아주 특별한 인물들이 잔뜩 모였으니, 조셉 캠벨과 그의 아내 진 어드맨, 철학자이자 종교학자인 휴스턴 스미스, 종교학 교수인 월터 휴스턴 클라크, 아이슬란드 신화학자인 에이나르 팔슨 등등이 거기에 있었다. 참가자들 중에는 내 동생 파울과 그의 아내 에바, 조앤과 나를 연결해준 우리 둘의 친구인 리니 슈바르츠도 끼어 있었다. 북극권 안쪽 영역에서는 심령현상이 자주 발생한다고 널리 알려져 있는데, 우리도 아이슬란드에 머무는 동안 그것을 확인했다. 예지력이나 텔레파시 능력이 뛰어난 사람들, 투시가들, 힐러로 이름이 나거나 수맥(광맥) 탐사에 능하거나 요정을 보았다는 등의 많은 사람들을 우리는 만났다. 또한 여러 가지 ESP 현상이 회의 참가자들 사이에서 발생했다. 아이슬란드에서의 이런 체험을 통해서 나는 셀마 라게를뢰브[6]의 〈괴스타 베를링 전설〉을 좀더 쉽게 이해할 수 있었다. 나를 감동시킨 그녀는 일상생활을 신화에 결부시켜 복잡한 혼합물로 만듦으로써 독자의 관심을 야기하는 절묘한 방식의 소유자였다.

비프로스트의 관리소에 도착한 뒤 리니 슈바르츠와 함께 앉아 차를 마시다가 우리는 아이슬란드에서 결혼하는 문제에 관해 농담을 주고받았다고 얘기하려 했다. 그러나 우리가 재미있는 뉴스가 있다고 하자 그녀가 말을 가로막았다. "당신들이 무슨 얘기를

---

6) Selma Lagerlöf. 1858~1940. 스웨덴의 여류소설가. 1909년에 여성 최초로 노벨문학상을 받았다.

하려는지 알아요. 여기서 결혼하겠다는 거지요?" 말을 마친 그녀의 얼굴이 빛났다. 그녀는 자신의 추측을 확신하면서 우리가 시인하기도 전에 나가버렸다. 그리고 그녀가 다른 사람들에게 그 뉴스를 폭로했다는 사실을 우리는 나중에야 알았다. 모두가 우리의 결혼식을 상상하면서 흥분했고, 모임 전체가 혼례 준비에 착수했다.

20년 동안 북구 신화를 연구한 에이나르 팔슨은 자신이 경모하던 조셉 캠벨을 만나기 위해 와 있었다. 두 사람은 심오한 대화를 나누고 있었는데, 세계 신화의 백과사전인 조셉이 아이슬란드 내 어떤 장소들의 상징적 중요성과 거기 관련된 숫자의 비의에 대해 새로운 사실을 설명하던 중이었다. 상황을 알게 된 두 사람은 우리의 결합이 아주 멋진 신화적 기반 위에서 이루어지도록 하겠다고 다짐했다.

그들은 기독교 전래 이후 아이슬란드에서 거행된 적이 없는 옛 바이킹 족의 혼례를 부활시켰다. 신랑 신부의 결합은 아버지인 하늘과 어머니인 땅의 신성한 결합을 반영하는 것이고, 이 결합의 상징물은 무지개였다. 초개인 회의는 원래 아이슬란드인 부부인 가이어와 잉그리드 빌슨이 주재한 것이었는데, 잉그리드의 아버지는 레이캬비크 시장이었고 어머니는 아이슬란드의 옛 복장을 소유하고 있었다. 그들이 조앤의 웨딩드레스로 사용하기 위해 레이캬비크에서 가져온 옷은 일부러 주문해서 맞춘 것처럼 몸에 꼭 맞았다. 나를 위해 우리 둘이 선택한 복장은 손으로 뜬 멋진 아이슬란드식 스웨터였다.

회의가 진행되는 동안에도 쉬는 시간 틈틈이 모두가 혼례를 위한 의상과 가면을 만들기에 바빴고 그중의 몇 사람은 연회용 음식을 준비했다. 브로드웨이 안무가인 조셉 캠벨의 아내가 혼인의 례의 안무를 맡아서 예행연습을 시작했다. 조앤과 나는 결혼을 원한다고 아무에게도 터놓고 말하지 않았지만 작업은 그렇게 전폭적으로 진행되었다.

혼례는 오후에 사우나에서의 정화의식으로부터 시작되었고, 아이슬란드 전통에 따라 신랑 측과 신부 측이 따로따로 거행되었다. 한 무리의 여인들이 조앤의 머리를 빗질하고 그녀에게 옷을 입힌 후 노래를 부르면서 그녀가 첫날밤을 잘 치르도록 준비시켰다. 그들은 잉그리드의 인도로 현대적인 마음에서 벗어나 옛적에 있었음직한 분위기를 살리려고 노력했다. 나는 나의 독신생활 마감을 축하하는 한 무리의 남자들에 둘러싸였다. 우리는 벌꿀 술을 마시고 축가를 불렀으며 많은 농담을 주고받았다. 친구들은 바이킹 정신에 입각하여 내가 일을 잘 치를 수 있도록 격려했다.

사우나를 끝낸 우리는 만찬을 위해 식당에 모였다. 메뉴는 깨끗한 물에서 자란 물고기와 해산물과 대지의 선물들로 최상급이었다. 음식의 색깔과 모양, 맛, 좋은 술, 백야의 어스름한 빛이 한데 어우러져 마법적인 분위기를 연출하고 있었다. 식사를 마친 뒤 댄스 타임이 이어졌는데, 그때 누군가가 창밖을 내다보고 말했다. 가랑비가 내리기 시작했고 하늘에 커다란 쌍무지개가 펼쳐졌다는 내용이었다. 그 말을 듣고 모두 밖으로 나가 젖은 잔디밭 위에서 계속 춤을 추었다.

안에서의 춤이 기쁨에 넘친 광란적인 것이었다면, 여기서는 마치 보이지 않는 지휘자가 개입한 듯 춤의 리듬이 느긋하게 흐르는 것으로 바뀌었다. 사람들은 태극권 동작을 하듯이 혼자서, 또는 짝을 짓거나 작은 무리를 이루어 춤을 추었다. 상황을 직감한 누군가가 갑자기 음악을 바꾸었고 이제 춤의 리듬에 정확히 어울리는 명상적인 분위기가 되었다. 마치 시간이 사라져버린 느낌이었다. 백야의 어스름한 빛과 거대한 쌍무지개를 배경으로 이어진 그 상황은 펠리니[7]의 영화를 닮은 초현실적인 것이었다.

놀랍게도 쌍무지개는 세 번이나 반복해서 나타났다가 사라졌다. 당시의 분위기에서 이런 장관을 큰 길조로 해석하는 것은 당연한 이치이다. 하늘에서 벌어지는 이런 진귀한 현상만으로도 이 결혼은 아주 신비로운 것이었다. 그러나 여기에는 또 몇 가지 특이한 동시성이 들어 있었다. 비프로스트라는 그 장소의 이름이 과거의 아이슬란드어에서 '신들의 무지개다리'를 의미했으며, 우리가 거행하고 있는 옛 바이킹 족의 혼례에서 무지개는 하늘과 땅의 결합을 상징했다. 그러니 우리의 이 결혼은 어떤 우주적 의미를 지닌다고 생각할 수도 있는 것이다.

더구나 무지개는 내게 개인적으로도 깊은 의미가 있다. 그것은 과거의 다른 재미있는 동시성 체험과 연결된다. 미국에서 지내기 시작한 첫 해에 나는 부모님을 초청하여 국내 각지를 여행하면서 두 달을 함께 지냈다. 환각과 의식 연구로 잘 알려진 인물들을 찾아다니면서 동시에 국립공원을 비롯한 다른 빼어난 자연경관들을 즐긴 것이다. 볼 수 있는 것은 다 보겠다는 생각으로 우리는 8주 동안에 만 칠천 마일을 달렸다.

우리의 야심찬 대장정에는 당연히 미국 남서부의 웅장한 경관

---

7) Federico Fellini. 1920~94. 풍자문학을 환상적인 요소와 결합한 이탈리아의 영화감독. 주요작품으로 〈길〉〈절벽〉〈카비리아의 밤〉〈달콤한 생활〉 등이 있다.

도 포함되어 있었다. 어느 무더운 날 오후 늦게 뉴멕시코의 사막을 가로질러 샌타페이로 가는 도중 비가 내리기 시작했다. 몇 시간 동안 이글거리는 열기 속을 달렸기 때문에 너무 반가웠다. 해가 지면서 우리 뒤쪽으로 아름다운 노을이 하늘을 물들이는데, 그때 갑자기 커다란 무지개가 앞쪽 하늘 가득히 펼쳐졌다. 도로는 우리의 차에서 지평선을 향해 화살처럼 곧게 뻗어 있었고, 그 끝은 정확히 무지개의 중심을 관통하고 있었다. 나는 본능적으로 가속 페달을 밟았다. 무지개가 사라지기 전에 좀더 거기 가까워지고 싶었던 것이다.

무지개는 하늘에 그대로 남아 있었고, 우리가 다가갈수록 차츰 크고 밝아졌다. 우리의 차가 그 중심 속으로 직행하여 들어갈 때까지 그것은 같은 자리에 머물렀다. 그 순간 우리는 또 다른 세계로의 관문을 통과한 느낌이었다. 갑자기 형언할 수 없는 아름다운 세상이 펼쳐졌다. 무지갯빛의 얇은 베일이 주변을 소용돌이치면서 춤추다가 무수히 빛나는 작은 다이아몬드로 부서졌다. 나는 차를 멈추었고, 놀란 우리 세 사람은 이 믿을 수 없는 장관에 넋을 잃은 채 앉아 있었다. 의식변환을 위한 어떤 약물이나 수단의 도움 없이 찾아온 이 사건은 그런 점에서 내 인생 최고의 체험이다. 이런 기분은 그날 저녁 내내 지속되었고 다음 날 아침까지도 여운을 느낄 수 있었다.

밤잠을 잘 자고 나서 우리는 샌타페이의 나바호 미술관을 방문했다. 둥글고 커다란 메인홀은 북미 푸에블로 원주민의 지하 예배장이었던 키바를 닮아 있었는데, 내부의 장식들 중에서 가장 눈에 띄는 것은 평행한 세로무늬로 이루어진 길고 아주 가느다란 여인상이었다. 입구의 한쪽에 머리를 두고 반대쪽에 짧은 치마와 두

다리를 둔 그것은 홀 전체를 빙 둘러싸듯이 U자 형태로 길게 늘어져 있었다. 원주민 출신 안내인의 설명에 따르면 이것은 나바호 족 원주민들에게 인기가 있는 무지개 여신이었다. 이 여신은 건조한 기후 탓으로 비의 중요성을 강조하는 나바호 족의 신화에서 중요한 역할을 했다. 안내인은 나바호 족의 신앙을 설명하면서, 무지개 여신이 어떤 부족을 사랑하면 그들을 감싸 안으면서 키스한다고 말했다. 그리고 이런 축복을 받은 사람들은 일생 동안 기억하게 될 무아지경을 맛본다는 것이었다. 샌타페이로 오면서 내게 일어난 일의 의미가 그의 설명을 통해서 확인되는 순간이었다. 이 행복한 체험은 결혼식 당일까지 나의 기억 속에 생생하게 남아 있었다.

내 혼례에 사용된 장비와 거기 설치된 무대는 최상급이었다. 우리는 오래된 화산 분화구 안에서 오전 3시에 식을 올렸다. 그것은 겨우 한 시간 전에 지평선 아래로 사라졌던 태양이 다시 나타나는 시각이었다. 조셉 캠벨은 즉석 제작된 단상으로 조앤을 데려오는 대부代父였고, 주례는 휴스턴 스미스였다. 월터 휴스턴 클라크는 축사로 구약에 나오는 사라의 서약을 읽었다. "당신이 가는 곳에 나도 가겠고, 당신의 사람들이 곧 내 사람들이리라." 바이킹 스타일의 반지를 교환하고 입맞춤으로 도장을 찍은 뒤 우리는 친구들의 태형笞刑을 통과했다. 푸른 잎의 나뭇가지를 든 그들은 셰익스피어의 맥베스에서 버넘 숲의 나뭇가지들을 들고 던시네인 성을 공격하는 맥더프의 군대를 닮아 있었다.

그룹이 아이슬란드의 장엄한 빙하를 구경하러 멀리 가기 위해 일찍 떠나야 했으므로 우리는 한 시간 정도밖에 잘 수 없었다. 출발 준비를 위해 선잠에서 깨어난 나는 눈을 뜨자마자 무언가가 크게 잘못된 느낌이 들었다. 어제의 모든 스릴과 황홀감이 사라진 그 기분은 술에서 깨어나는 사람의 우울함과 같은 것이었다. 며칠 동안의 흥분된 분위기가 갑자기 환영幻影과 기만으로 느껴졌다. 그리고 더 나쁜 것은 조앤과 결혼한 일이 큰 실수인 것 같다는 점이었다.

우리의 목적지는 거대한 빙하 위에 있다는 원시적인 시골집이었는데 거기에는 공동 침실과 방이 각각 하나씩 있었다. 동행한 사람들은 이 귀중한 방을 조앤과 나의 신방으로 사용해야 한다고 이구동성으로 말했다. 나는 어떻게 해서든 내 기분을 드러내지 않을 수 있었고, 겉으로 보기엔 모든 것이 잘 되어가고 있었다. 사람들의 감정에는 아직까지 바이킹 혼례의 여운이 남아 있었고, 아이슬란드의 경관은 마법의 세계처럼 웅장했다. 산악지대에서의 장엄한 낮과 시골집에서의 하룻밤을 지낸 뒤 우리는 비프로스트로 돌아와 초개인 회의의 폐회식을 치렀다.

아이슬란드에서 개최된 제1회 국제 초개인 회의는 동참했던 모든 사람들의 마음속에 오래 남을 것이고, 그 일정에서 가장 즐거웠던 부분은 역시 우리의 결혼식이었다. 그러나 미국에 돌아오자 어두운 예감이 구체화되기 시작했다. 귀향 직후에 마주치게 된 문제들이 우리 둘 사이의 유대를 점점 무너뜨린 것이다.

돌아오는 길에 우리는 마이애미에 들렀고, 조앤은 자신의 부모에게 나를 소개했다. 그들은 조앤이 전화로 우리의 결혼 사실을 알릴 때까지 딸이 결혼하리라는 것을 생각도 하지 못하고 있었다. 마이애미 비치의 대저택에 사는 벼락부자들은 내 수준에 맞지 않았다. 어쨌든 그들은 나를 받아들였다. 부모로서 딸의 반항적인 기질을 아는 그들이 더 나쁜 상황을 우려했기 때문이었을 것이다. 조앤이 자신의 결혼 사실을 아버지에게 보고하자 그가 물은 첫 세 마디는 다음과 같았다고 한다. "검둥이냐? 공산당이냐? 턱수염을 길렀냐?" 그리고 그 세 가지가 모두 아니라는 대답에 어느 정도 안심했다는 것이다.

마이애미 대학 인류학과의 일을 버리고 볼티모어의 내 아파트로 거처를 옮긴 조앤은 존스홉킨스 대학과 메릴랜드 대학에서 강사직이나 연구직을 물색했지만 성과가 없었다. 학자로서의 정체성을 잃어버린 그녀는 감정적으로 크게 상처받은 듯했다. 나는 말기 암환자들에 대한 우리 팀의 LSD 요법 연구에서 함께 일하자고 제안했다. 그녀는 LSD와 DPT(dipropyltryptamine) 세션에서 함께 일하는 것을 즐거워했지만, 메릴랜드 정신의학 연구소에서 봉급을 주는 것은 아니었다. 밀월기간을 보내려고 떠났던 일본 여행은 우리 사이에 긴장감만을 가중시켰다.

LSD에 관한 책을 두 권 써주기로 하고 바이킹 출판사에서 인세를 미리 받을 수 있었던 것이 그나마 다행이었다. 뉴욕 시에 있는 리니와 밥 슈바르츠의 집 파티에서 우리는 나의 옛 친구이자 에살렌 연구소 공동 설립자인 마이클 머피를 만났다. 간단한 얘기를 나눈 뒤 그는 내가 연구원 자격으로 에살렌 연구소 안에서 생활할 수 있도록 우리를 초청했다. 오스트리아와 이탈리아에서 휴가를 보내고 에살렌으로 이주하면서 우리의 문제가 어느 정도 사라지는 듯했다. 그러나 그것은 오래가지 않았고, 서로 간의 차이가 계속 커져서 관계가 급속히 악화되었다. 그동안 우리가 함께 살려고 노력했던 것은 무엇보다도 비프로스트에서 만나 우리의 혼례를 함께 거행했던 친구들을 실망시키고 싶지 않았기 때문이다. 특히 조

캠벨에게 미안했다. 그는 자신의 강좌에서, 현대의 결혼이 견고한 신화적 기반을 갖추지 못하고 있음을 지적하고, 고양된 어조로 우리의 결혼이 후대에 길이 남게 될 전설적인 혼인이 될 것이라고 말했었다. 우리의 관계가 깨어져 결국 이혼하지 않을 수 없게 되었을 때 가장 힘들었던 문제들 중 하나가 조의 실망에 어떻게 대처할 것인가였다.

아이슬란드에서 체험한 것은 일상생활 속에서 동시성을 통해 드러난 원형적인 에너지들이다. 그러나 이 체험을 통해 나는 중요한 것을 배웠다. 이런 체험들의 매력을, 그 속에서 보이는 마법과 허황한 측면을 그대로 수용하지 않게 된 점이다. 원형적인 힘들을 보고 느끼는 황홀감이 반드시 좋은 결과만 가져오는 것은 아니다. 그들의 마법이 작용하는 동안은 행동을 자제하면서, 중요한 결정은 현실감을 되찾은 뒤로 미루는 것이 현명하다.

◆◆◆

의식의 유희

스와미 묵타난다와 싯다 요가

오랜 세월 동안 아내인 크리스티나와 나는 수많은 동시성 현상들을 직접 체험하고 목격했다. 이것은 서로 무관한 것들도 있고 몇 가지가 서로 연결되어 나타나는 것들도 있다. 어쨌든 많은 동시성 현상들을 무더기로 체험 관찰할 기회가 8년 동안 이어진 적이 있었는데, 이것은 싯다 요가의 전통을 이어받은 영적인 스승 묵타난다와 알고 지낸 기간이었다. 1975년 캘리포니아의 빅서에서 크리스티나를 만나 함께 일하며 살기 시작했을 때, 그녀는 묵타난다의 제자이자 열렬한 신봉자였다. 그녀는 묵타난다가 처음으로 세계를 여행하면서 호놀룰루에 머물 때 그를 만났다. 하버드 대학 심리학 교수이자 환각 연구가에서 수행자로, 영적인 스승으로 변신을 거듭한 람 다스가 그 당시 그와 함께 있었다.

크리스티나는 그때 쿤달리니 각성을 경험하고 있던 중이었는데, 이것은 첫 아들 너대니얼을 낳을 때 시작되었고 2년 뒤 딸인 세라를 낳을 때 더 강화되었다. '뱀의 힘'이라고도 불리는 이 쿤달리니는 우주 창조의 원인인 보편적 생식력이며 본질적으로는 여성적이다. 이것은 인체에 겹쳐져 존재하는 미세신微細身 또는 에너지체 속에 잠복하는데, 그 위치는 척추의 기저부인 천골 부위에 해당한다. 쿤달리니라는 이름은 '똬리를 튼 자'라는 의미이고, 남성적 생식력의 상징인 링감 둘레를 세 바퀴 반 감고 있는 뱀으로 흔히 묘사된다. 이 에너지는 평소에는 잠들어 있지만 명상이나 특수한 수련, 영적인 스승의 지도, 알 수 없는 원인 등에 의해 깨어날 수 있다.

깨어난 쿤달리니는 샥티라고 불리는데, 이것은 미세신 속의 기도氣道를 통해 상승하면서 묵은 상흔들을 정화하고 차크라라고 부르는 심령에너지 중추들을 활성화시킨다. 그리하여 쿤달리니의 각성은 치유와 영적인 개안, 보다 완전한 인간으로의 변신 등을 유도한다. 이런 과정은 요가 전통에서 아주 높이 평가하고 유익한 것으로 간주하지만 위험을 수반하기 때문에 쿤달리니가 충분히 깨어나 안정되어 있는 그런 구루의 인도가 필요하다. 쿤달리니가 각성될 때 나타나는 극단적인 현상은 크리야kriya라 불리는 육체적 정신적 증상이다. 크리야는 척추를 통해 흐르는 에너지와 열기를 강하게 느끼면서 몸이 맹렬하게 떨리고 비틀리고 경련하는 등의 증세를 포함한다.

구체적인 이유 없이 갈망이나 분노, 비애, 환희, 황홀감 같은 강렬한 감정들이 느껴지면서 일시적으로 정신이 혼란스러워진다. 밝은 빛이나 다양한 원형적 존재들이 보이고 내면에서 여러 가지 소리가 들리거나 전생의 기억 같은 것을 체험하기도 한다. 그리고 더 나아가면 불수의적이어서 통제하기 힘든 행위들이 뒤따른다. 방언을 말하고, 모르는 노래를 부르거나 주문을 읊고, 요가의 자세(아사나)와 몸짓(무드라)을 보여주고, 여러 가지 짐승의 소리와 동작을 표현한다.

묵타난다는 쿤달리니 요가의 성취자로서 제자들의 영적인 에너지를 각성시킬 수 있다고 알려진 인물이다. 묵타난다가 하와이에 온다는 말을 친구로부터 전해 들은 크리스티나는 날짜가 되기를 기다렸다가 그가 지도하는 주말 '집중반'에 참석했다. 이때의 어떤 명상을 통해 그녀는 묵타난다에게서 샥티팟을 받았다. 샥티팟shaktipat이란 접촉이나 주시를 ― 나아가서는 상념을 ― 통해 구루에게서 영적인 에너지가 전이되는 것을 가리키는 말이다. 크리스티나에게 이런 강력한 에너지 전이가 일어난 것은 묵타난다가 그녀를 바라보고 서로 눈이 마주쳤을 때였다. 이때 그녀는 구루의 눈으로부터 전광석화와 같은 것이 발사되어 자신의 두 눈 사이를, 즉 '제3의 눈'을 찌르는 느낌이 들었다. 이것이 강한 크리야를 일으켰고 밀려오는 감정의 소용돌이와 몸 떨림을 체험했다.

이때의 체험이 크리스티나의 쿤달리니 각성을 크게 촉진했는데, 이것은 그를 만나기 전부터 각성 과정이 잘 진행되어왔기 때문이다. 이때 시작된 묵타난다와의 관계는 그가 74세의 나이로 세상을 떠난 1982년까지 이어졌다. 처음의 주말 집중반 이후 크리스티나는 호놀룰루에 있는 자신의 작은 아파트를 묵타난다 신봉자들의 모임 장소로 제공했다. 이곳은 그녀가 이혼 후 두 자녀와 함께 살던 집이었다. 묵타난다는 그녀의 제안을 받아들여 이곳을 싯다 요가의 명상 센터로 삼았다. 크리스티나는 하와이를 떠난 뒤에도 기회만 있으면 자신의 스승과 다시 만나려고 노력했다.

내가 그녀와 에살렌에서 함께 살기 시작한 지 얼마 안 되었을 때 묵타난다가 샌프란시스코에서 가까운 오클랜드의 자기 아쉬람에 와서 몇 달을 지낸 적이 있었다. 오클랜드는 우리가 사는 빅서에서 자동차로 세 시간밖에 걸리지 않는 곳이었으므로 그녀는 이 기회를 빌려 나를 자신의 스승에게 소개시키고자 했다. 나중에 알았지만, 당시의 그녀는 묵타난다가 우리의 관계를 호의적으로 판단할지에 대해서 불안한 마음을 갖고 있었다. 그녀의 불안을 나는 잘 이해한다. 나는 익살스런 기분으로 나 자신을 '초월적인 쾌락주의자'라고 자주 생각했는데, 그런 나에게는 진지한 수행자들을 위한 인도식 전통의 규범이 맞지 않았다. 나는 채식주의자가 아니고 금욕적이지도 않으며 LSD 같은 환각물질 연구로 알려진 사람이었다.

나는 크리스티나를 만나기 전에 묵타난다의 이름을 들었었고, 나중에 〈의식의 작용〉으로 제목이 바뀐 〈구루〉라는 제목의 그의 자서전 원고를 대충 훑어볼 기회도 있었다. 그에 대해 어느 정도 복합적인 감정을 갖고 있던 나로서는 그를 만나기 위해 일부러 오클랜드로 달려갈 만한 열정은 없었다. 싯다 요가로 전향한 내 친구 두 사람이 내가 보기에는 무비판적으로 묵타난다에게 헌신하고 있었다. 그들은 묵타난다와 그의 영향력을 긍정적으로 보여주진 못했다. 묵타난다의 주말 집중반에 참석한 뒤부터 그들의 행동은 철저히 변했고, 에살렌에서 많은 소란을 피웠다. 워크숍에 작은 북과 심벌즈 같은 것들을 가져와서, 자신들이 에살렌 카탈로그에 제시했던 주제는 다루지 않고, '쉬리 구루 기타'와 '옴 나마 시바야'같은 힌두교 찬가들을 부르며 워크숍 참가자들의 동참을 유도했다.

헌신적인 요가는 내겐 정말 맞지 않는다. 인도의 전통에 따르면 사람들마다 개성이 다르므로 제각각 다른 타입의 요가가 필요하고 또 도움이 된다. 스승에 대한 헌신을 강조하는 박티 요가가 크리스티나에게 어울리는 것은 그렇다 치더라도 내게는 즈냐나 요가가 훨씬 친밀감을 준다. 즈냐나 요가는 지성이 스스로 항복하지 않을 수 없는 극한 상황까지 그것을 밀어붙인다. 또한 나는 정신 수련과 신성의 직접 체험을 중시하는 라자 요가에도 크게 공감한다. 봉사를 통해 공덕을 쌓는 카르마 요가도 쉽게 받아들일 수 있지만, 박티 요가는 내 가치 기준으로 볼 때 낮은 등급에 속한다.

그러나 호기심이 강한 나로서는, 박티 요가를 멀리하는 마음보다 묵타난다를 만나보고 싶은 마음이 더 중요했다. 그리고 크리스티나가 스승을 만나고 싶어하는 것도 알고 있었다. 그녀에게는 영적인 스승을 친견하는 다르샨darshan이 아주 중요했다. 해안 도로를 달리는 동안 그녀는 우리의 만남에 대비해서 자기 스승의 행적을 내게 말해주었다. 빅서에서 오클랜드까지는 우리가 평소 다니던 길이 아니어서 소요 시간을 너무 많이 예상했었고, 우리는 계획보다 20분 앞서 아쉬람에 당도했다.

다르샨을 기다리며 차 안에서 얘기하던 도중에 그녀는 묵타난다가 샤이비테Shaivite라는 말을 했다. 이것은 '시바 신을 따르는 자'라는 뜻이다. 이 말에 구미가 당긴 나는 그를 만나고 싶은 마음이 더 강해졌다. 샤이비테들이 비일상적 의식상태를 얻기 위해 대마나 다투라 열매를 사용하기도 한다는 것을 알고 있었기 때문이다. 그리고 나는 개인적으로 시바 신을 가장 중요하게 생각했다. 왜냐면 그를 아주 확실하게 두 번이나 체험했기 때문이었다. 기다리는 동안 나는 크리스티나에게 이 두 번의 체험을 어느 정도 자세히 설명했다.

시바 신을 처음 만난 것은 내가 아직 프라하에 살고 있었던 초창기의 LSD 세션에서였다. 전반부의 네 시간 동안은 출생 당시의 정신적 외상을 다시 체험하면서 산도産道 속에서 보냈다. 죽도록 얻어맞고 피를 뒤집어쓰고 질 분비물을 맛보면서 산도를 빠져나오고 있을 때 칼리 여신의 무서운 영상이 나타났고 나는 우주의 여성원리에 무조건 항복했다. 그때 파괴자로서의 시바 신 바이라바Bhairava가 내 위로 거대하게 솟아 있었다. 나는 우주의 가장 깊은 밑바닥에서 그의 발에 의해 한 덩이의 배설물처럼 짓이겨졌다. 그것은 에고의 박살이었고, 나라고 생각했던 것의 괴멸이었다. 그러나 아무것도 아닌 것이게 된 나는 이제 모든 것이었다. 무한한 빛의 근원으로 녹아드는 완벽한 아름다움이 느껴졌다. 이것은 고대 인도의 문헌들에서 아트만과 브라만의 합일이라 부르는 것이었다.

시바 신과의 두 번째 만남은 여러 해 뒤 빅서의 벤타나 황야에서 비전 퀘스트[1]를 하는 도중에 찾아왔다. 미국삼나무가 있는 작은 골짜기의 폭포 옆에서 LSD를 복용하고 밤을 새우면서 나는 끝없는 시간과 모든 창조물의 덧없음을 상징하는 웅장한 강을 보았다. 강물은 모든 존재의 근원인 듯한 것으로 되돌아갔다. 그것은 크기를 알 수 없는 구체球體로서 무한한 지성을 소유한 의식이었으며, 창조하는 동시에 파괴하면서 에너지를 방사하고 있었다. 무언가를 몰아대는 듯한 북소리가 들려왔고, 나는 그것이 모든 창조물에게

---

1) 영계靈界와의 교신을 위한 의식(북미 원주민 부족에서 행해진 남자의 의례).

근원으로 되돌아오라고 명하는 다마루damaru 소리임을, 파괴자인 시바 바이라바의 북소리임을 알았다.

우주와 지구의 역사가 내 눈앞에서 흘러가고 있었다. 고속으로 진행되는 영화 속에서처럼 나는 성운과 별들의 탄생·진화·종말을 보았다. 종種의 기원·진화·소멸을 관찰했고, 왕조와 문명의 시작·번영·멸망을 목격했다. 형태와 크기 면에서 가장 기억에 남는 부분은 수백만 년 동안 존속하다가 '시간의 강' 속으로 들어가 그 안에서 사라지는 디노사우로스의 행렬이었다. 거대한 우주 홀로그램 같은 이 놀라운 광경에 춤추는 시바 신 나타라자Nataraja가 충만해 있었다. 해가 뜨고 내면세계로부터 빠져나와 주변의 믿을 수 없이 아름다운 자연을 음미하니 내 귓속에서 심금을 울리는 영창소리가 들려왔다. "옴, 하레 옴, 하레 옴, 쉬리 옴, ……." 이것은 사실이 잊을 수 없는 경험이 진행되는 동안 '시간의 강'의 중심 주제로 계속해서 이어진 소리였다.

내 인생을 바꿔놓은 이 두 가지 체험을 크리스티나에게 얘기하고 나니 다르샨 시간이 되었다. 방으로 들어가 묵타난다를 바라본 나는 그의 특이한 용모에 강한 인상을 받았다. 빨간색의 두터운 스키 모자를 쓰고 오렌지색 룽기(인도 남자들이 아랫도리에 걸치는 간편복)를 걸친 그는 거무스름한 큰 안경을 쓰고 있었다. 오른손에는 공작 깃털이 달린 작대기를 들고 있었는데, 나중에 알았지만 이 지휘봉에서는 백단향 냄새가 강하게 났고 공작 깃털은 그가 신자들에게 샥티팟을 줄 때 그들의 머리를 쓰다듬는 부분이었다.

신자들이 즐겨 쓰는 호칭을 그대로 사용하자면, '바바'는 나를 곁에 와서 앉게 하고 고개를 내 쪽으로 돌렸다. 그는 안경을 벗더니 ― 이것은 좀처럼 없는 일이다 ― 가까운 거리에서 내 얼굴을 자세히 살피기 시작했다. 크게 확대된 그의 눈동자가 눈알 위를 자유롭게 떠다니는 듯했다. 이것은 많은 분량의 LSD를 복용한 환자들에게서 내가 자주 보던 현상이었다. 그는 마치 안과의사처럼 나의 두 눈에 시선을 고정하고 정밀하게 관찰했다. 그러더니 자신의 관찰을 요약하기라도 하듯이 별안간 내 등골을 오싹하게 만드는 한마디를 던졌다. "당신은 시바 신을 본 사람이오."

나는 이 이상한 우연의 일치에 놀랐다. 내가 시바 신을 체험했었고 그것이 내 인생에서 얼마나 중요한 체험인지를 크리스티나에게 말한 뒤 겨우 몇 분이 지났을 뿐이었다. 묵타난다가 보통의 정보 수단에 의지한다면 이것은 있을 수 없는 일이었다. 그리고 이것을 의미 없는 우연의 일치로 보기도 어렵다. 이런 일이 우연히 일어날 확률은 너무 낮기 때문이다. 묵타난다가 방금 한 말에 대해서는 오직 두 가지로밖에 이해할 수 없었다. 그가 오관을 통하지 않고 주변 세계의 사실들을 알 수 있는 초상능력을 갖거나, 아니면 융이 말한 의미에서의 동시성 현상을 촉진하는 의식 영역에 살고 있거나.

이 일이 있고 나서 묵타난다에 대한 나의 관심이 크게 자라났고 그와 함께 시간을 보내고 싶은 마음도 생겼다. 이런 극적인 첫 대면 이후 우리 사이의 대화가 처음에는 용두사미 격으로 끝나는 것 같았다. 나의 직업적 관점에서 보면 당시의 대화 주제가 상당히 흥미로운 것이었음은 사실이다. 그는 내가 LSD 연구에 종사했음을 알고 향정신성 약물을 정신적 수행에 이용하는 문제에서부터 얘기를 시작했다. 그리고 그런 약물들에 의한 경험이 싯다 요가에서 추구하는 것과 밀접한 관계가 있다고 말했다.

"당신이 LSD를 연구해왔다는 것을 나는 이해하오." 말티라는 젊은 인도 여성 통역자를 통해서 그가 말했다. 이 여성은 몇 년 뒤에 스와미 치트빌라사난다라는 이름으로 그의 후계자가 되었다. "우리는 여기서 아주 비슷한 작업을 합니다. 그렇지만 싯다 요가의 다른 점은 높은 의식상태에 도달하여 그 상태에 머물도록 가르친다는 점이오." 그는 확신에 차서 말했다. "LSD를 통해서 당신은 큰 체험을 하지만 다시 현실로 돌아오지요. 인도에는 진지한 수행자들이 많이 있고 자신들의 수행에 신성한 식물을 이용하는 브라만 계급의 사제와 요기들도 있지만 그들은 그것을 어떻게 이용해야 하는지 알고 있소."

그런 다음 인도대마를 재배한 뒤 방bhang, 간자ganja, 차라스charas 등으로 만들어 피우거나 먹는데 이것은 정중한 의례에 따라야 한다고 말하면서, 서양의 많은 젊은이들이 마리화나와 하시시를 무례하게 사용한다고 비판했다. "요기들은 이 식물을 헌신적인 마음과 깨어 있는 지성으로 재배하고 수확하오." 그가 말했다. "먼저 그것을 14일 동안 물에 담가 모든 독성을 제거하여 말린다오. 그런 다음 칠람(특수한 파이프)에 넣어 피우고 법열 상태에서 히말라야의 눈과 얼음 속에 누워요." 바바는 칠람을 피우는 법과 요기들의 법열을 얘기하면서 다시 생각나는 듯 그에 걸맞은 표정과 동작과 자세를 취했다.

대화 도중에 나는, 리그베다에서 천 번도 더 언급하고 베다 시대의 종교에서 중요한 역할을 했음이 분명한 소마라는 신성한 음료에 대해 질문했다. 이것은 수백 년 전에 잊혀진 동명同名의 식물에서 나온다. 나는 소마에 관한 이야기가 아주 궁금했고, 묵타난다가 그것이 어떤 식물이며 어떻게 작용하는지에 대해 무엇이든 알고 있기를 기대했다. 소마의 비밀을 알아내는 것이 그 당시 환각 연구에 몰두해 있던 많은 이들의 꿈이었다.

묵타난다는 소마를 광대버섯의 일종으로 본 신화학자 고든 왓슨은 틀렸다고 지적하면서, 그것은 버섯이 아니라 '덩굴식물'이라고 단언했다. 이 말은 그럴듯했고 그렇게 놀랍지도 않았다. 왜냐면 또 다른 환각제인 중미 지역의 저 유명한 올로류퀴도 모닝글로리의 종자를 포함한 조제약인데, 모닝글로리도 덩굴식물로 분류되기 때문이다.

그러나 그다음 말에 나는 깜짝 놀랐다. 바바는 소마가 무엇인지 알고 있을 뿐만 아니라 오늘날까지 인도에서 사용되고 있다고 분명히 말하는 것이었다. 그는 그것을 의례적으로 사용하는 힌두교 사제들을 여러 차례 직접 만났다고 단언했다. 바바의 말에 따르면, 이 사제들 중의 몇 명이 그의 생일을 축하하기 위해 매년 산에서 내려와 그의 아쉬람이 있는 봄베이 남쪽의 작은 마을 가네쉬푸리에 왔고, 올 때마다 소마 의례를 수행했다. 대화 말미에 바바는 자신의 생일날 그 아쉬람에 오면 이 고대의 의례에 참가할 수 있도록 주선하겠다고 약속했다.

전체적으로 보아 이번 다르샨은 어떤 의미에서 '신성한 기법'에 관한 전문적인 정보교환이었던 것 같다. 그러나 다음 순간 갑자기 예기치 않은 상황이 벌어졌다. 어떤 준비나 경고도 없이 묵타난다가 자기 옆의 작은 탁자에 놓인 핑크색 아몬드 로카 통을 집어 들었다. 신성한 여성에너지인 샥티는 단것을 좋아한다고 바바가 말했기 때문에 아쉬람 내부의 여기저기에 항상 단 과자가 많았고, 아쉬람 내의 식당인 암릿에는 모든 종류의 당과가 넘쳐났다. 그는 통에서 이 과자를 두 조각 꺼내더니 능숙하게 포장을 벗기고 그것들을 내 입속으로 밀어 넣는 동시에 내 뺨 양쪽을 세게 때리고 이마를 치면서 내 양쪽 정강이를 찼다.

그런 다음 그가 일어서면서 다르샨이 끝났음을 알렸다. 문간에서 그는 우리를 보면서 말했다. "우리는 카시미르 샤이비즘에 관한 두 차례의 주말 집중반을 가질 예정인데 거기에 당신들 두 사람을 초청하겠소." 내가 그 방을 나서기 전에 그는 다시 내게 의미 있는 시선을 보내면서 말했다. "당신에겐 아주 재미있을 거요." 그때 나는 카시미르 샤이비즘에 대해서 아무것도 모르고 있었다. 다만 그 이름에서 시바와 카시미르에 어떤 관계가 있으리라고만 짐작했다. 우리는 묵타난다에게 감사하면서 작별 인사를 하고 널찍한 명상 홀로 걸어 나왔다.

다르샨이 있었던 방 밖에서는 많은 사람들이 우리를 기다리고 있었다. 그들 대부분은 환각 체험을 통해서 싯다 요가에 입문한 사람들인 것 같았다. 그들은 묵타난다와 나의 대화에 환각제 문제가 포함되었을 것으로 추측하고 그가 무슨 말을 했는지 알고 싶어 했다. 나는 이 사람들의 질문 공세를 헤치면서 걸어야 했다. "무슨 얘기를 했나요? 바바가 LSD에 관해 무언가 말을 했습니까? 바바는 환각제를 나쁘게 생각하지 않던가요?"

그들과 말하고 싶은 마음이 전혀 없었다. 나는 몸속이 약간 이상하고 머릿속에서 무언가가 휘젓는 듯한 느낌이 들었다. 모인 사람들에게 미안하다고 말하면서 그들을 빠져나와 명상 홀 한쪽 구석으로 걸어갔다. 거기서 벽에 등을 기댄 자세로 가부좌를 틀고 앉아 눈을 감았다. 내게 일어난 일을 통찰하기 위해서였다.

싯다 요기들은 샥티팟에 의해서 타인의 심령에너지를 일깨울 수 있다고 한다. 묵타난다가 내게 한 일이 그런 범주에 속한다는 것을 알지만, 내게서 어떤 큰 반응이 일어나리라고는 기대하지 않았었다. 나 자신이 특별히 민감한 것도 아니고, 강력한 향정신성 약물도 아닌 것이 내 의식에 큰 영향을 미치리라고는 생각지 않았던 것이다. 그리고 샥티팟의 결과로 크리야가 나타날 수 있다는 것을 책이라든가 크리스티나와의 체험을 통해서 알고 있었다. 그러나 나 자신의 반응에 나도 놀랐다.

눈을 감고 몇 초나 지났을까, 나는 완전한 무無와 공空의 상태에, 우주적 차원의 허공에 있었다. 성간공간에, 지구와 켄타우로스자리 알파별 사이의 어딘가에 떠 있는 듯한 느낌이라고나 할까. 그러나 이런 표현은 너무 피상적인 것이어서 당시의 깊은 평온과 안정, 비범한 형이상학적 통찰을 제대로 전하지 못한다. 나는 모든 이원성을 초월하고 존재를 완전히 이해한 상태에 있는 것처럼 느껴졌다. 이런 우주적 공백 속에 어떤 식으로든 존재와 창조의 비밀이 들어 있는 것처럼 보였다. 다시 눈을 떴을 때 나는 다르샨 이후 한 시간 이상 지났음을 알았다.

우리는 바바의 초청을 반갑게 받아들였다. 크리스티나는 스승에 대한 믿음 때문이었고, 나는 동시성 현상에 대한 호기심과 나의 이례적인 체험 때문이었다. 첫 번째 집중반에서는 놀랍고 흥미로운 또 다른 체험이 있었다. 그것은 묵타난다의 보좌역 중 한 사람인 스와미 테조가 카시미르 샤이비즘을 소개하는 강좌였다. 그가 말하기 시작했을 때 나는 점점 어리둥절해지면서 조금은 망상적으로 되어 가는 자신을 발견했다. 〈의식 연구를 위한 저널〉이라는 잘 알려지지 않고 수명도 길지 못했던 간행물이 있었는데, 그는 내가 몇 년 전에 그것의 마지막 호에 발표했던 기사의 문장을 읽고 있는 것처럼 보였다. 독특한 이미지와 비유들에 이르기까지 너무나 비슷했다.

60년대 말 메릴랜드 정신의학 연구소에서 일하던 시절, 나는 비일상적 의식상태에서 나타나는 통찰력에 대한 논문을 쓰기로 작정했다. 그것은 내가 동료들과 프라하와 볼티모어에서 가졌던 5천 번이 넘는 환각 세션의 결과에 기반을 두고 있었다. 고객들이 말한 내용에는 존재의 근본적인 문제들과 씨름한 흔적이 있었다. 현실의 본질이라든가 창조 원리의 불가사의, 우주 창조의 과정, 인간과 신의 관계, 악惡의 역할, 윤회와 업業, 시간과 공간의 수수께끼 등등이다.

나는 고객들 한 사람 한 사람의 형이상학적 통찰이 서로 너무나 비슷한 데다, 그것들이 하나로 종합될 수 있는 우주상像의 각 부분을 이루고 있음에 놀랐다. 이런 분석에서 비롯된 인간과 우주에 대한 그들의 시각은 데카르트-뉴턴 방식의 시각과는 근본적으로 달랐고, 올더스 헉슬리가 '영원의 철학'이라고 부른 영적인 체계들에 가까웠다.

또한 이런 통찰은 여러 관점에서, '새로운' 패러다임의 현대 과학과 상대론적 양자물리학의 세계관으로 수렴되고 있었다. 나의 발견을 담은 논문은 〈LSD와 우주적 유희: 환각적 우주론과 존재론의 윤곽〉이라는 제목으로 오클랜드 집중반 참가 3년 전인 1972년에 발표되었다. 그리고 이 논문은 26년 뒤에《코스믹 게임: 인간 의식 변경의 탐험》이라는 내 책의 기반이 되었다.

그런데 오클랜드 집중반의 강좌에서 테조 스와미는 뻔뻔스럽게 나의 견해와 지식을 표절하고 있었다. 그러나 잠시 뒤에, 그가 설명하고 있는 것은 카시미르 샤이비즘이지 내 논문의 내용이 아니라는 것을 알았다. 그런 영적인 사상의 기원과 내 고객들의 통찰 사이에 천 년 이상의 세월과 수천 마일의 거리가 있다는 사실이 놀라웠다. 카시미르 샤이비즘의 기원은 A.D. 8세기로 거슬러 올라간다. 카시미르의 한 현인이 어떤 환상을 보고 주도州都인 스리나가르 외곽의 어떤 곳으로 가서 바위에 새겨진 신성한 문구를 발견했는데, 이것이 나중에 카시미르 샤이비즘의 원리를 담은 시바 수트라가 되었다. 그 문구를 누가 썼는지, 발견되기까지 얼마나 오랫동안 거기 있었는지는 아무도 모른다.

20세기에 LSD-25를 복용한 슬라브계와 유태계의 중부유럽 사람들, 아메리카의 백인들, 아프리카 출신의 아메리카인들, 이런 20세기 피험자들의 체험내용이 고대 카시미르 문헌의 내용과 이렇게까지 비슷할 수 있단 말인가? 스위스 화학자가 우연히 찾아낸 반半합성의 향정신성 약물이 갖는 효과와 옛 경전에 쓰여진 지식 사이의 관계는 무엇인가? 그리고 그것들이 개인들의 이상한 헛소리가 아니라 본질적으로 같은 이야기를 하고 있고 일관성 있는 시각에서 비롯되었다는 사실을 어떻게 설명해야 하는가?

이런 의문을 푸는 일에 얼마간 매달렸지만 그 해답은 분명했다. LSD는 뇌 속에서 신경생리학적으로 작용하여 색다른 체험을 선사하는 그런 약물에 불과한 것이 아니었다. 이 진기한 물질은 인간 정신의 깊은 원동력을 자극하는 여러 촉매들 중의 하나였다. 이것을 통해서 유도된 체험은 신경화학적 가공물에 의한 정신병적 증상이 아니라 인간 정신 그 자체의 참모습이었다. 따라서 이런 체험은 다른 방법들을 — 이를테면 동양의 여러 가지 수행 기법들을 — 통해서도 자연스럽게 찾아올 수 있다.

묵타난다와의 관계는 7년 후 그가 세상을 떠날 때까지 이어졌고, 우리의 삶에서 중요한 부분을 차지한다. 크리스티나와 나는 그 뒤로도 세계 여러 곳에서 그와 만나고 싯다 요가의 명상과 주말 집중반에 참가했다. 그러는 동안 샥티팟을 받은 사람들의 자연스런 체험과 환각제를 통해서 얻은 체험을 비교해볼 기회가 많았고, 그 둘이 아주 비슷하다는 것을 확인했다.

바바와 만난 직후에 크리스티나와 나는 약물의 도움 없이 자기를 탐구하고 치료할 수 있는 홀로트로픽 호흡법을 개발했다. 이것은 깊고 빠른 호흡과 과거를 상기시키는 음악, 막힌 기운을 뚫는 특정 방식의 몸동작 같은 아주 단순하고 자연스런 방법에 의해서 비일상적 의식상태를 유도한다. 이때의 체험은 아주 강력할 수도 있어서 환각제를 통해 얻어진 상태나 카시미르 샤이비즘에서 말하는 그것과 비슷하다. 이런 사실은 LSD와 같은 물질들에 의한 체험이 단순한 화학적 가공물이 아니고 인간 정신의 참모습임을 다시 한 번 입증해준다.

묵타난다와 우리의 관계는 그의 말년에 이르러 더 깊어졌다. 매사추세츠의 댄버스에서 있었던 국제 초개인 협회(ITA: International Transpersonal Association) 회의 직후의 다르샨에서 그는 앞으로 우리가 ITA 모임들 중의 하나를 인도에서 개최하게 될 것이며 자신과 자신의 간부진도 그것을 돕겠다고 말했다. 회의는 바바가 세상을 떠나기 몇 달 전인 1982년 2월에 봄베이의 오베로이 호텔에서 열렸다. 그것은 '고대의 지혜와 현대과학'이 주제였고, 새로운 패러다임를 추구하는 과학자와 세계의 정신지도자들 사이의 의견 교환을 위한 것이었다.

이 프로그램은 스타들의 향연이었다. 과학자로는 두뇌 연구가인 칼 프리브람, 물리학의 프리초프 카프라, 생물학자 루퍼트 셸드레이크, 가족 치료사인 버지니아 새터, 신경생리학의 엘머와 앨리스 그린, 아동 발육의 권위자인 조셉 칠턴 피어스, 그 외의 많은 사람들이 참가했고, 정신적인 분야에서는 스와미 묵타난다, 마더 테레사, 배화교의 대사제 다스투르 미노치르 홈지, 터키 출신 수피 셰이크 무자페르 오작 알제라히, 도교 마스터 충량 알 황, 오로빈도 연구가 카란 싱, 성 베네딕토회의 비드 그리피스 신부, 그리고 랍비인 잘만 샤크테르- 샬로미와 쉴로모 칼레바흐 등이었다. 문화 프로그램의 하이라이트는 저녁이었는데 하시드[2]의 댄스와 할베티 제라히 수도승들의 수피 지크르[3], 음악가 폴 혼, 인도 고전 무용의 유망주인 알라르멜 발리였다. 달라이라마와 카르마파의 불참에도 불구하고 집회는 큰 성공을 거두었다. 달라이라마는 다람살라에서 봄베이로 오는 길에 병이 나서 예정되어 있던 개회사를 할 수 없었고, 카르마파는 몇 달 전에 세상을 떠나서 폐회식으로 계획했던 블랙해트 제전을 거행할 수 없었다.

회의 다음 날 바바는 인도의 전통 축제인 반다라bandara에 7백

---

2) Hassid. 18세기 동유럽에서 일어난 유태교 신비주의 집단의 일원.

3) Halveti(Khalwati). 이슬람 수피즘에서 가장 널리 퍼진 집단들 중의 하나임 / Jerrahi(Gerrahiyye). Halveti에서 파생한 수피 집단 / zikr. 수피 수행의 중심 찬송가.

명의 참가자 전원을 가네쉬푸리 아쉬람으로 초대했다. 나중에 알았지만, 바바가 봄베이의 ITA 회의에 참석한 것이 공식 석상에서의 마지막 모습이었다. 모임이 끝나고 그는 가네쉬푸리 아쉬람의 자기 방에 칩거하면서 법맥을 전수하고 세상을 떠날 준비를 했다. 크리스티나와 나는 2주일 동안 인도의 성지들을 순례하고 가네쉬푸리로 돌아와 남은 2주일은 바바와 함께 지냈다. 그는 하루에 두 번 대리석으로 포장된 안뜰에 나타나 묵묵히 앉아 있었는데 그럴 때면 아쉬람 거주자와 방문객들이 예를 드리고 선물을 바쳤다.

상황을 보니 개인적으로 그와 대화를 나눌 기회가 달리 없을 것 같았다. 그런데 갑자기 우리가 떠나기 이틀 전에 상황이 바뀌었다. 바바의 시중을 드는 노니가 바바께서 우리를 보고 싶어하신다고 5시에 명상 홀로 오라고 말했다. 거기서 우리의 명상을 인도해 주려는 것이었다. 아쉬람의 심장인 명상 홀은 묵타난다의 스승 니트야난다가 작은 집을 짓고 살았던 장소에 지어졌는데, 이 명상 홀의 중요한 상징은 커다란 호랑이(시바 신을 모시는 짐승) 가죽이었다. 몇 개의 문들 중에서 하나는 바바의 침실로 통하고, 다른 하나는 지하로 내려가는 계단을 향해 뚫려 있다. 지하의 '호랑이 굴'은 또 하나의 중요한 명상 장소였다.

크리스티나와 나는 지정된 시간에 어두운 명상 홀로 와서 커다란 가죽 위에 앉았다. 우리가 명상을 시작한지 5분가량 지났을 때 바바의 방문이 조용히 열리더니 그가 걸어 나왔다. 그는 아무 말 없이 크리스티나에게로 가서 약 15~20초 동안 그녀의 두 눈알을 눌렀다. 그런 다음 내게로 와서 같은 행동을 했다. 그의 엄지손가락들이 내 눈 속으로 너무 파고들어서 거의 망막에 닿는 느낌이었다. 내 머릿속의 압력과 고통이 너무 커서 그의 손을 밀어내고 싶었지만 참았다. 나의 두 눈에 그 누구도, 아무리 싯다 요가의 스승이라 해도, 그런 짓을 해서는 안 된다는 생각이 들었지만, 그러나 호기심이 더 강했고 나는 스스로 다짐했다. "이것은 정말 재미있는 일이야, 그대로 있어!" 나는 그렇게 했다.

압력이 도저히 참을 수 없을 지경에 이르렀을 때 내 머리가 밝은 빛 속으로 폭발하더니 그것이 차츰 별들 가득한 하늘의 모습으로 바뀌었다. 우주적인 황홀경이 찾아와 행복에 넘치는 공성空性으로 이어지는 느낌이 처음 묵타난다에게서 샥티팟을 받고 체험했던 것과 비슷했다. 이 체험은 LSD 세션에 의한 것만큼 강력했지만 길이는 그보다 짧았다. 크리스티나의 체험도 똑같이 강력했는데 그것은 밤새도록 이어졌다. 그녀는 살아오면서 여러 남자들로부터 학대당한 일련의 기억들을 상기했으며, 그것을 감정의 정화와 묵은 상처의 치유로 받아들였다.

다음 날 노니는 바바가 같은 시간에 명상 홀에서 다시 우리를 보고 싶어한다고 전했다. 어제와 같은 일이 반복되었는데 이번에는 다른 요소가 첨가되었다. 그는 잿가루로 몇 가닥 가로줄을 그은 자신의 이마(시바 신의 표식)를 우리의 이마에 마주대고 우리의 콧구멍 속으로 바람을 세게 불어넣었다. 이번 체험은 우리 두 사람에게 어제보다 훨씬 기분 좋게 느껴졌다. 우리가 아쉬람을 떠나는 날 아침 출발을 조금 앞두고 예기치 않게 바바가 자신의 방으로 우리를 불렀다. 생각해보면 이것은 마지막 인사를 의미하는 것이었다.

먼저 그는 우리 각각에게 명상용 숄과 짙고 아름다운 자수정을 하나씩 주었다. 그런 다음 그 자수정을 황금으로 세팅해서 반지로 만들라고 말한 뒤에 그것을 항상 착용하는 것이 중요하다고 강조했다. 헤어지면서 그는 수수께끼 같은 말로 우리를 놀라게 했다. "돌아가서 사람들과 함께 계속 일하라! 내가 너희를 도울 것이다. 너희들은 나의 일을 하고 있는 것이다!" 그리고 나서 우리에게 가라는 손짓을 했다. 이것이 우리가 마지막으로 본 바바의 모습이었고, 남아 있는 것은 이 비범한 인물과 그가 연출했던 의식의 유희에 관한 기억들이다.

신봉자들은 자신의 스승 주변에서 일어났던 수치스런 사건들을 다음과 같은 말로 설명하려 한다. 큰 빛은 큰 그림자를 만들고 그런 그림자는 교화를 방해하는 어둠의 세력에 의해서 발생한다고. 묵타난다의 빛은 그것의 그림자가 크고 어두웠기 때문에 더 밝았음이 틀림없다. 그의 삶의 마지막 남은 몇 달은 젊은 여인들과의 난잡한 섹스에 관한 소문으로 더럽혀졌다. 소문에 놀란 신봉자들은 자기 스승의 위선과 결함을 용서할 수 없다면서 그를 떠났다. 다른 신봉자들은 그런 소문을 믿지 않기로 결심하거나, 소문의 진상을 진보한 탄트라 수행의 관점에서 이해하려고 노력했다. 이런 관점은 인도의 문화에서는 받아들여질 수도 있겠지만 서양에서는 올바르게 받아들여지기 어렵다.

묵타난다가 세상을 떠난 뒤의 상황은 법맥을 이어받은 두 사람의 동기 치트빌라사난다와 니트야난다 사이의 갈등으로 더 복잡해졌다. 추문이 인도와 미국의 언론을 통해 널리 알려졌고, 측근자 그룹 내부에 이미 존재하던 균열은 더 깊어졌으며, 이것은 다른 많은 신봉자들에게 있어서도 마찬가지였다. 어떤 보도에 따르면 그 당시 전 세계의 묵타난다 신봉자 수는 10만이 넘었다고 한다.

크리스티나와 나는 두 번 더 가네쉬푸리 아쉬람을 방문했으나 과거의 마법적인 분위기는 느껴지지 않았다. 우리는 이 집단과 조직을 떠났지만, 다른 차원에서는 싯다 요가에 연결된 채로 남아 있다. 바바는 우리의 꿈과 비일상적 의식상태 속에서 계속 나타났고, 우리는 강력한 싯다 요가의 의례에 참여하는 체험을 되풀이했으며, 그 속에서 '시바 에너지'와의 강한 유대를 느꼈다.

◆◆◆

이 싯다 요기는 우주적인 조종자인가?

묵타난다와 싯다 요가를 통해서 우리가 체험한 것들 중 가장 중요
한 부분은 동시성 현상이 너무나 자주 발생했다는 점이다. 우리는
싯다 요가 집단과 관계가 있던 사람들에게서 수시로 그런 얘기를
들었다. 이곳저곳의 아쉬람에서 정기적으로 있었던 주말 집중반에
는 바바와의 만남에 대해 신기한 이야기를 하는 사람들이 많았다.
이런 이야기들에는 내가 그의 세계에 발을 들여놓게 만든 것과 같
은 이상한 우연의 일치가 항상 포함되어 있었다.

　　그중의 한 실례가 버려진 광산의 보석 부스러기를 찾기 위해
오스트레일리아의 유령 마을[1]에서 얼마간을 지낸 한 남자의 이야
기이다. 금방 무너질 듯한 오두막에서 혼자 지냈던 그는 긴 저녁 시

---

1)　ghost town. (특히) 미국 서부에서 옛날에 금광으로 번창하다가 주민이 없어진 도시.

간 동안 촛불 아래서 책을 읽었다. 이전 거주자가 그 오두막의 벽에 공작 깃털의 막대기를 들고 스키 모자를 쓴 이상한 검은색 피부의 남자 초상화를 남겨두었다. 그 그림에는 주인공이 누구라는 설명이 없었지만 그것은 어쨌든 스와미 묵타난다의 스타일과 일치했다.

어느 날 저녁 읽던 책에서 눈을 뗀 이 사람은 우연히 그림 속에 있는 사람의 얼굴을 바라보았다. 초상화 속의 두 눈에 시선을 집중하자 그 주인공의 눈동자에서 나오는 듯한 밝은 섬광이 그의 미간을 찔렀다. 그러자 격한 감정의 물결이 일면서 강한 육체적 반응이 뒤따랐다. 이런 체험은 그 뒤로 며칠 동안 계속되었고, 그다음 두 주일 동안 일어난 어떤 사건들을 통해서 이 사람은 바바의 멜버른 아쉬람에 왔다. 그는 주말 집중반에 참가하기로 결심했고, 여기서 샥티팟이 무엇이라는 것과 그것이 여러 가지 방식으로 이루어질 수 있음을 알게 되었다. 그 뒤로 그는 바바의 열렬한 신봉자가 되었다.

묵타난다의 상급 제자인 우리의 친구 한 사람은 자신의 초창기 체험을 이렇게 얘기했다. 묵타난다는 서양인들에게 야무나, 사다시바, 두르가난다, 시바난다, 락슈미, 같은 인도식 이름을 주기를 좋아했다. 그의 제자와 신봉자들은 대체로 다르샨을 통해서 새로운 이름을 받았는데, 여기에는 스승과의 간단한 신체접촉, 몇 마디 말, 헌물獻物이 포함되었다. 열렬한 신봉자로서 의욕에 부풀어 있던 그녀는 자신의 친구와 함께 줄지어 서서 새로운 이름을 받기를 기다리고 있었다. 기다리기가 지루해진 그녀는 기분 전환을 위해 농담을 했다. "바바가 어떤 이름을 주실지 알 것 같애." 그녀가 밝게 웃으면서 말했다. "우리를 크리파Creepa와 크리피Creepie로 부르실 거야." 몇 분 뒤에 그녀가 받은 이름은 놀랍게도 크리파난다Kripananda, 즉 '은총의 행복'이었다.

주말 집중반에서 들은 수많은 이야기들 중에 주목할 만한 것이 하나 있다. 이것은 바바의 개들 중 한 마리를 치료하러 왔던 어떤 말리부 수의사에 관한 이야기이다. 묵타난다가 전 세계를 여행할 때는 그가 묵을 장소를 물색하기 위해 측근들 중의 한 사람이 먼저 여행했다. 측근들은 이를 위해 분위기가 좋지 않은 동네의 허름한 건물을 택해서 그것을 수리하여 얼마 동안 아쉬람으로 사용하는 일이 많았다. 이것은 무언가를 원래보다 훨씬 좋은 상태로 만들기 위한 카르마 요가처럼 보인다.

바바는 자신이 머무는 지역 어디서든지 습관적으로 산책을 했고 그곳의 평판을 별로 두려워하지 않았다. 그 자신은 염려하지 않았지만 그런 그를 신봉자들은 더 크게 염려했고, 그래서 누군가가 그를 보호하도록 커다란 개 두 마리를 선물했다. 바바가 말리부에 머물고 있을 때 개 한 마리가 병이 들어 측근들 중의 한 여성이 그 지역의 수의사 전화번호를 찾아냈다.

수의사는 아쉬람에 도착하여 바바를 만나지 않고 개만 치료한 뒤 집으로 돌아가다가 강렬한 감정 분출과 몸떨림을 수반한 크리야를 체험했다. 그 후 며칠 동안 이상한 우연의 일치를 체험한 그는 결국 명상 홀에 앉아서 '옴 나마 시바야'를 노래하게 되었다. 묵타난다는 농담 삼아 가끔 샥티팟과 크리야의 에너지인 샥티를 전염되기 쉽고 우리가 '붙잡을'[2] 수 있는 것인 감기에 비유했다.

신봉자들의 체험담을 이어나가기보다 우리 자신이 직접 겪은

---

[2] catch. 감기에 걸린다는 말을 catch a cold라고도 한다.

사례를 몇 가지 제시하겠다. 첫 번째 이야기는 80년대 초에 있었던 일련의 동시성 현상들에 관한 것이다. 그것은 묵타난다의 측근 의사인 가브리엘이 크리스티나와 내가 살고 있는 캘리포니아 빅서의 우리 집에 전화를 걸면서 시작되었다. 그는 자신이 빅서를 지나고 있는 중이고 긴히 상의할 문제가 있는데 잠깐 들러도 되겠느냐고 물었다.

그의 방문 이유는 아쉬람 측 매스컴 담당자들이 바바가 죽음이라는 주제에 대해 말한 내용을 만족스럽게 생각하지 않기 때문이었다. 리포터는 그 주제에 그다지 친숙한 사람이 아니었고 흥미로운 질문을 던지지도 못했다. 가브리엘은 내가 말기 암환자들에게 환각요법을 적용했었고 죽음의 심리학과 철학에 관심이 많다는 사실을 알고 있었다. 그는 메모장을 들고 앉아, 죽음과 관련해서 서양의 정신과의사와 의식 연구가들이 요기에게 물음직한 가장 흥미로운 질문이 무엇인지 말해달라고 했다.

세 시간 정도 대화를 나눈 끝에 가브리엘은 우리가 하는 일이 별 의미가 없다는 것을 알았다. 다른 사람들이 질문할 내용을 작성하기보다도 내가 질문자가 되어야 한다는 것이 분명해졌다. 그 당시 바바는 마이애미 아쉬람에 머물고 있었는데 가브리엘은 우리가 마이애미로 가서 인터뷰를 진행하면 좋겠다는 뜻을 비쳤다. 그러나 문제가 있었다. 거기에 드는 비용을 아쉬람에서 지불하진 않을 것이고 우리에게는 여유 자금이 없었다. 게다가 우리는 마이애미 쪽이 아닌 오스트레일리아에 가서 워크숍을 진행하고 다시 1982년 국제 초개인 회의를 준비하러 인도에 가야 했다.

오랜 논의 끝에 결국 우리가 마이애미에 가기로 결정했다. 바바를 만나는 것은 항상 재미있었고, 죽음에 관한 그의 견해도 한번

들어보고 싶었다. 마이애미로 떠나기 조금 전에 우리는 에살렌에
서 예정되어 있던 워크숍을 치렀다. 에살렌 프로그램은 원래 네 개
가 함께 진행되었는데 그 하나하나마다 참가자 수가 제한되어 있
었다. 마이애미에 가기로 결정하고 얼마 안 되어 우리의 워크숍에
참가 신청이 몰리기 시작했다. 다른 워크숍들 중의 하나는 사람들
의 흥미를 끌지 못해 취소되었고, 나머지 둘은 신청 미달이었다. 그
래서 에살렌은 우리 워크숍의 몫을 늘렸고, 우리는 호흡법에 사용
할 공간이 부족할 정도로 희망자가 많아서 나중에 신청한 사람들
은 어쩔 수 없이 돌려보내야 했다.

　우리의 워크숍에 갑자기 관심이 많아진 것은 신기한 일이었
다. 에살렌은 프리츠 펄스[3]의 유산으로 무료 게슈탈트 세션을 제
공했고, 원하는 모든 체류자와 연구원들이 그것을 이용할 수 있었
는데, 우리의 워크숍에 참가하지 못한 몇 사람이 실망과 분노의 감
정을 해결하기 위해 게슈탈트 모형의 '뜨거운 자리[4]'를 신청하기
도 했다. 워크숍이 끝나고 회계 전표를 받았을 때, 다른 워크숍들
이 꽉 찼을 경우 우리가 받게 될 수당과 우리가 실제로 받은 수당
의 차이가 몬테레이에서 마이애미까지의 왕복표 두 장 값에 이르
는 것이었다. 묵타난다 신봉자들은 이와 같은 사건을 일러 구루 크
리파kripa라 부르곤 했는데, 글자 그대로 '스승의 은총'으로 볼 수밖
에 없었다.

　화요일 날 마이애미 아쉬람에 도착한 우리는 금요일로 예약

---

3)　Fritz Perls. 독일의 정신과의사이자 형태주의 심리치료의 창시자.
4)　집단상담의 여러 모형 중 하나인 게슈탈트(형태주의) 모형에 빈 의자(empty chair) 기법과 뜨
거운 자리(hot seat) 기법이 있다. 이중 후자는 집단 중 한사람이 지도자와 대면하여 구체적인 문제
에 맞닥뜨리는 방법을 사용한다.

되어 있던 바바와의 인터뷰가 취소되었음을 알았다. 그의 상태가 좋지 않아 주말 집중반 전에 약간의 휴식이 필요했던 것이다. 그래서 바바와의 인터뷰 대신 매스컴 담당자들 중의 한 사람과 초개인 심리학에 관해 인터뷰를 했다. 우리는 일단 마이애미로 온 이상 주말 프로그램에 참가하고 싶었으나 토요일 밤늦게 멜버른으로 떠날 비행기가 예약되어 있었다. 우리는 예외적이고 반칙적인 일을 감행하여 집중반의 전반부만이라도 참가할 수 있도록 바바에게 요청했는데, 놀랍게도 이것이 허락되었다. 그러나 집중반 참가에 필요한 회비를 전부 다 지불해야 하는지 반만 지불해도 되는지 하는 문제가 있었다. 바바는 또 다른 예외를 만들어 보통 비용의 반인 150 달러를 지불하도록 했다.

우리가 명상 홀에 막 들어가려고 할 때 또 놀라운 일이 벌어졌다. 문 옆의 젊은 여성이 활짝 웃으면서 방금 인쇄기에서 막 나온 것 같이 빳빳한 50달러 뭉치 세 다발을 내미는 것이었다. "당신들 돈 여기 있어요." 그녀가 말했다. "바바가 회비를 받지 않으시겠대요. 당신들은 바바의 손님으로 오신 거예요." 모든 것을 볼 때 스승은 우리를 특별대우하고 있는 것 같았다. 그러나 이런 느낌은 집중반 첫날의 마지막 순간에 날아가 버렸다. 다르샨을 위해 늘어선 사람들 틈에 우리도 선물을 들고 서 있었는데, 맨 앞의 남자와 얘기하고 있던 그는 말 한마디도 하지 않고 거부하는 손짓으로 우리를 돌려보냈던 것이다.

깊은 애정과 철저한 무관심을 결합한, 차가운 모습을 보이면서 이따금 기를 꺾는 말까지도 서슴지 않는 이런 '스웨덴 샤워'식의 태도는 신봉자들의 자만심과 독점욕을 없애기 위한 바바의 전략인 것처럼 보였다. 우리는 멜버른까지의 긴 여행에 대비하여 택시를 타고 공항으로 갔다. 비행기는 만원이었고 이코노미 클래스는 우리처럼 다리가 긴 사람에게는 너무 좁았다. 낮 동안의 일로 피로한 상태에서 옹색한 좌석에 갇힌 우리는 패배자처럼 느껴졌고 어쩔 수 없는 상황에서 체념하는 마음으로 포기했다.

그때 갑자기, "스태애앤, 크리스티이나!" 누군가의 커다란 목소리가 우울하게 앉아 있던 우리를 일깨웠다. "이게 웬일이요! 당신들이 이 비행기를 탈 줄 알았더라면 일등석에 앉혔을 텐데. 하지만 비즈니스 클래스에 자리 두 개가 있어요." 알고 보니 이 사람은 공항의 여객 계원으로서, 2년 전에 우리의 에살렌 워크숍에 참가했었고 홀로트로픽 호흡법을 통해 인생을 바꿀 만한 아주 좋은 경험을 했던 것으로 밝혀졌다. 비즈니스 클래스에 편안히 앉아서 우리는 생각했다. 이것은 정말로 있기 힘든 우연의 일치가 아니면 스승이 베푸는 은총의 바다에서 또 하나의 물마루를 장식하는 것이리라.

멜버른 공항에 도착하니 친구이자 우리가 묵게 될 집의 주인인 뮤리엘과 알 푸트가 마중을 나와 있었다. 시가지를 달리는 동안 그들은 우리가 자기들의 가까운 친구 집에서 첫날 낮과 밤을 지내도록 준비했다고 말했다. 그들의 친구란 오스트레일리아의 유명한 오페라 가수인 그렉 뎀프시와 그의 아내 애니였다. 뎀프시의 집에 도착한 우리는 또 놀랐다. 그렉과 애니는 둘 다 묵타난다 신봉자였던 것이다. 집 안은 바바의 사진들로 가득 채워져 있었고 욕실에까지도 하나가 걸려 있었다.

아침식사를 기다리며 앉아있는데 갑자기 뮤리엘이 수줍은 듯이 말을 꺼내더니 어떤 젊은 여성을 우리와 만나도록 아침식사에 초대했다는 것이었다. "정말 미안해요. 당신들이 피로한 줄 알지만," 그녀가 사과했다. "사람들이 내게 전화해서 당신들이 멜버른에 있는 동안 개인적으로 좀 만나게 해달라고 조르잖아요. 그럭저럭 전부 다 거절했는데 이 여자만은 어쩔 수 없었어요. 그녀는 약간 특별해요. 당신들처럼 죽어가는 사람들 곁에서 일했고, 아주 괜찮아 보였어요."

뮤리엘은 몰랐지만, 그날 아침에 방문한 여성은 멜버른의 싯다 요가 아쉬람에서 왔음이 밝혀졌다. 그녀가 말하는 내용은 다음과 같았다. 막 방문을 나서려는데 전화벨이 울려서 받아보니 바바가 아쉬람 사람들에게 통보하는 전화였다. 우리가 멜버른에 갈 것이고 우리는 '그의 일을 하는 중'이므로 아쉬람 사람들이 우리를 도와야 한다는 내용이었다. 아침을 먹으면서 바바에 관한 이야기를 많이 듣고 오스트레일리아에서도 싯다 요가 집단이 지역 특색에 적응하면서 자라나고 있음을 알았다. 그렉과 애니의 집에서 하룻밤을 보내고, 다음 날 푸트가 우리를 인근의 블랙우드로 데려갔다. 여기에 그의 집과 세미나 장소가 있었다. 그날 저녁에 우리는 홀로트로픽 호흡법 워크숍을 시작했는데, 싯다 마술은 여전히 계속되는 것 같았다. 참가자 스물다섯 명 중에서 여덟 명이 푸른빛과 푸른 진주, 푸른 인물상을 보았는데, 싯다 요가는 이런 현상들을 영적인 여행에서의 아주 상서롭고 중요한 단계로 여긴다.[5] 한 참가자

---

5) 묵타난다의 가르침에 따르면, 육체는 붉은빛으로, 감정·지성체는 흰빛으로, 인과체는 검은빛으로, 초超인과체는 푸른빛으로 보인다. 그다음 천 개의 태양과 같은 밝은 빛을 볼 때 그 중심에 푸른 진주가 보이는데 그 속으로 들어가 그것과 합쳐지는 것이 싯다 요가의 목적이다. 어느 시점에 이르면 푸른 진주 속에 자기가 숭배하는 신이 보이고 그것이 사람 형체만큼 자라나 조언을 하고 축복을 주기도 한다.

는 무슨 의미인지도 모르고 자동적으로 '옴 나마 시바야'를 읊조리기 시작했다. 우리가 묵타난다와 연결되어 있다는 것을 아는 사람은 참가자들 중에 아무도 없었다.

또 하나의 흥미로운 사건은 2년 뒤에 일어났다. 앞에서도 말했듯이 우리가 마지막으로 바바를 만났을 때 그는 우리에게 짙은 색깔의 자수정을 하나씩 주고 그것을 반지로 만들어 항상 착용하라고 했었다. 나중에 안 일이지만 이 보석을 선택한 것은 어떤 의미가 있었다. 자수정(amethyst)은 옛날부터 중독을 막는다고 알려져 왔는데, 그리스어의 Methystos는 '중독되다'이고 a-는 부정하는 뜻의 접두사라는 점을 생각하면 그럴 수도 있다. 이것은 환각제를 다루는 나의 연구와 크리스티나의 알코올 문제를 감안했던 것처럼 보인다.

인도에서 돌아온 뒤 얼마 안 가서 일련의 자연재해로 빅서 연안이 황폐화되었다. 벤타나 황야를 16만 에이커나 태운 큰불이 '순결한 마음의 은신처[6]'에서 벤타나 호텔 근처까지 약 20마일에 걸친 바닷가 산지의 나무들을 모두 잿더미로 만들었다. 그다음에 몰아닥친 폭풍우가 아무것도 없는 산비탈을 휩쓸면서 큰 산사태가 일어났고, 에살렌에서 몬테레이와 몬테레이 공항으로 이어진 멋진 경관도로는 여러 주일 동안 차단되었으며, 에살렌의 모든 워크숍이 취소되었다.

이로 인해 에살렌은 상당한 재정적 손실을 입었고 우리는 손실이 더 컸다. 그 당시 우리의 예산은 아주 한정되어 있었으니 몇

---

6) Hermitage of the Immaculate Heart. 1958년에 설립된 카말돌리회 수도원으로, 몬테레이 만 남쪽 바닷가에 있음.

개의 워크숍에서 수입이 없어지자 생활이 어려웠다. 바바의 권고에 따라 자수정을 황금으로 세팅하여 반지로 만들기에는 적당한 시기가 아니었다. 우리 부부 두 사람 중에서 보다 합리적이었던 나는 이 일을 뒤로 미루려 했지만, 크리스티나는 일을 그대로 강행해야 할 것 같은 느낌이 강하게 들었다. 그다음 카멜 시로 쇼핑을 갔는데, 평소 같으면 두 시간 걸릴 거리를 산사태로 인하여 돌아가느라 일곱 시간이 걸렸지만, 어쨌든 우리는 보석상에 들러 반지를 주문했다.

2주일 후 유럽에서의 워크숍 여행 첫 번째 기착지인 프랑스로 떠나면서 공항으로 가는 길에 반지를 찾았다. 파리에서의 첫 번째 워크숍은 약 서른 명이 참가한 주말의 홀로트로픽 호흡법이었다. 사람들 틈을 돌면서 인사를 나누고 있을 때 시몬이라는 한 여성이 복부의 만성 통증이 심각하여 일상생활을 제대로 할 수 없다고 푸념했다. 여러 차례 진료를 받아보았지만 의학적으로는 통증의 원인을 찾지 못했고, 심신상관성의 문제인 것 같아서 호흡법을 통해 원인을 알아보고 싶다는 것이었다.

문제점을 빨리 알고 싶었던 그녀는 자신의 호흡 파트너에게 말하여 자기가 먼저 호흡을 시작했다. 그녀에게 나타난 효과는 아주 강력해서 많이 울부짖고 몸을 버둥거렸다. 한 시간쯤 지나자 그녀는 큰 소리로 나를 부르더니, 배의 고통이 훨씬 심해졌는데 내가 어떻게 좀 해줄 수 없느냐고 물었다. 이럴 때 대체로 우리가 하는 방식은 외부에서 압력을 가하여 오히려 고통을 가중시키면서 환자가 자신의 느낌을 표현하도록 조장하는 것이었다. 나는 시몬에게 배에 힘을 주라고 말한 뒤 자수정 반지를 낀 오른손으로 통증 부위의 중심에 압력을 가했다. 그런 다음 이런 처치에 대한 자신의 감정 반응을 소리와 몸짓으로 마음껏 표현하라고 격려했다.

시몬은 팽팽해진 배로 나를 밀쳐냈고 그녀의 얼굴은 더욱 일그러졌다. 그녀는 숨을 참고 있었으며 얼굴이 자줏빛으로 변했는데, 갑자기 내가 한 번도 들어본 일 없는 무서운 비명소리가 터져나왔다. 그녀는 정상적으로 숨쉬기 시작했고 깊은 이완상태가 찾아오면서 안면에 행복한 미소를 떠올렸다. 잠시 뒤에 그녀는 오랜 고통에서 처음으로 해방된 것 같다고 말했다. 저녁에 모두 모여 각자의 경험을 얘기할 때 그녀는 자신에게 일어난 일을 설명했다.

처음 얼마 동안은 어떤 친척에 의한 여러 차례의 성폭행을 포함해서 복통과 관련된 출생 이후의 몇 가지 기억들이 떠올랐다. 그런 다음 체험이 깊어지더니 출생 당시의 기억이 되살아났다. 산도를 어렵게 빠져나오고 있다고 느꼈을 때 그녀는 복통의 부위가 자신이 세상에 나오려고 버둥거리면서 겪은 고통과 관련되어 있음을 알았다. 세션이 진행되는 동안 시몬은 폭행과 성적 학대를 포함한 인간사의 장면들이 떠오르기 시작했다. 그녀가 나를 불렀던 것은 이때였다. 고통이 점점 자라나서 더 이상 견딜 수 없는 지경이 되었기 때문이었다.

"당신이 내 배를 눌렀을 때는 정말 놀랐어요." 그녀가 나중에 다시 자세히 설명했다. "고통이 점점 심해져서 더 이상 참을 수 없었지만 포기하지 않고 그대로 버티려고 노력했지요. 어느 시점에 이르자 괴로운 것은 내가 아니고 인류 전체였어요! 그리고 모든 것이 깊은 푸른빛 속으로 폭발했는데, 이때의 빛은 말할 수 없이 아름다웠지요. 파리 시내의 곳곳에 포스터가 붙은 인도인 구루의 모습이 그 빛 속에 나타났어요. 그는 거무스름한 안경과 빨간 스키 모자를 쓰고 공작 깃털이 달린 작대기를 들고 있었어요."

우리가 파리에 도착하기 두 주일 전에 묵타난다의 후계자인 니트야난다가 파리를 방문하여 주말 집중반을 열었었고, 그와 스승의 모습을 함께 담은 포스터들이 도시 전체의 많은 벽과 기둥에 붙어 있었다. 크리스티나가 자신의 커다란 지갑에서 묵타난다의 사진을 꺼내 묻는 듯한 표정으로 시몬에게 보여주었다. "맞아요, 이 남자예요, 재미있는 사람이네!" 그녀는 확인하고 나서 덧붙였다. "하지만 내 체험은 당신의 자수정 반지하고도 관계가 있었어요. 푸른빛이 분명히 그 반지에서 나오는 것 같았거든요!"

시몬의 치유담이 자수정 반지라든가 그것을 준 묵타난다만이 아니라 푸른색과도 관련된다는 것은 흥미로운 일이다. 앞서도 말했듯이 푸른빛과 푸른 인물상의 영상은 싯다 요가에서 중요한 의미가 있으며 아주 상서로운 것으로 여겨진다. 몇 년 뒤에 프랑스의 다른 워크숍에서 시몬을 만났는데, 그녀는 파리에서의 워크숍 이후 복통이 사라졌다고 말했다.

우리가 직접 체험하거나 바바의 신봉자들이 말한 동시성 현상의 사례는 수없이 많다. 바바는 신봉자들의 꿈과 명상, 환각 세션 속에 나타났는데, 이런 환상적인 방문은 그 사람들의 일상생활에서 일어나는 사건들과 밀접한 관계가 있는 것 같았다. 이런 놀라운 우연의 일치를 겪으면서 그들은 자신에게 일어나는 모든 일을 바바가 알고 좋은 방향으로 조정해준다고 생각했다. 그리하여 그는 인형 조종자처럼 물질계의 배후에서 10만이 넘는 신봉자와 제자들의 삶을 감독하고 조종하는 초인으로 인식되기에 이르렀다.

나는 이것이 흥미롭고 궁금했으므로, 25년이 넘도록 바바와 함께 지낸 스와미 아마에게 바바 자신은 신봉자들의 이런 자세를 어떻게 생각하는지 알아봐 달라고 부탁했다. 그녀는 동의했고 며칠 뒤, 그 말을 들은 바바가 신봉자들의 그런 웅대한 환상에 대해서 웃음을 터뜨렸다고 내게 말했다. 바바가 그녀에게 설명한 내용은 이렇다. 40년이 넘는 순례와 혹독한 수행을 통해서 일반인에게 숨겨진 보다 높은 차원을 여러 차례 경험한 결과 자신은 그런 영역들과 그것들이 일상적 현실에 영향을 미치는 수단의 일부가 되어버렸다는 것이다.

그는 또 아마에게, 원한다면 자신은 뛰어난 영매가 하는 것처럼 명상 상태에서 다른 세계들에 정신을 집중하여 필요한 정보를 얻을 수 있다고도 말했다. 그러나 그는 무엇보다도 영적인 것들을 꾸준히 탐구하면서 지금 여기와 일상생활 속의 단순한 것들에 더 집중했다. 이를테면 요리하기를 좋아해서, 그가 자신이 만들고 있는 음식의 색깔과 재료, 냄새, 맛의 모든 것에 몰두해 있는 동안에도 수천의 신봉자들은 그를 자기네 인생의 의식적이고 유익한 설계사로 생각한다는 것이다. 자신이 수천이나 되는 신봉자들의 삶을 관찰하면서 그들을 위해 놀라운 동시성 현상과 의미심장한 사건들을 만들어내고 있을 거라는 상상에 그는 아주 재미있어했다. "그것은 일이 너무 많아, 나는 내 인생이 단순한 것을 좋아해." 그는 장난스럽게 웃으면서 말했다.

◆◆◆

백조의 춤

영靈의 배를 타고 떠나는 샐리시 족의 저승 여행

홀로트로픽 의식상태가 저절로 찾아왔든 유도에 의해서 생겨났든 그것을 경험한 사람들의 인생에는 동시성 현상의 사례가 아주 많다. 그것들은 대부분 단독적인 현상이지만, 그것들이 계속 이어지거나 한꺼번에 나타나는 특별한 경우도 자주 있다. 수십 년에 걸쳐서 우리는 환각요법과 홀로트로픽 호흡 세션, 심령적 위기 상황 등과 관련하여 한꺼번에 나타나는 동시성 현상들을 자주 보았고 또 직접 체험했다. 여기 말하는 사건들은 우리가 에살렌에서 한 달 세미나를 진행하고 있을 때 일어났다. 그 당시 크리스티나는 정신적 비상사태를 겪고 있는 중이었다.

크리스티나의 체험들은 개인무의식과 집단무의식의 여러 층에서 솟아난 요소들을 포함하고 있었다. 어떤 체험에서 그녀는 아동기와 유아기의 고통스런 기억들을 떠올렸고, 또 다른 체험들에서는 출생 당시의 정신적 외상이 되살아났다. 또한 과거에 러시아와 독일, 17세기 북미에서 살았던 기억으로 보이는 강력한 체험들이 연속적으로 찾아왔다. 그녀는 이따금 다양한 원형적 인물상과 동물들의 환상을 보았다. 그중에서 특히 중요한 부분은 공작과 백조를 포함한 새들이었는데, 이것은 싯다 요가나 그녀의 스승인 스와미 묵타난다와 관계가 있었다. 세미나를 진행 중이던 어느 날 크리스티나는 백조가 나오는 의미심장하고 강렬한 환상을 보았다.

다음 날의 초청 강사는 잘 알려진 인류학자이자 우리의 친구인 마이클 하너였다. 마이클은 흔히 '신비주의 인류학자'로 불리는 그룹에 속해 있었다. 보통의 인류학자들과 달리 마이클과 바바라 미어호프, 피터 퍼스트, 딕 캐츠, 크리스천 래취, 카를로스 카스타네다 같은 그의 동지들은 현지 조사에 있어서 이론 위주의 냉정한 관찰자들이 갖는 자세를 취하지 않았다. 자신들이 연구하는 문화의 의례에서 페요테나 환각버섯, 아야후아스카, 다투라 같은 의식 변환 약물이 사용되든 무아지경에 들어 밤새도록 춤을 추든 약물 없이 '신성한 기법'이 사용되든 거기에 직접 참여했다.

마이클이 샤먼들의 방법론과 그들의 내면세계를 경험하기 시작한 것은 1960년대였다. 그는 미국 자연사박물관에서 계획한 1년간의 페루 아마존 탐사 여행에 초대되어 우카얄리[1] 강 유역 코니보 원주민의 문화를 연구했다. 정보제공자는 그에게, 정말로 알고 싶다면 샤먼들의 신성한 음료수를 마셔야 할 거라고 귀띔했고, 조언을 받아들인 그는 아야후아스카를 마셨다. 이것은 밀림의 덩굴 식

---

1) Ucayali. 아마존 강 원류의 하나로 페루 남부 안데스 산맥 동쪽에서 시작하여 북쪽 아마존 강으로 흘러든다. 상류의 고지대에 잉카 유적이 있다.

물인 바니스테리옵시스 카아피와 원주민들이 '혼의 넝쿨'이라든가 '작은 죽음'으로 부르는 카와나무 잎을 달인 물이다. 그는 말로 표현할 수 없는 환상 여행 속의 불가시적 차원을 통과하면서 죽음을 체험하고 현실의 본질에 관한 깊은 통찰력과 계시를 얻었다.

　　나중에 마이클은 자신이 보았던 모든 것을 코니보 족의 한 나이 많은 샤먼이 아주 잘 알고 있고 자신의 아야후아스카 체험이 묵시록에 나오는 어떤 문장들과 비슷하다는 것을 깨달았을 때 이 세상에는 탐험해야 할 감춰진 세계가 실제로 존재한다는 것을 확신하게 되었다. 그는 샤머니즘에 관해 배울 수 있는 것은 모두 배우기로 결심했다. 3년 뒤에 그는 1956~57년 동안 함께 살며 연구했던 에콰도르의 히바로 족을 찾아서 다시 남아메리카로 갔다. 거기서 그는 또 다른 세계에 발을 들여놓는 중요한 체험을 했고, 이것이 샤먼의 길을 발견하는 기폭제가 되었다. 히바로 족의 뛰어난 샤먼인 아카추와 그의 양자가 마이클을 아마존 밀림 속 깊은 곳의 신성한 폭포로 데려가서 그에게 브루그만시아 종의 다투라 추출액인 마이쿠아 한 모금을 주었다.

　　학계의 인정을 받고 있던 마이클은 이때의 체험과 그 외의 다른 체험들을 겪으면서 샤머니즘을 직접 실천하고 가르치게 되었다. 그는 아내인 산드라와 함께 샤먼 연구 재단을 설립하고 워크숍을 개최했다. 마이클은 〈샤먼의 길〉이란 책을 썼는데, 이 속에는 세계 각지의 샤먼들이 사용하는 방법들에 대한 설명과 서양인이 그것을 이용할 수 있게 하는 내용이 담겨 있다.

　　에살렌에서 우리의 워크숍이 진행되는 동안 마이클은 미국 북서부 샐리시 족 원주민이 사용하는 '영의 배(spirit canoe)'라는 방법을 이용했다. 그는 북을 치면서 세션을 시작하여 참가자들이 어떤 짐승과 하나가 된 느낌이 들 때까지 움직이고 춤추게 했다. 사람들은 오래가지 않아서 웅크리거나 네 발로 기고 뛰면서 돌아다니고, 기어오르거나 땅을 파거나 할퀴거나 헤엄치거나 날아다니는 모습을 보였다. 에살렌의 빅 하우스에 있는 메인홀은 짐승과 새들의 알아듣지 못할 소리들로 가득 찼다. 모두가 어떤 특정 짐승과 연결되었을 때 마이클은 참가자 전원이 상상 속의 '영의 배' 모양이 되도록 방추紡錘 형태로 바닥에 앉으라고 했다. 그런 다음 치유를 원하는 사람이 있는지 물었을 때 크리스티나가 나섰다. 마이클은 북을 들고 배 안으로 걸어 들어가서 크리스티나를 불러낸 뒤 바닥에 눕도록 지시했다.

항해할 준비가 되었고 마이클은 우리가 크리스티나의 '영의 동물(spirit animal)'을 구하기 위해 저승으로 여행하는 한 무리의 짐승임을 알렸다. 이 원정대를 위해 마이클이 선택한 목표는 캘리포니아의 지하에 있다고 믿어지는 뜨거운 물로 연결된 동굴들이었다. 에살렌의 온천수들이 이 동굴망에서 나오기 때문에 그 입구는 찾기가 쉬웠다. 선장인 마이클이 북의 박자에 맞춰 노를 저으라고 말했다. 항해하는 동안 마이클은 영의 동물을 찾는데, 어떤 힘을 지닌 동물이 세 번 보이면 그것이 그가 찾는 동물이다. 이때 그는 그것을 붙잡고 빠른 박자로 북을 쳐서 배의 무리에게 서둘러 돌아가야 할 때임을 알린다.

우리는 전에도 마이클과 함께 샐리시 족의 영의 배를 실습한 적이 몇 번 있었는데, 처음에는 큰 기대를 갖지 않았다. 이 모든 것이 아이들의 장난처럼 느껴졌기 때문이다. 아이들의 놀이로서는 훌륭하지만 어른들에게는 약간 바보 같은 짓이었다. 그러나 맨 처음에 있었던 일로 해서 우리의 태도는 이미 바뀌어 있었다. 우리 그룹에는 다른 사람들이 반감을 갖게 만드는 젊은 여성이 하나 있었다. 그녀는 자신이 참가했던 다른 모임들에서도 같은 상황을 겪었기 때문에 항상 괴로워했고, 그래서 치유여행에 자원했던 것이다.

상상 속의 배가 '저승'을 향해하고 있을 때 그녀가 격한 반응을 보였다. 그 순간 마이클은 그녀의 영의 동물을 확인하고 붙잡았다. 마이클이 빠른 속도로 북을 쳐서 돌아오라는 신호를 보내는데 그녀가 갑자기 일어나 앉더니 몇 차례 경련을 일으키면서 음식을 토해냈다. 그 와중에 그녀는 치마 앞자락을 들어 올려 토한 음식을 모두 받아냈다. 25분 이상 걸리지 않았던 이 사건은 그녀의 행실에 커다란 변화를 가져왔으며 그녀는 그룹 내에서 가장 사랑스럽고 인기 있는 사람들 중의 하나가 되었다. 이 사건과 이후의 비슷한 사건들을 통해서 우리는 영의 배를 존중하게 되었던 것이다.

마이클이 북을 두드리자 저승 여행이 시작되었다. 우리는 모두 노를 저으면서 자신을 나타내는 짐승들의 소리를 냈다. 크리스티나가 심한 경련을 일으키면서 온몸을 흔들었다. 이것은 그녀의 경우에 그다지 특별한 일이 아니었다. 왜냐면 쿤달리니가 활성화되면서 평소에도 자주 진동이 나타났기 때문이다. 10분 정도 지나자 마이클이 아주 빠른 속도로 북을 쳐서 영의 동물이 발견되었음을 알렸고, 우리는 '중간세계'로의 신속한 귀환을 상상하면서 빠르게 노를 저었다.

마이클이 북을 멈추어 여행이 끝났음을 알렸다. 그는 북을 내려놓더니 크리스티나의 가슴팍에 자기 입술을 대고 큰 소리가 나도록 있는 힘을 다해 입김을 분 뒤 그녀의 귀에 대고 속삭였다. "당신의 영의 동물은 백조입니다." 그런 다음 그룹 앞에서 백조의 에너지를 나타내는 춤을 추도록 그녀에게 요청했다. 여기서 중요한 것은 백조가 크리스티나의 삶의 원동력이라는 사실을 마이클은 몰랐었다는 점이다.

이야기는 계속 이어지는데, 다음 날 아침 크리스티나와 나는 길가의 우편함으로 걸어가 그날의 우편물을 꺼냈다. 몇 달 전 우리 워크숍에 참석했던 사람이 크리스티나에게 보낸 편지 한 통이 있었다. 편지 안에는 발신인 쪽에서 크리스티나가 갖고 싶어한다고 생각한 묵타난다의 사진 한 장이 들어 있었다. 그것은 백조 형태의 커다란 화분 옆 그네에 앉아 왼손 집게손가락으로 백조를 가리키면서 장난스런 표정을 짓고 있는 묵타난다의 모습이었다. 그는 무언가를 적중시켰을 때 사람들이 흔히 그렇듯이 오른손 엄지손가락과 집게손가락 끝을 맞붙여 보여주고 있었다.

마이클이 크리스티나에게 힘을 지닌 동물로 백조를 선택한 것과 크리스티나의 내면적 경험과 묵타난다의 사진 사이에는 어떤 인과관계도 없지만 그것들은 어떤 의미 있는 패턴을 형성하면서 동시성 현상의 기준이라든가 융이 말한 '비非인과적 연결 원리'를 충족시킨다.

우리의 할리우드 여행

1981년에 크리스티나와 나는 더글러스 트럼벌과 가까워졌다. 그는 〈2001 스페이스 오딧세이〉에서 스탠리 큐브릭과 함께 작업했고, 〈안드로메다 스트레인〉, 〈침묵의 질주〉, 〈블레이드 러너〉, 〈미지와의 조우〉에서 특수효과를 창조한 천재이다. 그는 MGM[1] 사社의 공상과학 영화인 〈브레인스톰〉을 감독할 예정이었는데, 이 영화의 내용은 컴퓨터 천재인 마이클 브레이스와 두뇌과학자인 릴리언 레이놀즈가 힘을 합쳐서 개인들의 체험을 기록하여 전달할 수 있는 헬멧을 만든다는 흥미로운 이야기이다.

이것은 개인의 마음속으로 들어가서 그가 보고 느끼고 생각한 것들을 기록했다가 재생할 수 있는 장치였다. 마이클 브레이스

---

[1] 메트로-골드윈-메이어. 영화 배급업자이던 마커스 로가 1920년 메트로 픽처스를 매입함에 따라 설립되었고, 4년 뒤 골드윈 제작사와 합병했다.

는 거리가 멀어진 아내 카렌과의 관계를 회복하는 데 이 발명품을 사용하지만, 연구 집단 내부의 다른 사람들은 그것을 섹스나 사업이나 군사문제 같은 목적에 이용하려고 한다. 열심히 일하며 줄담배를 피우고 커피를 마셔대던 릴리언이 연구실에서 밤늦게까지 일하다가 심장발작을 일으키면서 이야기가 꼬이기 시작한다. 끝까지 호기심을 버리지 않는 과학자인 그녀는 자신의 심장발작 사건을 기록하기로 작정하고 죽기 조금 전에 헬멧을 착용한 뒤 기계를 가동시킨다.

나머지 줄거리는 이 기계가 죽음의 체험을 기록했다는 사실을 싸고 빙빙 돈다. 더글러스의 의도는 당시에 가능한 최고의 특수효과와 그때까지 확보된 죽음에 대한 모든 과학 지식을 이용하여 그 체험을 묘사하는 것이었다. 그는 우리가 죽음과 재탄생의 체험을 묘사한 〈내면 여행〉이라는 슬라이드 쇼를 만들었다는 얘기를 듣고 도움을 요청했다. 자신의 팀에 와서 환상적인 체험을 영화로 표현하는 데 상담역이 되어주길 원했던 것이다. 우리는 흥분했다. 〈브레인스톰〉은 아주 흥미로운 주제이고, 나탈리 우드와 크리스토퍼 워큰, 루이스 플레처, 클리프 로버트슨 같은 명배우들이 출연하는 영화였다. 제작자는 〈대 열차 강도〉와 〈내일을 향해 쏴라〉 같은 영화로 알려진 존 포먼이었다. 그의 초대로 우리는 얼마 동안 할리우드에 머물면서 영화제작 과정을 눈여겨볼 수 있게 되었다.

제작진과 배우들은 자신들을 위해 특별 제작된 슬라이드 쇼를 관람했다. 거기에는 내가 비일상적 의식상태 연구를 통해 알게 된 새로운 형태의 심령계가 담겨 있었다. 그것은 대체로 환각요법에 의한 체험을 묘사하고 있지만, 그중에는 홀로트로픽 호흡법 워크숍에 참가했던 사람들의 체험에서 나온 것들도 있었다. 약물 없이도 비일상적 의식상태를 체험할 수 있음을 알게 된 더글러스 트럼벌과 존 포먼은 자신들의 팀도 그런 체험을 할 수 있을지, 우리가 그것을 도와줄 수 있는지 물었다. 〈브레인스톰〉의 중심 주제가 비일상적 의식상태 체험이니만큼 이 영화의 제작에 관여하는 사람들이 그 주제를 좀더 잘 이해하려면 그것은 당연한 일이었다.

〈브레인스톰〉 팀의 열다섯 명이 우리의 에살렌 워크숍에 와서 5일 동안 홀로트로픽 호흡 세션에 참가했다. 나탈리 우드로서는 에살렌 연구소를 알게 된 것이 재미있는 일이었다. 왜냐면 몇 년 전에 주연한 〈파트너 체인지〉가 에살렌과 같은 인간의 잠재력 연구 센터들을 조롱하는 영화였기 때문이다. 에살렌에서의 체험은 확실히 그녀의 기대에 부응했다. 그녀가 호흡 세션들 중의 하나에서 참관자로 앉아 있을 때 옆에서 호흡하던 멕시코 출신의 어떤 워크스터디(워크숍에 참석하는 대신 연구소에 노동력을 제공하는) 참가자가 옷을 벗고 그렇게 벗은 상태를 계속 유지했다. 내부의 온천이나 수영장에서 알몸으로 목욕할 수 있는 에살렌에서는 이것이 별로 이상한 일이 아니지만, 할리우드에서 온 우리의 참가자들에겐 약간은 이상하게 보였을 것이다.

어느 날 나탈리와 점심을 같이 하면서, 그녀가 비일상적 의식상태에 관한 한 무경험자가 아니라는 것을 알았다. 얘기 도중에 갑자기 그녀가 물었다. "스탠, 케탈라라는 약을 알아요?" 케타민으로도 불리는 이 약은 마취제인데 마취에 사용하는 여느 물질들과 달리 이 약을 투여한 환자는 의식을 잃지 않는다. 그리고 그 의식이 자신의 육체에 무관심해져서 수술을 받는 동안 무슨 일이 일어나는지 모르고 환상적인 다른 세계를 체험하는 것이다. 그들은 다른 사람이 되고 다른 생물이 되고 심지어 무생물이 되기도 하면서 다양한 원형적 형상을 보고 육신이 없는 존재들과 만나며 전생의 기억을 되살리고 다른 세상을 방문하는 등의 강렬한 신비체험을 겪는다.

나는 그녀가 딸을 낳으면서 제왕절개 수술을 받기 위해 많은 양의 케타민 주사를 맞은 적이 있음을 알았다. 그녀는 마취제의 효과에 대한 설명이나 경고를 받지 않고 마음의 준비 없이 주사를 맞았는데 그 시절의 병원에서는 이것이 당연한 일이었다. 나중에 많은 나라의 의사들이 케타민 사용을 중단한 것은 그들 스스로 이름 붙인 '비상사태 증후군'때문이었다. 이것은 마취에서 깨어난 환자들이 이상한 환영을 보았다고 진술한 데서 온 결과이다. 이런 관점에서 별문제를 느끼지 못한 다른 의사들은 어린이와 노인들에겐 케타민을 계속 이용했다. 수의사들은 아직까지 케타민을 마취제로 널리 사용하고 있다.

나탈리는 자신이 태양계를 떠났었고 지구 대기권 밖의 여러 세계와 문명들을 방문했던 것 같은데 이런 체험이 무섭고 혼란스러웠다고 말했다. 그런 환상적인 체험은 케타민에 대한 아주 정상적인 반응이라고 설명했더니 그녀는 안심했다. 왜냐면 그 약물에 대한 자신의 이상한 반응이 혹시 정신병의 징후는 아닌가 하고 이따금 생각했기 때문이다.

할리우드 제작진은 체험을 마치고 에살렌을 즐겁게 떠났으며 용기백배해서 촬영에 들어갔다. 그들은 노스캐롤라이나의 롤리에서 〈브레인스톰〉에 나올 미래의 연구소와 마이클 브레이스 부부(크리스 워큰과 나탈리 우드)의 집에 알맞은 건물들을 발견하여 현지 촬영을 했고, 우리도 거기서 며칠을 함께 보냈다. 롤리에 머무는 동안 우리는 에살렌에 오지 못했던 크리스 워큰의 호흡 세션을 수행했다.

나탈리는 크리스의 호흡에 참관자가 되기를 원했다. 이런 상황은 〈브레인스톰〉의 마지막 장면, 즉 크리스 역(마이클)이 릴리언의 죽음 체험 기록을 재생할 때 그녀가 등장하는 장면과 비슷할 것이었다. 그러나 호흡이 시작되고 얼마 안 있어 나탈리 자신도 직접 체험하기로 결심했다. 에살렌에서 다른 사람들이 호흡을 하고 있을 때 그녀는 거기 가담하지 않고 참관자로 남아 있었다. 이런 선택은 그녀의 명성을 생각하고 호흡 세션이 공개적인 것임을 감안할 때 충분히 이해할 수 있다. 그러나 그 기회를 놓친 것을 후회했고 이제 그것을 보충하고 싶었던 것이다. 그리하여 그녀는 이 세션이 아주 유용한 것임을 알게 되었다. 아버지의 죽음과 관련된 기억이 머릿속을 맴돌았고, 결국 자기 삶의 그런 고통스런 부분에 대한 해답을 찾은 것처럼 느꼈다.

촬영 작업이 웨스트코스트로 옮겨갈 때 우리는 할리우드의 스튜디오에서 제작진에 합류했고, 많은 장면들의 리허설과 실제 촬영, 매일의 검토 작업, 특정일의 연속 녹화 등을 구경했다. 이러는 동안 우리는 트레일러 속에서 쉬고 있는 나탈리와 함께 시간을 보낼 기회가 있었다. 그녀는 때마침 들른 자신의 남편 로버트 와그너를 소개했다. 우리는 비극적인 사건들에 관한 예언을 주제로 해서 이야기를 나누었다.

크리스티나는 트레일러의 한쪽 벽면에서 나탈리와 로버트 소유의 아름다운 요트 사진을 보았다. 그들 부부는 이 배를 아주 좋아했고 자주 이용했다. 항해라면 크리스티나도 어린 시절의 중요한 기억들이 있다. 가족이 양아버지 소유의 커다란 돛단배를 타고 하와이의 섬들을 돌면서 많은 시간을 보냈기 때문이다. 하와이는 나탈리와 로버트도 좋아하는 휴양지였고, 그들도 어린 크리스티나의 양아버지의 친구였던 사람들을 많이 알고 있었다. 우리는 25만 달러짜리 요트와 그 요트의 호화로운 내부 구조, 염분제거 설비, 그들의 항해 경력 등에 대해서 많은 얘기를 들었다.

촬영이 끝나갈 때 우리는 할리우드를 떠났는데, 나중에 제작진 사람들에게서 추수감사절 이전의 마지막 날 있었던 얘기를 들었다. 하루 종일 그들은 릴리언 레이놀즈(루이스 플레처 분)가 연구실에서 심장 발작으로 죽는 중요한 장면을 연습하고 촬영했다. 루이스의 연기는 훌륭했고 세작진 사람들에게 깊은 인상을 주었다. 죽어가는 사람을 긴 시간 동안 반복해서 관찰하면서 단말마의 고통을 표현해내는 일이 인생의 무상함과 보는 사람들 자신의 최후를 생각하게 만들었던 것이다. 끝에 가서 그들은 모두 우울하고 음산한 기분이 되었다.

릴리언의 사망 장면 촬영은 만족스럽게 끝났지만 그날 저녁에 결정해야 할 사항이 있었다. 중요한 촬영이 거의 끝나고 이제 세 장면이 남아 있었는데, 그것을 추수감사절 연휴 동안에 끝내버리느냐 아니면 그 뒤로 미루느냐 하는 문제였다. 주말을 포함한 추수감사절 기간에 남은 장면들을 끝내면 그 후로는 이미 찍은 장면들을 편집하고 특수효과를 첨가하는 일만 남는다. 특수효과는 우리가 직접 관여했던 아주 기대되는 부분이었다. 또 한 가지 선택의 여지는 추수감사절 휴가를 보내고 나서 남은 장면을 완성하는 것이었다. 의견은 둘로 갈라졌고 좀처럼 결말이 나지 않아 결국 표결에 붙였는데 촬영을 휴가 뒤로 미루자는 쪽이 한 표 차로 승리했다. 그런데 이것이 영화의 미래와 나탈리 우드의 인생을 불행하게 결정짓는 역할을 했던 것이다.

나탈리 부부는 요트를 타고 카탈리나 섬 근처를 만유하면서 주말을 보내기로 했다. 나탈리는 여기에 크리스 워큰을 초대했다. 배에서 무슨 일이 있었는지는 로버트와 크리스, 그리고 어쩌면 선장만이 알 것이다. 만취가 아니면 옳지 못한 장난이나 질투, 싸움이 원인이었을 거라는 소문이 이어졌는데, 실제로 알려진 것은 이렇다. 나탈리가 밤에 혼자서 보트를 타고 카탈리나 섬에 가려 했다는 것이다. 그녀는 해변까지 가지 못했다. 술이 많이 취해 조정 능력이 떨어졌고, 아마 보트에서 떨어져 익사했을 것이다. 다음 날 아침 바다에 떠 있는 시신이 발견되었고, 그녀의 몸을 물 밖으로 운반하는 남자의 사진이 신문에 실렸다. 이 사진은 그녀의 영화인 〈공포의 눈동자〉[2]의 비슷한 장면을 연상시켰다.

나탈리의 죽음은 가족과 친구, 팬들을 놀라게 했고, 촬영 중인 영화에도 지장을 초래했다. 그녀가 필요한 세 개의 중요한 장면이 끝나지 않았으니, MGM 임원들에게는 이 영화가 죽음의 키스를 당한 꼴이었다. 그들은 이 사업을 포기하고 보험회사인 런던로이즈로부터 천5백만 달러를 보상받기로 결정했다. 그러나 더글러스 트럼벌은 입장이 달랐다. 그는 어떤 대가를 지불하더라도 이 영화를 살리려고 노력했다. 그래서 런던로이즈에 요청하여 3백만 달러를 준다면 어떻게 해서든 제작을 끝마치겠다고 제안했고, 그들

---

2) Eyes of Laura Mars. 페이 더너웨이가 주연을 맡은 이 영화에 나탈리 우드는 출연하지 않은 것으로 안다. 저자의 착각인 듯······.

은 이것을 받아들였다.

제작은 끝났지만 영화의 내용이 크게 손상되었다. 더글러스는 부족한 장면들로 인한 공백을 완전히 메울 수 없었고, 따라서 장면 전개가 매끄럽지 못했다. 이 영화의 흥행전망을 검토한 사람들은 영화 속에서 논리적 모순을 찾는 일이 어렵지 않았다. 그러나 나탈리의 죽음으로 인한 제작상의 문제점은 특수효과 면에, 즉 우리가 작업했던 일련의 환상적인 장면들에 치명적으로 작용했다. 자금이 충분치 않아서 더글러스와 우리가 계획했던 것을 제대로 보여줄 수 없었던 것이다.

〈브레인스톰〉 제작 사업은 그 당시에 가능한 최고의 특수효과를 사용해서 죽음의 체험을 묘사해볼 수 있는, 죽음에 관해 우리가 얻은 지식을 반영할 수 있는 아주 멋진 시도였다. 그러나 이런 시도가 상징적 예술로 표현되지 못하고 실제의 죽음이 찾아와 사업을 망쳐버림으로써 우리의 노력은 수포로 돌아간 것이었다. 〈브레인스톰〉 촬영은 커다란 스크린에 환상적인 정신 상태를 묘사하려 했던 아주 예외적인 경험이었다. 이 경험을 통해서 우리는, 미래의 어느 날 다시 시도하여 반드시 성공하겠다는 강한 열망을 갖게 되었다.

디지털 공학에 의해 크게 진보한 특수효과 기술은 꿈에도 생각지 못했던 새로운 가능성을 제시했다. 오늘날의 우수한 영상 기술이 지금까지 축적된 초개인 심리학의 지식에 결합되면 영적인 체험들을 멋지게 묘사할 수 있고 나아가서는 관중에게 체험시킬 수도 있다고 나는 확신한다.

물의 길

바츨라프 하벨 대통령과의 만남

비일상적 의식상태를 실제로 경험하고 나면 일상생활에서 장애를 극복하고 계획을 추진하는 방법이 바뀌게 된다. 기술사회가 요구하는 일반적인 삶의 기준은 목표를 정하고 집중된 에너지와 확고한 결의로 그 목표를 추구하는 것이라 할 수 있다. 여기에는 방해물의 확인과 제거, 잠재적인 적과의 투쟁이 요구되는데 그 과정은 레슬링이나 권투시합과 비슷하다.

이런 방식의 근저에 있는 심리를 통찰하고 그것을 넘어설 수 있었던 사람들을 나는 많이 알고 있다. 그들은, 인간이 출생 당시의 정신적 외상에 의한 마음속의 흔적을 극복하지 못하고 영적인 세계로부터 분리되어 있는 데서 그런 삶의 자세가 생겨난다는 사실을 깨달았던 것이다. 우리가 현실적으로 성공하려고 분투하는 것은 '심리적' 차원에서 보면 출생 과정을 완성하여 영적인 것과 연결되고픈 근원적 갈망이 있기 때문이다. 그러나 외부세계에서 무언가를 얻어도 자신에게 정말 필요한 것이 아니면 거기에 만족할 수 없기 때문에 무언가를 구하는 마음이 끝없이 이어진다.

이런 사실을 깨달은 사람들에게 있어서는 물질적인 목표에 좌우되는 인생이란 참다운 만족을 가져다주지 못하는 '다람쥐 쳇바퀴'식의 인생으로 보인다. 이렇게 보면 설사 우리가 자신의 목표를 달성한다고 하더라도 그런 삶은 성공적인 삶이라 할 수 없다. 사실을 잘 분별하여 체계적으로 자기를 탐구해나갈 때에만 출생 당시의 정신적 외상을 확인하고 영적인 것에 연결될 수 있는 법이다. 이것은 도교에서 말하는 무위無爲로 이어진다. 무위란 야심을 갖고 단호한 자세로 노력하는 것이 아니라 존재 그 자체에 의하여 행동하는 것이다. 이것은 또한 '물의 길(Watercourse Way)'에 비유되기도 한다.

확고하게 예정된 목표를 추구하기보다는 사물이 움직이는 방식과 거기에 조화될 수 있는 방법을 감지하려고 노력한다. 이것은 무술과 파도타기에서 사용하는 방법인데 여기서는 목표나 결과보다도 과정이 중시된다. 이런 식으로 살 수 있을 때 우리는 적은 노력으로 더 많은 것을 성취할 수 있으며, 이기적·배타적·경쟁적이기보다는 포괄적으로 행동하면서 상승효과를 거두게 된다. 그 결과로 우리도 만족을 얻고 세상도 한결 좋아지는 것이다.

또한 이런 도교의 방식으로 살아갈 때 지극히 유익한 공감과 동시성 현상들이 발생하면서 우리의 뜻도 순조롭게 이루어지는 것을 나는 수없이 보고 듣고 경험했다. 필요한 정보를 '우연히' 만나고 원하던 사람이 적시에 나타나며 부족했던 자금이 예기치 않게 조성된다. 이런 어이없는 동시성 현상들이 너무 자주 일어나서 크리스티나와 나는 그것을 행동 지침으로 — 우리가 올바른 길을 가고 있는지를 판단하는 중요한 기준으로 — 삼게 되었다.

이것을 보여주는 실례로, 크리스티나와 내가 국제 초개인 단체에서 했던 작업과 관련하여 이런 일이 있었다. 1977년에 나는 현대과학과 세계의 영적 이상理想 사이, 서양 실리주의와 고대 지혜 사이의 격차를 메우기 위한 조직으로 '국제 초개인 협회(ITA)'를 창립했다. 이것은 우주와 인간을 포괄적으로 이해하고 그렇게 이해한 내용을 체계화하기 위한 것이다.

ITA 사업의 현실적인 최종 목표는 상호 이해와 협동의 범지구적 그물망을 만드는 것임에도 불구하고 우리의 국제회의는 철의 장막 너머의 많은 사람들을 받아들이지 못하고 있었다. 당시의 그들에게는 해외여행이 허용되지 않았고 우리와 만날 수 있는 경제력도 없었다. 소련의 상황이 바뀌어 미하일 고르바초프가 글라스노스트[1])와 페레스트로이카[2)]를 선언하자 갑자기 그다음의 ITA 모임은 러시아에서 개최될 수 있을 것처럼 보였다. 크리스티나와 내가 소련 보건성의 공식 초청을 받아 모스크바에 갔을 때 우리는 러시아에서 이런 회의를 열 수 있을지 알아보았다. 그러나 열심히 노력했어도 이렇다 할 결과는 얻지 못했으니, 기회를 잡기에는 정황이 너무 불안정해 보였다.

1989년 11월에 내가 캘리포니아 밖의 지역에서 홀로트로픽 호흡법을 지도하고 있을 때 크리스티나가 찾아와 내 모국에서 무

---

1) glasnost. 고르바초프 정권이 내세운 시정 방침의 하나로, 정부가 가진 정보의 일부를 공개하고 언론 통제를 완화하는 정책.
2) perestroika. 1986년 이후 고르바초프 정권이 추진했던 정책의 기본 노선. 국내적으로는 민주화와 자유화를, 외교적으로는 긴장 완화를 기조로 한다.

슨 일이 일어나고 있는지 아느냐고 물었다. 우리의 수련은 아주 빡빡하여 하루에 세 번의 세션이 있었으며, 우리는 거기에 너무 열중해 있어서 텔레비전을 보거나 뉴스를 듣거나 할 만한 시간도 관심도 없었다. 크리스티나가 내게 알려준 내용은 프라하 벨벳혁명[3]이 진행 중이고 체코슬로바키아의 공산정권이 거의 무너지려 한다는 것이었다. "정말 잘 된 일 아니에요?" 그녀가 말했다. "다음 ITA 회의는 프라하에서 열 수 있을 거예요." 몇 주일 뒤에 체코는 자유주의 국가가 되었고 ITA 위원회는 다음 회의를 체코에서 개최하기로 결정했다.

나는 프라하에서 태어났으므로 회의 개최 장소를 물색하고 기초적인 준비를 하기 위한 사절로 적임이었다. 그러나 내가 조국에서 보낸 햇수는 생각했던 만큼 도움이 되지 못했다. 나는 '인간의 얼굴을 한 사회주의' 창조를 목표로 하는 대규모 자유화 운동의 시절에 체코를 떠났고, 1968년 소련군의 침입에 의해 프라하의 봄[4]이 잔인하게 진압되었을 때는 볼티모어의 존스홉킨스 대학 특별 연구원으로 미국에 있었다. 소련군 침입 이후 체코 정부가 즉각 귀국을 명령했지만 나는 복종하지 않고 계속 미국에 머물렀다.

그런 이유로 20년 이상 조국을 방문할 수 없었고, 체코의 친구나 동료들과 공개적으로 교신할 수도 없었다. 나의 미국 체류가 불법이기 때문에 그들이 나와 편지왕래를 하거나 전화를 주고받는

---

3) 1989년 11월에 하벨(Václav Havel)이 반체제연합인 '시민포럼'을 조직하여 공산 독재체제를 무너뜨릴 때 피 한 방울 흘리지 않고 체코슬로바키아의 민주화 시민혁명을 이룩한 데서 유래했다. 시민혁명이 성공한 뒤, 하벨은 한 연설에서 "우리는 평화적으로 혁명을 이루어냈다. 이것은 벨벳혁명이다"라고 말하였는데, 벨벳혁명은 여기서 비롯되었다.
4) 1968년 체코에서 일어난 자유화 운동. 이 운동을 막기 위해 불법 침략한 소련군의 군사개입 사건을 거기에 포함시켜 '체코 사태'라고도 한다.

것은 정치적으로 위험한 일이었다. 오랫동안 떠나 있었던 나는 가까운 친척들을 제외한 모든 연결고리가 끊어졌고 새로운 상황에 익숙지 못했으며 어디서부터 시작해야 할지도 몰랐다.

프라하 공항에서 어머니를 만난 나는 함께 택시를 타고 어머니의 아파트로 향했다. 얼마 동안 함께 시간을 보낸 뒤 우리는 각자의 일을 시작했다. 어머니가 이웃집에 일을 보러 가신 뒤 아파트에 혼자 남은 나는 안락의자에 앉아 차를 마셨고 내 임무를 생각했다. 약 10분가량 이것저것 깊이 생각해 보았지만 별다른 대책이 떠오르지 않았다. 그때 갑자기 현관의 벨이 크게 울리면서 내 상념의 연결고리가 끊어졌다. 대답을 하고 알아보니 옛날에 가깝게 지냈던 후배 정신과의사 토마시 도스탈이었다. 내가 미국으로 떠나기 전에 우리는 환각 세션에서 서로를 참관하면서 함께 비일상적 의식상태를 탐구했었다. 그는 아는 사람으로부터 내가 프라하에 온다는 소식을 듣고 찾아온 것이었다.

토마시가 막 자기 아파트를 나서는데 그의 집 전화벨이 울렸다는 애기를 듣고 나는 놀랐다. 전화를 건 사람은 탁월한 인공지능 연구가이고 체코 대통령 바슬라프 하벨의 형인 이반 하벨이었다. 그는 또한 공산정권 시대에 서양과학의 다양한 방법론을 연구하는 비밀 모임을 가졌던 진보적인 과학자 그룹의 리더였다. 그들은 새로운 패러다임의 사고와 의식 연구, 초개인 심리학에 유난히 관심이 많았다. 이반 하벨과 토마시는 김나지움(체코의 고등학교)에서 동급생이었고 그때 이후로 죽 가까운 친구였다. 토마시는 하벨 가족의 손님으로 자주 왕래했으며 이반의 동생인 바슬라프도 개인적으로 알고 있었다.

이반 하벨의 그룹은 소련의 반체제 인사이자 내 친구인 바실리 날리모프의 강좌에서 나의 작업에 대해 얘기를 들었다. 바실리는 시베리아의 강제노동 수용소에서 18년을 보낸 러시아의 뛰어난 과학자였다. 크리스티나와 나는 바실리와 그의 아내 잔나를 캘리포니아 산타로사의 ITA 회의에 초대했었고 그들과 좋은 친구가 되었다. 바실리의 책들 중에서 〈무의식의 영역들〉은 나의 첫 번째 책인 〈인간의 무의식의 영역들〉과 이름이 너무 비슷하다. 바실리는 자신의 책에 나의 환각 연구 관련 기록을 많은 양 포함시켰고, 또 프라하 그룹에서 강의하면서 내 작업을 화제로 삼았다.

바실리의 전갈을 통해서 프라하 그룹은 나를 강사로 초청하는 문제에 관심을 갖게 되었다. 이반 하벨은 토마시와 내가 오랜 친구 사이인 것을 알고 그에게 전화를 걸어 내 주소나 전화번호를 알 수 있을지, 프라하 그룹과 내가 만나도록 자신이 다리를 놓을 수 있을지를 물었다. 토마시는 내가 마침 프라하에 와서 나를 만나러 가려는 참이라고 말했고, 이반은 깜짝 놀랐다. 있을 법하지 않은 이런 연쇄 사건은 우리가 흐름을 거스르지 않고 '파도를 타고' 있는 중임을 알리는 징후였다. 이런 놀라운 사건 진전에 힘입어 크리스티나와 나는 계획을 그대로 밀고 나가기로 작정했다.

이런 극적인 우연의 일치들 덕분에 ITA 회의 사절로서의 내 역할은 아주 수월해졌다. 익숙지 않은 환경에서 미래의 모임을 위해 접촉하고 도움을 얻는 일이 10분밖에 걸리지 않은 것이다. 역량 있는 학술원 회원들로 이루어진 이 그룹은 우리가 계획한 회의의 주제에 관심이 있는 대학들과 연결되어 있었다. 뿐만 아니라 나는 영적인 성향이 강하고 초개인 사상에 관심이 있는 국가 원수와도 만날 수 있게 되었다. 회의는 바츨라프 하벨 대통령의 비호 아래 1993년 프라하의 스메타나 콘서트홀과 문화센터에서 개최되었다.

하벨 대통령은 ITA 회의를 빛낸 최고의 인물이었다. 그는 흔히 있는 정상배가 아니라, 정신적인 것에 가치를 두고 세상을 보는 차원 높은 '정치가'였다. 잘 알려진 극작가인 그가 대통령이 된 것은 권력투쟁을 통해서가 아니고 국민의 탄원에 응답하기 위해서였다. 그는 공산주의 형무소에서 프라하 성으로 거의 직행하다시피 했으며, 취임 후에 맨 먼저 한 일들 중 하나가 달라이라마를 티베트의 국왕으로 인정하고 초청한 것이었다. 그는 또한 체코의 모든 무기 생산을 막으려고 노력했으며, 가는 곳마다 정신적 기반의 민주주의와 범지구적 공동 이익을 추구하는 연설로 청중들을 감동시켰다.

ITA 회의의 시작은 불행히도 체코의 미래를 위협하는 심각한 위기와 맞물렸다. 동부의 슬로바키아를 서부의 보헤미아와 모라비아로부터 분리하기로 결정된 것이었다. 회의가 시작되던 날 체코 정부는 이 위기에 대처하기 위해 비상회합을 가졌는데 이것이 오전 3시까지 이어졌다. 개회사를 맡아 빈객들을 환영할 예정이었던 하벨 대통령은 출석하지 못하고 대리인을 보내 개인적인 메시지를 전해야 했다. 이런 복잡한 사태가 있긴 했지만, 처음으로 동유럽 동지들을 끌어들인 이번 회의는 큰 성공을 거두었다. 이것은 ITA의 역사 속에서 가장 자주 입에 오르내리는 일들 중의 하나가 되었다.

하벨 대통령의 ITA 회의 불참으로 인한 실망은 그와 함께 사적인 시간을 보낼 기회를 갖게 됨으로써 충분히 보상을 받았다. 그다음 프라하를 방문했을 때 우리를 프라하 성으로 초대한 그는 초개인 심리학과 그것의 역사 및 대표적 인물들에 큰 관심을 보였다. 그리고 현대과학의 세계관과 세계의 정신적 이상을 통합한다는 우리의 발상에 매료되었으며, 정치와 경제를 위한 초개인적 사고방식에 대해 열정적인 대화를 나누었다. 크리스티나와 나에게는 그와 함께한 두 시간 반이 잊을 수 없는 추억이 되었다.

토성의 마법

모친의 별세

세계 여러 지역에서 행하는 내 강연과 워크숍, 세미나들은 보통 그
것을 주최하고 준비하는 개인이나 단체와의 협조 속에서 계획이
조정된다. 대부분의 경우 나는 주제를 선택할 여지가 거의 없고, 발
표할 수 있는 것들의 표제 목록을 간단한 내용설명과 함께 제시하
는 일이 고작이다. 1992년 가을에 유럽을 여행하면서 강연을 하게
되었을 때도 그랬다. 여기서 미리 말해둘 것은 나의 순회강연 계획
과 일정이 적어도 1년이나 1년 반 이전에 수립된다는 사실이다.

　나의 유럽 여행은 홀로트로픽 호흡법과 초개인 심리학을 주
제로 한 6일간의 수련과 함께 스코틀랜드 핀드혼에서 시작되었다.
이 수련회의 주제는 우리의 호흡 수련 지도자인 캐리 스팍스가 선
택한 것으로, '죽음과 임종: 심리학적, 철학적, 영적인 시각'이었다.
이것을 선택한 이유는 그런 주제가 우리의 수련을 위해 선택 가능

한 표제목록에 들어 있었고 이 주제의 수련은 한동안 열리지 않았기 때문이다.

나의 원래 계획은 이 수련회를 끝내고 뮌헨에서의 주말 세미나를 위해 독일로 떠나기 전에 영국에서 약간의 관광을 하는 것이었다. 독일 세미나는 우리의 친구로서 홀로트로픽 호흡법 지도자 자격을 얻은 브리짓 아샤우어가 계획한 것이었다. 그녀는 〈죽음과의 인간적 조우〉라는 내 책에 큰 흥미를 느끼고 독일 청중들도 관심이 있을 것으로 생각하여 그 제목을 세미나의 주제로 선택했다.

'유럽 인본심리학 협회'는 나의 뮌헨 세미나를 고려하여 그다음 주에 뮌헨에서 멀지 않은 가르미쉬-파르텐키르헨에서 연례 모임을 갖기로 결정했다. 주최자는 자기들의 모임이 있는 날 내가 그 지역에 있으리라는 것을 알고 뮌헨 세미나 다음의 월요일에 가르미쉬-파르텐키르헨으로 와서 기본 강좌와 워크숍을 진행해주도록 요청했다. 나는 요청에 동의하면서 내가 어떤 주제로 말하기를 원하는지 물었다. "당신은 말기 암환자들에게 환각요법을 적용했다고 들었는데, 우리 참가자들 중에도 의사가 많으니 그 점에 주목해주시면 고맙겠습니다." 이것이 그의 답변이었다.

그러나 실제로 여행이 시작되었을 때 예기치 못한 사태가 발생해서 나의 원래 계획은 큰 차질을 빚게 되었다. 핀드혼에 있을 때 템즈 앤 허드슨 사社의 〈아트 앤 이미지네이션〉 총서 편집자인 질 푸르체에게서 전화가 왔다. 몇 년 전, 크리스티나와 내가 이 시리즈에 들어갈 〈죽음을 넘어서: 의식의 관문들〉의 원고를 넘겨준 것과 관련해서였다. 전화를 받을 당시는 같은 총서에 들어갈 〈사자의 서: 삶과 죽음을 위한 안내서〉를 쓰고 있었는데, 이것은 죽음과 임종에 관한 고대의 안내서들인 티베트의 〈바르도 퇴될Bardo Thöol〉과 이집트의 〈페르 엠 흐루Pert Em Hru〉, 아스텍의 〈코덱스 보르지아 Codex Borgia〉, 유럽의 〈아르스 모리엔디Ars Moriendi〉에 관한 내용이 었다. 질은 전화상으로, 원고 마감 일자에 맞추려면 며칠 이내에 작 업을 끝내야 한다면서 나에게 영국 관광을 포기하고 즉시 런던으 로 돌아오라고 일렀다.

그다음 닷새 동안 나는 템즈 앤 허드슨 본사의 작은 사무실에 서 아침 일찍부터 밤늦게까지 출간이 임박한 내 원고를 펼쳐놓고 삽화와 거기에 붙일 설명문들을 정리하며 보냈다. 그러는 동안 줄 곧 죽음과 관련된 신화의 이미지들, 즉 티베트의 분노존憤怒尊과 이 집트의 저승문 관리자들, 중미의 죽음의 신과 지옥의 야수들, 죽은 자의 심판 장면, 망자들의 혼을 놓고 싸우는 천사와 악마들을 나타 내는 이미지들에 둘러싸여 있었다. 나는 정확히 마감 시간에 맞추 어 일을 끝내고 독일행 비행기에 올랐다.

이런 예기치 못한 일로 인해 나는 거의 두 주일 동안을 계속 죽음이라는 주제에 파묻혀 지냈다. 핀드혼에서의 수련회 6일, 런던 에서의 〈사자의 서〉 작업 5일, 독일에서의 주말 세미나 2일이었다. 뮌헨 세미나를 마치고 가르미쉬-파르텐키르헨으로 가기 전에 잠 을 좀 자려고 호텔 침대에 누워 있을 때 갑자기 전화벨이 울리면서 나의 유럽여행을 훼방하는 또 다른 예기치 못한 사태가 발생했다.

그것은 캐나다 왕립 정신과병원 사무실에서 내 동생 파울의 비서가 건 전화였다. 그녀는 내 어머니가 프라하의 아파트에서 갑 자기 돌아가셨다는 연락을 방금 받았다고 말했다. 어머니는 86세 의 고령에도 불구하고 아주 건강했기 때문에 뜻밖이었다. 나중에 알았지만, 어머니는 돌아가시기 일주일 전에 홀로트로픽 호흡 세션을 지도했고, 돌아가시던 날 오전 11시 30분에 가까운 친구 부부와 전화상으로 얘기를 나누면서 그들을 점심식사 뒤의 디저트에 초대했었다. 그들이 두 시간 늦게 도착했을 때 어머니는 이미 돌아가신 뒤였다.

파울의 비서는 그 당시 베를린의 호텔에 머물고 있던 파울의 전화번호를 내게 가르쳐주었다. 나는 가르미쉬-파르텐키르헨의 약속을 지킬 것인지 말 것인지 결정해야 했다. 주최자는 참가 인원이 7백 명 이상 될 것으로 예측했고, 나는 이 프로그램에서 중요한 역할을 맡고 있었다. 잠시 동안 궁리한 끝에 파울과 나는 결정했다. 나는 내 약속을 지키고, 파울이 프라하에서 장례를 치르며, 그 후의 일들은 내가 맡는다는 식이었다. 파울도 캐나다에서 중요한 일이 예정되어 있었기 때문에 자신의 일을 마치는 즉시 떠나야 했다.

나는 가르미쉬-파르텐키르헨 회의에서 죽음과 임종에 관해 기조강연을 하고 워크숍을 진행했다. 그리고 그날 저녁에는 뮌헨에서 프라하로 가는 비행기가 없어서 야간열차를 탔다. 나는 침대차의 독실에서 밤을 보낸 뒤 아침에 프라하에 도착하여 택시를 타고 장례식장으로 향했다. 거기서 시신을 화장하기 전에 마지막으로 어머니의 모습을 보았다. 오후에는 친척, 친구, 지인들과 함께 추모식을 가졌고, 어머니의 과거를 상기하면서 이야기를 나누었다.

그다음 나흘 동안은 그 사이 캘리포니아에서 프라하로 날아온 크리스티나의 도움을 받으면서 어머니의 소지품들을 살펴보고 처치하는 슬픈 일을 했다. 이것은 깊은 회상과 한탄의 시간이었다. 전쟁을 겪어본 내 어머니는 쓸모가 없어진 많은 물건을 보관하고 있었다. 그래서 어머니의 아파트에는 옷과 모자, 돈, 보석을 비롯하여 인생의 이런저런 시절에 마련한 여러 가지 물건들이 가득했다. 그것들의 각기 다른 냄새를 맡으면서 여러 가지 기억이 되살아났고 그것들을 처치하면서 많은 감정이 해방되었으며 한 시대의 종료와 같은 것이 느껴졌다.

내 인생에 있어서의 이 이상한 동시성 현상들을 나중에 파울에게 얘기했더니 그는 이미 그려진 풍부한 모자이크에 또 다른 흥미로운 사실을 첨가했다. 앞서도 말했듯이 어머니가 돌아가셨을 때 나는 뮌헨에 있었고 파울은 베를린에 있었다. 우리가 체코를 떠난 이래로 동시에 두 사람이 유럽에 있었던 적은 25년 동안 딱 두 번이었다. 그날 동생은 베를린에서 조울증 환자들의 죽음에 관한 연구물을 발표하던 중이었다. 이 연구에 의해서 그의 그룹은 나중에 뉴욕의 미국 자살의학회로부터 표창을 받았다.

점성학의 관점에서 이런 일련의 사건들을 바라보는 것도 재미있다. 점성가들은 내가 여기 말한 많은 사건들을 흔히 대흉(大凶)의 별로 불리는 토성에 관련시킨다. 토성의 부정적인 특징은 덧없음과 노화, 죽음, 종말, 상실, 한탄, 우울이다. 토성(Saturn)은 그리스 신화에서 모든 것을 냉혹하게 거두어들이는 죽음의 신(Grim Reaper)이며 시간의 아버지(Farther Time)를 나타낸다. 토성의 공전주기는 28~30년이고, 이것은 토성이 우리가 태어날 때 있었던 자리로 되돌아오는 데 걸리는 시간이다. 토성회귀년은 중요한 결말과 완성의 시기이다.

나는 두 번째 토성회귀를 전후해서 프라하를 두 번 방문했다. 체코슬로바키아 공화국 탄생 70주년인 1988년에 방문했을 때 저 유명한 웬체슬라스 광장 가까이에 있는 넓은 보행자 구역은 키 큰 원통형 기둥들이 두 줄로 늘어서 있었고, 거기에는 체코 역사의 여러 시기들에서 오려낸 신문 기사들이 확대되어 붙어 있었다. 그것들은 그 옆을 걸으면서 읽을 수 있도록 연대순으로 정리되어 있었으며, 나는 말 그대로 내 인생의 중요한 시기들을 회고하면서 다시 체험할 수 있었다.

1992년에는 크리스티나와 내가 프로그램 제작 진행을 맡은 국제 초개인 회의를 위해 방문했는데, '과학과 영성, 지구의 위기: 미래가 있는 세계를 향하여'란 제호가 붙은 이 회의는 나에게 커다란 마감과 종료를 의미했다. 1960년대에 나는 프라하에서 독자적으로 환각제를 연구하기 시작했고 30년이 지난 이제는 오랜 시간에 걸친 그 작업의 결과로 초개인 심리학과 홀로트로픽 호흡법을 프라하에 소개하고 있었다. 핀드혼 수련회에서 시작하여 어머니의 아파트에 머물던 마지막 날까지 죽음에 파묻혀 지낸 3주일은 나의 두 번째 토성회귀를 완결하는 것으로 보였다.

♦♦♦

신들의 축복
돈 호세 마추와와 위촐 부족의 기우제

캘리포니아의 빅서에 살던 초창기, 우리는 산호세에서 온 젊은 미국인 프렘 다스를 알게 되었다. 그는 멕시코 중북부 위촐 원주민의 공예품을 팔려고 에살렌에 들렀는데, 그것들은 페요테 의식에 의한 환각적 상상력에서 영감을 받은 것들로, 신화의 내용을 묘사한 아름다운 털실그림, 나무로 만든 짐승, 구슬 목걸이와 신의 눈과 기도 화살 등으로 치장한 호리병박이 있었다. 그는 또한 화려하게 수를 놓은 셔츠와 바지, 드레스, 벨트, 팔찌 등도 갖고 있었다. 프렘 다스는 멕시코 나야리트 주의 주도 테픽 근처의 위촐 마을에 살고 있었고, 백 살이 넘은 샤먼 돈 호세 마추와의 도제徒弟였다.

프렘 다스의 정신적 이력은 아주 흥미로웠다. 그는 열한 살 때 스탠퍼드 대학 최면술 실험실에서 어니스트 힐가드가 지휘한 연구에 참가했다. 힐가드의 의도는 다만 어린이의 최면 가능성을 알아보는 것이었지만 프렘 다스는 그 세션들 중의 하나에서 강력한 신비체험을 한 뒤부터 영적인 것에 깊은 관심을 갖게 되었다. 10대 말기에 인도로 간 그는 침묵의 서원으로 알려진 구루 바바 하리다스 밑에서 아그니 요가를 실습했다. 그에게 프렘 다스라는 이름을 준 것은 바바 하리다스였다.

미국으로 돌아온 그는 멕시코의 테픽에서 태양의 세계로 향하는 샤먼의 여행을 묘사한 위촐 족의 털실그림을 보았다. 그림에 나타난 샤먼의 길은 일곱 개의 꽃으로 구분되어 있었는데, 프렘 다스는 이것을 보는 순간 요가의 차크라들이 떠올랐다. 그림에 매료된 그는 제작자가 쿤달리니 요가와 비슷한 신앙체계를 갖고 있음이 분명하다고 생각하고 그것의 원산지를 추적했다. 묻고 물어 찾아간 위촐 마을에서 프렘 다스는 돈 호세를 만나 그의 도제가 되었다. 위촐 족의 중요한 정신적 도구이자 돈 호세의 기본적인 가르침 수단은 환각 선인장인 페요테를 먹는 것이었다.

프렘 다스는 위촐 원주민의 비극적 상황을 설명했다. 아스텍의 후예인 그들은 할리스코 주와 나야리트 주의 바위투성이 시에라마드레 산 협곡에 작은 집단으로 흩어져 생활했다. 가파른 산비탈에 옥수수와 콩, 고추 등을 재배하는 그들은 스페인 정복 이전의 전통을 유지하면서 외부의 다양한 공격으로부터 그것을 보호하려고 노력해왔다. 힐러라는 뜻으로 윅살리카Wixalika라 불리는 그들은 정기적으로 적절한 의례를 거행하여 지구를 치유하고 자연계의 균형을 유지해야 한다고 믿는다. 그들은 스페인의 침략을 잘 견뎌냈고, 이제 꾸준히 증가하는 멕시코인들의 잠식으로부터 자신들의 문화를 보호하려고 애쓰고 있었다.

1970년대에 모든 원주민들을 시민사회 속으로 통합시키기로 결의한 멕시코 정부는 학교와 병원, 농업국卉을 설치하여 위촐 족에게 새로운 삶의 방식을 가르쳤다. 그 후 관광객과 정부 관리들을 태운 비행기가 시에라의 가장 외진 곳까지 들어왔고, 목장주들은 위촐 족이 사는 고원지대의 풀밭을 자신의 목초지로 만들려 했다. 기독교 선교사와 광신자들이 '이교도들'을 개종시키려 애썼고, 위촉 족의 젊은 세대들은 라디오와 TV, 오토바이, 알코올음료 따위가 풍부한 소비사회의 유혹에 노출되었다.

현대화된 멕시코 사회는 전례를 따르는 위촐 족의 생활을 크게 위협했다. 위촐 족은 자신들의 성찬인 페요테를 얻으러 해마다 '꽃들의 땅'인 위리쿠타Wirikuta로 순례 여행을 떠났다. 이곳은 카토르세 산 서쪽에 위치한 그들의 정신적 고향이다. 삼백 마일에 달하는 이 길을 그들은 도보로 여행했는데 초보자들은 눈을 가려야 했다. 천년 전의 이야기에 따르면 위리쿠타는 위촐 족이 창조된 땅이며 '불타버린 언덕'인 세로 쿠에마도에서 그들의 조상이 태양의 탄생을 목격한 곳이다. 이곳은 또한 처음으로 사슴을 사냥한 곳이다.

위촐 족은 페요테가 사슴의 영인 카우유마리Kauyumari의 발자국에서 자란다고 믿고, 사슴 사냥을 모방하여 신성한 선인장을 채취했다. 위리쿠타를 순례하면서 그들은 페요테를 먹는 의식을 치르고 한 해 동안 사용할 만큼 충분한 양을 수집했다. 이 지역이 사유지가 되어 울타리가 쳐지고 그들은 이 여행에 트럭과 간선도로를 이용해야 하는 처지가 되면서 이런 신비한 의례는 품위가 손상되었다.

산업문명의 마지막 침입은 프렘 다스가 살던 마을에도 찾아왔다. 오랜 과거로부터 위촐 족의 주산물은 균형 잡힌 식생활 배합인 옥수수와 콩이었는데, 멕시코 정부는 옥수수 생산을 늘리기 위해 제초제를 끌어들여서 다른 작물은 자랄 수 없게 되었고, 주민들은 콩을 시장에서 사야 했다. 콩의 가격이 갑자기 세 배로 오르자 그들은 이것을 먹을 수 없게 되었으며, 위촐 어린이들은 영양 부족으로 여러 가지 건강 문제에 시달렸다.

우리는 이런 얘기를 듣고, 위촐 족의 문화와 영적인 삶이 계속 이어질 수 있도록 그들을 돕기로 결심했다. 프렘 다스의 소개로 우리는 위촐 족의 샤먼과 예술가들을 알게 되었는데 이것은 서로에게 도움이 되었다. 프렘 다스는 우리의 한 달 세미나에 자신의 스승인 돈 호세와 다른 샤먼들을 모셔왔고, 올 때마다 함께 가져온 아름다운 공예품들은 에살렌 거주자와 워크숍 참가자를 포함한 많은 방문객들의 찬사를 받았다. 이런 교환을 통해서 우리 프로그램의 내용이 더 풍부해졌고 위촐 마을 사람들은 필요한 콩을 사는 데 보탬이 되었다.

우리로서는 무엇보다도 마라아카메mara'akame라 불리는 최고의 위촐 샤먼을 만나서 그와 함께 시간을 보내는 것이 가장 큰 보람이었다. 빅서에 오면 그는 항상 우리 집에 머물렀는데, 내가 만났던 가장 멋진 인간들 중의 한 사람이었다. 우리가 처음 만났을 때 그는 백 살이 넘은 나이였고, 소년 시절에 고기를 잡다가 다쳐서 한쪽 팔을 잃었으며, 마체테[1] 사고로 남은 팔의 손가락 두 개마저 잃어버렸다. 그런데도 그는 혼자서 매년 5톤 분량의 옥수수를 거두

---

1) machte. 중남미에서 쓰는 벌채용 칼이며, 무기로도 사용함.

어들이면서, 매일 충분한 양의 땀을 흘리는 것이 건강과 수명을 지키는 최선의 방법이라고 믿는다. 그의 체력은 아주 놀라워서 젊고 원기 왕성한 20대 후반의 프렘 다스가 거의 따르지 못할 속도로 산을 오르내린다. 고령에도 불구하고 섹스에 관심이 많아서 우리 그룹의 여인들에게 접근한 적도 여러 번 있었다.

돈 호세와 밤새워 의식을 치른 일들은 잊지 못할 추억이 되었다. 그는 큰 모자와 위촐 족 고유의 의상을 착용하고 의식을 거행했는데, 화려하게 수를 놓은 그것들은 복잡한 기하학적 무늬와 부족의 신성한 상징들로 장식되어 있었다. 사슴의 영인 카우유마리, 증조부인 불 타테와리Tatewari, 페요테 선인장 히쿠리Hikuri, 모든 방향을 볼 수 있음을 나타내는 쌍두雙頭 독수리 같은 것들이다. 그는 의식을 치르기 전에 항상 커다란 페요테 선인장의 봉오리를 먹었는데, 이것은 일상적 지각의 한계를 초월하여 "마음의 눈과 위대한 영의 가슴으로 가시적이고 불가시적인 모든 것의 상호 연결성을 보기" 위한 절차였다.

상당량의 페요테를 먹었음에도 불구하고 돈 호세는 남은 세 손가락에 독수리와 칠면조 깃털이 달린 기도 화살을 들고 몇 시간 동안이나 감미로운 영창을 읊조리면서 의례와 치유의 모든 절차를 빈틈없이 거행했다. 프렘 다스는 몰아대듯 북을 치거나 손으로 만든 목제 현악기를 연주하면서 그를 거들었다. 그룹은 호리병박과 말린 콩으로 만든 악기의 강렬한 소리에 빠져들었다. 돈 호세는 신성함과 비속함을 조화시키는 천재였다. 북 치고 노래하는 동안은 진지하고 장엄하여 방 안에 신비로운 분위기가 가득했지만 휴식 시간에는 짓궂은 장난꾸러기였다. 그는 큰 소리로 웃으면서 프렘 다스와 유쾌하고 음란한 농담을 자연스럽게 주고받았다.

우리가 돈 호세의 놀라운 의례를 체험한 것은 몇 년 동안 캘리포니아에 가뭄이 한창이던 1970년대 말 에살렌의 빅 하우스에서였다. 이때는 수자원 고갈이 극에 달했고 캘리포니아의 농업은 절멸의 위험에 직면해 있었으며 고급 저택에 사는 사람들은 수세식 변기의 물을 흘려보내지 못하고 주방의 접시를 씻지 못해서 애를 먹었다. 의례가 시작될 때 참가자 한 사람이 농담을 했다. "돈 호세, 캘리포니아에 가뭄이 지독한데 기우제를 지내야 하지 않을까요?" 돈 호세를 제외한 모든 사람들은 이 말을 농담으로 받아들였다. 그는 잠깐 동안 생각하는 듯하더니 놀랍게도 여기에 동의했다.

위촐 말로 하는 돈 호세의 영창을 알아듣지 못하기 때문에 이의식은 우리가 과거에 했던 다른 의식들과 비슷해 보였다. 북소리와 영창과 음악이 몇 번의 휴식 시간을 거치면서 밤새 이어졌다. 의식이 한참 진행되고 있을 때 프렘 다스가 그룹을 지도하여 위촐 사슴 춤을 추었는데 이것은 한쪽 발을 앞으로 내딛고 몸을 회전시키면서 방 안을 둥글게 움직이는 형식이었다. 새벽이 되자 돈 호세는 자신의 가방을 열어 커다란 전복 껍질과 토끼 꼬리를 꺼내더니 우리에게 바다로 내려가서 정화를 받고 잘 치른 의식에 대한 감사의 표시로 공물을 바쳐야 한다고 말했다.

우리는 빅 하우스를 나와서 사이프러스가 울창한 빅서의 바닷가 절벽으로 갔다. 의식의 '여운'이 남아 있는 상태에서 바라보는 태평양의 아침 경관은 가슴 벅차오르는 것이었다. 우리가 꼼짝도 하지 않고 서서 이 장엄한 경관을 마주하고 있을 때 갑자기 이슬비가 내리기 시작했다. "이게 무슨 일이야? 정말 놀랍네, 믿을 수 없어." 사람들이 한마디씩 했다. 극심한 가뭄의 한가운데서 기적과 같은 일이 일어난 것이다. 그러나 돈 호세는 조용했다. "이것은 신들의 축복이요." 그가 말했다. "당연한 일이지, 이것은 우리가 의식을 잘 치렀다는 뜻이요."

우리가 바닷가의 돌계단을 내려가자 이슬비는 소나기로 변했다. 바닷가에 도달한 돈 호세는 수면 위로 약 3미터쯤 솟은 평평한 바위에 섰다. 그는 자신의 발 옆에 공물을 놓고 영창을 시작했다. 바다는 그날 아주 잔잔했는데 그가 몇 분 동안 기도를 하자 수면에 커다란 파도 하나가 생겨나더니 돈 호세가 서 있는 바위를 향해서 빠른 속도로 달려왔다. 우리가 놀라서 바라보고 있는 동안 그 커다란 물결이 무서운 세력으로 바위를 때렸다. 그러나 그 끝에서는 소용돌이 모양의 물마루를 형성하면서 돈 호세의 발은 적시지 않고 부드럽게 바위 위의 공물을 쓸어갔다. 이 뛰어난 마라아카메가 살아 있는 존재로서의 바다와 공명했고 바다가 공물을 받아들여 그에게 응답했으니, 이것을 의심하는 사람은 아무도 없었다.

돈 호세는 자신의 전복 껍질에 바닷물을 채우고 토끼 꼬리를 그 속에 담갔다가 줄지어 선 우리를 한 사람 한 사람 정화했다. 비는 이제 폭우로 변했고 우리는 흠뻑 젖어서 또 다른 형태의 정화를 받고 있었다. 언덕을 올라온 우리는 빅 하우스 앞의 잔디밭에 있는 아름다운 유칼립투스 나무 주변에서 춤을 추었고, 어떤 이들은 자신의 옷을 모두 벗어버렸다. 이것은 보통 사람들에겐 이상하게 보일지 모르지만 바디워크와 알몸 목욕 문화로 알려진 에살렌에서는 자연스런 행위였다. 우리는 방금 체험한 것에 놀랐고, 그룹의 분위기는 황홀경 그 자체였다.

나중에 이 일을 조셉 캠벨에게 얘기했더니 그는 자신도 비슷한 일을 겪었다고 말했다. 몇 년 전에 그는 뉴멕시코 나바호 특별 보호 구역에서의 기우제에 초대받은 적이 있었다. 우리의 경우와 마찬가지로 그것도 극심한 가뭄 속에서 치러졌다. 그들이 예정된 장소에 도착해서 기우제를 시작할 때만 해도 파란 하늘에는 구름 한 점 보이지 않았다. 조셉은, 단호하고 결연한 자세로 바보 같은 짓을 행하는 나바호 샤먼의 허황한 노력에 상당히 놀랐다고 솔직히 고백했다. 보고 있는 모든 사람들이 자신을 믿지 않는다는 사실을 전혀 모르는 듯 샤먼은 북을 치면서 영창을 계속했다. 그런데 그때 지평선에 검은 구름이 모이기 시작하더니 빠르게 그들 쪽으로 이동해왔고, 의식이 끝나기 전에 그들은 모두 흠뻑 젖었다.

나중에 이런 의례 마법에 대한 원주민들의 믿음을 생각하면서 나는 기우제의 성공이 결코 놀라운 일이 아니라는 것을 인정할 수밖에 없었다. 원주민들은 기술과학 방면에서 발달하지 못했을지라도 어리석지는 않다. 아무런 결과도 보여주지 못하면서 의례를 거행하는 샤먼을 그들이 계속해서 존경한다는 것은 있을 수 없는 일이다. 기우제가 이어지는 전통에 있어서 그들은 성공적이었음이 분명하다. 이것은 샤먼이 인과의 원리에 의해서 비가 오게 만들었다는 뜻이 아니다. 이 책의 다른 이야기들에 보이듯이 상응(동시성)의 원리도 우주적 이치 속에서 중요한 부분을 차지한다.

오리건 사막의 슈리 얀트라

UFO의 방문인가, 거대한 장난인가?

1989년에 크리스티나와 나는 오리건의 유진에서 '신비 탐구와 집착, 중독'이란 제호로 국제 초개인 협회 회의를 계획했는데, 나중에 알았지만 이 회의는 어떤 흥미로운 동시성 현상들의 초점이 되었다. 그즈음 나는 UFO와 외계인 연구에 푹 빠져 있었다. 이런 주제에 내가 관심을 갖게 된 것은 고객들의 환각 세션과 우리의 홀로트로픽 호흡법, 동료들의 정신적 비상사태 등을 통해서 UFO 납치 체험담을 듣고, 나 자신도 리우데자네이루에서의 케타민 세션에서 외계의 존재 같은 것을 직접 체험한 뒤부터였다.

1947년 워싱턴 근처의 레이니어 산 부근에서 케니스 아놀드가 접시 모양의 '미확인 비행물체(UFO)'를 처음 목격한 이래, UFO를 보았거나 외계로부터의 방문자들을 만나 납치된 적이 있다는 보고는 현대의 불가사의한 논쟁거리들 중 하나였다. 내가 직접 경험하고 UFO 관련 문헌들을 연구하면서 알게 된 것은 이 문제에 대한 과학자들의 자세가 너무 단순하고 부적절하다는 점이었다. 자크 발레와 앨런 하이넥 같은 UFO 연구가들이 그랬듯이, 내가 도달한 결론도 그것은 정말로 '이례적인 현상'이며 기존의 개념에 대한 크나큰 도전이라는 점이었다.

물질과학이 제시한 두 가지 답안은 그것이 정신병자들의 환시가 아니면 어떤 천연물이나 인조물을 잘못 보고 잘못 해석한 결과라는 것인데, 이런 답안으로는 그 수수께끼 같은 체험의 본질을 전혀 이해할 수 없었다. 그리고 UFO 현상은 지구 바깥 존재들이 물리적 차원에서 실제로 방문한 것이 아니라는 생각을 하게 되었다. 우리는 무인 우주선을 통해서 태양계 혹성들에 관한 충분한 정보를 갖고 있으며 거기에 그런 방문객들이 살 수 없다는 것을 알고 있다. 그다음 가능한 이런 성간星間 여행의 근원지라면 4.2광년 떨어진 프록시마 켄타우리[1]일 터인데 이런 곳에서 우주 비행체가 찾아오려면 광속 안팎의 속도로 날거나 4차원 이상의 초공간을 통과해야 할 것이었다.

나는 UFO 체험이 과학 패러다임의 대세에 정면으로 도전하는 이례적인 사항이고 기존의 답안들과는 완전히 다른 관점에서 설명해야 한다는 결론에 도달했다. 나는 칼 융의 〈비행접시: 하늘에 보이는 것들의 현대적 신화〉(Jung 1964)를 아주 재미있게 읽었다. 그는 인류 역사를 통해서 보고된 UFO 같은 많은 환상을 검토하고 이런 체험들이 집단무의식의 심상心像에서 비롯되었을 가능성

---

[1] 켄타우루스자리의 프록시마 별. 태양에서 가장 가까운 항성.

을 토로했다. 그것들은 환각도 아니고 물리적 실체도 아니며 의식과 물질계 사이의 경계 영역에 존재한다는 것이다. 이렇게 해서 융은 UFO 현상을 의식 연구와 초개인 심리학의 영역에 귀속시켰다. 그의 논지는 상당한 설득력이 있어서 나의 관점을 확립하는 데 도움이 되었다.

우리는 유진에서의 초개인 회의보다 조금 먼저 홀로트로픽 호흡법 지도자 수련회를 계획했다. 이것은 밴쿠버 만의 코르테스 섬에 있는 할리콕 농장에서 할 예정이었으니, 한 번의 비행기 여행으로 두 개의 목적지를 연결할 수 있었다. 코르테스 섬으로 가기 위해 샌프란시스코에서 시애틀 행 비행기를 탄 뒤부터 일련의 동시성 현상들이 시작되었다. 나는 지구 바깥 존재들과 직접 만났었다고 말하는 휘틀리 스트리버의 〈커뮤니케이션〉(Strieber 1987)을 읽는 중이었다. 4백 페이지 남짓 되는 이 책의 중간쯤에 UFO 관련 일반 정보가 있고 나머지는 저자의 개인적 체험을 다루고 있었다.

케니스 아놀드가 레이니어 산 부근에서 UFO를 처음 목격한 장면을 읽고 있을 때 승객의 주의를 환기시키는 기장의 목소리가 들려왔다. 오른쪽에 흰 눈을 이고 있는 장엄한 산이 레이니어 산이라는 것이었다. 나는 읽고 있던 책 전체를 통틀어 레이니어 산이 딱 한 번 언급된다는 사실을 생각하면서 그 시점이 절묘하게 일치함을 보았다. 시애틀에 도착하여 택시를 타고 항구로 간 우리는 작은 수상 비행기를 타고 코르테스 섬으로 가면서 수백에 달하는 밴쿠버 만의 작은 섬들을 보았다. 할리콕 농장에 도착하여 내가 처음 만난 사람은 하버드 대학의 정신과의사이자 정신분석학자로서 우리의 수련에 참가한 존 맥이었다.

"스탠, 할 말이 있소." 우리가 인사를 나눈 뒤 그가 처음 꺼낸 말이었다. "당신이 완벽하게 옳았어요. 내가 UFO 납치 체험들을 조사했는데, 정말 재미있어요!" 그는 우리가 캘리포니아 가이저빌의 포켓 농원에서 키스 톰프슨의 논문에 관해 얘기했던 것을 다시 끄집어냈다. 크리스티나와 나는 '천사, 외계인, 원형들'이라는 제목의 그 논문을 우리의 〈정신적 비상사태〉에 포함시킬 작정이었다. 그 논문에서 키스는 UFO 피랍자들의 상황을 오스트레일리아 원주민의 통과의례 입문자에 비유했다.

포켓 농원에서 대화할 때 존은 아주 회의적이었고, 나는 UFO 현상들이 기존의 정신의학 패러다임에 대한 도전이며 진지하게 연구해볼 가치가 있다고 그를 설득했었다. 존의 말을 들은 나는 그동안 무슨 일이 있었기에 그의 자세가 이렇게 변했는지 궁금했다. 바닷가에 앉아서 그는, 자신의 동료 중 하나인 블랑쉬가 뉴욕에 사는 UFO 연구가인 버드 홉킨스를 만나게 해주었다고 설명했다. 엄격하지만 열린 마음의 정직한 과학자인 존은 버드가 제시하는 증거에 아주 강한 인상을 받았다.

버드는 세계의 여러 곳에서 수백 명의 피랍자들이 보고한 내용을 갖고 있었는데, 그들 대부분은 서로 간에 아무런 접촉도 없었다. 그중의 어떤 것들은 아주 먼 데서 왔고 무학자들의 체험도 거기에 포함되어 있었다. 게다가 피랍자들의 이야기는 납치 장비와 외계인들의 신체적 특징, 비행물체의 형태, 그것의 벽을 장식하는 이상한 부호들, 피랍자들이 겪는 과정 등 세부사항에 이르기까지 상당히 비슷했다. 버드를 만나 고무된 존은 자기 스스로 연구를 시작했고 점점 더 거기에 매료되었다.

여기서 미리 말해두어야 할 것은 그 뒤로 존이 자신의 발견 내용을 〈납치〉(Mack 1994)와 〈우주 통행권〉(Mack 1999)이라는 책으로 발표했다는 사실이다. 그의 연구 결과가 보도기관을 통해서 널리 알려지자 미국의 모든 중요한 TV 토크쇼에서 그를 초청했다. 그 결과로 생겨난 논쟁은 그의 하버드 종신 재직권을 위협했고, 그는 복잡한 법적 절차를 밟느라 출판사에서 받게 될 인세를 많은 부분 소비했다. 하버드와의 소송에서 승리한 그는 기존의 과학 패러다임에 도전하는 '특이 현상'을 연구하기 위한 기구인 PEERS를 설립했다. 2004년 9월에 존의 삶은 비극적 사고로 막을 내렸으니, 런던 회의에 가서 길을 건너다가 술 취한 운전사의 트럭에 치여 세상을 떠난 것이었다.

우리의 할리콕 수련에서는 외계 피랍에 관한 대화가 참가자들 사이에 퍼졌고, 코르테스 섬에 머무는 동안 내내 이어졌다. 이런 상황은 이번 수련회에 손님으로 초대한 앤과 짐 암스트롱 부부가 왔을 때 절정에 달했다. 앤은 채널링 능력 소유자였는데 그녀가 전하는 지식은 개인의 사생활에서부터 문화 현상과 인류의 역사, 과학 문제 등을 포함하고 있었다. 당시의 상황이 그랬던 만큼 사람들은 앤에게 UFO 현상에 대한 해독을 부탁하자고 만장일치로 결정했다. 한 시간 넘게 이어진 해독에서 앤은 비행접시와 지구 밖의 생물, 외계 피랍에 관련된 흥미로운 시각과 여러 가지 독특한 관점을 제시했다.

수련회를 끝내고 크리스티나와 나는 시애틀로 가서 ITA 회의를 시작했다. 그런데 회의 둘째 날 오리건 헤럴드 지에 어떤 비행기 조종사가 오리건의 사막에서 놀라운 것을 발견했다는 글이 실렸다. 넓은 평원을 가로질러 날면서 그는 땅에서 어떤 설계도 같은 것을 보았다는 내용이었다. 이것은 인도의 오랜 전통 문양들 중의 하나로서 탄트라의 가장 중요한 상징인 슈리 얀트라를 아주 완벽하게 재현한 것이었음이 밝혀졌다. 이것의 넓이는 축구장 네 개를 합한 정도였다.

산스크리트의 얀트라Yantra는 '수단'이나 '도구'를 의미한다. 얀트라는 점과 선, 삼각형, 사각형, 원, 연꽃 양식의 기하학적인 도형이 나란히 놓여 서로 교차하면서 결합하고 정렬하여 조화를 이룬 문양 속에 다양한 신들의 상을 포함하는 추상적인 그림이다. 탄트라라자 탄트라(힌두교 탄트라 명상법의 일종)에서는 960개의 얀트라가 각각 다른 신격이나 그것의 특수한 측면들을 나타낸다. 그중에서 가장 중요한 슈리 얀트라는 위쪽을 향한 네 개의 삼각형과 아래쪽으로 향한 다섯 개의 삼각형이 한데 어우러져 있는데, 이것은 우주적 창조의 장場인 시바와 샥티의 결합을 상징하며 샥티가 하강하여 구체화되는 여러 단계들을 나타낸다.

포개진 삼각형들의 한가운데에 창조의 근원으로서 모든 이원성을 넘어선 하나의 점, 영적인 탐구 끝에 모든 것이 하나로 통합되는 경지를 나타내는 마하빈두mahabindu가 있다. 포개진 삼각형들은 정형화된 연꽃잎들의 동심원에 둘러싸여 있고, 이 복잡한 도식의 바깥쪽을 사각형 틀이 둘러싸고 있으며 거기에 T자 형태의 문이 사방으로 뚫려 있다. 이 복잡하고 정교한 상징물이 엄청난 크기에 수학적 정밀성을 더하여 오리건 사막에 그려져 있는 것이다. 그림의 선에 해당하는 고랑은 깊이가 정확히 4인치였으며, 이 깊이는 그림 전체를 통틀어서 일관된 것이었다.

조종사의 보고를 듣고 현장에 도착한 사람들은 이 그림 주변의 땅이 전혀 손상되거나 오염되지 않았음을 보고 놀랐다. 거기에는 자동차 바퀴자국이나 발자국의 흔적 같은 것도 없었다. 기사를 썼던 기자는 얼마 동안 계산하더니 이런 작업을 똑같은 규모와 정확성으로 반복하려면 10만 달러가 필요하겠다고 결론지었다. 이런 특별한 작업을 누가 어떤 목적으로 했는지는 수수께끼이고, 내가 알기로는 아직까지도 미해결로 남아 있다. 신문 기사는 유럽의 여러 곳에 나타나는 크롭 서클과의 유사성을 언급하고, 많은 사람들이 이것을 외계에서 온 방문객의 작품으로 생각한다고 덧붙였다.

이것은 UFO 및 외계인들과 관련하여 내가 겪은 일련의 사례들 중에서 정점에 해당한다. 그러나 크리스티나와 나에게는 이 사건이 개인적 차원의 또 다른 의미가 있다. 스와미 묵타난다는 다르샨 도중에 자주 장난스런 어조로 우리를 시바와 샥티에 비유하곤 했는데, 우리 둘이서 큰 국제회의를 개최했을 때 시바와 샥티를 나타내는 신성한 상징이 근처의 사막에 나타난 것이다. 우리는 이런 종류의 사건들을 대체로 융의 동시성 개념에 입각하여 이해하지만, 싯다 요가 집단에는 바바를 우주적인 조종자로 생각하고 싶어하는 사람들도 있다. 그들은 바바가 의도적으로 신봉자들의 삶에 좋은 일들을 끼워 넣는다고 믿는다. 회의에 참석했던 이들 중의 몇몇은 사막에 나타난 슈리 얀트라를 바바의 작업으로 생각했다. 그들은 개인적으로 우리에게 와서, 그것이 회의를 축복하는 바바의 마음의 표현임을 믿어 의심치 않는다고 말했다.

관용 학습
포타와토미 원주민들과의 페요테 의식

정신과의사로서 인생을 괴롭히는 감정적인 문제들을 오랫동안 취급해온 나는 세대로부터 세대로 하나의 저주처럼 이어져온 파괴적인 패턴들을 깊이 이해하게 되었다. 부모 자신이 원가족[1] 안에서 성장하면서 입은 상처들이 부부나 부모로서의 올바른 역할을 방해하고, 그래서 그들이 다시 자녀에게 감정적으로 상처를 준다. 이런 악순환의 고리를 없애는 일이 현대 심리학과 정신의학의 중요한 과제들 중 하나이다.

비슷한 패턴이 집단 차원에도 적용하여 국가와 민족들 사이의 관계를 오염시킨다. 인간성의 두 가지 독毒인 탐욕과 분노가 피비린내 나는 전쟁과 혁명을 수없이 야기하여 무한한 고통을 창조

---

1) 원가족原家族. 혈통이나 유전으로 관련된 가족 및 친족 집단.

했다. 과거로부터 여러 적들에게서 받은 부당한 대우와 고통의 기억은 민족의 집단무의식 속에 길이 남아 그들의 현재 자세와 서로 간의 관계를 물들인다. 풀리지 않고 용서받지 못한 손해와 상처는 새로운 폭력의 원인으로 남는다.

인류의 역사가 이어지면서 민족들 사이의 관계는 어느 정도 예측할 수 없는 방향으로 변화한다. 표면상으로 상호 협력과 상호 파괴적인 만남이 오고 가더라도 깊이 상처받은 기억과 그 결과로서의 거부감은 그대로 남아 있다. 제2차세계대전 동안 추축국^{樞軸國}이었던 독일과 일본과 이탈리아는 미국의 적이었지만 소련은 중요한 동맹국이었다. 전쟁 이후에는 정세가 극적으로 바뀌어 일본과 이탈리아는 미국의 우방이 되었고 소련은 최대의 적이 되었다. 독일과의 관계는 좀더 미묘해서, 서독은 동맹국이었지만 동독은 적대 진영의 일부였다.

20세기 영국과 프랑스의 주된 적은 독일이었으니 그동안 양국은 그런대로 나쁘지 않은 관계를 유지했다. 그러나 몇 세기 전만 해도 그들은 불구대천의 원수지간이었다. 역사의 어느 시점에서 영국의 강적은 스페인이었고 러시아의 강적은 프랑스였다. 한때 스페인은 네덜란드와 싸웠고, 러시아의 적은 스웨덴이었다. 나는 아동기와 소년기에 독일군 점령 치하의 공포를 체험하고 조금 나이가 들어서는 소련의 통제 아래 잔인한 스탈린주의자들의 통치를 받으면서 그런 문제에 대해서 개인적으로 강한 느낌을 받았다.

어린 시절부터 나는 국경지대와 그에 관련된 모든 것을 — 경기관총이 설치된 요새와 철조망 울타리, 지뢰지대, 그것들을 지키는 군인과 개들을 — 미워했다. 이런 반감은 자유주의 국가 경계선의 좀더 세련된 모습과 거기서 일하는 관리들, 비자, 통관세 등에까지 연장되었다. 나는 유럽연합국가를, 유럽의 모든 국가들이 평화롭게 공존하는 미래를 자주 꿈꿔왔다. 인생의 후반부에 와서는 이 꿈이 전 세계를 포함하는 쪽으로 확대되었다. 나는 인류가 민족과 성별, 국가, 문화, 정치, 경제의 모든 차별을 극복하고 하나의 지구 공동체를 형성하는 그날을 꿈꾼다. 그러나 이것이 우리의 지구에서 정말로 실현될 수 있는 각본이 아님을 알 만큼 거기 관련된 문제의 복잡성을 충분히 인지하고 있다.

염세적인 얘기가 서두를 장식했지만 이런 우울한 상황에도 불구하고 우리 모두에게 보다 나은 미래의 희망을 가져다준 어떤 사건이 있었다. 그것은 오래전 비일상적 의식상태를 공유하는 그룹 안에서 일어났던 강력한 치유와 변용의 체험이다. 이것은 30여 년 전의 일이지만 아직도 그것을 생각하고 얘기할 때면 감동이 느껴지고 눈물이 고인다. 이 사건은 오랜 세월 이어져온 증오 가득한 이 세상에서 우리가 해결해야 하는 문제들의 심각성을 보여주었다. 그러나 또한, 이런 저주를 탕감하고 우리들을 갈라놓은 장애를 녹여버릴 수 있다는 희망과 믿음도 주었다.

1960년대와 70년대 초에 나는 볼티모어의 메릴랜드 정신의학 연구소에서 환각요법의 가능성을 검토하는 정부 지원의 연구 프로그램에 참여했다. 우리 과제들 중 하나에 정신건강 전문가들의 수련 프로그램이 있었는데, 여기서는 정신과의사와 심리학자, 사회사업가, 카운슬링하는 성직자들이 교육상의 목적으로 세 번에 걸쳐서 LSD를 복용할 수 있도록 허용되었다. 여기 참가한 사람들 중에 캔자스 토피카 보훈병원에서 온 정신과의사 케니스 갓프리가 있었다. 켄은 환각 연구의 선두주자들 중 한 사람으로서 환자들과 세션을 했지만 그의 프로그램과 이 세션은 서로 관계가 없었다. 나는 우리 연구소에서 그가 환각 세션을 세 번 받을 동안 안내역을 맡았고, 그로 인해 우리 둘은 가까운 친구가 되었다. 켄과 그의 아내는 둘 다 아메리카 원주민으로서 자기네 부족의 전통과 깊이 연결되어 있었다.

체코에 있을 때 내가 아메리카 원주민 교회에 관해 읽은 내용은 원주민적 요소와 기독교적 요소가 뒤섞인 혼합 종교로서 멕시코의 환각버섯인 페요테를 성찬으로 사용한다는 것이었다. 나는 페요테 의례를 직접 체험하는 일에 큰 관심을 갖게 되었다. 왜냐면 그런 체험을 통해서 환각제를 치유 목적으로 사용하는 경우와 의례적으로 사용하는 경우가 비교될 수 있기 때문이다. 그래서 미국에 온 이후로 계속 그런 기회를 찾았지만 인연이 닿지 않았다.

켄의 세 번째 세션 이후 그와 마지막으로 얘기하면서 나는, 그가 원주민 교회와 접촉이 있을지 모르고 그렇다면 그 교회의 페요테 의례에 내가 동참하도록 도와줄 수도 있다는 생각이 들었다. 켄은 이 문제를 포타와토미 '로드 취프road chief(신성한 의례의 지도자)'인 존 미첼에게 알아보겠다고 약속했다. 며칠 뒤에 켄이 전화로 희소식을 전했다. 존 미첼은 자신의 페요테 의례에 나를 손님으로 초대했고 우리 쪽의 간부진 몇 사람을 동반해도 좋다는 소식이었다.

다음 주말에 우리쪽 다섯 사람이 볼티모어에서 토피카로 날아갔다. 구성원은 음악 치료사인 헬렌 보니와 그녀의 자매, 환각요법가 밥 라이히, 종교학 교수인 월터 휴스턴 클라크, 그리고 나였다. 우리는 토피카 공항에서 승용차를 세내어 캔자스 대평원 깊숙

이 들어갔다. 그러자 아무것도 없는 한가운데에 몇 개의 천막이 서 있었는데 거기가 신성한 의례의 장소였다. 해가 지는 중이었고 의례가 시작될 예정이었다. 그러나 우리는 의례에 참가하기 전에 다른 참가자들의 인정을 받아야 했다. 그들은 모두가 원주민이었고, 우리는 '집단 감수성 훈련' 비슷한 예비 과정을 통과해야 했다.

원주민들은 격한 감정으로 백인들의 북미 대륙 침입과 정복에 의한 고통스런 역사를 토해내었다. 학살과 강간, 토지 몰수, 무분별한 들소 살육을 비롯한 잔학 행위들이었다. 두 시간 동안의 격한 이야기 끝에 감정이 수그러들었고 한 사람 한 사람의 원주민들이 우리를 받아들였다. 그러나 우리를 맹렬히 반대하는 한 사람이 있었다. 무뚝뚝한 성품에다 키가 크고 피부색이 짙은 그의 백인에 대한 분노는 엄청난 것이었다.

의례가 너무 늦어지는 것을 우려한 그의 동료들이 애써 설득하자 그는 마지못해서 동의했다. 그리하여 적어도 표면적으로는 모든 것이 안정된 뒤에 모두가 큰 천막 안으로 모였다. 불이 피어오르고 신성한 의례가 시작되었다. 우리는 페요테 봉오리를 먹고 지팡이와 북을 전달했다. 원주민들의 관례에 따르면 지팡이를 지닌 사람은 누구든 노래를 부르거나 개인 자격으로 말을 할 수 있고 지팡이를 그냥 통과시킬 수도 있었다.

우리를 거부했던 무뚝뚝한 사내는 천막의 지주에 몸을 기대고 정확히 내 맞은편에 앉아 있었다. 그는 분노와 적의를 내뿜고 있었는데 시무룩한 표정이 너무나 역력했다. 다른 모든 참가자들이 충심으로 의례에 참여했지만 그는 혼자서 냉담한 자세를 유지했고, 지팡이와 북이 자기에게 돌아올 때마다 화가 단단히 난 표정으로 그것들을 통과시켰다. 이런 분위기에 대한 나의 느낌은 페요테 효과로 인해서 더욱 민감해졌다. 그 사람은 나의 세계에서 쓰라린 부분이었고, 그를 바라보는 것이 점점 더 고통스러웠다. 그의 두 눈으로부터 밝은 레이저 광선 같은 증오의 빛줄기가 뿜어져 나와 나를 태우고 천막 안을 가득 채우는 것 같았다. 의례가 이어지는 동안 그는 본인에게도 힘든 이런 자세를 끝까지 유지했다.

아침이 밝아오면서 해가 뜨기 조금 전에 사람들이 마지막으로 지팡이와 북을 전달하고 있었다. 이것은 누구에게나 밤 동안의 체험과 인상에 대해서 몇 마디 말을 할 수 있는 마지막 기회였다. 월터 휴스턴 클라크의 말은 의외로 길고 너무 감정적이었다. 그는 멋진 의례에 참석할 수 있도록 해준 원주민 친구들의 관용에 대해 깊은 감사를 표명했다. 월터는 특히 침략과 토지 강탈, 살생, 강간, 들소 살육 같은 '우리'의 모든 소행에도 불구하고 그들이 우리를 받아준 사실을 강조했다. 어느 시점에서 그는 나를 언급했는데, 정확히 어떤 전후관계에 의해 그랬는지는 기억나지 않는다. "스탠, 이 사람은 자신의 고국인 체코슬로바키아를 멀리 떠나왔습니다."

월터가 체코슬로바키아라는 말을 했을 때, 밤새도록 불쾌한 모습을 보였던 그 사내가 갑자기 변했다. 그는 일어나서 천막 안을 가로질러 달려와서 내 앞의 바닥에 쓰러졌다. 그런 다음 내 무릎에 머리를 파묻고 엉엉 울다가 소리 내어 흐느꼈다. 20분쯤 지난 뒤에 그는 조용해지더니 자신의 자리로 돌아가서 말하기 시작했다. 의례가 시작되기 전에 그는 우리를 모두 '흰 얼굴'로 보았고 그래서 우리는 자동적으로 원주민과 그의 적이 되었다. 그러나 월터의 말을 듣는 순간 체코에서 온 나는 자기네 민족의 비극과 아무런 관계도 없음을 알았다. 체코인들이 미국 서부 개척시대의 침략자들처럼 악명이 높지 않은 것은 사실이다. 따라서 그는 신성한 의례를 치르는 동안 정당한 이유 없이 나를 미워한 꼴이 되었다.

그는 비통하고 처량해 보였다. 처음의 몇 마디 후에 긴 침묵이 왔고, 그의 마음속에서 엄청난 싸움이 이어졌다. 무언가 나올 것이 더 있는 게 분명했다. 결국 그는 자신의 남은 이야기를 털어놓았다. 제2차세계대전 동안에 그는 미국 공군에 징집되었고 전쟁이 끝나기 며칠 전에 예측 불가능하고 불필요한 미국 공군의 체코 공습에 직접 참가했다. 공습 대상 도시는 맥주와 슈코다 자동차로 널리 알려진 필젠이었다. 이제 나를 향한 그의 증오 자체가 부당했을 뿐만 아니라 우리의 입장은 완전히 뒤바뀌어 버렸다. 그는 가해자였고 나는 피해자였다. 그는 내 나라에 침입하여 내 민족을 죽였다. 이런 사실이 그를 견딜 수 없게 만든 것이었다. 그는 다시 내게로 와서 나를 껴안고 용서를 빌었다.

나는 그에게 아무런 적대감도 갖고 있지 않다고 그를 안심시켰다. 그러자 다시 생각지도 못한 일이 일어났다. 그가 볼티모어에서 온 나의 미국인 친구들에게 가더니 그동안의 자기 태도에 대해 사과하면서 그들을 붙들고 용서를 빌었다. 그는 이번 일을 통해서, 우리가 조상들이 저지른 행위에 대한 분노를 그대로 이어간다면 이 세상에는 영원히 희망이 없으리라는 것을 배웠다고 말했다. 그는 특정 민족과 국가, 문화에 대한 일괄적 판단은 잘못이라는 것을 깨달았다. 우리는 사람을 판단할 때 그가 어떤 그룹에 속해 있는가가 아니라 그가 누구인가에 기준을 두어야 할 것이다.

그의 말은 시애틀 추장이 유럽의 식민이주자들에게 썼다고 하는 저 유명한 편지의 멋진 후일담 같은 것이었다. 그의 마지막 말은 이러했다. "당신들은 적이 아니라 나의 형제자매입니다. 당신들은 나나 내 민족에게 아무 짓도 하지 않았습니다. 모든 일은 우리 조상들의 삶 속에서 오래전에 일어났습니다. 그리고 그 당시 나는 사실 반대편에 있었는지도 모릅니다. 우리는 모두 위대한 영의 자손입니다. 우리는 모두 어머니이신 대지에 속해 있습니다. 우리의 지구는 큰 고통 속에 있으니 우리가 해묵은 원한을 그대로 이어가면서 서로 협동하지 않는다면 우리는 모두 죽게 될 것입니다."

이때쯤은 그룹의 많은 사람들이 울고 있었다. 우리는 서로 간의 깊은 연대감을 느꼈고 모두가 인간 가족에 속해 있음을 알았다. 태양이 서서히 올라왔고 우리는 아침식사를 했다. 우리가 먹은 것은 밤새도록 천막 한가운데 차려져 있었던, 의례를 통해 성화된 음식이었다. 그런 다음 우리는 오랫동안 포옹을 나누고 떨어지지 않는 발걸음을 억지로 옮겨 집으로 향했다. 우리는 민족과 국가들 사이의 분쟁에 해답이 되어줄 이 귀중한 학습을 고이 간직했다. 이것은 남은 인생 동안 우리 마음속에서 생생하게 살아 있을 것이다. 내게는 비일상적 의식상태에서 체험한 이 뜻밖의 동시성 현상이 희망의 느낌으로 남아 있는 것이다. 그때 체험한 것과 같은 치유 효과가 미래의 어느 날, 보다 큰 규모로 온 세상에서 나타날 수도 있다는……

02

◆

은혜의 흔적을 좇아서

◆
◆
◆

출생과 그 이전의 기억들

◇

홀로트로픽 의식상태에서 가장 자주 겪는 체험은 출생 당시로의 정신적 퇴행이다. 사람들은 이때 출생 당시의 모든 감정과 육체적 감각, 몸의 자세를 비롯한 여러 측면들을 생생하게 다시 체험한다. 많은 심리학자와 정신과의사, 신경 생리학자들이 출생과 관련된 무의식 속의 뚜렷한 심상을 보고 크게 놀라는 것은 인간적 기억의 한계에 대한 자신들의 오랜 가정이 위협받기 때문이다. 실제로 자세히 검토해보면 그런 가정들은 과학적 사실과 예리하게 상반되는 사실무근의 믿음임이 드러난다.

정신의학의 전통적 견해에 따르면, 출생 도중에 뇌세포가 돌이킬 수 없을 정도로 손상되었을 경우에만 심리적, 정신병적 이상이 생겨난다. 긴 시간의 난산에 의하여 산소결핍 상태가 이어지면 정신병적인 문제나 원발성 정신지체, 과다행동 등이 나타날 수 있다는 사실은 잘 알려져 있다. 또한 길고 어렵고 복잡한 가사假死 상태에서의 출생이 상습적 범죄와 관련된다는 연구 결과도 있다. 태아기의 바이러스 감염과 출생 시의 분만 합병증에 오랜 진통과 산소결핍도 어느 정도 일관성 있게 보고된 정신분열증 위험 요소이다. 그러나 전통 위주의 정신과의사들은 이런 발견들을 '뇌의 육체적 손상'이라는 관점에서만 이해하고 태아기와 주산기周産期[1]의 상해傷害가 ─ 그것이 뇌세포를 손상시켰는지의 여부에 관계없이 ─ 아이에게 심각한 정신적 외상을 입혔을 가능성은 고려하지 않는

---

1) perinatal. 임신 20주 후부터 분만 후 28일까지 사이.

경향이 있다.

신생아의 대뇌 피질은 완전히 미엘린화^亡되지 않은 상태에 있다. 이 말은 신경세포들이 미엘린²⁾이라는 지방질 보호막으로 완전히 덮이지 않았다는 뜻이다. 그래서 출생이 정신적으로 문제가 되지 않고 출생 시의 체험도 기억에 남지 않는다고 흔히 말한다. 그러나 아이가 출생 시의 극단적 긴장과 고통을 의식하지 못하고 출생 과정은 뇌에 어떤 기록도 남기지 않는다는 믿음은 실제의 임상 관찰과 다를 뿐만 아니라 상식과 기본 논리에도 위배된다.

그런 가정은 심리학과 생리학에서 널리 인정하는 이론들과 — 예를 들면 초기에 어머니와 아이 사이의 상호작용이 매우 중요하다는 사실과 — 조화되기 어렵다. 둘의 상호작용에는 출생(긴밀한 유대) 직후 어머니와 유아 사이의 시선 맞추기라든가 따뜻한 육체적 접촉, 정성스런 양육 같은 요소들이 포함된다. 유아기의 이런 체험들이 '흔적'으로 남아 미래에 있을 어머니와 아이의 관계 및 아이의 감정적 행복에 중대한 영향을 미친다는 것은 잘 알려진 사실이다. 무의식적이고 반응이 늦은 생물체로서의 신생아 상^像은 태아의 예민한 감수성을 논하는 많은 논문들과도 어긋난다.

신생아의 대뇌 피질이 완전히 미엘린화되지 않았다고 해서 출생 시의 상황을 기억하지 못한다는 것은 대뇌 피질이 없는 하등동물에도 기억력이 존재한다는 사실을 고려할 때 이치에 맞지 않는다. 미엘린화된 신피질이 있어야 출생 시를 기억할 수 있다는 주

---

2) myeline. 미엘린은 전선의 플라스틱 피복처럼 신경세포를 둘러싸는 백색 지방질 물질로서, 뉴런을 통해 전달되는 전기신호가 누출되거나 흩어지지 않게 보호한다. 아기의 모든 신경이 완전히 미엘린으로 싸여지는 데는 2년 정도 걸린다고 한다.

장은 스웨덴의 생리학자 에릭 캔들이 바다 민달팽이인 군소(Aplysia)의 기억 장치 연구로 2000년 노벨 의학상을 받았다는 사실에 비추어보아도 우스꽝스럽다. 군소는 진화의 사닥다리에서 신생아보다 까마득히 아래에 있는 생물이며, 아주 적은 수효의 신경세포로 이루어져 있다. 나아가 단세포 동물에게까지 원초적 형태의 세포질 기억이 존재한다는 것도 생물학에서는 잘 알려진 사실이다.

엄정한 논리를 자랑하는 과학적 사고의 배경에 이런 논리적 모순이 있다는 것은 정말 놀라운 일이다. 이런 모순의 근저에는, 출생 기억이 감정적으로 단단히 억압되어 있어서 좀처럼 의식화되지 않는다는 사실이 숨어 있다. 출생 시의 육체적, 감정적 긴장과 고통은 (출생 이후에 혹시 당할 수도 있는 아주 극심한 형태의 육체적 고통을 제외한다면) 정신역학[3] 문헌에서 논하는 출생 이후 요람기와 유년기의 어떤 정신적 충격이나 상처보다도 컸을 것이 분명하다. 그것이 심리적으로 단단히 억압, 부인당하고 있는 것이다. 20세기 후반에 여러 가지 정신요법을 개발한 환각 연구가와 임상 의학자들은 육체의 출생이 인간의 삶에 있어서 가장 큰 충격이고 최고의 중요성을 갖는 심령적 사건이라는 확실한 증거들을 다량 확보했다. 출생 시의 상황은 우리의 기억 속으로 세포 차원에 이르기까지 아주 상세히 기록되며 이후의 정신적 성장에 큰 영향을 미친다. 따라서 우리가 이런 공포와 고통의 기억에 대한 심리적 저항감을 극복할 수 있다면, 그 중대한 사건이 무의식 속에 기록되었다가 의식 속으로 되살아날 수 있음을 인정하게 되는 것이다.

---

3) psychodynamics. 인격과 행동과 자세에 영향을 미치는 의식적이고 무의식적인 다양한 지성, 감정들 사이의 상호작용.

홀로트로픽 상태에서 퇴행이 계속되어 태아 초기에 이르고 거기서 더 나아가 수태 당시에 도달하면 문제는 훨씬 커진다. 생명의 시초에 가까워질수록 신경계통은 점점 원시적으로 되어가다가 결국 사라져버린다. 그러나 우리가 개체로 존재하기 시작했을 때부터 기억도 존재했다는 충분한 경험적 증거가 있다. 이때 우리에게 남는 오직 하나의 실질적 정보전달 수단은 세포질 기억이다.

이어지는 글들에서 나는 환각요법이나 홀로트로픽 호흡 세션을 통해 알게 된 출생 당시와 태아 시절 및 수태에 관한 기억들을 예시하고자 한다.

◆◆◆

정오 태생의 고난

리니의 이야기

고객들의 사생활을 존중해야 하는 정신의학 서적의 관례에 따라 나도 그들의 본명은 사용하지 않는다. 그러나 지금 하려고 하는 이야기는 예외이다. 왜냐면 고인이 된 주인공 리니 슈바르츠가 자신의 책인 〈신생아의 세계〉(Schwartz 1981)에서 이미 스스로 밝혔기 때문이다. 나는 리니와 그녀의 남편 밥을 1971년에 만나서 나중에 가까이 지내게 됐는데, 당시 그들은 플로리다의 마이애미에서 내 강좌에 참석했었다. 리니와 처음 LSD 세션을 시작했을 때 그녀는 50세의 유능한 인테리어 설계사였다. 내가 지금 말하려는 체험들에 자극을 받아서 그녀는 심리학을 공부하기 시작했고 결국 박사 학위까지 받았다. '출생 이전의 모자관계'라는 그녀의 학위 논문은 임신한 몇몇 부부들을 수태부터 출산과 출산 이후까지의 기간 동안 매주의 그룹 세션을 통해서 추적 연구한 결과였다.

세션에 들어가면서 그녀는 자신의 출생 기억을 되살렸다. 최초에 주산기 제2단계[1]가 두 시간 이상 이어졌다. 이것은 자궁이 수축하기 시작했지만 자궁경관은 아직 열리지 않은 분만 초기의 단계로서, 출구가 없는 곳에 갇혀 감정적, 육체적으로 아주 힘겹고 두려운 상황이 영원히 이어지는 듯한 느낌인데, 이것이 극단적으로 나타날 경우 악마와 지옥의 환상을 체험한다.

주산기 제3단계(BPM III)로 넘어가자 상황이 바뀌었다. 이것은 자궁경관이 열리고 태아가 산도 속을 힘겹게 나아가는 상태이다. 이때는 서로 다른 강력한 에너지들의 충돌과 격렬한 파괴, 비정상적으로 에로틱한 환상들이 넘쳐나는 속에서 이상한 성적 흥분을 체험한다. 그리고 성공적일 경우 이 단계는 심령적 죽음과 재탄생을 겪으면서 절정에 이른 뒤 끝이 난다.

그러나 리니의 세션에서는 그렇지 않았다. 산도를 빠져나오면서 오랫동안 힘들었는데 갑자기 불길한 어둠에 둘러싸인 것 같았고 어딘가 함정에 빠진 듯한 느낌이 왔다. 답답한 산도에서 해방될 수도 있다는 기대가 완전히 사라지고 또다시 출구가 없는 상황에 갇힌 것이었다. 약기운이 차츰 물러가면서 평소의 의식상태로 돌아왔지만 곤경에 처했던 느낌은 자신의 삶에 대한 실망과 비관으로 이어졌다.

우리는 이 만족스럽지 못한 체험의 결말을 보기 위해 일주일 뒤에 다시 세션을 갖기로 했다. 일주일은 LSD 복용 후 그것을 다시 복용할 때 생겨날 수 있는 내성을 방지하기 위한 기간이다. 다음

---

1) 저자는 이것을 second basic perinatal matrix(BPM II)라고 부른다.

세션도 역시 출구가 없는 절망적인 느낌의 분만 초기 단계에서 시작되었다. 그러나 이것은 오래 걸리지 않았고 고통이 마술처럼 갑자기 사라졌다. 엄청난 광휘의 신비로운 황금빛이 그녀를 가득 채우면서 해방과 심령적 재탄생의 느낌이 몰려왔다. 이번에는 주산기 제3단계의 요소들이 전혀 나타나지 않았다. 절망과 암흑의 가장 깊은 구덩이에서 희열 가득한 재탄생으로 빠르게 옮겨간 것이다.

이런 결과가 너무 이상하게 느껴진 리니는 이리저리 생각하다가 결국 어머니에게 알아보려고 전화를 걸었다. 전화를 하긴 했지만 그 전에 어느 정도 망설였는데, 그것은 어머니가 너무 구식이고 보수적이어서 그런 종류의 질문이 쉽지 않다는 것을 알고 있었기 때문이다. 예를 들면, 어머니는 리니가 성인이 되어 결혼할 때까지 성性에 관련된 얘기는 일체 하지 않았다. 자신의 임신과 출산에 대해서도 리니에게 전혀 말하지 않은 것이 분명했다. 리니는 어머니에게 감히 자신이 LSD 세션을 했다고 말할 수 없었다. 그래서 결국 최면술에 의한 연령 퇴행에서 자신의 출생 기억과 같은 것이 되살아났다고 얘기했다. 그러나 우리가 미리 약속했던 대로 자신의 세션 내용에 관해서는 어떤 구체적인 것도 말하지 않았다.

어머니의 이야기는 리니의 체험을 이해하는 데 상당한 도움이 되었다. 어머니에게는 리니가 첫 아이였기 때문에 출산 경험이 없었고 무슨 일이 어떻게 진행될 것인지도 알 수 없었다. 그녀는 출산이 임박했을 때 놀라고 당황했지만 어쨌든 모든 일이 잘 되어가고 있는 것처럼 보였다. 그런데 갑자기 예기치 못한 일이 생겼다. 곁에서 출산을 기다리던 의사와 간호원이 12시가 되었다면서 "얼른 샌드위치를 먹고 오겠다"고 말했다. 의사는 그녀에게 자기들이 돌아올 때까지 양다리를 교차시키고 있도록 지시했다.

　순진한 어머니는 아무 말 없이 그 지시에 따랐고, 심한 진통과 싸우면서 양다리를 꽉 조인 자세로 의사가 돌아오기를 기다렸다. 의사와 간호원이 잠깐 동안의 식사를 마치고 돌아와서 곧바로 한 일은 교차시켰던 다리를 풀게 한 것밖에 없었다. 그녀가 다리를 풀자 리니는 대낮의 빛 속으로 곧장 밀려나왔다. 어머니와의 통화 후에 리니는 자신의 세션에서 있었던 이상한 체험에 대해 그런 뜻밖의 얘기를 전했다. 이로써 제각각 진실성을 확인할 수 있었던 나의 기다란 출생 기억 명세서에 또 하나의 독특한 사례가 추가되었다.

◆◆◆

생가죽 냄새
쿠르트의 이야기

두 번째 사례는 우리의 유럽 수련회에 참가했던 심리학자 쿠르트의 이야기이다. 홀로트로픽 호흡 세션 후반부에서 그는 아주 깊은 연령 퇴행을 체험했는데 출생 시의 기억이 너무 뚜렷하게 되살아나서 다른 사람들의 자리로 뛰어들려 했기 때문에 다섯 사람이 그를 붙들어야 했다. 그는 계속해서 머리로 허공을 들이받고 자기 등에서 복부까지 나선형으로 회전하기를 되풀이했다. 그리고 심한 몸부림 끝에 놀라운 효과를 보이면서 세션이 끝났다. 그는 재탄생을 느껴졌고 감정의 해방을 경험했다.

각자의 체험을 얘기하는 자리에서 우리는 무슨 일이 있었는지 알 수 있었다. 쿠르트는 처음에 자신이 비늘로 덮인 벌레처럼 느꼈고 자꾸만 주르르 미끄러지는 동작에 빠져들었다. 그러다가 갑자기 두 발과 몸에 성가시고 거치적거리는 것 같은 감각이 느껴졌다. 그는 그런 감각과 싸우기 시작했는데 처음에는 가볍게 했지만 나중에는 더 많은 힘과 노력을 기울였다. 이것은 점점 더 심해져서 급기야 목숨을 걸고 싸우는 지경에 이르렀다. 그는 설사 온 세상을 대적한다 해도 절대로 포기하지 않으려고 결심했다. 큰 소리를 지르면서 온갖 계략과 힘을 다하여 강력한 적들과 필사적으로 싸웠다.

우리가 그를 붙들고 있을 때 우리는 적이 아니며 그가 잘 해내도록 돕는 중이라고 내가 계속해서 말했지만 그는 안과 밖을 구분하지 못했다. 시간이 좀 지난 뒤에 그는 어떤 결정적인 상황에 도달하여 이런 분투가 자신의 출생 과정을 나타내는 것임을 알게 되었다. 어떤 도움도 받을 수 없다는 느낌이 내부의 강한 반발심과 포기하지 않겠다는 결연한 의지를 자극했었던 것이다. 그는 비슷한 패턴이 자신의 일상생활에서도 자주 나타난다고 말했다. 긴 사투 끝에 쿠르트의 야단스런 동작과 외침은 절정에 달했다가 갑자기 가라앉았다. 그는 싸우기를 멈추고 깊은 휴식의 국면으로 넘어갔다.

이때 그가 일어나 앉아서 눈을 뜨고 주위를 둘러보았다. 나는 너무 빠르다고 말하고 좀더 누워서 그때의 체험으로 되돌아가라고 지시했다. 갑작스럽게 떠오르는 무언가가 있더니 그는 자신이 조산아였다고 들은 바를 기억해냈다. 이런 배경에서 보면 너무 빠르다고 한 내 말은 이치에 맞는 것처럼 보인다. 그는 다시 누워서 스스로 담요를 덮었다. 태아처럼 웅크린 자세로 누운 그에게는 이런 체험이 자궁 속에서 잃어버린 모든 시간을 되찾는 데 도움이 될지도 모른다는 느낌이 들었다. 그는 이 상태가 아주 편안하고 아름답다는 것을 알았으며, 만족스럽고 행복했다. 그런데 놀랍게도 갑자기 생가죽 냄새가 아주 강하고 뚜렷하게 느껴졌다. 그는 음미하면 음미할수록 이 냄새가 마음에 들었다.

세션이 끝날 무렵 쿠르트는 완전한 이완 상태에 있었다. 이것은 그의 일상생활과는 거리가 먼 생소한 기분이었다. 평상시의 그는 상당히 충동적이고 난제와 위기에 도전하기를 좋아했다. 함께 얘기하는 자리에서 그는 인생에 어떤 문제나 싸울 상대가 없으면 아주 불행해진다고 털어놓았다. 그런 다음 세션의 중요한 부분이었던 강렬한 가죽 냄새로 초점을 돌렸다. 그는 이 냄새가 어떤 식으로든 자신의 안락하게 이완된 상태와 밀접한 관계가 있으며 가장 인상적이고 두드러진 측면이라는 점을 강조했다. 하지만 그것을 어떻게 설명해야 할지 전혀 알 수 없었다. 모든 상황이 완전한 수수께끼였다.

좌담이 이어지는 동안 그는 생가죽 냄새가 자신의 출생 체험에서 왜 그렇게 중요한 부분을 차지하는지 물었다. 나는 생가죽이나 그것의 냄새가 출생과 관련된 중요한 상징은 아니지만 그가 태어날 때의 실제 상황과 어떤 식으로든 관계가 있을 거라고 대답했다. 하지만 어떻게 그런 일이 있을 수 있는지는 상상조차 할 수 없었다. 의문이 있으면 참지 못하는 성미인 그가 결국 그날 저녁에 자기 어머니에게 전화를 걸었다.

알고 보니 그를 임신했을 때 그의 어머니는 가죽제품 판매점에서 일했음이 밝혀졌다. 그를 낳던 날 어머니는 저녁 늦게까지 일했는데 무릎 위에다 티롤[1]산産 가죽바지를 놓고 바느질을 했다. 리

---

1) Tirol(Tyrol). 알프스 동쪽의 한 지방으로 오스트리아 서부와 이탈리아 북부에 걸쳐 있다.

니의 어머니와 마찬가지로 그녀도 쿠르트가 첫 아이였기 때문에 임신과 출산의 경험이 없었다. 진통이 시작되리라고 생각도 하지 않았던 상황에서 양수가 터져 흘러나오자 그녀는 방광에 문제가 생긴 것으로 오해했다. 무슨 일인지 알게 된 것은 쿠르트가 산도를 빠져나오고 있을 때였다.

분만이 빠르게 진행되어 쿠르트는 생가죽 냄새가 깊이 스며든 점포의 마룻바닥, 아직 바느질이 덜 끝난 가죽바지 옆에서 태어났다. 그리고 출생 직후에도 그는 생가죽 냄새를 맡아야 했다. 그의 어머니가 일을 계속하기 위해 가죽바지를 집으로 가져왔기 때문이다. 이런 설명을 들은 쿠르트는 물론이고 함께 있던 다른 사람들도 그의 체험이 사실에 입각한 것이었음을 확인했다.

◆◆◆
늙은 참나무의 환상
앤-마리의 이야기

출생 체험에 관한 세 번째 이야기는 어머니의 심상이 태아에게 전달될 수도 있음을 암시하는 내용이어서 앞의 두 이야기보다 더 놀랍다. 30세의 인류학자인 앤-마리는 LSD 세션에서 자신의 출생 기억이 되살아났다. 대부분의 세션에서 눕거나 기댄 자세로 눈을 감는 것이 바람직하지만 그녀는 일어나서 아주 빠른 속도로 걸어다니고픈 충동을 주체할 수 없었다. 그리고 또 얼마 동안 이유도 모른 채 유쾌하게 웃어댔다. 결국 그녀가 누울 수 있게 되었을 때 체험은 급속히 절정으로 치달렸고 출생 당시의 기억이 떠올랐다. 산도를 빠져나오면서 그녀는 커다랗고 아름다운 참나무의 환상을 보았다.

　이것을 이해할 수 없었던 그녀는, 자신의 출생 체험을 이해하는 데 어떤 특별한 설명이 필요했던 다른 사람들처럼 어머니에게 전화를 걸어 알아보고자 했다. 그녀는 아주 보수적인 가족들 사이에서 자랐고, 어머니는 너무 청교도적이어서 성^性에 관련된 이야기는 언제나 피하려고 애썼다. 그녀가 자신의 출생에 대해 어머니로부터 이야기를 듣는 것은 이번이 처음이고 마지못해 해준 이야기였지만 그것을 통해서 재미있는 사실을 알게 되었다. 분만실로 안내된 어머니는 두려운 나머지 신경이 날카로워져서 긴장을 풀기 위해 서성거리지 않을 수 없었다. 또한 어머니는 의사가 주는 많은 양의 이산화질소를 마셨다. 이것은 웃음을 억제할 수 없게 만들기 때문에 '소기笑氣'라고도 불리는 마취제이다.

출산은 순조롭지 않았고, 그녀가 우연히 엿듣게 된 인턴 두 사람의 대화에서 한쪽이 이렇게 말했다. "이 산모는 밀어내는 법을 몰라, 빨리 그걸 알아야 할 텐데, 안 그러면 아이나 산모가 죽을 거야." 깜짝 놀란 그녀는 온 힘을 다해서 배에 힘을 주었는데 그때 갑자기 어린 시절의 기억이 생생하게 떠올랐다. 아이였을 때 집 근처의 아름다운 참나무 곁에서 많은 시간을 보냈던 기억이었다. 그녀는 자주 이 나무 옆에서 그 몸통에 두 다리를 기대고 누워 있곤 했다. 진통의 마지막 단계에서 힘을 주고 있을 때 그녀는 어린 시절에 자주 했던 것처럼 양다리로 이 참나무를 누르는 상상을 했다.

앤-마리가 태어날 때 그녀의 어머니는 이런 식으로 참나무를 시각화했는데, 그것은 앤-마리가 자신의 출생 기억을 되살렸을 때 본 것과 같은 영상이었다. 우리가 노력한다면 웃음을 터뜨린 것과 서성거리면서 걸은 것도 이유를 설명할 수 있을지 모른다. 어쨌든 참나무의 심상이 전달되었다는 것은 출생 시의 기억에 대해서 근본적으로 다른 ― 매질을 요구하지 않는 ― 메커니즘을 찾아야 한다는 것을 암시한다.

◆◆◆

마을의 연례행사 장터를 찾은 태아

리처드의 이야기

다음 이야기는 좀더 먼 과거인 출산 직전의 태아기로 우리를 데려
간다. 주인공은 심각한 만성 우울증으로 프라하 정신의학 연구소
의 개방병동에 입원해 있던 리처드라는 이름의 맑고 매력적인 젊
은이이다. 그는 반복해서 자살을 시도했었고, 강한 동성애적 충동
과 싸우다가 많은 양의 에스트로겐을 투여해서 자신의 남성성을
제거하려 했다. 전통적인 정신과 치료법으로 효과를 보지 못한 그
는 환각요법에 자원했다.

세션을 받으면서 그는 자궁 내 체험이 확실해 보이는 기억을
떠올렸다. 자신의 신체상(像)이 성인의 것과는 너무 다른 태아의 신
체상으로 바뀌었다. 자신이 아주 작게 느껴졌고, 몸과 팔다리에 비
해서 머리만 어울리지 않게 크게 느껴졌다. 또한 양수 속에 담겨서
태반과 탯줄을 통해 어머니에 연결되어 있는 느낌이 들었다. 피가

그것들 사이를 오가며 자기 몸에 양분을 공급하고 있었다. 이런 느낌은 경이로운 행복감으로 이어졌고 그를 통해 어머니와의 공생적 합일을 체험했다. 둘 사이를 흐르는 피는 신성한 인연을 만드는 마법의 액체였다.

이런 체험을 하고 있는 동안 그의 귀에는 빈도가 서로 다른 두 종류의 심장 박동이 물결치는 듯한 하나의 음향으로 합쳐져서 들려왔다. 다른 독특한 소리도 함께 들렸는데 얼마 동안 생각해보니 이것은 어머니의 골반 동맥을 통해서 밀려가는 피 소리 같았다. 이따금 동굴 속에서 으르렁거리는 것 같은 소리도 들렸는데 이것은 자궁 부근의 창자 속에서 기체와 액체가 움직이는 소리였다. 여러 가지 경험적 단서를 기반으로 성인의 판단력을 활용해서 그는 지금의 자신이 출산 직전의 성숙한 태아임을 알았다.

그의 평화롭고 행복한 상황은 갑자기 외부세계에서 들려온 소음들로 중단되었다. 그것은 넓은 방 안에서 울리는 것처럼 물결을 통해 들리는 것처럼 메아리치는 이상한 소리들이었다. 이것은 전자 악기로 만들어내는 현대의 특수한 음향 효과를 상기시켰다. 그는 이런 효과가 복벽과 자궁벽, 양수 때문에 생겨나는 것이고 외부세계의 소리가 태아에게 도달할 때 나타나는 현상이라고 이해했다.

그는 이것이 어디서 나는 무슨 소리인지 알아보려고 애쓴 결과 두 종류의 소리가 뒤섞여 있음을 알았다. 그중 일부는 고함치고 웃는 인간들의 소리였는데 그것이 트럼펫 소리 같은 것과 섞이면서 불규칙하게 이어졌다. 갑자기 이것은 자신의 생일 이틀 전에 고향 마을에서 해마다 열리는 품평회라는 생각이 머리를 스쳤다. 이런 정보들을 모두 종합하고 나서 그는 어머니가 만삭의 몸으로 이 장터에 갔었음이 틀림없다고 결론지었다.

내가 리처드의 어머니에게 LSD 세션 얘기는 제외하고 그의 출생에 대해 물었을 때 그녀는 자진해서 다음과 같은 이야기를 늘어놓았다. 고향 마을의 비교적 단조로운 생활 속에서 1년에 한번 있는 품평회는 평소에 없던 자극을 선사하는 행사였다. 그녀는 임신 말기에 있었지만 누가 뭐라 해도 이런 기회를 놓치고 싶지 않았다. 어머니의 강력한 반대와 경고를 무릅쓰고 그녀는 집을 나와서 축제 장소로 갔다. 친척들의 말에 따르면 장터의 시끄럽고 혼란스런 환경이 리처드의 출생을 앞당겼다고 한다. 이런 얘기를 리처드는 들은 적이 없었고, 그의 어머니도 아들에게 말한 적이 없었다.

◆◆◆

정자™ᶠ들의 경주에서 우승하기
세포 차원의 체험

기억을 계속해서 거슬러 올라가면 홀로트로픽 의식상태에서의 태아기 체험에 관한 이야기는 점점 더 신기하고 믿기 어려워진다. 그러나 그 속에는 나중에 실증될 수 있는 새로운 정보가 들어있을 수도 있다. 나는 캘리포니아 샌디에이고의 '태아기·주산기 심리학 협회' 회의에서 오스트레일리아 출신 의사인 그레이엄 패런트의 흥미로운 발표에 참가했던 적이 있다. 강의 도중에 그는 자신의 수태를 다시 체험하는 프라이멀 요법[1]의 세션에 관한 비디오테이프를 보여주었다.

　그레이엄이 세션에서 체험한 것은 놀랍게도, 정자 상태의 자신이 당시의 학교에서 가르치듯 수동적으로 존재하는 난자를 공격

---

1) primal therapy. 유아기의 정신적 외상을 다시 체험시켜 신경증을 치료하는 정신요법.

하여 꿰뚫는 것이 아니라 난자가 세포질을 내밀어 그를 빨아들이는 식으로 협조하는 것이었다. 그레이엄은 자신의 세션을 찍은 비디오를 보여주었고 분할된 스크린에서는 실제 인간의 수태 과정을 녹화한 영화가 상영되었는데, 이것은 스톡홀름의 카롤린스카 연구소에서 레너드 닐슨이 그의 체험 4년 뒤에 전자 현미경을 사용하여 세계 최초로 제작한 것이었다. 그레이엄이 자신의 체험을 비디오 테이프로 설명하는 동안 우리는 닐슨의 필름이 그의 경험적 통찰을 확증해주는 것을 볼 수 있었다.

다음 이야기는 어떤 젊은 정신과의사의 LSD 세션으로부터 발췌한 것인데 여기서 그는 세포 차원의 의식을 지닌 정자와 난자로서의 자신을 체험했다고 말한다. 수태되는 동안 정자로서의 경주와 두 배아세포의 융합을 겪은 뒤 그는 수정란의 세포분열로부터 다 자란 태아가 될 때까지의 전 과정을 재경험했다. 그 내용은 다음과 같다.

"나의 의식은 점점 더 작아졌고 내 신체상도 완전히 변했다. 나는 아메바 같은 어떤 원시생물체가 되어 있었고, 평소에 느꼈던 것과는 다른 어떤 이상한 흥분이 느껴지기 시작했다. 나는 저항 불가능한 어떤 유혹적인 메시지를 좇는, 지극히 열광적인 최대의 경주에 포함되어 있음을 알았다. 맥박과 같은 율동이 느껴졌는데 이것은 어떤 알 수 없는 목표를 향해 시공을 돌진하게 만드는 힘이었다. 최종 목표는 막연했지만 내 소임은 더할 나위 없는 중요성을 지니고 있는 것 같았다. 얼마 후에 나는 자신이 정자가 되어 있는 게 아닌가 생각하기 시작했고, 저 알 수 없는 규칙적 율동은 그것을 주도하는 어떤 존재에게서 오는 것처럼 느껴졌다. 율동의 자극에 의해 기다란 편모鞭毛가 물결치듯 움직이면서 나를 앞으로 밀어 붙이고 있었다.

성인의 지성으로 판단할 때, 내가 그토록 열심히 추구하는 목표는 난자에 도달하여 그것을 수태시키는 것이었다. 나의 과학적인 마음에는 이런 각본이 불합리하고 우스꽝스럽게 느껴졌지만, 경주에 몰두해서 진지하게 에너지를 쏟아 붓고 싶은 유혹을 뿌리칠 수 없었다. 난자에 먼저 도달하려고 경쟁하는 정자로서의 나는 상황의 복잡성을 잘 알고 있었다. 그것은 의과대학에서 배운 생리적 과정과 어느 정도 일치했지만, 내가 머리로 알고 평소에 상상했던 것들을 훨씬 넘어선 다른 많은 차원들이 있었다.

나를 이루고 있는 정자 세포는 그 자체로서 또 하나의 소우주였다. 나는 핵질核質 속에서 생화학적 작용을 느끼면서 염색체와 DNA 분자구조를 상상했다. DNA 분자들의 원형적인 모습은 다양한 생명체의 홀로그래픽 영상들로 이루어져 있었다. 그것들의 물리화학적 구조는 계통발생학적 흔적과 조상 대대로의 기억, 신화, 원형적 심상들에 직결되어 있는 것처럼 보였으며, 그 모든 것이 무한히 복잡한 하나의 모형 속에 공존하고 있었다. 생화학과 유전학, 자연사史, 신화학이 복잡하게 뒤얽혀 있는 것처럼 보였고, 그것은 똑같이 복잡한 우주적 조직물의 또 다른 측면이었다. 정자들의 경주는 또한 그것의 최종 결과를 좌우할 어떤 외부적인 힘들에 지배되고 있는 듯했다. 그 힘들이란 역사와 별들과 어떤 관계가 있었는데, 내 생각에는 그것이 알기 어려운 운명적 영향력인 것 같았다.

이 경주의 어느 시점에서 나는 난자와 하나가 되었다. 내 의식은 목적물을 향해 돌진하던 정자의 의식과 난자의 의식 사이를 오락가락하면서 이것이 지극히 바람직하고 중요한 사건임을 막연하지만 강하게 예상했다. 이 경주는 시시각각 흥분이 고조되었고, 속도는 광속에 도전하는 우주선처럼 느껴질 정도로 증가했다. 그러다가 의기양양한 내면적 폭발로 절정에 도달하면서 난자와의 황홀한 융합이 이어졌다. 이 시점에서 두 개의 의식체는 하나가 되었고, 그러면서도 나는 두 개의 배아세포였다.

이상하게도 정자와 난자 양쪽이 하나의 사건을 각자의 승리인 동시에 공동의 승리로 체험하는 것처럼 보였다. 양쪽 다 자신의 소임을 완수했으니, 정자는 난자에 도달하여 그 속으로 들어갔고, 난자는 정자를 받아들여 그것과 결합했다. 두 참가자가 포함된 하나의 행위에서 이렇게 양쪽 모두의 승리와 완전한 만족으로 끝이 난 것이다. 이런 윈윈win-win 상황은 성행위시의 남녀관계만이 아니라 일반적인 대인관계에도 이상적인 모델이 되어주는 것 같았다. 모두가 만족하면서 각각이 개별적으로도 성공을 거두는 식으로 일이 진행되어야 하는 것이다.

배아세포들의 융합 후에도 나의 체험은 정자들의 경주에서와 같은 빠른 속도로 이어졌다. 결국 압축 가속화된 방식으로 수태 이후의 전 배발생胚發生[2] 과정을, 즉 수정란에서 첫 세포분열과 상실배桑實胚[3], 포배胞胚[4]를 거쳐 다 자란 태아가 되기까지를 다시 체험했다. 나는 생화학적 과정과 세포분열, 이 과정 속에서의 조직 성장을

---

2) embryogenesis. 생물의 개체발생 가운데 수정 이후의 배胚의 기간. 개체 분화의 순서가 결정되고 또 성장도 가장 두드러지는 중요한 시기이다.

3) morula. 다세포 동물의 배발생胚發生 과정에서, 수정란이 세포분열하여 오디처럼 생긴 덩어리로 발달한 것.

4) bastula. 동물의 초기 발생 과정에서 수정란이 세포분열을 거듭한 후 안쪽에 빈 공간이 생기게 되는 시기의 배胚. 사람의 경우 포배 상태로 자궁 내벽에 착상하게 된다.

완전히 깨어 있는 정신으로 인식했다. 여기에는 성취해야 할 많은 작업과 처리해야 하는 과제, 극복해야 하는 위기들이 있었다. 나는 조직의 분화와 기관의 형성을 목격하고 체험하면서 새궁鰓弓5)이 되었고, 고동치는 태아의 심장, 간문肝門의 관管, 창자의 점막, 그 외 발달하는 생물체의 여러 부분들이 되었다. 이런 폭발적인 배胚의 성장과 함께 엄청난 에너지와 황금빛이 방출되었고, 나는 세포와 조직들의 초고속 성장에 필요한 생화학적 에너지를 체험하고 있었다.

어느 시점에 이르자 내가 태아로서의 발육을 완료했다는 뚜렷한 느낌이 들었다. 이것은 또다시 위대한 성취로, 개인적 성공인 동시에 자연의 창조력의 승리로 체험되었다. 평소의 의식상태로 돌아온 나는 이 체험이 내 자존심에 아주 오래도록 영향을 미칠 것임을 알았다. 미래의 인생이 어떻게 되든 상관없이 인간으로 태어났다는 사실만으로도 나는 이미 두 가지 위업을 달성한 것이었다. 수억의 경쟁자가 참가한 경주에서 우승했고, 배발생의 어려운 과업을 성공적으로 완수했다는 점에서……. 내 안의 과학자는 이런 어리석은 이유를 우습게 보고 연민의 미소를 지었지만, 그 뒤에 숨은 감정은 강하고 확실했다."

---

5) branchial arch. 아가미를 이루는 뼈 가운데 활 모양으로 휘어진 뼈. 네 쌍의 장궁臟弓 가운데 제삼 및 제사 장궁이다.

03

◆

역사 다시 체험하기

◆
◆
◆

더 먼 과거의 기억들

◇

홀로트로픽 의식상태에서 출생 당시와 태아기의 기억을 되살릴 수 있다는 사실을 확인하게 되자 좀더 근본적인 문제가 내게로 다가왔다. 나의 고객들은 자신이 잉태된 것보다 훨씬 전에 살았던 조상의 일을 체험했다고 말하는 경우가 자주 있었다. 그리고 또 과거의 다른 시대와 다른 지역에서 있었던 사건들을 체험하는 경우도 있었는데, 체험자 자신이 그 속의 주인공들과 생물학적으로 연결된 느낌은 없었다. 체험자는 종종 다른 민족에 속하는 사람들과 하나가 되었다.

조상들의 기억이나 종족적 기억, 집단적 기억들은 그것을 체험한 사람이 평소에 알고 있던 것들을 훨씬 넘어선 역사적, 문화적 정보를 정확하게 담고 있는 경우가 많았다. 그들은 과거의 어떤 시대에 어떤 나라들에서 유행했던 복장이나 무기, 건축물, 의례를 비롯한 삶의 여러 측면을 세부적으로 정확히 묘사했다. 이런 점에서 생각하면 그런 체험은 많은 정신과의사들이 생각하는 것과 같은 단순한 환상이나 두뇌 이상異常의 결과물이 아니고 현대사회의 어떤 문제점들을 반영하여 정교하게 꾸며낸 이야기도 아니다. 그것은 그들 나름의 독자적이고 흥미로운 현상이며, 그와 같은 경험적 지식들이 집단무의식의 존재를 보증하는 강력한 증거가 되어준다.

이런 체험들의 정당성을 입증하려면 우선 얻어진 정보의 사실 여부를 확인하고, 그다음에 내 고객들이 일상적 수단을 통해서 그런 정보를 얻어낸 것이 아님을 증명해야 한다. 이것은 쉬운 일이 아니다. 이런 체험들 속의 많은 사건들이 오래전의 먼 나라에서 일어났다. 그들의 정보가 충분히 구체적이거나 명확하지 못한 경우도 있고, 반대로 아주 상세하고 명확하지만 그것의 정당성을 입증할 만한 기록이나 자료가 존재하지 않는 경우도 있다. 그러나 또 어떤 체험은 사실 확인에 필요한 모든 기준을 갖추기도 한다. 애매하지 않은 확실한 정보, 독립적인 조사와 정확성 평가에 요구되는 적절한 자료, 일상적 수단을 통해서 그 정보를 얻어내지 않았다는 확실한 보증, 이런 것들을 모두 갖추었다는 뜻이다. 다음에 제시하는 것은 그런 조건을 최대로 만족시키는 진기한 사례들이다.

◆ ◆ ◆

러시아-핀란드 전쟁 중의 사건

잉가의 이야기

첫 번째 이야기의 주인공은 우리의 스톡홀름 워크숍에 참석했던 잉가라는 핀란드 여성이다. 그녀의 홀로트로픽 호흡 세션은 아주 효과적이었으며, 출생 시의 기억을 되살렸다. 그녀가 산도 속에서 고투하고 있을 때 ― 나는 이 상태를 주산기 제3단계라고 부른다 ― 갑자기 여러 가지 전쟁의 침략과 살상 장면들이 떠올랐다. 주산기 체험과 집단무의식 속의 폭력적 이미지 사이의 이런 연관성은 그 둘의 관계를 규정하는 보편적 특징이고 또 자주 나타나는 현상이다. 그런데 잉가의 경우 이런 장면들 중 하나가 여느 전쟁 장면들과 달리 특별했다.

그녀는 제2차세계대전 초기에 일어났던 러시아와 핀란드 간의 전쟁에 참가한 젊은 군인으로서의 자신을 체험했다. 그것은 그녀가 잉태되기 14년 전이었는데, 놀라운 것은 자기 아버지가 되어 아버지의 관점에서 이 전쟁을 겪고 있다는 점이었다. 그녀는 아버지와 완전히 같은 인물이 되어 그의 몸과 느낌과 생각을 체험했다. 그녀는 또한 주변 환경과 거기서 벌어지고 있는 일을 명료하게 알 수 있었다. 그(그녀)가 숲속의 자작나무 뒤에 몸을 숨기고 있을 때 한순간 총알이 그(그녀)의 뺨과 귀를 스치고 지나갔다.

이 체험은 지극히 생생하고 확실했으며 거기에 저항할 수도 없었다. 잉가는 또한 이런 체험의 원인과 이유를 상상할 수도 없었다. 아버지가 러시아 핀란드 전쟁에 참가했다는 것은 알고 있었지만 위의 사건에 대해서 얘기를 들은 적은 없었다. 아버지가 과거에 실제로 겪은 일이 틀림없다고 생각한 그녀는 그룹 토의가 끝난 뒤에 전화를 걸어 확인하기로 했다.

그룹으로 돌아온 잉가는 크게 놀라고 흥분해 있었다. 아버지에게 자신의 체험을 말했더니 아버지 역시 크게 놀랐다는 것이었다. 그녀가 체험한 것은 아버지가 전쟁에서 실제로 겪은 사건이었고, 자작나무를 포함한 주변 환경과 특정 장면에 대한 그녀의 말도 아주 정확하게 사실과 일치했다. 아버지는 또한, 그때의 상처가 특별히 주의를 기울일 만큼 심각하지 않아서 딸이나 다른 가족 구성원들에게 그것을 말하지 않았다고 덧붙였다.

◆◆◆

흰 앞치마를 두른 여아

나디아의 이야기

두 번째 사례에서는 조상의 좀더 먼 기억을 체험한다. 50세의 심리학자인 나디아는 LSD 세션에서 자기 어머니가 어렸을 적의 아주 구체적인 사건을 떠올렸다. 놀랍게도 그녀는 서너 살 먹은 어린 시절의 자기 어머니가 되어서 풀 먹여 잔뜩 꾸민 옷을 입고 계단 아래에 숨어 있었다. 그녀는 한 손으로 입을 가리고 놀란 짐승처럼 혼자서 불안에 떨었다. 이유는 어떤 말을 잘못해서 단단히 꾸중을 들었기 때문이었다. 자세한 내용은 기억할 수 없지만 무언가 아주 못마땅하고 무서운 일이 일어난 직후였다.

그녀가 숨은 곳에서는 이모와 외삼촌들을 포함한 많은 친척들이 20세기 초의 옛날식 옷을 입고 목조 가옥의 돌출 현관에 앉아 있는 모습이 보였다. 사람들은 그녀의 존재를 잊고 서로 이야기를 나누었다. 그녀는 어른들이 "착한 아이가 되어라, 얌전하게 굴어라,

말을 조심해라, 더러운 것을 멀리해라" 하는 식으로 말하는 것이 답답했다. 그들을 만족시키는 것은 불가능했으며, 그래서 소외되고 배척당하여 괴로웠다.

이것이 전부였는데 나디아는 어머니의 어린 시절에 관한 얘기를 들으려고 어머니 집을 찾았다. LSD 세션을 받았었다고 하면 보수적인 어머니가 못마땅해하실 것이므로 그녀는 어머니가 어렸을 때의 꿈을 꾸었다고 말하고 세션에서 경험한 상황이 사실인지를 물었다. 얘기를 시작하자마자 어머니는 말을 가로막고 그것이 사실이라고 대답하면서 자신의 어린 시절에 관해 자세히 얘기해주었다. 그것은 세션에서 경험한 내용을 논리적으로 뒷받침했다.

어머니는 자신의 어머니(나디아의 외할머니)가 얼마나 권위적이고 엄격했으며 청결과 반듯한 행실을 무리하게 요구했는지 토로했다. 이것이 반영되어 나디아의 어머니도 "애들은 어른들 말에 끼어들면 안 된다"는 말을 자주 하게 되었다. 그런 다음 나디아의 어머니는 나이 차가 많이 나는 오빠 둘만 있었던 자신의 어린 시절이 얼마나 외로웠고 함께 놀아줄 친구가 그리웠는지를 강조했다. 어머니의 말에 따르면 나디아의 외할머니는 가족의 친목을 위해서 주말에 음식을 장만하고 친척들을 초대하는 일이 많았다. 어머니가 말하는 어렸을 때의 집 모습도 커다란 돌출 현관과 거기로 올라가는 계단을 포함하여 나디아가 본 것과 일치했다. 어머니는 풀 먹인 흰 앞치마로 입은 옷을 가린 모습도 자기 어린 시절의 특징이었다고 덧붙였다. 이런 장면을 찍은 가족사진 같은 것은 없었고, 그 집도 나디아가 태어나기 전에 사라졌다.

◆◆◆

잃어버린 세대들의 기억

메리앤의 이야기

조상들에 관한 기억의 세 번째 사례는 몇 세대 전으로 거슬러 올라
간 가족사史를 조사하여 사실이 확인된 것이다. 이것은 오스트레
일리아에서 조산원을 하다가 우리의 홀로트로픽 호흡법과 초개
인 심리학 수련에 참가한 뒤 결국 이 방면의 전문가가 된 메리앤
웹케의 이야기이다. 이 이야기에서 나는 그녀의 본명을 사용했는
데, 이것은 그녀가 자신의 경험을 공개하기로 결심하고 2004년 6
월 팜스프링스[1]의 제16회 국제 초개인 회의에서 그것을 발표했기
때문이다.

　　족보에 대한 메리앤의 관심은 그녀의 열세 번째 생일에 부모
가 그녀를 양녀라고 말한 데서부터 시작되었다. 그녀는 학교에 가

---

[1]　로스앤젤레스 동쪽 약 160km 샌저신토 산 동쪽 기슭의 코아첼라 계곡에 있으며, 온천이 있어
서 원래는 스페인어로 아구아칼리엔테(뜨거운 물)이라고 불렸다.

서 이 사실을 친구들에게 말했다가 놀림을 당한 뒤 다시는 그런 말을 하지 않았다. 성인이 된 뒤에는 20대 시절의 환각버섯과 LSD 체험을 통해서나 악몽을 포함한 많은 꿈속에서 오스트레일리아 원주민들이 등장했는데 그 이유가 궁금했다. 어쨌든 그녀가 자신의 양녀 신분을 진지하게 생각하기 시작한 것은 조산원 노릇을 하면서 어떤 강렬한 감정을 체험한 뒤부터였다.

1991년 4월에 메리앤은 터움바[2] 기지병원에서 조산원 수련 과정을 시작했다. 그녀가 처음 실습하게 된 여성은 강간에 의해 임신한 아이를 낳게 된 오스트레일리아 서부 출신의 순혈 원주민이었다. 열성적인 학생이었던 메리앤은 이 여인을 도우려는 마음이 지나쳐서 자신도 모르게 자꾸만 그녀의 사적인 공간을 침범했다. 원주민의 전통을 몰랐던 메리앤은 그녀와 시선을 맞추려 애썼는데 이것은 순혈 원주민들이 금기시하는 행위였다.

그녀는 자신을 보호하기 위해 양손으로 코와 얼굴을 가리고 등을 웅크려 메리앤을 피했다. 그녀는 또한 메리앤의 몸에서 나는 비누와 향수 냄새를 싫어했고 그 때문에 구역질을 일으켰다. 결국 상황을 알아챈 메리앤은 뒤로 물러나 적당한 거리에 앉아서 가급적 산모를 건드리지 않기로 작정했다.

원주민 여성을 대상으로 한 분만 실습은 산모가 아기를 버리는 것으로 끝이 났고, 메리앤은 여기서 큰 충격을 받았다. 가정봉사 단체가 달아나버린 산모를 찾는 동안 아기는 육아실에 맡겨졌는데, 메리앤은 마음이 크게 흔들리면서 이 아기가 이상하게 마음

---

2) Toowoomba. 오스트레일리아 퀸즐랜드 주 남동쪽의 고원 도시, 피서지이며 목축업과 임업 등을 통한 생산물의 집산지이다.

에 걸렸다. 그녀는 분만 과정을 지켜본 탓으로 자신의 모성본능이 자극받은 것이라고 스스로 합리화해 보았지만 거기서 받은 감정적 충격은 쉽게 사라지지 않았다. 마침 그녀가 당번으로 근무하던 날 육아실로 찾아온 초로의 여인 세 사람에게 아기를 건네주었고, 이 일이 계기가 되어 그녀는 깊은 슬픔을 간직한 채 자기네 조상들의 전통을 탐구하게 되었다.

메리앤이 자신의 양녀 신분을 생각하고 여기에 강한 관심을 갖기 시작한 것은 조산원 초년생으로서 이런 체험을 했을 때부터 였다. 그녀의 출신에 대해 부모가 다시 말하지 않았으므로 먼저 말을 꺼내기는 싫었다. 그래서 가정봉사 단체에 편지를 보냈더니 얼마 뒤에 답장이 왔다. 우편물에는 그녀의 양녀 신분에 관한 간단한 내력과 출생 당시 생모의 나이와 이름, 그리고 〈더 이상 비밀은 없다〉라는 책자가 하나 들어 있었다. 그 후 10년 동안 베일에 싸인 자신의 과거를 알려고 노력하면서 많은 실망을 겪었고, 말라버린 골짜기들을 여러 차례 여행하면서 그것을 포기한 적도 몇 번 있었다.

메리앤의 탐구가 새로운 활력을 얻게 된 것은 미국에서 우리와 함께 수련했던 홀로트로픽 호흡 전문가인 메리 매든을 만나면서부터였다. 메리는 메리앤의 호흡 세션을 지도하다가 서로 친해졌다. 그녀의 도움으로 메리앤은 자기 탐구의 험난한 여행에 나섰고, 홀로트로픽 세션이나 꿈과 일상의 현실 속에서 많은 어려움을 겪었다.

그중에는 어린 시절에 여러 번 성폭행을 당하고 영어 아닌 이탈리아어를 사용하는 남자에게 강간을 당한 기억도 있었다. 살아오면서 실제로 그런 일을 겪은 적이 없는 메리앤은 이상하다는 생각이 들었다. 그녀는 겸자鉗子와 관련된 출생 시의 정신적 외상으로 보이는 편두통을 앓기 시작했다. 이 부분을 되살릴 때면 그녀의 이마와 몸에 타박상의 흔적이 나타나곤 했다. 그녀는 자신이 실제로 이런 일들을 겪었는지, 그런 기억을 의식 속에서 차단해버린 것은 아닌지 알아보려고 애썼다.

이 단계에서 메리앤은 배우자와 가족, 친구들로부터 멀어졌고, 의지할 곳을 잃은 그녀에게서 삶의 의욕마저 사라져갔다. 그녀는 어떻게 해야 좋을지 알 수 없었다. 돌이켜보건대 이때의 위기를 무사히 넘길 수 있었던 것은 오직 호흡법 모임 지도자와 동료들의 따뜻한 배려 덕분이었다. 그것이 없었다면 자살을 했을지도 모른다고 그녀는 말했다.

그때까지 그녀는 원주민 사회와 별로 접촉이 없었지만 호흡 세션을 통해서, 꿈속에서, 그리고 일상생활 속에서 그들에 관한 기억이 자주 떠올랐다. 가장 뚜렷한 심상은 원주민 노파들이 자신에게 찾아와 산파기술을 가르침으로써 자신의 기술이 크게 향상되는 모습이었다. 여기에 용기를 얻은 그녀는 퀸즐랜드 최초의 의료봉사 단체인 블루케어의 협조를 통해서 자신만의 산파술 프로그램을 시작했다.

이러는 동안에도 생모를 찾으려는 그녀의 노력은 별다른 결실을 거둘 수 없었다. 하지만 그녀는 자신의 경험들을 일기에 꼼꼼히 기록했고 떠올랐던 많은 장면들을 모두 스케치했다. 그리하여 내면의 험난한 여정을 보여주는 많은 글과 그림들이 쌓였는데, 1995년에 드디어 큰 진전이 있었다. 구세군의 실종자 부서에서 시드니에 사는 그녀의 할머니와 삼촌들을 찾아내고, 연이어 뉴질랜드에 살고 있는 생모도 발견한 것이었다. 그러나 할머니와 친지들은 그녀와의 어떤 관계도 회복하지 않으려 했고, 그녀는 큰 실망에 빠졌다.

그러다가 결국 여섯 달 뒤에 생모에게서 편지가 왔는데 그 내용은 간단했지만 뜻밖에도 그녀의 체험이 사실과 일치함을 확인시켜 주었다. 영어를 사용하지 않는 이탈리아인 남자의 강간에 의해서 그녀가 태어났다는 것이다. 그 당시 생모는 퀸즐랜드 북부의 멀고 작은 마을에 사는 10대 소녀였는데, 그 사건 자체를 통해서 큰 상처를 입었을 뿐만 아니라 부모에게도 단단히 혼이 났고 수치심을 가눌 수 없었다. 그 후 낙태를 시도했지만 성공하지 못했고 미혼모 시설로 보내졌다.

겸자로 상처를 준 메리앤의 출생 이후 생모는 딸을 한 번도 보거나 만지지 않았고, 뉴질랜드행 배에 태워진 뒤 거기 가서 과거를 잊고 새로운 삶을 살아보려고 애썼다. 편지로나마 생모는 메리앤의 행복을 빌었고, 이쪽에서는 여러 차례 만나보려 했지만 저쪽에서는 그것을 거부했다. 그러나 메리앤의 체험은 이것으로 끝나지 않았다. 수태와 출생의 사연을 알게 된 그녀에게 또다시 새롭고 강렬한 체험이 이어졌다.

그녀는 묶여서 강간당하고, 말을 탄 제복 차림의 두 남자에게 얻어맞는 순혈 원주민 여성과 하나가 되었다. 그녀는 두 아이를 빼앗기고 휘발유에 적셔진 두 다리가 불에 타서 흉하게 일그러졌다. 이런 체험이 이어지면서 메리앤은 제정신을 유지하기 위해 그것들을 기록하고 스케치해나갔다. 원주민 관련 심상이 떠오른 어느 날 그녀는 메리 매든의 제안에 따라서 전화번호 안내 서비스를 통해 뉴질랜드로 장거리 전화를 했다. 그녀는 생모와 통화하기를 원했던 것인데 이번에는 성공했다.

이어진 대화에서 생모는 메리앤의 외증조모가 순혈 원주민이었다고 말하고 그 여인의 삶을 망가뜨린 육체적, 정신적 능욕에 대해 자세히 설명했다. 수수께끼가 결국 풀리는 듯했고, 메리앤의 소망도 이루어지는 것 같았다. 그러나 이 통화 이후에 생모는 다시 몸을 사리고 더이상은 접촉하기를 거부했다. 실망한 메리앤은 원주민 단체인 '링크업'에 자신의 원주민 신분을 확인할 수 있도록 도움을 요청했다. 그러나 그들은 생모의 허락이 없으면 어떤 도움도 제공할 수 없다고 말했다. 이것도 이루어질 것 같지 않았고, 메리앤의 실망은 더욱 커졌다.

메리앤의 양부모는 그녀의 노력을 충실히 뒷받침해주었는데 어느 날 양아버지가 우연히 발견한 전화번호 하나를 건네주었다. 이를 통해 그녀는, 그녀의 상황을 기꺼이 조사해주겠다는 퀸즐랜드의 '공동체와 개인사史' 부서에 연결되었다. 그리고 몇 달 뒤에 1895년부터 1918년까지의 기록을 담은 우편물이 그녀에게 도착했다. 여기에는 외증조모의 신분이 상세히 적혀 있었는데, 그녀는 퀸즐랜드의 먼 북부 마을에서 독신으로 살았던 나이 든 지주의 사생아였다. 그는 이 혼혈아가 되돌아와 자신을 부양하도록 하기 위해 원주민 보호법에서 제외될 수 있는 방법을 찾고 있었다. 그는 자신이 순혈 원주민 여자를 정부로 맞아 두 명의 혼혈 자식을 낳았다는 사실을 제시했다.

말 탄 두 경관에 대한 경찰 보고서도 있었는데, 그들은 1900년대 초에 '진[3]과 그녀의 두 아이'를 붙잡아서 '검둥이 캠프'로 보냈다는 내용이었다. 메리앤은 결국 자신의 호흡 세션에서 체험했

---

3) gin. [오스] 여자 원주민.

던 것처럼 외증조모가 이런 사건을 겪으면서 두 발에 심한 화상을 입은 것을 알게 되었다.

메리앤은 '빼앗긴 세대들'의 카운슬러를 만나보도록 권고받았고, 그와 함께 작업하면서 큰 도움을 얻었다. 2003년 6월에 그녀는 '빼앗긴 세대들'의 원주민 가족 재결합을 맡은 '링크업' 대리인과 함께 시드니로 가서 사흘 동안 외할머니와 외삼촌 로비를 만났다. 외할머니 집으로 걸어 들어가던 때의 심정을 그녀는 말로 표현할 수 없었다. 외할머니는 두 팔로 그녀를 껴안고 울었으며, 자신의 아들을 보고 말했다. "이제야 우리 아기가 집에 왔구나." 메리앤은 몇 년 전에 구세군이 그녀의 외할머니를 찾아왔을 때 외할머니가 마침 그 직전에 발작을 일으켰었다는 사실을 알았다. 발작에서 회복한 외할머니는 그 만남을 기억하지 못했고 메리앤이 어디 있는지 어떻게 그녀와 만날 수 있는지를 알 수 없었다. 하지만 영성이 풍부했던 외할머니는 메리앤이 무사히 돌아올 수 있도록 매일 기도했던 것이었다.

메리앤의 생모는 가족과의 재회를 피했고, 딸도 받아들이지 않았다. 그러나 여기서 오는 메리앤의 고통은 외할머니와 외삼촌의 따뜻한 마음에 의해서 치유되어가고 있다. 외삼촌은 최근의 편지에서 이렇게 말했다. "나는 네가 왜 우리와 다른 삶을 살게 되었는지 생각하곤 했다. 그러다가 네가 네 외할머니 집에 왔을 때 비로소 우리 집안의 문제가 해결되었다는 생각이 들었다. 이것은 하나의 동그라미가 마침내 완성된 것과 같다. 우리는 너를 정말 사랑한다." 이렇게 해서 메리앤의 영웅적인 탐구는 끝이 났고 그녀는 결국 안식을 얻었다.

조상들의 기억인가 전생 체험인가
레나타의 이야기

네 번째 사례에서 보여주는 상황은 17세기 초의 꽤 먼 과거로 거슬러 올라간다. 이것도 역시 체험에 의해 제시된 정보가 분명한 사실로 입증된 예이다. 주인공은 일상생활에 지장이 있을 정도로 암 공포증에 시달렸던 레나타라는 여성이다. LSD 요법에서 그녀는 어린 시절의 여러 가지 충격적인 체험들을 떠올렸고 자신의 출생 기억을 반복해서 언급했다. 그러다가 세션의 성질이 갑자기 크게 바뀌더니 전례가 없는 상황이 벌어졌다.

네 번에 걸친 그녀의 세션은 오직 어떤 특정 시기의 역사적 자료만을 쏟아놓았다. 그녀는 17세기의 프라하에서 있었던 많은 사건들을 체험했다. 유럽 30년 전쟁의 서막을 알리는 1621년 '화이트 마운틴'에서의 비참한 전투 후에 체코는 독립된 왕국으로서의 명맥이 끊기고 합스부르크 왕가의 지배를 받게 되었다. 합스부르크가는 체코의 국가적 자존심을 파괴하고 저항세력을 말살하려고 용병들을 보내서 국가의 유력한 귀족들을 잡아들였다. 그리하여 27명의 중요한 귀족이 체포되었고 프라하의 구시가 광장에 세워진 처형대에서 공개적으로 참수를 당했다.

레나타는 자신이 체험한 시대의 건축물과 의상, 일상생활에 사용된 도구와 무기들에 대해서 지극히 다양한 영상과 정보를 전했다. 그녀는 또한 그 시대에 있었던 왕족과 가신들의 복잡한 관계들을 자세히 서술했다. 레나타는 이 시대의 체코 역사를 공부한 적이 없고 거기에 관심도 없었다. 나는 레나타의 이야기가 사실과 일치하는지 알아보기 위해 도서관에 가서 역사를 공부해야 했다.

레나타가 체험한 내용의 많은 부분이 처형당한 27명 귀족 중의 어떤 한 남성과 관계가 있었다. 극적인 사건들이 이어지더니 그녀는 결국 강렬한 감정 속에서 이 남성의 마지막 고통과 실제 처형 장면을 아주 상세하게 묘사했다. 레나타는 그 사람과 완전히 한 몸이 되어 체험하는 경우가 많았다. 그녀는 이런 역사적 사건들이 자신의 현생과 어떤 관계가 있는지, 왜 그런 것들이 자신의 치료에 끼어드는지, 그것들이 무엇을 의미하는지 알 수 없었다. 한참 생각한 끝에 그녀는 자기 조상들 중 한 사람의 인생이 자신에게 나타난 것이라고 결론지었다. 이것은 내가 환각 연구를 시작한지 얼마 안 되어 이론적인 준비가 전혀 되어 있지 않았을 때의 일이다.

어떻게든 이해를 해보려고 노력하다가 나는 두 가지 방식을 선택했다. 우선 많은 시간을 할애하여 관련된 역사적 사건들을 확인해나가면서 그 정확성에 점점 깊은 감명을 받았다. 그런 다음 나는 레나타의 이야기를 그것이 마치 꿈인 것처럼 받아들이면서 프로이트의 자유연상법을 이용해보려고 노력했다. 어린 시절의 체험이나 현생의 어떤 문제점이 상징적으로 나타난 것일 수도 있다고 생각했던 것이다. 그러나 아무리 열심히 노력해도 정신분석학의 관점에서는 그녀의 체험이 이해되지 않았다. 레나타의 LSD 체험이 다른 쪽으로 옮겨갔을 때 나는 결국 이 특별한 사건을 포기하고 생각지 않기로 했으며, 새로운 과제에 눈을 돌렸다.

2년 뒤 미국에 체류 중이던 나는 레나타에게서 이상한 문구로 시작하는 긴 편지를 받았다. "그로프 박사님, 제가 최근에 개인적으로 알게 된 결과를 말씀드리면 박사님께서는 저를 완전히 미쳤다고 생각하실지도 모르겠습니다." 이어지는 글에서 그녀는 세 살 때 부모가 이혼한 뒤로 한 번도 본 적 없는 아버지를 만났다고 얘기했다. 짧은 대화 후에 아버지는 그녀를 초대해서 두 번째 아내와 아이들을 데리고 저녁을 함께 했다. 식사 후에 그는 딸에게 그녀가 흥미를 느낄 수도 있는 어떤 이야기를 해주고 싶다고 했다.

제2차세계대전 때 나치스는 점령 지역 내의 모든 가정에 그때까지의 다섯 세대 동안 유태인 혈통을 지닌 사람이 없음을 입증하는 족보를 독일군 당국에 제출하도록 명령했다. 혈통이 '순수'함을 증명하지 못하면 가족에게 재앙이 닥칠 것이었으므로 이것은 아주 두려운 일이었다. 강제적으로 당하는 일이긴 하지만 족보를 조사하면서 자신의 가문에 관심을 갖게 된 레나타의 아버지는 요구된 다섯 세대의 족보를 완성한 뒤에도 조사를 계속했다.

유럽의 교구 회관들은 해당 구역에서 태어난 모든 사람들의 출생 기록을 주도면밀하게 보관해왔고 그 덕분에 아버지는 가문의 역사를 3백 년 이상 추적할 수 있었다. 그래서 이제 레나타에게 자신이 오랫동안 연구해온 결과를 보여줄 수 있게 된 것이었다. 그 것은 정성 들여 이룩한 복잡한 가계도로서 그들이 '화이트 마운틴' 전투 이후 프라하의 구시가 광장에서 처형당한 귀족들 중 한 사람 의 자손임을 말해주고 있었다.

LSD 세션에서 얻어낸 정보의 사실성이 이런 식으로 예기치 않게 확인되자 레나타는 깜짝 놀랐다. 그녀는 나에게 이런 일이 있 었음을 설명하면서, '강렬한 감정으로 충전된 기억은 유전 정보에 각인되어 미래세대로 전해질 수 있다'는 확신을 표명했다. "제가 그렇다고 했잖아요." 그녀의 편지는 이렇게 개가를 올리면서 끝났 다. 그녀는 아버지의 이야기를 통해서 자기 체험의 신빙성 여부에 대한 오랜 의문이 풀렸다고 생각했다. 그러나 앞서도 내가 말했듯 이 이것은 그 당시 내가 받아들이고 싶지 않았던 결론이었다.

처음에는 이런 보기 드문 사건에 놀랐지만 레나타의 설명에 는 중요한 논리적 모순이 있었다. 그녀는 젊은 귀족의 처형을 체험 하면서 그때의 그의 감정도 고스란히 느꼈다. 그러나 현대의학의 획기적 발전이 있기 훨씬 전인 17세기에는 죽은 사람이 후손을 만 들 수 없었다. 죽음은 모든 물질적 매개 수단을 파괴하여 죽은 자 의 삶에 관한 어떤 정보도 후손에게 전달될 수 없게 만든다.

이 점을 생각하니 상황은 전보다 더 복잡해졌다. 레나타의 체 험은 아버지의 족보 연구를 통해서 그 나름의 사실성이 검증되었 지만, 죽은 조상의 정보를 저장해두었다가 복구할 구체적인 매질 이 없는 것이다. 그러나 레나타의 이야기 속에 담긴 정보가 그것이 조상의 기억임을 입증하는 자료로서 무가치하다고 결론짓기 전에, 몇 가지 사실을 고려해야 한다.

도합 2천 번이 넘는 세션을 통해서 체코 사람들 중에 그런 역사적 시기를 말한 이는 아무도 없었다. 레나타의 경우에는 네 번에 걸친 세션의 거의 모두가 그 시대의 역사적 사건 위주로 전개되었다. 레나타의 내면적 탐구가 한 가지에 집중되어 있다는 점과 그녀 아버지의 족보 연구가 의미 없는 우연의 일치일 가능성은 거의 없다. 이제 우리는 현대의 물질주의적 패러다임으로는 설명할 수 없는 이례적인 관찰 기록을 앞에 놓고 있다. 이것은 최근에 와서 현대의 의식 연구가들이 '이상 현상(anomalous phenomena)'이란 이름으로 받아들인 체험들 중의 한 사례이다.

04

◆

우리는 과거에도 살았었을까

◆
◆
◆

환생과 아카식 레코드

◇

전생 체험은 홀로트로픽 의식상태에 관한 연구를 통해서 알게 된 재미있는 현상들 중의 한 분야이다. 그것들은 내 고객들의 환각 세션과 홀로트로픽 호흡, 동료 연구가들의 자발성 심령적 위기(정신적 비상사태)를 통해서 의외로 자주 나타났다. 내가 카르마와 환생의 개념을 별로 중요시하지도 않고, 죽음을 인정하기 싫은 사람들이 갖는 환상의 산물로 보았음에도 불구하고 그랬다. 또한 환생은 내가 속해서 자라온 문화의 믿음에도 위배된다. 그것은 서양의 과학과 신학이 모두 인정하지 않는 개념이다. 물질과학과 기독교가 이렇게 같은 자세를 취하는 것은 아주 드문 일이다.

사람들은 자신의 출생 기억을 되살리면서 전생을 처음 체험하는 경우가 많지만 출생 기억과 관계없이 체험하기도 한다. 이 체험은 대부분 주인공에게 강렬한 감정을 일으키면서 그를 가깝거나 먼 과거 어떤 나라의 특정 상황으로 데려간다. 체험의 내용은 보통 아주 놀라운 것인데 이상하게도 이미 보았거나 체험했던 듯한 느낌이 든다. "내게 이런 일이 일어난 것은 이번이 처음이 아니야. 나는 전에도 여기에 있었어. 과거의 어느 한 인생에서 이런 일을 겪었단 말이야." 그리고 이런 체험 속에서의 주인공과 사건들이 체험자의 이번 인생과 깊이 관련되어 있는 경우가 많다.

전생 체험이 어린아이들의 환상 같은 것으로 무시해버리기 어려운 요소를 많이 포함하고 있다는 사실을 나는 얼마 안 가서 알게 되었다. 그것들은 성년기, 소년기, 유아기, 출생 당시, 태아기, 확실하게 입증될 수 있는 현상들의 분명한 기억과 동일한 연속선상에서 찾아왔고, 체험자의 심신상관성 장애와 현실적인 중요한 문제들에 직결되어 있었다. 그리고 카르마의 결과가 완전히 의식될 때 체험자는 평소 이해할 수 없었던 자기 인생의 여러 가지 문제들을 해결하게 되는 경우가 많았다.

여기에는 과거의 정신요법에서 해결하지 못한 여러 가지 개인 문제와 대인관계 문제들이 포함되었다. 또한 전생 체험은 단지 지적인 이해만을 선사하는 게 아니라 여러 가지 심신상관성 징후들을 경감시키고 인간관계에서의 분쟁을 해결하는 경우가 많았다. 그리고 앞서 말했던 조상들의 기억이나 민족적, 집단무의식적 기억들과 마찬가지로 전생 체험을 통해서 얻은 정보들은 그 체험과 관련된 시대와 문화의 특징을 정확히 보여주었다. 이런 정보들의 본성과 특징을 감안할 때 체험자가 보통의 수단을 통해 그것들을 알아냈다고는 생각할 수 없었다.

다음에 이어지는 이야기는 그와 같은 흥미로운 체험에 관한 것으로서, 나중에 입증될 수 있었던 특별한 정보를 포함하거나 놀라운 우연의 일치라고밖에 할 수 없는 사례들이다. 바로 다음에 나오는 칼의 이야기를 제외하면 이것들은 나와 크리스티나의 카르마와 환생에 관련된 체험 및 사건들이다. 그를 통해서 나는 체험의 효과를 실감하고 이런 현상들의 본질을 확신하게 되었다.

◆◆◆

'둔 안 오르'의 포위

칼의 이야기

전생 체험의 내용이 감동적이고 신뢰할 만한 것일 경우, 이 분야의 연구가라면 체험 속에서의 어떤 중요한 장면들이 역사적 사실로 입증되기를 바랄 것이다. 이런 바람은 크리스티나와 내가 칼을 만나 그의 자기 탐구와 치유를 돕게 되면서 이루어졌다. 칼은 아르투르 야노프[1]에게 실망하여 로스앤젤레스의 '프라이멀 요법 연구소'를 떠난 뒤 캐나다의 '프라이멀 요법 이반離反자' 그룹에서 얼마간의 내면적 작업을 마치고 우리의 에살렌 세미나에 왔다.

프라이멀 요법 참가자들은 원형적 심상을 보거나 짐승과 동화되거나 전생을 기억해내는 등의 여러 가지 초개인적 현상을 체험하기 시작했는데, 무의식의 초개인적 영역을 알지 못했던 야노

---

1) Arthur Janov(1924~), 정신병 치료에 프라이멀 요법을 도입한 심리학자.

프는 영혼에 관련된 모든 것을 부인하고 그런 체험들을 '근본 고통의 회피'로 규정했다. 많은 사람들이 프라이멀 요법의 효과는 인정하면서도 편견에 입각한 그의 단속을 견디지 못했고, 결국은 그를 떠나서 자기들만의 그룹을 형성했다.

칼은 이 그룹에서 자기 탐구를 시작한 뒤 주산기의 기억을 되살리는 정도까지 발전했다. 출생 당시의 여러 가지 상황을 다시 체험하고 있을 때 다른 시대의 외국에서 있었던 것으로 보이는 극적인 장면들이 단편적으로 나타나기 시작했다. 여기에는 강렬한 감정과 육체적 감각이 포함되었고 그것들이 자신의 인생과 깊은 관계가 있는 듯한 느낌도 들었다. 그러나 그들 중의 어떤 장면도 이번 생의 것은 아니었다. 터널과 지하창고, 병영, 두꺼운 벽, 성벽 같은 것들이 보였는데 이 모든 것이 바다가 보이는 바위 위의 요새를 구성하고 있었다. 그리고 여러 가지 상황에 있는 병사들의 모습이 거기에 뒤섞였다. 병사들은 스페인 출신 같은데 장소는 스코틀랜드나 아일랜드 같아 보이는 것도 이상했다.

칼은 이때 우리의 에살렌 워크숍으로 왔고, 프라이멀 요법에서 홀로트로픽 호흡법으로 이동했다. 자기 탐구가 이어지면서 상황은 좀더 드라마틱하고 복잡해졌으니, 격렬한 전투와 피비린내 나는 살육 장면들이 자주 나타났다. 병사들에게 둘러싸여 있었지만 칼 자신은 사제였는데, 어느 시점에서 성서와 십자가에 관련된 가슴 뭉클한 심상이 떠올랐다. 이때 그는 자신의 손에서 인장이 새겨진 반지를 보았고 거기 나타난 글자들을 읽을 수 있었다.

전체적으로는 어떤 상황인지 알 수 없었으나 그림에 솜씨가 있었던 칼은 이런 장면들을 회화로 표현해나갔다. 그리하여 일련의 스케치와 아주 강렬하고 인상적인 지두화指頭畵들이 생겨났다. 이것은 요새의 경관과 살육 장면들, 그리고 칼 자신이 브리튼 병사의 칼에 찔려 성벽 밖으로 떨어진 뒤 바닷가에서 죽어가는 모습이었다. 이중에는 반지를 낀 그의 손을 그린 것도 있었는데 그 반지에는 사제의 이름의 머리글자가 새겨져 있었다.

이런 단편적인 장면들을 연결하면서 칼은 그 상황의 여러 측면들이 자신의 이번 생과 어떤 식으로든 관련되어 있는 듯한 느낌이 들었다. 그는 과거에 살았던 어떤 스페인 사제의 삶이 자신의 현재 문제의 원천일지도 모른다고 생각하기 시작했다. 갑자기 칼은 아일랜드에 가서 휴가를 보내고 싶어졌고 이것이 의문 해결의 전환점이 되었다. 돌아온 뒤에 그는 자신이 찍은 사진들을 슬라이드로 관찰하다가 똑같은 경관이 열한 장이나 이어진다는 사실을 깨달았다. 자기가 그랬었다는 사실을 기억하지 못하는 것이 이상했지만 아일랜드 서쪽 바닷가의 그 경관에 특별히 관심이 끌리지는 않았다.

현실적인 성격이었던 그는 이 알 수 없는 상황을 이성적이고 분석적인 자세로 추적했다. 지도를 보고 자신이 어느 지점에서 어떤 방향으로 사진을 찍었었는지 계산해본 결과 그의 주의를 끈 장소가 '둔 안 오르(황금 요새)'라 불리는 옛날 요새의 유적임을 알게 되었다. 사진을 찍은 곳으로부터는 그 유적이 보일 듯 말 듯한 거리였기 때문에 슬라이드를 자세히 살펴야 했다. 자신의 이상한 행위와 그동안 나타났던 심상들 사이의 연관성을 생각하면서 칼은 어떤 단서를 찾아보려고 '둔 안 오르'의 내력을 조사했다.

놀랍게도 그는 1580년에 약간의 스페인 병력이 아일랜드의 데즈먼드 반란을 돕기 위해 스멀윅 항 근처에 상륙했다는 사실을 알았다. 나중에 아일랜드 병사들이 거기 가세하여 그 수효가 6백 명에 달했다. 그들은 '둔 안 오르'의 성채를 수비하다가 그레이 경이 지휘하는 좀더 많은 수효의 영국 병력에게 포위되었다. 그레이 경과 함께 온 월터 롤리가 이 분쟁에서 중재역을 맡아 스페인 군대와 협상했다. 그는 스페인 병사들에게 성문을 열고 영국에 항복한다면 요새 밖으로 자유로이 나가도록 허용하겠다고 약속했다. 스페인 병사들은 이 조건을 받아들여 항복했지만 영국군은 약속을 지키지 않았다. 요새 안으로 들어온 영국군은 스페인 병사들을 무자비하게 죽여 성벽 밖의 바닷가나 바닷물 속으로 던져버렸다.

칼은 자신의 내부 깊은 곳에서 힘겹게 끄집어낸 장면들의 사연을 확인하고 크게 놀랐지만 여기서 만족하지 않았다. 계속해서 도서관의 장서들을 뒤적이던 그는 '둔 안 오르' 전투에 관한 특수 기록을 발견했다. 거기에는 스페인 병사들과 함께 온 사제가 있었는데 그도 병사들과 함께 죽임을 당했다고 기록되어 있었다. 그의 이름의 머리글자들은 칼이 자신의 심상 속에서 인장이 새겨진 반지를 보고 스케치했던 글자와 같았다.

◆◆◆

운명의 삼각관계

고대 이집트로의 시간 여행

미국으로 이주해온 1967년 나는 전생 체험과 관련된 문제로 고심하고 있었다. 고객들에게서 그런 사례가 자꾸 나타났고, 의식 표면으로 정보화되어 나타나는 그것들의 질과 양이 나를 곤혹스럽게 만들었다. 이런 정보들은 지나간 시대의 역사와 문화, 병법, 무기, 복장, 사회구조, 관습, 영적인 삶 등을 포함하고 있었으며, 체험자의 교육 배경과 지적인 수준을 멀리 벗어난 것들이었다.

또한, 이런 체험들의 내용은 체험자의 인생과 특별한 관계가 있었다. 그들의 심신상관성 장애라든가 대인관계 문제, 그들의 이상한 특징이나 매력, 특정 인물이나 상황에 대한 그들만의 응답 방식 등이다. 그리고 더욱 신기한 것은 이런 체험들이 완전히 되살아나서 종합될 때 치유 효과를 보인다는 점이었다.

그럼에도 불구하고 내가 다루고 있는 현상들이 믿어지지 않왔다. 신생아의 뇌에 출생 당시의 고난이 기억될 수 있다는 사실을 받아들이는 문제와는 전혀 다른 차원의 개념적 장벽이 가로막고 있었다. 신생아의 뇌는 미엘린화되어 있든 어쨌든 육체적 체계를 갖추고 있다. 그에 비하면 몇 백 년이 지난 수태되기도 전의 모든 상황을 기억하고 되살린다는 것은 말 그대로 어불성설이다.

우리가 서양과학의 물질주의적 세계관에 의지한다면, 조상들의 기억이나 민족적 기억은 정자와 난자를 통해서 이어져야 할 것이고, 수태 이전의 사건들도 물질적으로 연결되어야 한다. 이런 정보의 전달 매체는 염색체일 것이고 좀더 정확히 말하면 DNA일 것이다. 그러나 전생의 기억이라면 거기에는 과거를 연결하는 그런 가냘픈 매체도 없다. 그것은 조상이 다르고 민족이 다르며 유전 정보가 다르기 때문이다. 예를 들면, 백인이 아프리카 흑인이나 아메리카 원주민, 아시아 인종 등으로서의 전생을 체험하는 경우이다.

전생 기억에 대한 나의 자세가 바뀐 것은 어떤 강력한 개인적 체험을 통해서였다. 미국에 도착한 직후의 LSD 세션이 나에게 새로운 분야를 열어준 것이다. 이 세션과 그 주변에서 일어난 사건을 통해 나는 전생 체험이 실제로 가능한 것이고 우리의 현실에서 유도된 것이 아님을 확신하게 되었다. 이 이례적인 체험은 무엇보다도 나의 세션에 참가하지 않고 내가 세션을 하는지도 몰랐던 다른 사람들을 끌어들이는 놀라운 우연의 일치로 이어졌다.

1967년에 미국으로 이주하면서 나의 개인적, 직업적, 사회적, 문화적 환경은 철저히 바뀌었다. 나는 약 25킬로그램 정도의 소지품을 갖고 볼티모어에 도착했다. 짐 전체의 절반 이상이 프라하에서의 내 연구 기록이었고, 나머지는 옷가지와 그 외의 몇 가지 개인용품이었다. 이것이 유럽 생활을 통해서 나에게 남은 모든 것이었다. 내 인생의 커다란 한 부분이 끝나고 다른 차원의 새로운 인생이 시작되는 중이었다. 나는 스프링그로브에서 헌신적인 동료들과 활발하게 어울렸고 꿈도 꾸지 못했던 표현의 자유를 만끽했으며 주변의 모든 새로운 것들을 음미했지만 사생활에서는 크게 만족할 수 없었다.

주변에서 내 나이에 알맞고 말이 통할 수 있는 여성들은 모두 결혼했거나 파트너를 갖고 있었다. 내게는 파트너가 필요했고 또 그런 필요를 충족시킬 마음의 준비가 되어 있었으므로 주변의 상황은 나를 우울하게 만들었다. 스프링그로브의 친구와 동료들은 이런 상황을 나보다도 더 문제시하면서 어떤 방법을 찾으려고 노력하는 것처럼 보였다. 그들은 나의 파트너가 될 수 있을 만한 여성들을 찾아내어 이런저런 친목 석상에 끌어들였다. 그래서 약간은 어색한 상황이 몇 번 만들어졌는데 이렇다 할 결실은 없었다. 그런 다음에 갑자기 찾아온 상황이 전혀 예기치 못한 큰 변화를 가져왔다.

동료 의사인 세이머와 그의 애인이었던 모니카의 힘겨운 관계가 갑자기 끝난 뒤에 내 친구들은 저녁식사를 통해서 그녀와 내가 만날 수 있도록 주선했다. 나는 처음 만나면서부터 그녀에게 끌렸고 강한 연결고리 같은 것을 느꼈으며 오래 가지 않아서 사랑에 빠졌다. 그녀는 나와 마찬가지로 유럽 태생이었고 독신이었으며 아름답고 총명했다. 또 독특한 매력과 재치, 말솜씨는 그녀가 참석한 모든 자리에서 시선을 끌었다. 그녀에게 깊이 빠져든 나는 객관적이거나 현실적인 시각을 유지할 수 없었다.

모니카가 나보다 너무 젊다는 사실에서 어떤 문제점을 발견할 겨를이 없었다. 또한 나는 그녀의 어린 시절에 큰 상처가 있었다든가 인간관계가 복잡하다는 이야기들을 무시했다. 그것은 평상시 같으면 내가 심각하게 생각하는 문제들이었다. 그런 문제는 중요치 않으며 둘이서 함께 극복할 수 있는 것들이라고 어떤 식으로든 나 자신을 안심시켰다. 그 상황에서 좀더 객관적이고 분석적인 태도를 취할 수 있었더라면 내가 칼 융이 말한 아니마 상像[1]을 만난 것임을 알아차렸을 것이다. 나는 모니카와 데이트를 하기 시작했고 정열적이면서도 흔히 볼 수 없는 폭풍우 같은 관계를 가졌다.

모니카의 기분과 행동은 하루가 다르게 바뀌었고 어떤 때는 시시각각 바뀌는 것 같았다. 나에게 강렬한 애정을 쏟아 붓다가 갑자기 냉정해지고 모호해졌다가 토라져버린다. 이례적인 두 가지 사실이 상황을 더 복잡하게 만들었다. 볼티모어에 도착한 뒤부터 나는 그녀의 전 애인 세이머가 살던 작은 원룸형 아파트에서 살았으며, 처음 입주할 때 그가 사용하던 가구와 텔레비전 세트 같은 것까지 물려받았다. 모니카는 그와 데이트하는 동안 이 아파트에 찾아오곤 했는데 이제는 똑같은 환경 속에서 다른 남자를 만나고 있는 것이었다. 그리고 모니카의 오빠인 볼프강은 우리가 처음 만날 때부터 나를 미워했다. 남매는 근친상간 관계로 보일 만큼 특별한 사이였다. 그는 나와 모니카의 관계를 맹렬히 반대했고 나를 적으로 생각했다.

사랑에 눈이 먼 나는 어떤 식으로든 평온한 관계를 유지하고 싶었지만 우리는 함께 롤러코스터를 타고 있는 것 같았다. 나는 내

---

1) anima figure 남성의 무의식 속에 숨어 있는 여성적 요소.

의지에 관계없이 뜨거운 물과 차가운 물로 번갈아가면서 샤워를 해야 했다. 지극히 난감하면서도 내가 이상한 자력에 의해서 모니카에게 끌리고 있어서 이 혼란스런 관계를 끝낼 수도 없다는 사실을 알았다.

이런 곤혹스런 상황을 해결하기 위해서는 어떤 통찰력과 같은 것이 절실히 필요했다. 앞서도 말했듯이 그때 내가 몸담고 있던 메릴랜드 정신의학 연구소에는 정신건강 전문가들이 수련 목적으로 세 번의 환각 세션을 받을 수 있는 프로그램이 있었다. 모니카와의 힘겨운 관계가 절정에 달했을 때 나는 LSD 세션을 통해서 이 혼란스런 상황을 통찰하기로 결심했다.

세션이 중간부에 이르자 갑자기 어둡고 울퉁불퉁한 바위의 환상이 나타났다. 그것은 아주 오래된 커다란 운석 같았다. 하늘은 열려 있었는데, 엄청난 강도의 번갯불이 그 바위에 내리꽂히더니 표면이 불타면서 어떤 불가해한 상형문자들이 나타나기 시작했다. 글이 새겨진 뒤에도 거기서 눈부신 광채가 뿜어져 나왔다. 그 상형문자들을 해독할 수는 없었지만 거기서 신성함이 느껴졌고 거기 담긴 메시지는 어떤 식으로든 이해할 수 있었다. 그를 통해 알게 된 것은 내가 이번 생 이전에도 여러 번의 인생을 살았었고, 그것을 기억하지 못하더라도 카르마의 법칙에 따른 각 인생에서의 책임이 있다는 것이었다.

내가 기억하지 못하는 것들에 대한 책임을 거부하려 했지만 포기하고 따르게 만드는 거대한 정신적 압력을 거스를 수 없었다. 결국 예로부터 전하는 보편적 법칙을 받아들여야 했다. 일단 그것을 받아들이자 지난 주말에 모니카를 포용한 것과 똑같은 모습으로 그녀를 껴안고 있는 나 자신이 느껴졌다. 우리는 거대한 수직 갱도 속의 공중에 떠서 나선형으로 이어진 통로로 서서히 가라앉고 있었다. 나는 본능적으로, 이것이 시간의 심연이며 내가 과거로 여행하는 중임을 느꼈다.

하강은 영원히 계속되어 결코 끝나지 않을 것처럼 보였다. 결국 우리는 갱도의 밑바닥에 도달했다. 모니카는 내 팔 안에 없었으며, 나는 화려한 옷차림으로 고대 이집트의 궁전 홀 내부를 걷고 있었다. 상형문자를 곁들여 얕게 돋을새김한 아름다운 벽면들이 사방에 늘어서 있었다. 나는 동네 게시판에 붙은 포스터를 보는 것처럼 그것들의 의미를 명료하게 이해할 수 있었다. 그때 커다란 홀 저쪽에서 천천히 내게로 다가오는 인물이 있었다. 나는 직감적으로 내가 이집트 귀족 집안의 아들이고 저쪽에서 다가오는 남자는 내 동생임을 알았다.

가까이 온 그 사람은 볼프강이었다. 그는 내게서 3미터쯤 떨어진 곳에 멈추어 서더니 증오가 가득 담긴 눈으로 나를 바라보았다. 나는 이 이집트 시대의 삶에서 볼프강과 모니카와 내가 동기간이었음을 알았다. 나는 맨 먼저 태어났다는 이유로 모니카와 결혼하고 그 외의 다른 특권들을 누렸다. 볼프강은 자신이 속은 것처럼 느꼈으며, 나에 대한 질투와 증오심으로 괴로워했다. 이것은 시대를 통해 여러 가지 다른 형태로 반복되는 부정적인 운명 패턴임을 나는 분명히 알았다.

나는 볼프강을 마주 보고 그의 깊은 증오를 느끼면서 홀 안에 서 있었다. 그리고 이 고통스런 상황을 해결해보고자 텔레파시로 메시지를 보냈다. 그 내용은 대강 이런 것이었다. "나는 어떤 형상으로 여기에 있는지, 또는 어떻게 해서 여기 있게 되었는지 모른다. 나는 20세기에서 강력한 의식변환 약을 먹고 여기 온 시간여행자다. 우리 사이의 긴장 때문에 나는 아주 불편하다. 그것을 해결하기 위해 무슨 일이든 하고 싶다." 나는 양팔을 벌리고 계속해서 마음을 전했다. "여기 내가 있고, 이것이 내가 가진 전부다! 이런 압박감에서 우리가 해방되는 데 필요한 것이 있으면 무슨 일이든 하라!"

볼프강은 내 뜻을 알고 상당히 흥분하는 것 같았다. 그의 증오가 강력한 레이저광선 같은 두 개의 맹렬한 에너지 광선 형태를 취하는 듯싶더니 내 몸에 엄청난 고통이 느껴졌다. 상당히 긴 시간 동안 고문이 이어진 뒤 그 빛줄기는 차츰 힘이 줄어들다가 결국 사라졌다. 볼프강과 홀이 모두 사라졌고, 나는 다시 모니카를 포옹한 상태였으며, 커다란 힘이 내 양어깨를 들어올리는 것 같았다.

우리는 앞서와 같은 시간의 심연을 통해서 올라왔다. 갱도의 벽들은 과거 여러 생에서의 모니카와 볼프강과 나를 보여주고 있었다. 그것들은 서로에게 큰 상처를 주는 여러 가지 형태의 삼각관계였다. 이런 상황 속의 고통을 일소하고 우리 셋을 괴로운 인연의 사슬에서 해방시키는 운명의 대폭풍이 오랜 세월 동안 불고 있는 것 같았다. 다시 현실로 돌아왔을 때 나는 말할 수 없는 축복과 기쁨을 느꼈다. 앞으로 남은 시간 동안 아무것도 이루지 못한다 해도 내 인생은 충분히 생산적이고 성공적이었다는 생각이 들었다. 내가 처해 있는 상황에서 하나의 강력한 운명 패턴을 분해하여 그로부터 해방되는 것만으로도 이번 생에서 충분히 큰일을 하는 것이었다.

내 체험 속에서 모니카는 너무나 중요한 존재였으니 내가 그런 체험을 하는 동안 그녀도 분명히 무언가 느낌이 있었을 것이라고 생각했다. 그래서 다음 주에 그녀를 만났을 때 무슨 일이 있었는지 알아보기로 했다. 그녀가 눈치를 채지 못하도록 나의 세션에 관해서는 말하지 않고 그냥 물었다. 내가 그날 고대 이집트 시대로 여행하던 오후 4시에서 4시 30분 사이에 무슨 일을 했느냐고.

"그렇게 물으니 이상하네요." 그녀가 대답했다. "아마 내 인생 최악의 시간이었을 걸요!" 그녀는 자신이 격노하여 회사를 뛰쳐나감으로써 자기 상사와의 관계를 끝내버렸다고 이야기했다. 그녀는 직장을 잃었다고 생각하고 실의에 빠져 근처의 바에 가서 술을 몽땅 마셨는데 어느 순간 바의 문이 열리더니 한 남자가 들어왔다. 그녀가 나를 만났을 때 서로 육체관계를 갖고 있었던 로버트였다. 그는 큰 부자여서 그녀에게 새 차와 말을 포함하여 값비싼 많은 것을 선물했었다.

모니카는 나와 데이트하기 시작한 후에도 둘 중의 한 사람을 선택하지 못하고 그와의 관계를 계속 유지하면서 내게는 그 사실을 말하지 않았다. 로버트가 바에 들어서는 것을 본 그녀는 걸어가서 그를 껴안고 키스하려 했다. 그는 몸을 피하면서 악수로 포옹을 대신했다. 모니카는 그의 곁에 어떤 우아한 여인이 있음을 보았다. 로버트는 어색한 자세로 그 여인을 소개했는데 알고 보니 그녀는 그의 아내였다. 모니카는 충격을 받았다. 로버트는 항상 자신이 독신이라고 말했기 때문이다.

모니카는 땅이 꺼지는 것 같았다. 그녀는 자신의 승용차를 세워둔 주차장으로 달려갔다. 그것은 로버트가 선물한 무스탕이었다. 그녀는 차를 타고 술을 마시면서 비가 쏟아지는 환상環狀 도로를 시속 150킬로미터에 이르도록 마구 달렸다. 그날 너무 큰일들이 일어났고 더 이상 중요한 일은 아무것도 없는 것 같았다. 그녀는 모든 것을 끝내기로 결심했다. 알고 보니 그것은 내가 LSD 세션에서 우리 운명 패턴의 해답을 얻은 바로 그 시각이었고, 그때 모니카의 마음속에서도 나의 상이 떠올랐다. 그녀는 나를 생각하고 나와의 관계에 대해 생각했다. 그러다가 자신의 인생에서 아직도 믿을 수 있는 누군가가 있다는 것을 깨닫고 기분이 안정되었다. 그녀는 속도를 늦추고 차를 몰다가 길가에 세웠다. 안전하게 운전할 수 있을 만큼 정신을 차린 뒤 집으로 돌아와 잠자리에 들었다.

모니카와 얘기한 다음 날 볼프강이 내게 만나고 싶다는 전화를 했다. 이것은 정말로 예상치 못했던 일이고 놀라운 발전이었다. 그때까지 그는 내게 만나자는 요청은 물론이고 전화를 건 적도 없기 때문이다. 나를 찾아온 그는 개인적인 아주 곤란한 문제를 상의하고 싶다고 말했다. 문제는 정신분석학에서 매춘부-마리아 콤플렉스라고 부르는 것이었다. 그에게는 하룻밤만의 정사를 비롯한 우발적이고 피상적인 성관계가 많았는데 그동안 발기부전과 같은 문제는 없었다. 그러다가 최근에 아주 이상적인 여성을 만나서 처음으로 깊은 사랑에 빠졌다. 그런데 그녀와 성관계를 가질 수 없고 가지려 해도 자꾸 실패한다는 것이었다.

볼프강은 그녀가 떠나버릴 것 같아 두렵고 불안했으며 자신의 무력증을 어떻게든 개선하고 싶었다. 그는 모르는 사람에게 이런 문제를 말하는 것이 너무 거북하다고 말했다. 그는 나와 상의하면 어떨까도 생각했지만 나에 대한 부정적인 감정 때문에 망설였다. 그러다가 갑자기 나에 대한 자세가 근본적으로 바뀌었다. 그의 증오심이 마술처럼 녹아 없어졌고 내게 전화를 걸어서 도움을 청해야겠다고 결심했던 것이다. 언제 생각이 바뀌었냐고 물었더니 그가 대답한 시각은 내가 이집트 체험을 끝낸 바로 그 시각이었다.

몇 주일 후 나는 이집트 체험의 모자란 부분을 보충했다. 런던에서 온 정신분석가 친구인 폴린 맥크리릭과의 최면술 세션을 통해서였다. 최면상태에 든 나는 햇볕으로 그을린 뜨거운 사막에 누워 있는 자신을 발견했다. 배가 몹시 아팠고 온몸에 경련이 일었다. 나는 독이 든 음식을 먹고 죽어가는 중이었다. 전후 관계로 보아 내게 독을 먹일 사람은 내 누이와 그 애인밖에 없다는 것을 알고 있었다. 누이는 이집트의 율법에 따라 오빠인 나와 결혼했지만 그녀의 마음은 다른 남자에게 가 있었다.

그는 근육질의 상당한 미남으로서 왕궁의 야수 관리인이었다. 그는 우리와 신분이 달랐으므로 내 누이와의 관계는 불법이었다. 나는 그들의 관계를 알고 막으려 했고, 그들은 다른 방법이 없자 나를 죽이기로 한 것이었다. 어느 시점에서 누이의 애인이 떠올랐는데 그것은 이번 생에서 모니카의 전 애인이었던 세이머였다. 그것은 그럴 법도 했다. 왜냐면 세이머는 근육이 아주 잘 발달해 있었고 매일 몇 시간씩 중량운동을 하는 사람이었다. 그의 엄청난 근육은 심리학자보다도 보디빌더를 연상시켰다.

나는 엄청난 고통을 맛보면서 죽어가고 있었다. 배신자들을 생각하면서 모든 것을 태워버리고 싶은 분노가 치밀었다. 나는 불같은 증오심을 가득 품고 사막에서 혼자 죽었다. 이런 상황을 기억해내자 아주 흥미로운 통찰이 찾아왔다. 나는 이집트 시대의 삶에서 이시스와 오시리스의 비의에 참가했었고 그들의 비밀을 알았던 것 같았다. 그러나 몸에 퍼진 독 기운이나 누이와 그 애인에 대한 증오심으로 인하여 다른 것을 생각할 겨를이 없었고, 그래서 죽음의 순간에 비의를 충분히 활용하지 못했는지도 모른다. 그와 같은 이유로 비의와의 내 인연도 끊어졌으리라.

이번 생에서 나는 그런 잊혀진 가르침들을 탐구하려고 많은 시간 노력해왔다는 사실이 갑자기 생각났다. 이집트의 역사와 문화, 고대의 불가사의에 관련된 지식, 신비체험과 비전 등의 분야에 직간접으로 관련된 지식을 얻을 때마다 내가 얼마나 흥분했던가를 떠올렸다. 이런 탐구는 내가 LSD를 만나서 처음으로 우주의식을 체험했을 때 절정에 달했다. 이렇게 생각하니 정신적 죽음과 환생의 문제를 주제로 한 나의 연구는 고대의 불가사의에 숨겨진 내용의 재발견이자 현대적 재현인 것처럼 보였다.

이어지는 환상 속에서 모니카와 볼프강에 관한 내 체험의 하이라이트에 해당하는 이미지들이 — 실생활 속에서의 모습과 나의 세션 속에서의 모습들이 — 몽땅 떠올랐다. 이런 회상은 강도와 속도가 빠르게 증가하여 결국 폭발했고, 거대한 환상이 터져서 산산이 흩어지는 것 같았으며 머리가 갑자기 맑아졌다. 순식간에 평화가 찾아왔고 나는 우리의 운명 패턴이 완전히 해결되었음을 알았다. 그 후로 내가 볼티모어에 머무는 동안 모니카와는 친구로 지냈다. 우리 사이의 긴장과 혼란은 사라졌고, 어느 쪽에서도 서로 간에 강박적인 관계를 유지하려는 마음은 갖지 않았다. 모니카도 나도 이번 생에서는 서로의 파트너가 아님을 이해했다.

♦♦♦

페체르스카야 라브라의 지하묘지

제정 러시아에서의 전생

기억나는 한 아주 어린 시절부터 나는 외국의 지리와 민족, 문화에 관심이 많았다. 해외여행을 하고 싶은 마음은 언제나 나의 중요한 부분이었다. 그러나 젊은 시절의 나는 시대와 장소를 잘못 타고 태어난 것 같았다. 1939년부터 45년까지의 독일 점령과 그에 따른 나치즘의 공포가 세계여행이라는 내 어린 소망을 앗아가 버렸다. 독일 패망 이후에는 민간인들도 잠시 자유롭게 활동할 수 있었다. 1947년에 나는 동생과 함께 유고슬라비아의 펠레사치 반도에 있는 트르파니의 작은 어촌에서 5주 동안 지낼 수 있었다.

아드리아 해 바닷가와 인근 산간 지방의 아름다움은 내게 깊은 인상을 남겼고 나중에 좀더 멀리 여행하고픈 욕망을 부추겼다. 그러나 내 희망은 덧없이 무너졌다. 1948년 2월의 공산화 이후 체코는 소련의 통제를 받게 되었고 또다시 국경을 봉쇄당했다. 그 뒤로 10년 동안 동부 유럽에 위치한 소련의 위성국가들은 차츰 문호가 개방되었지만 소련만큼은 체코의 여행자들에게 오랫동안 닫혀 있었다.

1959년에는 루마니아에서 여름휴가를 보낼 기회가 있었는데, 그 대부분을 흑해 연안의 가장 큰 국제 휴양지인 마마이아에서 지냈다. 이곳은 8킬로미터 이상 길게 뻗은 해변의 고운 모래와 완만한 경사, 맑은 하늘, 적당한 수온으로 유명하다. 이런 좋은 여건을 만끽하려고 나는 매일 많은 시간을 바닷가에서 보냈다. 여기서 키예프 대학 강사로 있는 러시아 출신 전염병학자를 만났는데, 그는 가족과 함께 휴가를 보내던 중이었다. 그들은 스파르타식으로 생활하면서 오랫동안 저축해 마련한 고급 승용차 모스크비치를 타고 키예프에서 마마이아에 온 것이었다.

대화를 나누면서 그들도 나 못지않게 소련의 정치체제를 싫어한다는 것을 알았다. 해변에서 매일 만나 얘기를 나누다 보니 나는 러시아어를 실습할 수 있었고 소련 내부의 생활도 어느 정도 알 수 있었다. 우리는 여러 가지 주제에 대해 얘기했는데 특히 인상에 남는 것이 하나 있었다. 그는 키예프의 역사적인 장소들을 언급하면서 커다란 산 속의 러시아 정교 수도원인 페체르스카야 라브라에 대해 설명했다. 이 수도원은 지하묘지와 동굴들이 얽히고설킨 형태로 이루어져 있는데, 산의 내부를 파서 만든 복잡한 미궁이 커다란 스위스 치즈 같다는 것이었다. 회랑을 따라 열린 관들이 늘어서 있고 그 속에는 여러 세기 동안 거기서 살았던 모든 수도사들의 시신이 담겨 있다는 것이었다. 일정한 통풍 장치와 적절한 기후 조건으로 그것들은 미라가 되어 후세까지 유지되고 있다는 것이다.

페체르스카야 라브라는 원래, 우스펜스키 대성당과 양초 생산 공장, 큰 규모의 성상聖像 제작 기업 등을 포함한 커다란 건축물 집단의 일부였다. 러시아 공산당들은 마르크스주의자들이 '민중의 아편'으로 생각한 종교를 없애려고 노력하면서 이 건축물이 우크라이나 사람들에게 얼마나 중요한 의미가 있는지를 잘 알고 있었다. 그러나 민중 봉기를 두려워한 그들은 야만적인 행위를 자제하고 관용을 베풀 수밖에 없었다.

우크라이나인들과 소련 정부 사이의 관계는 처음부터 긴장 일로를 치달았다. 제정러시아 시대로부터 이어진 우크라이나의 반란은 소련에 병합된 1922년 이후 두 번의 기근을 유도한 소련의 잔학성 때문에 더욱 가열되었다. 두 번째는 스탈린과 그의 앞잡이인 라자르 카가노비치가 조종했는데 수백만의 인명을 앗아간 이런 인위적인 기근의 주된 목적은 우크라이나 농부들의 정신을 죽이고 그들을 집단화하여 우크라이나 문화의 부흥을 막으려는 것이었다.

나는 페체르스카야 라브라 이야기에 매료되었다. 러시아 친구가 말하는 것을 들으면서 나는 등골이 오싹함을 느꼈고 가슴의 박동이 빨라졌다. 자신의 반응에 놀라서 나도 어리둥절했으니 이것은 평소에 없던 일이었기 때문이다. 이런 강렬한 감정에는 분명히 어떤 깊은 무의식적 원인이 있을 것이었다. 나는 그 원인을 알기 위해 페체르스카야 라브라를 방문해보고 싶어졌다. 2년 뒤에 소련이 체코인의 방문을 허용했을 때 나는 키예프와 레닌그라드[1], 모스크바를 포함하는 러시아 관광 여행의 하나에 참가했다. 우리는 방문한 모든 곳에서 소련 정부가 지정한 외국인 관광 안내원의 엄

---

1) Leningrad. 1980년대의 개방화가 진전되면서 1991년에 러시아어의 옛 이름인 상트페테르부르크를 되찾았고, 페테르부르크로 약칭하기도 한다.

격한 감독을 받으며 항상 그룹과 함께 움직여야 했다. 개인행동은 철저히 금지되었고 원칙을 어기면 가혹한 처벌이 뒤따랐다.

내가 이 여행을 하게 된 이유는 키예프에 가서 페체르스카야 라브라를 보고 싶었기 때문이었다. 그런데 이런 중요한 역사 유적이 소련 여행의 탐방 일정에 포함되어 있지 않음을 알고 크게 실망했다. 그에 관해 물었더니 관계자는 우스펜스키 대성당이 제2차세계대전 때 독일군에 의해 파괴되어 볼 만한 것이 없다고 대답했다. 내가 마마이아에서 러시아인 친구에게 들은 것은 그렇지 않았다. 그의 말에 의하면 소련군이 키예프에서 철수하면서 우스펜스키 대성당에 폭약을 설치했고 독일군이 이곳을 점령하면서 그것이 폭발했다는 것이었다. 소련은 이런 식으로 일석이조의 효과를 노렸다. 그들은 우크라이나의 정신적 상징을 파괴하고 지역민들의 분노는 독일을 향하게 만들었던 것이다.

그러나 내게는 우스펜스키 대성당이 중요한 것이 아니었다. 나의 일차적 관심은 페체르스카야 라브라와 그것의 지하묘지였다. 그리고 내가 알기로 그것은 독일군 침입과 소련의 통치를 거치면서도 손상되지 않고 아직 그대로 남아 있었다. 우리의 기차가 키예프에 도착한 뒤부터 나는 초조해지기 시작했다. 신비로운 지하묘지를 방문하고픈 내 소망은 강박증으로 발전했다. 이것 역시 나의 성격이 아니었고 아주 예외적인 일이었다. 나는 감정의 큰 기복 없이 비교적 안정된 삶을 영위하는 합리적인 사람으로 알려져 있었다.

나는 위험을 각오하고 그룹을 빠져나가 혼자서라도 페체르스카야 라브라를 방문하기로 결심했다. 그 당시 나는 러시아어에 능통했기 때문에 택시를 타고 혼자서 수도원에 갈 수 있었다. 수도원 안으로 들어간 나는 지하묘지의 미로를 따라 걸었다. 그 옆에는 이 수도원이 존재하기 시작한 이래 거기서 살다가 죽은 모든 수도사들의 미라가 줄줄이 놓여 있었다. 갈색 양피지처럼 쪼글쪼글한 두 손을 한데 모은 그들의 모습은 마지막 기도를 하고 있는 것 같았다. 회랑은 이따금 작은 동굴로 이어졌으며 그 속은 촛불에 밝혀진 성상들이 지키고 있었다. 자욱한 향 연기 속에서 단조로운 목소리로 노래하는 긴 턱수염의 수도사 무리가 보였는데 무아지경에서 나오는 듯한 그들의 영창은 이승의 것이 아니었고 계속해서 나의 심금을 울렸다.

나는 자신이 아주 이상한 의식상태에 있음을 깨달았다. 내가 이곳을 잘 알고 있는 느낌이었으며, 복잡하고 어두운 지하묘지 속을 걸으면서 다음에 무엇이 나타날지 알 수 있을 것 같았다. 전에도 이곳을 보고 체험했었다는 느낌이 밀려왔다. 어느 시점에서 눈에 띈 미라 하나가 양손을 모으지 않은 자세로 있었다. 내 존재의 저 깊은 곳에서 어떤 감정의 물결이 올라왔다. 이런 느낌은 처음이었다. 나는 커다란 감동을 가슴에 안고 서둘러 그곳을 빠져나왔다. 반동 행위를 하고 있다는 사실이 너무 불안했기 때문이다. 그룹 이탈과 페체르스카야 라브라 불법 방문은 그 체험이 내 마음에 미칠 영향을 생각할 때 바람직한 것이 아니었다.

나는 체험이 너무 불충분했다는 느낌으로 불만에 가득 차서 호텔로 돌아왔다. 그러나 한편으로는 관광 안내원이 나의 부재를 깨닫지 못했음을 알고 두근거리는 가슴을 쓸어내렸다. 들키지 않았다는 것 자체가 하나의 작은 기적이었다. 그런 다음 모스크바에서 문화재를 감상하면서 새해를 맞이했고 '로마에 가면 로마의 법을 따르라'는 옛 속담에 따라 질 좋은 스타르카(제정러시아 시대의 양조법에 따라 만든 보드카)를 마셨다. 페체르스카야 라브라의 체험에 견줄 만한 것은 이제 없었다. 그 후로 경험한 것들 중에서 가장 마음에 남는 게 있다면 뜨거운 물속에서 수영을 하거나 섭씨로 영하 30도에 달하는 추운 탑 꼭대기에서 다이빙을 할 수 있는 야외 수영장 군락이었는데 이것이 모스크바의 특별한 매력이었다.

러시아에서 돌아온 뒤 나는 키예프의 일을 상기하면서 그때 느꼈던 이상한 감정을 이해하려고 노력했다. 그러나 내 인생에 있어서의 이 막간 촌극을 음미하는 일은 그다지 오래갈 수 없었다. 그 후로 프라하의 정신의학 연구소에서 LSD 연구에 몰두했고, 하루에 두 번씩 환각 세션을 지도하면서 새롭게 발견한 것들을 이해하려고 애써야 했기 때문이다. 기존의 패러다임으로 설명할 수 없는 체험과 관찰 결과들이 너무 많아서 러시아 여행은 기억의 뒷전으로 물러갔다. 그러나 여러 해 뒤 뜻하지 않게 그 이야기가 다시 이어지는 일이 발생했으니, 내가 체코를 떠나와서 볼티모어의 메릴랜드 정신의학 연구소에 있을 때였다.

소장이었던 앨버트 컬랜드 박사가 최면요법을 흥미롭게 사용하는 유럽인 커플을 4주일 동안 초청했다. 프랑스 여성인 조앤 그랜트는 자기최면에 의해서 깊은 트랜스 상태에 든 다음 전생 기억과 같은 다른 시대 다른 나라의 사건들을 체험하는 특별한 능력을 갖고 있었다. 그녀는 여러 생의 체험들을 종합한 내용에 근거하여 《날개 달린 파라오》,《카롤라로서의 인생》,《모세는 이렇게 태어났다》 같은 많은 책을 썼다. 데니스 켈시는 최면술 수련 과정을 마친 영국의 정신과의사였다. 두 사람은 함께 작업을 했는데, 데니스가 환자에게 최면 암시를 주어 그를 문제 해결에 필요한 시점으로 유도하면, 조앤은 환자의 체험을 함께 느끼는 특이한 능력으로 문제점을 해결했다. 환자의 심신상관성 징후들은 전생의 사건에서 연유하는 경우가 많았다. 그리하여 데니스와 조앤은 자신들의 경험을 담은 《많은 생애들》(Grant & Kelsey 1967)라는 책을 내기도 했다.

두 사람이 연구소에 머무는 동안 모든 직원들이 개인적으로 세션을 받을 수 있었다. 그 당시 나에게 문제가 되어 있었던 것은 관능과 영성 사이의 갈등이었다. 대체로 나는 활발한 성격이었고 인생이 제공하는 여러 가지 것들을 가능한 한 향유했지만, 이따금 속세를 떠나 멀리 가서 수도에 전념하고픈 강한 충동이 일었다. 데니스는 내게 최면을 걸더니 과거로 되돌아가 그 문제가 시작된 곳을 찾으라고 말했다.

최면 상태가 깊어지자 나는 러시아 소년이 되어 넓은 뜰에 서서 호화로운 가옥을 바라보고 있었다. 나는 러시아 귀족 집안의 아들이었다. 멀리서처럼 다가오는 조앤의 목소리가 들렸다. 부드러우면서도 단호한 어조로 그녀는 "발코니를 봐!"라고 반복해서 말했다. 내가 가옥을 바라보고 있고 그 가옥에 발코니가 있다는 것을 그녀가 어떻게 알았는지에 대해서는 모르지만 나는 그녀의 말에 따랐다. 발코니를 자세히 보니 손가락이 불구가 된 할머니가 흔들의자에 앉아 있었다. 그것은 나의 할머니였고 나는 그녀에 대해서 강한 애정과 연민을 느꼈다.

그런 다음 장면이 바뀌어, 나는 이웃 마을의 길을 걷고 있었다. 나는 여러 가지 이유로 여기 왔다는 것을 기억했다. 단순하지만 변화가 많은 소작농들의 세상은 내 가족의 엄격하고 따분한 생활로부터의 신나는 도피처였다. 길은 흙탕물과 진흙으로 덮여 있었고 분뇨의 냄새도 풍겼다. 초가집들 사이로 다니는 사람들은 때 묻은 누더기를 걸쳤지만 생명이 넘쳐흐르고 있었다.

　나는 투박하고 어두운 대장간으로 들어갔다. 불길이 너울거리는 화덕 앞에 옷을 반쯤 벗은 대장장이가 서 있었다. 검은색 곱슬머리에 근육질의 큰 몸뚱이를 지닌 그가 무거운 해머로 모루 위의 벌겋게 달궈진 쇳조각을 힘껏 내려쳤다. 그 순간 〈지그프리트〉 제1막의 한 장면이 떠올랐다. 보탄이 지그프리트의 아버지 지그문트에게 주었던 부러진 검 '노퉁'을 지그프리트가 벼리는 장면이다. 이런 장면을 보고 대장간의 소리를 멋지게 표현한 바그너의 음악을 들을 때면 나는 항상 울컥하는 기분이 되었다. 그럴 때면 오른쪽 눈이 화끈거리고 눈 부위가 실룩거려지면서 눈물이 흘렀다. 그런데 갑자기 내게 똑같은 일이 일어났다. 다른 점은 그 효과가 예전과 비교할 수 없을 정도로 강렬하다는 것이었다. 오른쪽 눈에 예리한 통증이 느껴졌고 얼굴 오른쪽이 경련을 일으켰으며 눈물이 뺨을 타고 비 오듯 흘러내렸다.

　예전과 달리 나는 이런 반응이 어디서 오는 것인지 알았다. 내가 대장장이를 바라보면서 멍청히 서있을 때 뜨거운 쇳조각이 내 얼굴과 눈을 때리면서 무서운 화상을 입힌 것이었다. 지독한 고통과 격한 감정이 뒤를 이었다. 어머니는 알아볼 수 없을 정도로 덴 내 얼굴을 보고 경악하면서 자신의 눈을 가렸다. 그 뒤로 이어진 고통은 흉한 얼굴로 청춘을 보내면서 사람들에게 거부당하고 성적 갈망을 채우지 못하는 슬픔이었다. 나는 속세에서 설 자리를 발견하지 못하고 절망하여 수도원으로 들어가는 내 모습을 보았다. 어쩔 수 없이 하게 된 독신생활의 수치와 굴욕을 출가 수행자의 허망한 자부심으로 위장하고 나는 페체르스카야 라브라의 수도사 직분을 수임했다.

이 수도원에서의 삶을 떠올리고 있을 때 나의 양손이 심하게 떨렸다. 그리고 지하묘지의 어둠 속에서 수십 년을 보내는 동안 양손의 손가락들이 크게 손상되었었다는 것을 깨달았다. 바람직하지 못한 생활여건에서 비롯된 관절염이었을까? 자신의 인생에 너무 큰 불만을 품은 신경증 환자의 히스테리였을까? 아니면 내가 이런 심신상관성 증상의 모형으로서 내 할머니의 손을 망친 그 기질성 질환을 떠올렸던 것일까?

나의 전생 퇴행의 마지막 장면은 죽음과 관련된 것이었다. 그것은 고통 가득한 삶과 회복 불가능한 몸에서의 해방이었을지도 모르는 죽음으로 끝이 났다. 그러나 뜻밖의 문제가 끼어들면서 마지막 순간에 평화를 얻을 수 있는 가능성까지도 방해했다. 페체르스카야 라브라에서는 시신의 양손을 기도하는 자세로 모아서 벽에 기댄 관에 안치하는 것이 관례였다. 그것은 신에게 바친 착한 인생의 성공적인 종말을 의미했다.

그러나 흉하게 망가진 나의 양손은 수도원 생활의 성공적인 종말을 의미하는 그런 자세가 될 수 없었다. 나는 분노와 비탄과 자기연민으로 뒤범벅이 되어 엉엉 울기 시작했다. 수도원 생활이 혐오스러웠으며 온전하고 아름다운 몸으로 바깥세상을 즐기는 사람들이 부러웠다. 수도원 생활은 내가 원해서 선택한 것이 아니라 수치와 굴욕을 모면하기 위해 세상으로부터 도피한 것이었다. 한없이 불행했던 삶의 종말, 그 종말조차 최소한의 구색도 갖출 수 없었다는 사실이 너무나 서러웠다. 흐느낌과 눈물을 참을 수 없었고 온몸이 떨려왔다.

그때 조앤이 놀라운 직감으로 내 상황을 알아차렸다. 그녀는 경련하며 뒤틀리는 내 손을 부드럽게 주무르기 시작했다. 얼마 동안 그런 뒤에 내 양손이 누그러지자 그것들을 기도하는 자세로 한데 모으고 거기에 자신의 양손을 포갰다. 나는 곧바로 종말에 도달하여, 페체르스카야 라브라에서 보냈던 불행한 인생을 마감했다. 수십 년 동안 몸과 마음에 축적된 엄청난 양의 부정적 정서들이 출구를 찾은 것이었다. 그것들은 차츰 안심과 평화, 행복, 사랑으로 바뀌었다. 방금 겪은 일이 커다란 치유 효과를 갖는다는 사실은 의심의 여지가 없었다. 이런 느낌은 그 뒤의 내 생활을 통해서도 확인되었다. 세션 이후로 음식과 섹스, 일 등 삶이 제공하고 '육체가 물려받은' 자연계의 여러 가지 것들을 향유하는 마음과 영적인 삶 사이에서 어떤 갈등도 느끼지 않았다.

나는 이 문제가 끝났음을 확신하면서 세션을 끝냈다. 그러나 몇 년 뒤 크리스티나와 내가 빅서의 에살렌에서 진행하는 한 달 워크숍 도중에 이 사건의 어떤 요소들이 다시 튀어나왔다. 에살렌 연구소의 공동 설립자이자 프리츠 펄스의 초창기 제자인 딕 프이라스가 우리의 워크숍에 초대되어 거기 참가한 캐롤라인이라는 젊은 여성과 세션을 하고 있을 때였다. 세션이 시작되기 전에 캐롤라인은 자신이 러시아에 대해서, 그리고 러시아 사람들과 그들의 문화에 대해서 느낀 매력은 말로 설명하기 어렵다고 말했다. 그녀는 러시아어를 배우는 중이었고 러시아어로 노래하기를 좋아했다.

그녀의 문제점은 수녀원에서 보낸 11년 세월이 성생활과 체력 및 일상생활에 미친 나쁜 영향이었다. 그녀는 흘러가버린 청춘에 대해 점점 더 한탄하면서 분노했고 나 역시 그녀의 이야기에 점점 더 공감했다. 그녀의 인생과 러시아에서의 내 전생이 어딘가 비슷하다고 느꼈기 때문이다. 그러나 나의 감응이 너무 격렬해서 나도 놀랐다. 오른쪽 눈이 화끈거리기 시작하더니 눈꺼풀이 경련을 일으키면서 눈물이 쏟아지는 것이었다.

눈물에 싸여서 캐롤라인을 바라보는데 그녀의 얼굴이 차츰 변하더니 러시아 태생의 내 어머니로 바뀌었다. 내가 대장간에서 눈을 다친 후 집으로 실려 오고 어머니가 나의 덴 상처를 바라보는 상황이 재현된 것이었다. 캐롤라인은 자신이 이번 생에서 느꼈던 감정을 표현하고 있지만 나의 지각 속에서는 그녀가 내 전생의 일부였다. 그녀는 내가 당한 사건으로 비탄에 빠진 내 어머니였다. 세션이 끝나고 자리에서 일어나도 이런 느낌들은 쉽게 사라지지 않았다. 약간은 불안정하고 당혹스런 기분으로 나는 점심식사를 위해 출입구 쪽으로 걸어갔다. 그리고 문을 열다가 다시 놀라서 그 자리에 우뚝 섰다.

내 앞에는 흉하게 망가진 얼굴을 한 젊은 여성이 서 있었다. 그녀가 실내로 들어오려는 순간에 내가 문을 연 것이었다. 나는 아직 러시아인 시절의 기억에 사로잡혀 있어서 잠시 내가 거울을 보고 있는 것이 아닌가 착각했다. 공교로운 시각에 찾아온 이 여성은 캐롤라인의 친구 빅토리아였다. 그녀는 암 환자를 위한 환각요법 프로그램에 관한 글을 읽고 LSD 세션을 받을 수 있을지 알아보러 온 것이었다. 나는 그녀를 자리에 앉히고 믿어지지 않는 그녀의 이야기를 들었다.

그녀는 일란성 쌍둥이로 태어났는데 다른 한 쪽은 태어나자마자 죽었다. 그녀의 부모는 나중에 놀랍게도 병원 측에서 실수로 두 자매의 이름표를 바꿔달아 산 아이가 죽은 아이의 이름을 갖게 되었음을 알았다. 그녀는 네 살 때 달리는 승용차의 뒤쪽 창문 밖으로 떨어져서 거의 죽을 지경에 이르렀다. 이 사고에서 간신히 회복된 그녀에게 얼마 안 가서 희귀한 형태의 피부암 증상이 나타나기 시작했다. 그 이후 증상이 발전하면서 그녀는 여러 차례 성형수술을 했고, 안면에 깊은 흉터와 피부이식 흔적들이 얼룩덜룩 남았다.

빅토리아는 자신의 알 수 없는 불행을 아주 이상한 방법으로 해석했다. 자신은 임사체험을 통해서 저세상에 연결되었고 거기서 자신의 이름이었던 죽은 자매와 하나가 되었으며, 그런 관계를 통해서 자신의 몸이 계속 망가졌다는 것이다. 그녀는 자신을 숨어 사는 '오페라의 유령'과 동일시하면서 깊이 절망했고, 이런 불행을 벗어나는 길은 자살밖에 없다고 생각하던 중이었다. 어떤 인간관계를 통해서도 만족스런 결과를 얻지 못하던 차에 환각요법의 강력한 효과를 전해 듣고 찾아온 것이었다.

크리스티나와 나는 그녀의 뜻을 받아들여 LSD 세션을 갖기로 했다. 이어진 세션에서 빅토리아의 체험은 상당히 넓은 범위에 걸쳐 나타났는데, 이것은 우리 모두에게 아주 깊은 의미가 있었다. 그녀는 자신의 고통스런 현실을 확인하고 어린 시절의 사고와 출생 당시의 정신적 외상, 쌍둥이 자매의 죽음을 다시 체험했으며 그런 것들에서 그치지 않고 지복과 우주적 합일의 경지에 이르러 오래 머물렀다. 이 체험은 너무나 비범하고 심오하여 그녀는 현생의 비극적 경험과 신에 대한 원망이 녹아내리는 것을 느꼈다.

이런 황홀경을 체험하는 동안 그녀는 빛나는 에너지의 원광에 둘러싸인 것 같았다. 크리스티나와 나는 가까이에 앉아 있었지만 그녀의 얼굴에서 흉터 같은 것을 볼 수 없었다. 그녀는 매끄럽고 아름다웠다. 우리 쪽에서 볼 때 이것은 완전한 '감염 도취'[2]였고, 몇 시간 뒤에 우리의 지각은 정상으로 돌아왔다. 그러나 빅토리아는 세션에서 도달했던 삶에 대한 새로운 감정 상태를 많은 부분 그대로 유지했다. 내게 있어서는 치유된 모습의 아름다운 빅토리아를 본 것이 러시아인으로 살았던 내 전생 여행의 대미를 장식했다.

그 후 사반세기 이상의 세월이 흘렀지만 아직까지 이 운명의 조각그림에 끼워 맞출 다른 조각은 만나지 못했다. 이따금 마음속에서 당시의 놀라운 체험으로 되돌아가 그 이야기 속 주인공들의 과거와 현재가 서로 어떤 관계에 있는지 생각해본다. 현재의 나와 저 불행했던 수도사는 직접적으로 관계가 있는 것 같지만, 빅토리아와 그 불구가 된 수도사, 캐롤라인과 내 러시아인 어머니, 현재의 나와 빅토리아, 빅토리아와 캐롤라인, 그리고 이 이야기 속에서의 크리스티나의 역할 등은 좀더 애매하고 알쏭달쏭하다.

이상한 우연의 일치를 보이는 이 이야기 속의 내 체험들은 우리네 일상적 현실의 기초를 이루면서 그 아래 숨겨져 보이지 않는 복잡한 피륙의 일부가 드러난 것이지만, 보다 깊은 원동력은 불가사의한 카르마의 법칙을 감싸고 보호하면서 좀처럼 실체를 드러내지 않는다.

---

2) contact high. 간접 도취. 마약 도취자와 같이한 자리에서 함께 도취하기.

◆ ◆ ◆

세일럼의 마녀사냥

1976년에 크리스티나와 나는 몇 달 동안 에살렌 연구소의 '라운드 하우스'에서 살았다. 이것은 에살렌 부지를 둘로 가르는 시내 옆에 지어진 작고 아담한 구조의 집이었다. 시내의 빠른 물줄기는 산등성이에서부터 몰려왔고 커다란 폭포를 이루면서 곧바로 태평양에 합류했다. 이 집 정면의 뜰에는 뜨거운 광천수가 솟아나 작은 물웅덩이로 흘러드는 장소가 있었다. 전하는 이야기에 따르면 에살렌의 온천수들은 캘리포니아의 여러 지역 아래에 그물망처럼 얽혀 있는 화산성의 지하 동굴들에서 솟아난다.

시냇물의 속도와 폭포수의 우렁찬 소리는 보고 듣는 사람의 감각을 크게 자극했지만 그보다 더 중요한 것은 이 장소가 지닌 심령적인 힘이었다. 우리는 심령능력이 있는 많은 인물들을 에살렌 워크숍에 초빙했으니, 투시가와 세계 각지의 샤먼, 강신술사, 인도의 요기, 티베트의 승려들이 거기 포함되었다. 그들은 모두 라운드 하우스 주변이 영적인 에너지가 강한 '힘의 장소'임을 인정하는 것 같았다. 이 장소가 사람들에게 미치는 영향을 과학적으로 입증해 보려는 사람들은 바다가 가깝고 또 근처에 폭포수가 있는 데다 시냇물 양쪽으로 커다란 미국삼나무가 늘어서 있어서 음이온의 농도가 높기 때문이라고 말했다.

이유야 어쨌든 라운드 하우스에서의 생활은 우리 두 사람에게 영적으로 큰 의미가 있었다. 명상 상태에 들기가 아주 쉬웠고, 나는 삼매경 속에서 지리적·역사적 현실을 잃어버렸으며, 우리의 작은 둥지가 시간과 공간을 초월한 근원적 영역의 어딘가에 있는 것처럼 느껴졌다. 그 당시 정신적 비상사태를 겪고 있던 크리스티나는 여기서 내면적 변환 과정이 놀라우리만치 강화되는 것을 느꼈다. 어느 주말에 그녀는 환각 세션과 맞먹을 정도의 강렬한 체험을 했다.

극심한 불안과 육체적 불편이 얼마 동안 느껴지더니 자신의 전생 기억들 중 하나로 보이는 것이 찾아왔다. 그녀는 뉴잉글랜드의 세일럼에 사는 다 자란 처녀였는데 과거에 비일상적 의식상태를 체험한 적이 있었다. 이웃에 사는 편협한 근본주의 기독교도들은 그녀에게 악마가 씌었다고 생각했고, 그녀는 마녀로 고소를 당하기에 이르렀다. 두 사람의 판사가 그녀를 재판했으며, 의례용의 긴 자루옷을 입혀 익사시키라는 판결을 내렸다.

이 체험은 익사 장면에서 절정에 도달했다. 크리스티나는 판자에 묶여 연못으로 운반된 뒤 머리부터 물속으로 들어갔다. 그녀는 연못을 둘러싼 자작나무들을 보았다. 익사 장면을 체험하면서 그녀는 비명을 지르고 숨을 제대로 쉬지 못했으며 많은 침과 콧물을 흘렸다. 콧물의 양이 너무 많아서 그날 내가 입었던 무명 셔츠의 앞부분 전체가 마른 점액의 흔적으로 얼룩졌다.

그녀는 하와이에 살 때부터 심한 알레르기와 축농증으로 고생을 했었다. 여러 차례 진찰과 검사와 치료를 받고 과민증을 줄이기 위해 얼마 동안 주사를 맞기도 했다. 모든 노력이 허사로 돌아가자 의사들은 결국 수술을 통해서 부비강을 해체하고 청소하도록 권했지만 그녀는 이런 과격한 방법을 거부하고 자신의 병을 그냥 받아들이기로 했었다. 그런데 놀랍게도 세일럼 재판과 익사를 체험한 후 그런 증상이 사라져버린 것이다.

의심의 여지없이 확실하게 입증된 것만을 인정하는 '과학적 세계관'에 대한 나의 믿음이 이때쯤은 많이 무너진 상태에 있었다. 그렇지 않다면 이번 일은 나의 지성을 커다란 위기에 빠뜨렸을 것이다. 전문의들의 권고를 받아들이지 않았던 크리스티나의 질병이 무지와 광신, 잘못된 마녀재판을 포함한 운명적 사건을 다시 체험함으로써 나아버렸다는 사실 속에는 어떤 종류의 우주적 유머가 들어 있다.

이 이야기는 몇 년 뒤에 크리스티나와 내가 홀로트로픽 호흡 워크숍을 위해 보스턴을 찾았을 때 다시 이어짐으로써 재미를 더했다. 워크숍은 저녁에 끝났고 다음 날 오후 늦게까지 샌프란시스코로 돌아오는 비행기가 없었다. 그래서 우리는 하루 동안 관광을 하기로 작정하고, 친구이자 심리학자이며 묵타난다의 측근이었던 마릴린 허쉔슨에게 전화를 걸었다. 80년대 초 봄베이(현재의 뭄바이)에서 커다란 국제 초개인 회의를 함께 치르면서 가까운 사이가 되었던 그녀는 무척 반가워했고 우리와 함께 드라이브하며 하루를 보내기로 약속했다.

점심식사 장소를 논의하다가 마릴린은 자신이 좋아하는 세일럼 근처 바닷가 레스토랑을 추천했다. 가서 보니 그곳은 호손 호텔이었는데 이 이름을 보면서 나다니엘 호손과 그의 〈주홍글씨〉, 마녀의 주제가 뇌리에 떠올랐다. 점심을 먹으면서 크리스티나는 마릴린에게 세일럼에서의 마녀재판에 관한 자신의 전생 기억을 자세히 이야기했다. 마릴린은 싯다 요가 아쉬람에서 명상 도중에 자신도 비슷한 체험을 했다고 하면서 놀라워했다.

우리가 있던 곳은 세일럼에서 그리 멀지 않았으므로 점심을 먹고 캘리포니아행 비행기를 타기 전에 그 마을을 한번 방문해보기로 했다. 차가 세일럼으로 들어서고 있을 때 크리스티나는 마릴린에게 그 마을에 연못이 있는지 물었다. 어린 시절을 죽 세일럼에서 보냈던 마릴린은 단호한 어조로 부정했다. 그러나 마을을 잘 아는 그녀가 진로를 잘못 선택한 것도 이상한 일이지만 계획에 없던 우회로가 예기치 못하게 우리를 바닷가의 못으로 안내했다. 이곳은 원래 옛날의 돌둑으로 물을 분리시킨 만澩이었던 것처럼 보였다.

크리스티나는 몽롱한 표정으로 차에서 내려 사방을 둘러보더니 실망하는 것 같았다. "자작나무가 하나도 없네." 하더니 그녀는 못 근처를 걷기 시작했다. "어디 가?" 우리가 물었고, "여기쯤 몇 개가 있어야 하는데." 그녀가 말하면서 계속 걸었다. 우리는 차를 적당한 곳에 세워놓고 그녀를 따라 걸었다. 결국 못 반대편에서 크리스티나는 몸통이 부러져 꼭대기가 물에 잠긴 자작나무 한 그루를 발견했다. "와서 봐요." 그녀가 말했다. "이게 마지막 나무일 거야."

자동차로 돌아온 우리는 재판이 열렸던 법원 청사를 찾기로 했다. 가는 길에 크리스티나는 전생 체험 속의 두 판사를 보고 이번 생에서의 전남편과 아버지를 떠올렸다고 마릴린에게 말했다. "그런데 그 재판에서는 판사가 하나였어." 마릴린이 크리스티나의 말을 부정했다. "아니야, 둘이었어!" 크리스티나가 단호하게 말했다. 법원에 도착했을 때는 업무가 끝난 뒤였다. 그러나 정면 현관 입구 곁에 재판 과정을 기술한 큰 책자가 있었는데, 그것이 세일럼 재판에서 판사가 둘이었다는 크리스티나의 체험을 확인해주었다.

자동차로 돌아오면서 내가 어떤 선물가게에서 가져온 세일럼 관련 소책자에는 여러 가지 삽화와 마녀재판 이야기가 담겨 있었다. 마릴린이 우리를 공항으로 데려가는 동안 나는 이 소책자의 일부를 소리 내어 읽었다. 우리는 노예 티츠바와 많은 시간을 보낸 처녀들이 마녀로 고발당했다는 것을 알았다. 악마와 교신한다는 혐의로 고발된 티츠바는 어린 시절에 남미의 아라와크 마을에서 바베이도스[1]로 끌려와 노예가 된 원주민이었다. 우리는 티츠바가 어떤 종류의 샤머니즘을 가르쳤는데 그것을 무지한 이웃들이 악마의 작업으로 오인했을 것이라고 결론지었다.

그 안내서에서 내가 찾아낸 가장 흥미로운 것은 역사적 사건들이 많이 발생한 옛 세일럼이 지금은 댄버스로 불린다는 사실이었다. 이것은 충격이었다. 댄버스는 1978년에 우리가 국제 초개인 협회의 큰 회의를 개최하면서 처음으로 '정신적 비상사태'의 개념을 발표했던 곳이었다. 이 개념의 내용은 대부분의 정신과의사들이 정신병으로 알고 인슐린 혼수昏睡나 전기 충격 같은 극단적인 방

---

1) Barbados. 서인도 제도의 섬. 영연방 내의 독립국.

법을 사용하는 비일상적 의식상태의 많은 증상들이 사실은 정신병이 아니라 심령적 위기라고 하는 것이다.

댄버스의 회의에서 우리는 이 '영적인 개안開眼'의 위기가 적절히 이해되고 보살핌을 받으면 그것은 사실상 치유와 진화, 변신의 과정이 될 수도 있음을 역설했다. 우리가 발표했던 홀에서는 계곡 건너편에 평판이 아주 나빴던 구시대의 정신과 병원이 보였다. 거기서는 그때까지도 종교재판이나 마녀사냥과 거의 비슷한 충격요법을 사용하고 있었다. 믿을 수 없는 이런 우연의 일치를 알아내고 우리는 정신이 멍해졌다. 비일상적 의식상태에 대한 자세가 완전히 바뀌어야 한다는 우리의 현대적인 주장을 세상의 다른 곳 아닌 바로 여기서 했었단 말인가! 지난 시대에 여기서 있었던 크리스티나의 수난과 사형은 비일상적 의식상태의 오해와 오인에 의해 저질러진 일이었다.

이런 드라마에 푹 빠져서 우리가 공항에 도착한 시각은 비행기가 출발하기 직전이었다. 우리는 탑승구를 향해 뛰어갔고 기내로 들어서자마자 뒤에서 비행기의 문이 닫혔다. 좌석을 찾아 앉은 우리는 안전벨트를 묶고 하루 동안 있었던 일에 대해서 대화를 나누기 시작했다. 비행기가 이륙하자 스튜어디스가 일등석 쪽에서 이코노미 클래스 쪽으로 와인 병과 유리잔들이 담긴 쟁반을 날라 왔다.

나는 내 눈을 믿을 수가 없었다. 짙은 색깔의 피부를 가진 그녀는 길게 헝클어져 사방으로 뻗친 드레드락스[2] 머리를 하고 있었다. 용모를 중시하는 고참들의 눈 밖에 나지 않고 어떻게 그런 모습

---

2) dreadlocks. (자메이카 흑인이 하는) 여러 가닥의 로프 모양으로 땋아 내린 머리 모양. 우리나라에서 흔히 레게머리라고 부르는 스타일.

으로 일할 수 있는지 도대체 믿어지지 않았다. "여기 티츠바가 있네, 바베이도스 출신의 당신 선배." 내가 농담 삼아 크리스티나에게 말했다. 그 스튜어디스가 우리 쪽으로 와서 크리스티나를 한참 동안 바라보더니 말했다. "일등석에서 남은 와인이 좀 있는데 드시겠어요?" 그리고 잠깐 멈추었다가 자신의 물음이 아주 중요하다는 듯이 진지한 음성으로 덧붙였다. "화이트를 드릴까요, 레드를 드릴까요?"

우리는 각각 와인을 받아 마시면서 또 하나의 이상한 우연의 일치를 생각했다. 조금 있다가 그 스튜어디스가 또 나타났는데 이번에는 쟁반에 카네이션이 담겨 있었다. 그녀는 우리를 보고 웃더니 물었다. "꽃송이도 조금 남았는데 드릴까요?" 크리스티나에게 쟁반을 내밀면서 그녀는 먼젓번과 똑같이 진지한 음성으로 물었다. "빨간 것이 좋아요, 하얀 것이 좋아요?" 크리스티나는 잠깐 망설이다가 흰 것을 골랐다. 나중에 크리스티나는 그날 일어난 모든 일을 생각하면서 그런 선택이 단순한 것 같아도 커다란 운명적 의미가 있는 것 같았다고 말했다. 흰 카네이션을 고르는 것이 자기 인생의 극적인 사건을 성공적으로 마무리하는 것처럼 느껴졌다는 말이다.

나름대로 여러 가지 진기한 특성을 지닌 전생 체험들은 증거 조사에 관심이 있고 마음이 열려 있는 진지한 연구가라면 누구나 확인할 수 있는 명백한 사실이다. 기존의 정신의학과 심리학이 지닌 개념 구조 안에서는 그런 현상들을 제대로 규명하지 못한다는 것도 역시 명백하다. 그 모든 감동적인 사실들이 우리가 죽음을 통과하여 과거와 똑같은 제각각의 의식체로(개인 혼으로) 다시 태어난다는 결정적인 '증거'가 되는 것은 아니지만, 그것들은 전통 과학의 개념에 대한 큰 위협으로서 기존의 패러다임을 파괴할 만한 잠재력을 지닌다. 나는 수백 가지의 전생 체험을 관찰하고 그 중의 많은 것들을 스스로 체험하면서 크리스 베이치의 말에 동의하지 않을 수 없게 되었다. 그는 이렇게 말했다. "이 분야의 증거가 너무 많고 놀랍기 때문에, 환생의 문제를 진지하게 연구할 필요가 없다고 보는 과학자들은 아무것도 모르는 사람이 아니면 머저리인 것이다"(Bache 1988).

05

◆

ESP와 그 너머

◆
◆
◆

초상超常의 세계

◇

제5부에서는 초상超常 현상이나 심령 현상, 또는 프시psi 현상이라 불리는 것과 관련된 사건 및 체험들을 이야기한다. 심령 현상을 체계적으로 연구하기 시작한 것은 초심리학자들이지만 이 방면의 연구 결과는 인류학과 비교종교학 같은 분야의 책에도 자주 나타난다. 초심리학은 기존의 과학 이론으로 설명할 수 없는 사건·능력·작용과 초감각적 지각(ESP)을 다루었으며 20세기 동안 뜨거운 논쟁의 주제로 남아 있었다.

전통과학자들의 관점에서 보면 심령 현상이란 물질계에서 알려진 경로나 에너지를 통하지 않고 정보 내지 영향력이 이동하는 것이므로 있을 수 없는 일이다. 이 범주에 속하는 사건과 체험들은 통상적인 시간과 공간의 한계를 넘어선다는 데 공통점이 있다. 심령 현상은 일상적 환경 하에서도 발생할 수 있으며 반드시 변환된 의식이 필요한 것은 아니다. 그러나 역시 홀로트로픽 의식상태에서는 발생률이 크게 증가한다.

이 분야의 이야기를 풀어나가기 위한 상황 조성 차원에서 과거에 초심리학자들이 주목했던 심령 현상들을 간단히 분류하고 정의해본다. '텔레파시'는 말이나 무언의 암시, 신호 같은 일반적인 의사소통 수단을 빌지 않고 타인의 마음상태를 아는 것이다. '유체이탈 체험'은 육체에서 분리된 의식이 공간을 이동하고 환경을 인지하는 것이다. 이런 인지력이 멀리 떨어진 곳까지 미칠 때는 '아스트랄체 투사'라고 부른다.

'예지豫知'는 미래에 일어날 사건을 어떤 객관적인 단서 없이 미리 아는 것이다. '투시'는 과거·현재·미래에 관한 정보를 일반적인 경로를 통하지 않고 아는 것이다. 그것은 공간이나 시간의 한계, 또는 그 둘 다를 넘어선다. '사이코메트리'는 어떤 물건의 촉감을 통해서 그것 자체의 역사나 그것을 소유했던 사람의 인상 및 경험들을 알아내는 것이다. '염력'은 정신이 물질적인 대상이나 작용에 영향을 미치는 것이다.

케임브리지의 두 학자가 심령연구 협회(SPR)를 창설하고 초심리학이 독자적 학문 분야가 된 1882년 이후 초심리학자들의 관심을 끌어온 다른 문제는 '사망 이후의 의식 존속' 가능성이다. 육체적인 죽음 뒤에도 존재가 이어진다는 믿음은 모든 고대 문화와 산업화 이전 사회, 세상의 영적 전통들에서 두루 찾아볼 수 있다. 과거에는 그런 견해를 입증하려는 초심리학자들의 노력이 과학자 집단과 학계의 조롱을 받았다. 그러나 20세기 후반을 지나는 동안 그런 견해는 물질과학적 풍토에서 성장한 사람들이 생각하듯 그렇게 어리석은 것이 아님을 암시하는 많은 관찰 결과들이 나타났다. 이런 새로운 자료들은 사망 이후에도 개인의 의식이 존속한다는 '증거'일 수는 없지만 전통과학의 개념에 큰 위협이 되고 있음은 분명한 사실이다. 그것들은 또한 그런 믿음이 왜 그렇게 세상에 널리 퍼져 있고 끈질기게 이어지는가를 아는 데 도움이 되기도 한다.

사망 이후에도 의식이 존속할 수 있다는 견해는 사실상 믿음이 아니고 인생의 덧없음과 자신의 죽음을 받아들이지 못하는 무지한 사람들의 헛된 소망도 아니다. 그것은 물질과학의 이론으로 설명할 수 없는 여러 가지 놀라운 체험과 관찰에 기반을 두고 있다. 우리는 이 책의 전반부에서 전생의 기억과 환생의 문제에 관련된 기록 및 연구 성과들을 보았다. 사망 이후의 의식 존속 문제에 관한 지식의 또 다른 원천은 임사체험(NDEs: near-death experiences)에 대한 사망심리학의 연구 결과이다. 자동차 사고나 익사 위기, 심장 발작, 심박 정지와 같은 상황에 처한 사람들 중 삼분의 일 가량이 임사체험을 한다고 보고된 바 있다.

레이먼드 무디와 케네스 링, 마이클 세이봄, 브루스 그레이슨을 포함한 많은 사람들이 이런 현상을 연구하여 임사체험 특유의 패턴을 제시했다.(Moody 1975, Ring 1982, Sabom 1982, Greyson 1992) 이것이 완벽하게 나타날 때는 유체이탈, 생애 회고, 캄캄한 터널 통과를 거친다. 그리하여 찬란한 '빛의 존재'와의 만남, 살아온 생에 대한 도덕적 차원에서의 심판, 초월적인 세계 관람으로 절정에 달한다. 고통과 불안을 일으키는 지옥 같은 체험은 그렇게 많지 않다. 90년대 말에 켄 링은 이런 관찰 기록에다 흥미로운 차원을 첨가했다. 육체적인 이유로 날 때부터 소경인 사람들이 임사 상황에서의 유체이탈에 의해 시각 효과를 체험할 수 있음을 보여주었던 것이다(《실제의 유체이탈 체험》)(Ring & Cooper 1999).

'실제의(사실을 말하는, 사실과 일치하는) 유체이탈 체험'은 임사 상황과 임상적 사망에만 한정되어 있는 것이 아니다. 그것은 프라이멀 요법이나 중생重生(거듭나기), 홀로트로픽 호흡법 같은 강력한 정신요법이라든가 여러 가지 영적인 수행을 통해서도 가능하다. 환각제는, 특히 분열성 마취제인 케타민은 그것을 강력하게 촉진한다. 유체이탈 체험은 일상생활 도중에 자연스럽게 그냥 개별적인 사건으로 찾아올 수도 있고 심령이 눈뜨는 위기 상황이나 어떤 다른 형태의 정신적 비상사태 속에서 반복적으로 찾아올 수도 있다.

실제의 유체이탈 체험은 의식이 육체와 무관하게 활동할 수 있다는 것을 암시하므로 사망 이후의 의식 존속 문제와 관련해서 특히 중요하다. 사망심리학자와 다른 의식 연구가들이 그것에 특별히 관심을 갖는 이유는 그것 자체가 의식 존속 여부의 과학적 연구와 객관적 검증에 도움이 되기 때문이다. 이런 연구가 사망 이후의 의식 존속을 입증하는 데 도움이 되지 않는다고 생각하는 사람들은 유체이탈 체험자가 죽음 가까이 이르긴 해도 실제로는 죽지 않았다고 보기 때문이다. 그러나 우리가 살아 있을 때 의식이 육체와 무관하게 활동할 수 있다면 죽은 뒤에도 그럴 수 있다는 추정 역시 이치에 어긋나지 않는 것처럼 보인다.

초심리학자들에게 있어서 사망 이후의 의식 존속 문제와 밀접한 관계가 있는 또 다른 관심 분야는 망령과의 조우 및 교신이다. 대부분이 친척이나 친구들인 망령은 임사체험과 관련해서, 또는 임종시의 환상의 일부로서 자주 나타난다. 망령들은 죽음이 임박한 사람을 환영하면서 그가 다음 세상으로 옮겨가는 것을 도와주려는 것처럼 보인다('환영회'). 이 점에 대해서 유효한 증거를 찾을 수 있으려면 상당한 주의와 선별이 필요하다. 망령(들)의 모습을 본다는 것은 사실 그리 대단한 일이 아니다. 그것은 갈망에 의한 환상이나 기억에서 유래한 환각으로 평가되기 쉽다. 그런 체험이 가치 있는 연구 자료가 되려면 어떤 중요한 요소가 첨가되어야 한다.

그래서 심령 연구가들은 '환영회'가 언제나 망령들만으로 이루어진다는 사실에 주목한다. (여기에는 물론 죽음을 맞이하는 사람이 자신보다 앞서 죽은 줄 몰랐던 사람들의 영도 포함된다.) 이런 사실은 '다리엔의 봉우리'[1) 사례로 언급되어 왔다. 객관적으로 확인될 수 있는 특수한 교신은 역시 중요한 연구 자료가 되어준다. 논쟁의 대상인 강신술과 입신 상태에 든 영매를 통해서 얻어진 유사 체험적 증거도 사망 이후의 의식 존속을 규명하기 위한 관심 대상에 포함된다. 최고의 영매는 자신이 모르는 망자의 음성과 대화 방식, 몸짓, 습관 같은 것들을 그대로 보여줄 수 있다.

최근에 와서 어니스트 센코프스키와 조지 미크, 마크 메이시, 스콧 로고 등을 포함한 세계 각국의 연구가들(Senkowsky 1994, Fuller 1951, Macy 2001 & 2005, Rogo & Bayless 1979)이 '차원간 초월적 통신' 방법을 찾기 위한 공동 노력을 벌였다. 그들은 녹음기와 전화, 팩시밀리, 컴퓨터, 텔레비전 스크린 같은 전자 매체를 통해 망자들에게서 초상적인 언어와 영상 정보를 전달받았다고 주장했다. 망자와의 교신이라는 분야에서 또 다른 새로운 것은 레이먼드 무디의 책 《재회: 죽은 가족들과의 환상적 해후》(Moody 1993)에 나오는 이야기이다. 무디는 연구를 준비하면서 수정구 투시와 스크라잉[2) 같은 것들에 관한 책을 체계적으로 재검토했다. 그리고 커다란 거울과 검은 벨벳 휘장을 이용하여 특수한 공간을 만들었으니, 그의 말에 따르면 이것은 죽은 가족과의 만남을 수월케 하는 일종의 정신감응실(psychomanteum)이었다.

여기서 한 가지 더 언급해야 할 것은 채널링이다. 이것은 살아 있는 사람이 무의식적인 기술記述이나 진술陳述, 동작을 통하여

---

1) Francis Power Cobbe의 혼의 불멸성에 관한 내용을 담은 〈The Peak in Darien: the riddle of death〉(1877)에서 인용.

2) scrying. 수정구 투시를 포함하며, 수면이나 거울 등 빛을 반사하거나 통과시키는 물질을 이용한다.

외부로부터 메시지를 받는 것이다. 메시지의 원천은 스스로를 육체가 없는 존재로 설명하는데, 이런 존재들의 계층은 원형적 존재(신이나 천사)와 영적으로 진화된 초인적 존재에서부터 육체를 떠났거나 육체를 가진 인간에 이르기까지 다양하다. 메시지의 내용도 사소한 잡담으로부터 심오하여 주목할 만한 정신적이거나 영적인 지식에 이르기까지 역시 다양하다.

현대의 의식 연구가들이 모은 대부분의 자료는 초심리학의 관점에서 보면 이상하게 모호한 부분이 많다. 그러나 초심리학자들이 연구해온 많은 현상들을 증명하는 데 크게 도움이 되기도 하고 다른 한편으로는 초심리학이 독립된 과목으로 존재하는 것을 위협하기도 한다. 우리가 일단 초개인적인 체험들이 존재함을 인정하고 받아들인다면, 거기에 다른 인종이나 다른 삶, 원형적인 존재와 존재계들, 인류사의 여러 가지 사건들이 포함되어 있더라도, 현대과학이 알지 못하는 경로를 통해서 새로운 지식을 얻을 수 있음을 깨닫게 된다. 오감의 매개 없이 새로운 정보를 접할 수 있는 인간의 정신력이 널리 인정된다면 상대적으로 선택폭이 협소한 특정 심령 현상들을 연구하는 전문 분야도 필요가 없어질 것이다. 과거에 '초상超常'이었던 것이 그때는 인간 정신의 일상적 능력이 될 것이다.

테드의 이야기

임사 상황에서 실제로 유체이탈을 체험한 흥미로운 실례는 26세의 아프리카 출신 미국인 교사로서 수술 불가능한 암을 앓고 있던 테드의 이야기이다. 암이 진행 중일 때 세 번의 LSD 세션을 받은 것이 그로서는 암과 죽음의 공포를 극복하는 데 도움이 되었다. 나중에 암세포가 전이되어 신장의 배杯 부위에 소변이 정체되자 혈액에 유독성 대사물질이 쌓여 위험한 지경이 되었다.

　여드레 동안 요독증이 악화되었고 결국 그의 아내인 릴리가 다급한 목소리로 우리에게 전화를 했다. 테드가 아주 중요한 문제를 상의하기 위해 나와 조앤을 보고 싶어한다는 내용이었다. 조앤은 당시 나와 함께 세션을 진행하던 나의 아내였다. 우리가 시나이 병원의 중환자실에 도착했을 때 테드는 혼수상태였고, 가족들이 그를 둘러싸고 말을 걸어보려고 애쓰는 중이었다. 테드는 응답이 없었고 이따금 알아들을 수 없는 말을 웅얼거릴 뿐이었다. 그의 죽음이 임박했음을 알 수 있었다.

내가 릴리와 다른 가족들을 위로하는 동안 조앤은 테드 옆에 앉아서 그에게 부드럽게 말을 걸었다. 그녀는 〈티베트 사자의 서〉에 나오는 가르침을 인용했는데, 그것의 주된 내용은 빛을 향해 나아가 두려워 말고 그 빛과 하나가 되라는 것이었다. 방 안에 있는 모든 사람들이 테드가 죽어가고 있음을 인정하는 것처럼 보였다. 그때 예기치 못한 일이 발생했다. 마지막 순간에 수술 팀이 결국 수술을 하기로 결정한 것이다. 예고 없이 두 명의 남자 보조원이 방 안으로 들어와 테드를 환자 수송용 침대에 옮기더니 수술실로 데려갔다. 방 안에 있던 사람들은 사적인 특별한 상황을 갑자기 망쳐버린 병원 측의 처사를 보고 놀랐다. 우리는 나중에 테드가 수술을 받는 도중 두 번이나 심장이 멈추어 임상적 사망에 이르렀다가 되살아났음을 알았다.

우리는 그날 저녁 외출 계획이 있었으므로 집에 가서 샤워를 하고 옷을 갈아입었다. 번화가로 가는 길에 우리는 테드의 상태가 어떤지 보려고 다시 병원에 들렀다. 그는 중환자실에서 마취가 깨어나고 있었다. 그는 의식을 되찾았고 이번에는 말을 할 수 있었다. "고맙습니다. 하루에 두 번이나 들러주시다니." 그가 인사를 했다. 그는 조앤을 바라보더니 뜻밖의 말을 해서 그녀를 놀라게 했다. "옷을 갈아입으셨네요. 오늘 밤 어디 가실 데가 있나요?" 이어서 그는 낮에 우리가 온 것을 보았지만 자신의 의식이 천장에 높이 떠서 몸과 연결되지 않아 우리에게 말을 걸 수 없었다고 말했다.

이것은 사망심리학 연구에 의해서 실제의 유체이탈 체험이 임상적 사실로 확립되기 몇 년 전의 일이다. 혼수상태에 있던 그가 주변 상황을 정확히 관찰하고 이렇게까지 상세히 기억할 수 있다는 것이 믿어지지 않아서 우리는 테드에게 좀더 자세한 내용을 말해달라고 부탁했다. 그는 우리가 무슨 옷을 입고 있었는지 아주 자세히 말했는데, 시종일관 눈을 감은 상태에서 방 안에 어떤 사람들이 있었는지도 정확히 알고 있었다. 어느 시점에서 그는 조앤의 뺨을 타고 흐르는 눈물도 보았으며, 주변 상황을 다 알고 있었고 여러 가지 이례적인 상황도 체험했다.

방 안에서 일어나는 일을 의식하면서 조앤의 목소리를 들었고 그의 마음은 그녀의 암시를 따랐다. 최초의 어둠이 밝은 빛으로 바뀌더니 테드는 그것과 가까워졌고 그 속으로 녹아들었다. 빛과 하나가 되는 느낌은 신성함과 깊은 내면적 평화였다. 동시에 천장에서 영화를 보았는데 그 속에서는 자신이 살아오면서 행한 모든 나쁜 짓이 생생하게 재현되고 있었다. 그는 자신이 전쟁터에서 죽인 사람들과 청년 시절에 못살게 굴었던 젊은이들의 얼굴을 보았다. 그는 살아 있는 동안 자신이 상처를 주었던 모든 사람들의 고통을 체험했다. 이런 일을 겪으면서 그는 자신의 삶 전체를 관찰하고 심판하는 신의 존재를 의식했다.

"당신들과 함께 LSD 여행을 했던 것이 참 좋았습니다." 우리가 방을 나서기 전에 그가 말했다. "오늘 일어났던 일로 그때와 같은 상태가 되었지만 덕분에 그것이 낯설지 않았지요. 겁에 질릴 수도 있는 상황이었지만 그 상태를 알기 때문에 전혀 두렵지가 않았습니다."

리처드의 이야기

이 책의 제2부에 나왔던 '마을의 연례행사 장터를 찾은 태아'이야기의 주인공 리처드는 LSD 세션을 통해서 사망 이후의 의식 존속과 관련된 아주 흥미로운 관찰 결과도 보여주었다. 앞서도 말했듯이 그는 심각한 우울증과 동성애적 성향으로 자살까지 시도했던 젊은이다. 세션에서 그는 뜻밖의 일을 체험했는데 그것은 기괴하고 신비로운 아스트랄계의 상황이었다. 그는 갑자기 으스스한 냉광冷光을 발하는 공간에서 육체가 없는 존재들에 둘러싸인 자신을 발견했다. 그들은 다급하게 무언가의 뜻을 전하려는 것 같았는데 보이거나 들리지는 않았지만 그 존재가 확실히 느껴졌고 텔레파시에 의해서 메시지를 전달했다.

나는 이 메시지들 중의 하나를 받아 적었는데 그것은 아주 특별했고 뒤이어 사실을 확인할 수 있었다. 육체 없는 존재들 중 하나가 리처드에게 간청한 것은 모라비아의 크로메르지 시에 사는 자기 부모에게 아들인 라디슬라프가 아무 일 없이 잘 지내고 있다고 전해달라는 내용이었다. 그 메시지 속에는 리처드도 나도 알지 못하고 우리 둘 중의 어느 누구와도 무관한 부부의 이름과 전화번호가 들어 있었다. 이것은 리처드의 체험 속에서 다른 부분과 연결되지 않고 그의 개인적인 문제점이나 치료와도 전혀 관계가 없는 부분이었다. 아주 엉뚱한 수수께끼 같은 일이었다.

세션이 끝난 뒤 나는 동료들이 알면 놀림을 받게 될 일을 그냥 하기로 마음먹었다. 그리하여 크로메르지 시로 전화를 걸어 라디슬라프와 통화할 수 있는지 물었다. 그러자 전화선 저편에서 여인이 울기 시작했다. 얼마 후에 울음을 그친 그녀가 갈라진 목소리로 말했다. "아들은 더 이상 우리와 함께 살지 않아요. 그 애는 3주 전에 죽었어요." 이것은 죽은 아들이 저승에서 부모에게 메시지를 보냈다는 실제 증거가 될 수 없다고 말하는 사람이 있을지 모른다. 그러나 이런 일이 그저 흔히 있을 수 있는 우연의 일치가 아님은 분명하다.

월터의 이야기

내 친구이자 동료 의사인 월터 N. 팡케의 이야기는 비슷한 종류의 또 다른 사례이다. 메릴랜드 정신의학 연구소 환각연구팀의 일원인 그는 암으로 죽어가는 환자들을 위한 케이튼즈빌 연구소의 LSD 프로그램 발기인이자 배후의 실력자였다. 월터는 초심리학 중에서도 '사망 이후의 의식'에 관심이 많았으며, 우리의 친구이자 '초심리학 재단' 설립자인 아일린 가레트 같은 심령가와 영매들을 끌어들여 함께 작업했다.

1971년 여름에 그는 대서양 연안의 오두막에서 휴가를 보내려고 아내 에바와 세 자녀가 기다리는 메인 주에 갔다. 볼티모어를 떠나기 전에 그는 친구에게서 스쿠버 다이빙 도구를 몇 개 사고 다이빙에 대해 약간의 강의를 들었다. 어느 날 그는 혼자서 스쿠버 다이빙을 갔다가 돌아오지 않았다. 잘 조직된 구조대가 멀리까지 찾아보았지만 그의 몸도 다이빙 도구도 보이지 않았다. 이런 상황에서 에바는 남편의 죽음을 인정하고 싶지 않았다. 힘이 넘치는 건강한 모습으로 오두막을 나서던 그의 모습이 떠올랐고 자신의 인생에 그가 더 이상 존재하지 않는다는 사실을 받아들일 수 없었으며, 앞장이 끝났다는 느낌 없이 새로운 장을 시작한다는 것은 생각할 수도 없었다.

심리학자였던 그녀는 정신건강 전문가들의 수련을 위해 우리 연구소가 제공하는 LSD 세션을 받을 자격이 있었다. 그래서 자신의 상황을 좀더 깊이 통찰하기 위해 세션을 요청하면서 참관자로 나를 지목했다. 그녀는 소중한 친구였으므로 나는 기꺼이 응했다. 세션의 후반부에서 그녀는 아주 선명하게 월터를 보았고 텔레파시로 오랫동안 의미 깊은 대화를 나누었다. 그는 세 자녀 각각에 관해 이야기한 뒤 자신과 관련된 기억에서 벗어나 그녀가 새로운 삶을 시작할 수 있도록 놓아주었다. 그것은 아주 깊은 곳에서 마음을 해방시키는 체험이었다.

에바가 이 모든 것이 자신의 무의식적 소망에서 비롯된 것이 아닐까 하는 의문을 가졌을 때 월터가 다시 나타나 자신이 친구에게서 빌려온 책을 반환해주라고 지시했다. 그는 친구의 이름과 책 제목, 책을 놓아둔 방과 선반을 가르쳐주었다. 이런 뜻밖의 메시지가 신기하고 또 사실인지 궁금했으므로 우리는 세션이 끝나는 즉시 함께 에바의 집으로 갔다. 그리고 가르침을 받은 대로 에바 자신은 전혀 알지 못했던 책을 찾아 주인에게 돌려줄 수 있었다.

부부간의 의사소통을 분명히 하기 위하여 이런 식으로 확인시키는 것이 월터의 생전 스타일 그대로였다. 생전에 그는 세계 여러 나라의 심령가들과 접촉이 많았고 유명한 마술사 해리 후디니의 저세상 입증 시도에도 관심을 가졌다. 아일린 가레트가 자신은 머지않아 죽을 거라고 우리에게 말한 뒤, 월터는 그녀와 함께 후디와 비슷한 방식의 실험을 해보고 싶어했는데 그때 마침 나도 그 자리에 있었다.

"아일린." 월터가 말했다. "할 수만 있다면 저세상이 실제로 존재한다는 확실한 신호를 보내준다고 나한테 약속해요." 멋진 유머 감각으로 잘 알려진 아일린은 그의 말을 진지하게 받아들이지 않는 것 같았다. "걱정 마, 월터." 그녀가 대답했다. "알게 될 거야. 당신의 다음 LSD 세션에서 보여줄게. 내 싸늘한 손으로 당신의 거시기를 꽉 잡아줄 테니까!" 증거에 집착하는 월터가 자신이 죽은 뒤의 교신 내용을 확실히 하려고 아내에게 그런 방법을 썼다는 것은 있을 법한 일이다.

쿠르트의 이야기

다음 실례는 3년에 걸친 우리의 초개인 심리학과 홀로트로픽 호흡법 전문가 수련과정에 참가했던 심리학자 쿠르트의 이야기이다. 처음 등록했을 때 그는 우리 그룹 속에서 가장 과학적이고 비판적인 사람이었다. 수련을 통해 그가 체험한 것들은 학교에서 배워 굳어진 그의 신념 체계에 커다란 영향을 미쳤다. '생가죽 냄새'라는 제목으로 앞에서 그의 출생 체험을 소개했었지만, 인간의 의식과 정신적인 삶이 출생 이후부터 시작된다는 그의 확신은 그 사건을 겪으면서 무너졌다.

다음 체험을 했을 때 그는 자신의 직업적 시야를 넓혀야 하는 또 다른 문제에 부닥쳤다. 초개인적이라 할 수 있는 체험이었는데 그것이 실존하는 현상이고 불가시의 초월적 영역이 존재함을 암시하는 것인지, 아니면 인간의 상상력이 만들어낸 것인지 알 수 없었던 것이다. 동료들의 다양한 체험을 목격하면서 아무것도 스스로 체험하지 못한 그는 의과대학에서 배운 대로 그런 체험들은 뇌가 만들어낸 것이라는 견해를 고수했다.

그러다가 홀로트로픽 세션 도중에 어떤 강렬한 체험이 왔고 놀라운 우연의 일치가 뒤따랐는데 이 일을 통해서 그는 인간의 의식에 관한 한 좀더 마음을 열어야 한다는 생각을 갖게 되었다. 오래전에 돌아가신 자신의 할머니를 만나는 생생한 체험이었는데, 그는 어렸을 때 아주 가깝게 지냈던 그 할머니와 다시 교신을 할 수도 있다는 사실에 마음이 흔들렸다. 이 체험은 감정적으로 상당히 영향을 미쳤지만 그의 직업적인 자세는 예전의 모습을 고수했다.

나중에 들은 이야기지만, 그는 할머니가 살아계실 때 실제로 많은 영향을 주고받았기 때문에 자신의 마음이 과거의 기억으로부터 가상의 만남을 창출하지 않았을까 의심했다. 그러나 돌아가신 할머니와의 만남이 그에게 미친 감정적 영향이 너무 커서 그것을 단순히 소망에 의한 환상으로만 생각해버릴 수도 없었다. 이 체험이 끝나갈 무렵 그는 자신의 당시 상황이 단순한 상상이 아닌 진실임을 입증할 만한 증거를 요청하기로 결심했다.

이런 마음을 일으키자마자 그는 다음과 같은 메시지를 받았다. "고모한테 가서, 잘린 장미를 찾아보렴." 여전히 의심을 지울 수 없었던 그는 다음 주말에 그저 재미 삼아 해보는 마음으로 앤 고모의 집을 찾았다. 쿠르트가 도착했을 때는 놀랍게도 나이 든 고모가 정원에서 일하는 중이었다. 정원사의 복장을 갖춘 그녀는 양손에 전지가위와 장미 한 송이를 들고 있었다. 쿠르트가 알지 못하고 계획 없이 방문한 그날은 고모가 1년에 한 번 장미꽃을 전지하기로 작정한 바로 그날이었다.

물질주의적인 과학자들은 사망 이후의 의식 존속 가능성이 단지 자신의 기본 가정과 공존할 수 없다는 이유만으로 그것을 부인하고 웃어넘기는 경우가 많다. 그러나 사망 이후에 존재가 이어질 수 없다는 그들의 입장 역시 과학적 '증거'에 기반을 두고 있는 것은 아니다. 사실 말이지만 그들의 결론은 위와 같은 수많은 관찰 결과들을 무시함으로써 생겨난 것이고, 현재의 패러다임은 그것에 대해서 제대로 설명하지도 못한다.

◆◆◆

루이시 가스파레토

저승에서 온 화가와 그림들

친구들로부터 브라질에 관해 많은 얘기를 듣긴 했지만 우리가 이 놀라운 나라를 처음 방문했을 때는 아무런 준비도 되어 있지 않아서 상당히 큰 문화적 충격을 겪었다. 환각 연구와 초개인 심리학이 전문 분야인 만큼 우리는 마음이 열리고 영성을 중시하는 사람들과 항시 만나며 살았다. 그러나 서양의 개인주의 문명이라는 보다 넓은 관점에서 보면 그들은 실리주의 문화가 지배하는 큰 바다의 섬들이었다.

　브라질 사람들과 만나고 대화하면서 우리는 다른 혹성에 와 있는 듯한 느낌이 들었다. 구미에서 유치한 얘기나 환상, 원시적인 미신, 정신병 등으로 여겨지는 것들, 즉 육체가 없는 존재라든가 선악 양쪽의 신과 영들에 의한 빙의, 영유靈癒, 심령수술, UFO 참관 같은 것들의 존재를 브라질의 상류층과 교양 있는 엘리트들을 포함한 대다수 사람들이 받아들이는 것 같았다. 그 모든 것이 근거 없는 신앙이나 미신, 주간지의 선정적인 기사 같은 것이기보다는 개인적 체험에 기반을 둔 많은 실례로서 그들의 세계관을 구성하는 당연한 부분이었다.

이것은 브라질 사람들이 홀로트로픽 의식상태를 쉽게 체험하고 초개인 영역을 직접 체험할 기회가 많다는 사실과 직결되어 있는 것처럼 보였다. 이것은 아마존 유역에서 강력한 치유 효과로 오랫동안 신성시되어온 환각음료인 아야후아스카를 많은 사람들이 의례적으로 사용함으로써 가능했다. 그것은 브라질 정부도 인정했고 토착민 힐러들(아야후아스케로스)과 산토 다이메 교도들, 우냐오 도 베히탈이라 부르는 다른 큰 그룹이 이용했다.

국민의 대부분이 아프리카의 부족 신앙과 브라질 원주민의 믿음과 기독교의 요소가 결합된 움반다[1]와 칸돔블레[2], 마쿰바[3] 같은 혼합 종교를 신봉했다. 우리는 19세기 프랑스의 교육자이자 철학자인 알랭 카르덱의 작업에 기반을 둔 심령주의에 마음이 끌렸다. 심령주의에서는 망자의 영이 일반인이나 영매를 통해 인간과 교신하고 물질계의 일에 개입할 수 있다고 믿는다. 심령주의 유파는 필리핀의 토니 아그파오아와 '무딘 칼의 의사'로 알려진 브라질의 제 아리고 같은 심령수술가들에 의해서 세상에 알려졌다.

우리는 상파울루에 머무는 동안 심리학자이자 심령주의자로서 영매 능력을 아주 독특하게 사용한다고 하는 루이시 안토니오

---

1) umbanda. 카톨릭과 알랭 카르덱의 심령주의, 브라질 흑인 신앙이 뒤섞인 종교.

2) candomble. 노예 신분으로 아메리카에 건너온 아프리카인들이 들여온 종교. 아프리카 민속 종교에서 브라질 고유의 형태로 변형되었다.

3) macumba. 부두교와 기독교가 혼합된 브라질의 주술.

가스파레토의 얘기를 들었다. 그는 이름난 죽은 화가들과의 채널링에 의해서 여러 가지 그림을 그리는 것으로 알려졌다. 우리는 브라질 친구들의 도움으로 상파울루 교외에 사는 루이시와 만날 약속을 한 뒤 그의 집을 방문했다.

평상복 바지와 흰색 셔츠를 입은 그는 표정이 풍부한 눈을 가진 흑발의 미남이었으며 겸손하고 상냥했다. 그리고 남다른 평판을 지닌 독특한 심령가라기보다는 평범한 전통주의자 같았다. 종이가 잔뜩 쌓인 선반이 많은 것을 제외하면 그의 외모나 집안 분위기의 어떤 것도 다음에 있을 일을 미리 보여주지 않았다. 알고 보니 그 선반들은 오천이 넘는 '저세상으로부터의 그림들'을 놓아두기 위해 특별 제작한 것이었다.

찻잔을 내온 뒤에 루이시는 자신의 놀라운 그림 모음을 보여주기 시작했다. 우리 눈앞에서 모든 시대와 모든 나라 거장들의 스타일로 그려진 그림들이 줄줄이 이어졌다. 그것들은 이미 있던 그림의 복사본이 아니라 각각의 화가의 스타일이 확연히 드러나는 새로운 그림들이었다. 모네의 풍만한 꽃다발, 모딜리아니의 호리호리한 젊은 여인들, 툴루즈 로트레크의 무희들과 물랭루주 사람들, 앙리 루소의 순박한 밀림과 야수들, 렘브란트의 명암 배분 초상화들, 레오나르도 다 빈치의 남녀 양성적인 얼굴들, 피카소의 정물화와 구상적인 그림들, 조지아 오키프의 꽃들, 프리다 칼로의 표현적인 구성, 그 외의 여러 화가들이었다.

이 그림들에는 각 거장들 특유의 성숙한 스타일이 나타나지 않은 경우도 이따금 있었는데 그것은 그들의 좀더 이른 시기를 반영하기 때문인 것 같았다. 나중에 우리가 루이시를 좀더 잘 알게 되고 여러 차례 그의 작업을 목격한 뒤에 몇몇 사례들에서는 그가 실제로 화가들의 초창기 스타일을 잡아냈다는 것을 확인하기 위하여 그 화가들의 작품에 관한 학술 논문을 읽어야 했다.

이런 진기한 작품들을 감상하고 있을 때 루이시가 자신의 인생과 작업에 대해서 약간의 얘기를 했다. 그는 어렸을 때부터 심령적 재능이 나타났고, 가스파레토 집안은 브라질에서 초상능력으로 잘 알려져 있으며, 그의 어머니도 역시 자동 소묘素描를 하는 영매였다. 그의 재능 발현은 어머니의 가르침과 도움에 힘입은 바가 많았다. 고인이 된 화가들과의 관계는 13세 때 시작되었고, 그들은 정기적으로 나타나서 아스트랄계의 존재와 인생의 의미에 대해 가르쳤다. 그들 중의 몇몇은 아주 유명하여 자신도 그들과 그들의 작품을 잘 알았지만, 자신이 전혀 모르는 사람들도 있어서 미술사 서적을 뒤적여 확인해야 했다.

대가들의 영은 그에게, 자신의 작품을 모두 다시 보여주고 싶고 자신들이 아직도 존재한다는 메시지를 전하고 싶다고 말했다. 그리고 저승이 실제로 존재한다는 구체적인 증거를 일반인들에게 제시하기 위한 것도 그들이 루이시와 접촉한 또 다른 이유였다. 그들은 루이시가 태어나기 전부터 이 일을 계획했었다고 전했다. 루이시는 누가 올 것인지 그들이 무엇을 하려는지 알 수 없었다. 그는 자기 스스로 그림 그리는 일을 선택할 수도 없었고, 그들의 도움이 없다면 전혀 아무것도 그릴 수 없었다. 영들이 함께 있을 때 그들이 느끼는 모든 것을 느낄 수 있었고 그들의 눈을 통해서 세상을 볼 수 있었다. 그는 이런 체험을 오르가즘에 비유했다. 그리하여 대가들과 함께한 체험이 그의 세계관을 바꿔놓았고 마법과도 같은 세상의 아름다움에 대해서도 눈을 열어주었다.

루이시와 그의 작품들에 깊은 감명을 받은 우리는 다음에 있을 한 달간의 세미나에 그를 초빙했다. 그것은 에살렌 연구소에서 1년에 두 번 우리가 진행하는 실험 교육 프로그램이었다. 이 프로그램에서는 무언가의 주제를 선택하고 그 분야를 대변하는 뛰어난 인물들을 초빙할 수 있었다.

초청을 받은 사람들은 프리초프 카프라와 칼 프리브람, 그레고리 베이트슨 같은 과학자에서부터 티베트의 라마와 인도의 영적인 스승, 아메리카 원주민과 멕시코 샤먼, 기독교의 신비가에 이르기까지 넓은 분야를 포함했다. 주제의 분포 범위도 역시 넓었다. 여기서 한 달간 집중적으로 논의되는 것은 불교와 서양심리학, 정신분열증과 환상적인 마음, 의식의 도해, 토착 의술과 현대 의학, 고대의 지혜와 현대 과학, 보다 높은 창조력, 과학의 최첨단 같은 주제들이었다.

다음에 있을 세미나의 주제는 심신상관성의 에너지였다. 우리가 갖고 있던 에살렌 카탈로그는 이런 에너지들이 이론적이고 체험적인 측면에서 어떻게 작용하는가를 검토하기로 약속해놓고 있었다. 루이시는 이 프로그램의 객원 강사로 아주 적격이었고, 우리는 그의 여행 경비에 해당하는 만큼의 사례금을 지불할 수 있었다. 그는 캘리포니아 방문의 이런 기회를 반갑게 받아들였다.

우리의 세미나는 사이프러스로 뒤덮인 아름다운 절벽 위, 태평양이 내려다보이는 빅 하우스에서 개최되었다. 에살렌이라는 이름은 유럽인 식민 이주자들이 오기 전에 빅서에 살았던 원주민 부족의 이름이다. 원주민들은 온천수 주변의 이 지역을 치유와 매장에 좋은 신성한 터로 생각했다. 빅 하우스 건축을 위한 기초 공사가 진행되면서 태아의 자세로 서쪽을 바라보고 누운 에살렌 원주민들의 유골이 많이 발굴되었다. 경내의 다른 곳에서 두 개의 매장지가 더 발견되었는데 이것들은 빅 하우스 터와 함께 삼각형 구도를 이루고 있었다.

루이시의 심령능력을 처음으로 직접 확인한 것은 그가 빅 하우스에 도착한 직후였다. 그는 건물과 주변 환경 속에서 마치 무언가를 찾는 사람처럼 움직였다. 우리는 영문을 몰랐으므로 그에게 무슨 일이냐고 물었다. "여기서 많은 원주민들이 살았고 또 죽었다는 것을 아시오?" 그가 말했다. "이곳은 원주민들의 영으로 가득 차 있어요. 나는 내 주변의 사방에서 그들을 느낄 수 있습니다." 이것은 놀라운 일이었다. 루이시는 에살렌의 내력에 대해 아무런 사전 지식이 없었기 때문이다.

우리와 함께 보낸 한 달 동안 그는 워크숍 참가자들의 힐링 세션을 지도했는데 여기서 그의 초상능력에 관한 많은 증거가 첨가되었다. 그러나 그중에서도 가장 놀라웠던 것은 본관 옆에 붙은 커다란 회의실인 헉슬리에서 그가 보여준 능력이었다. 우리 세미나의 일부이긴 했지만 우리는 에살렌 공동체 전체를 위해서 그 시범을 공개했다. 우리는 방 한가운데에 탁자 하나와 의자 둘을 놓고 의자에는 루이시와 크리스티나가 각각 앉았다. 여기서 크리스티나가 할 일은 루이시에게 종이를 건네주는 것이었다. 그리고 모든 조명을 끈 뒤 루이시가 사용할 탁자 위에 붉은색의 작은 등잔 하나만을 놓아두었다.

루이시는 빅서로 오는 길에 로스앤젤레스에서 내 친구이고 심리학자이자 초심리학 연구가인 텔마 모스의 집에 들른 일이 있었다. 그녀의 가까운 친구들이 모인 자리에서 루이시는 얼마 동안 집안의 모든 조명을 없앴다. 암흑이 그의 능력에 장애가 되지 않는다는 것을 입증하기 위함이었다. 암흑 속에서 그는 색깔을 바르게 선택하여 몇 장의 멋진 그림을 그려냈다.

칠흑 같은 어둠 속에서의 능력 발휘는 아주 인상적인 실험이긴 하겠지만 관람자들이 그의 작업을 두 눈으로 관찰할 수 없다는 문제가 있었다. 그래서 우리는 사람들이 루이시를 관찰할 수 있게 하되 그가 색깔을 제대로 분별할 수 없게 만들기 위한 타협안으로 붉은 등잔을 마련한 것이었다. 루이시는 자신이 작업하는 동안 계속해서 비발디의 〈사계〉를 들려주도록 요청했다. 이 음악이 그의 작업에 영감을 준다는 이유였다. 음악이 시작되자 그는 잠깐 동안 머리와 몸을 몇 차례 뒤흔들더니 트랜스 상태에 든 것처럼 보였다. 곁에 앉아 있던 크리스티나는 그의 손에서 뜨거운 열기가 방사되는 것을 느꼈고 이 상태는 작업이 끝날 때가지 계속되었다.

그림을 그리기 시작한 루이시는 놀라운 속도로 멋진 그림들을 하나하나 그려나갔다. 그것들은 고흐와 피카소, 고갱, 렘브란트, 모네를 포함한 유명 화가들 한 사람 한 사람의 스타일을 그대로 반영하고 있었다. 그는 이따금 양손을 사용하여 동시에 두 개의 그림을 그리기도 했고 종이는 거의 바라보지도 않았다. 두 눈을 감고 머리는 뒤로 젖히거나 옆으로 기울인 자세를 유지했다. 그는 탁자 아래에서 오른발로 전혀 보지 않고 마네의 초상화를 위아래가 뒤집히게 그리기도 했다. 그림 그리기를 멈추었을 때 그의 주변 바닥은 큰 그림들로 뒤덮여 있었는데 모두 스물여섯 장이었다. 또한 붉은 등잔

밑이었음에도 불구하고 그림들은 모두 적절한 색깔이었다.

방 안의 사람들이 움직이기 시작하더니 가까이 가서 그림들을 면밀히 검토했다. 그러나 루이시의 작업은 아직 끝나지 않은 게 분명했다. 그는 명상 상태로 잠시 조용히 앉아 있다가 말문을 열었다. "여기에 프리츠 펄스로 자처하는 영이 있습니다. 그는 툴루즈 로트레크가 자신의 초상화를 그려주기를 원합니다." 그런 다음 남아프리카의 전설적인 의사로 에살렌에서 만년을 보낸 게슈탈트 치료법의 창시자를 그려냈다. 그것은 프리츠의 얼굴 모습 그대로였을 뿐만 아니라 툴루즈 로트레크의 화풍을 똑같이 반영하고 있었다.

루이시는 작업을 끝내고도 끝났다는 말을 하지 않았다. 잠깐 동안 생각에 잠겨 있다가 그는 말했다. "여기에 또 다른 영이 있습니다. 그녀의 이름은 아이다 롤프입니다. 그녀도 역시 자신의 초상화를 원하는데 죽기 직전이 아닌 40세 때의 모습을 원합니다." 뉴욕 태생의 독일 물리학자였던 아이다 롤프는 에살렌의 또 다른 전설적 인물이고 우상이었다. 그녀가 발전시킨 물리치료법은 그녀의 이름을 따서 롤핑 요법이라 불리게 되었다. 그녀는 에살렌 부지로부터 2.5킬로미터 가량 떨어진 집에서 오래 살았고 그녀가 에살렌을 떠난 뒤에 그 집은 우리의 주거가 되었다.

프리츠의 초상화는 사람들이 기억하거나 사진을 통해서 아는 그의 모습을 그대로 보여주었다. 그러나 루이시가 그린 아이다의 초상화는 예술적 차원에서 상당히 흥미로웠고 중년 여성의 모습으로 나타났지만 정확한 초상화로 인정할 수는 없었다. 그리고 그녀가 독일에서 에살렌에 왔을 때는 이미 많이 늙어 있었으므로 에살렌 공동체의 어느 누구도 아이다 롤프가 40세의 나이였던 때를 상상할 수 없었다. 에살렌 연구소의 공동 설립자인 딕 프라이스는 루이시의 작업에 매료되었는데, 그가 모르는 에살렌의 역사와 관련된 두 사람의 초상화로 인해서 더욱 그랬다. 그 뒤로 딕은 아이다가 독일에 살던 40세 때 사진을 구하려고 많은 시간과 노력을 소비했다. 결국 사진이 도착했을 때 그녀의 중년 모습과 '저승에서 온' 초상화가 너무 닮은꼴이어서 루이시의 심령적 재능을 다시 한 번 인정하지 않을 수 없었다.

◆◆◆

엑수를 위한 잔치
오리샤들과의 인터뷰

다음 이야기 역시 크리스티나와 내가 브라질을 처음 방문했을 때 겪은 또 하나의 놀라운 체험이다. 에살렌 연구소에서 사는 동안 우리의 재정 상황은 아주 빠듯했다. 그 이유는 우리 둘이 각각 이혼하면서 입은 큰 손실도 있고, 또 우리가 일부러 듀안 엘긴의 '자발적 단순(voluntary simplicity)'을 선택했기 때문이었다. 우리는 돈벌이에 유리한 도회지보다 빅서 해변의 아름다운 환경과 거기서의 단순한 삶을 선택했다.

일정 회수의 워크숍을 진행하는 대가로 에살렌은 우리에게 태평양 연안의 가파른 절벽에 있는 집 한 채를 제공했는데 여기서는 육지보다 바다가 더 넓게 보였다. 그래서 우리는 수달과 강치(바다사자), 돌고래들을 바라보며 다양한 야생생물들과 아주 가깝게 지낼 수 있었다. 갈매기와 가마우지, 사다새(펠리컨)를 비롯하여 바다의 커다란 켈프[1] 위를 선회하거나 허공을 가로지르는 다른 새들도 우리와 함께였다. 1년에 두 번 몇 주일 동안 회색의 고래들이 알래스카와 캘리포니아 반도 사이를 왕복했고, 드문 경우지만 범고래들이라도 나타나면 항상 있는 동물들의 세계가 더욱 풍부해졌다. 빅서는 또한 제왕나비가 이동하는 경로의 중요한 기착지이기도 했다.

이런 낙원에서의 생활이 갖는 문제점은 돈을 벌 수 있는 기회가 적다는 것이었다. 에살렌 연구소는 먹을 것과 잠잘 곳을 제공했지만 워크숍 진행의 대가로 얻는 적은 수입은 집세를 제하고 나면 얼마 되지 않았다. 워크숍 진행자의 수입은 참가자들에게서 거둔 수강료의 20퍼센트였는데, 우리는 세계 어느 곳에서도 그런 대우를 받은 적이 없었다. 그러나 이런 조건 하에서도 초빙 강사들이 기꺼이 와서 일할 만한 이유가 있었다.

빅서 해안은 아름다운 경치로 세상에서 손꼽히는 지역들 중 하나였다. 에살렌 연구소가 자리한 기다란 대지는 그 이름의 근원인 에살렌 원주민들이 신성시했었고 그 누구도 부정할 수 없는 '힘의 장소'였다. 나아가 에살렌은 올더스 헉슬리와 앨런 와츠, 에이브러햄 매슬로, 그레고리 베이트슨, 프리츠 펄스, 모우셔 펠덴크레이스, 아이다 롤프 같은 선구자들의 이름으로 빛나는 감동적인 연구소이자 최첨단 사고의 장소로 잘 알려진 '인간 잠재력 운동의 중심지'였다.

앞서 말한 이유로 우리는 에살렌 밖의 국내외에서 부수입의

---

1) kelp. 다시맛과의 대형 갈조褐藻의 총칭.

원천을 찾아야 했다. 우리는 여행에 필요한 경비는 최소한 그 여행을 통해서 얻으려고 노력했다. 벨로리존테에서 열린 제4회 국제 초개인 회의를 위해 브라질에 처음 갔을 때도 그랬다. 우리는 적어도 여행 경비는 나올 수 있도록 브라질 내의 여러 지역에서 몇 차례의 강좌와 두 차례의 워크숍을 준비했다.

그러나 예기치 못한 일이 발생했다. 브라질과 페루 간의 월드컵 축구 경기가 하필이면 우리의 리우데자네이루 워크숍 시간으로 배정되었던 것이다. 독자도 알다시피 무슨 행사든 남미에서의 축구 시합과 겨룬다는 것은 가망이 전혀 없는 일이었다. 결국 주말의 홀로트로픽 호흡법 워크숍에 다섯 사람이 참석했는데 당시의 상황을 생각하면 작은 기적이라 할 수 있지만 그대로 워크숍을 진행할 수는 없었다. 우리는 모인 사람들에게 사과하고 상당한 재정적 손실을 통감하면서 계획을 철회했다.

갑자기 우리에겐 리우 관광이나 무언가 다른 프로그램을 진행할 수 있는 시간 여유가 생겼다. 그때 참가자 중에 세르지오라는 이름의 젊은 심리학자가 있어서 그와 얘기를 나누기 시작했다. 그는 브라질 흑인들의 인기 종교인 움반다를 연구하고 있었다. 움반다는 아프리카 전통의 부족 신앙과 로마 가톨릭, 브라질 원주민의 문화가 혼합된 것이다. 그는 움반다 의례에서 보이는 원형적인 힘들을 융의 시각으로 해석하려고 노력했다. 그러다가 우리가 그쪽에 관심이 있는 것을 알고 자신과 함께 저녁의 움반다 의례에 가자고 제안했다.

움반다는 1920년대에 리우데자네이루에서 시작되었으며 그 이후 브라질 전역으로 힘차게 퍼져나갔다. 움반다 공동체는 '성자들의 아들딸들'을 감독하는 '성자들의 아버지들'이나 '성자들의 어머니들'에 의해서 인도된다. 이들은 서아프리카 기원의 특수한 신들, 즉 샹고Xango와 옥숨Oxum, 예만자Iemanja 같은 오리샤orixa들을 숭배하는 영매이다. 의례는 테레이로terreiro나 텐다tenda로 불리는 특수한 장소에서 거행된다. 그들은 각각의 오리샤에 대하여 다른 박자로 아타바키atbaque라는 북을 치면서 요루바어[2]로 노래하고 주문을 읊는다. 영매는 입신 상태에 들어 자신이 숭배하는 신을 불러낸다.

우리는 미국의 유명한 심리학자 스탠리 크리프너의 강의를 들어서 움반다에 대해 약간은 알고 있었다. 그는 인류학에 관심이 많았고, 에살렌의 우리 세미나에 몇 번 온 적이 있었다. 우리는 또한 열흘 전쯤 벨로리존테에 갔을 때 처음으로 움반다 의례를 볼 수 있었는데, 거기서 브라질인들의 학계가 상당히 복잡하다는 흥미로운 사실을 발견했다.

ITA 회의에서 우리가 움반다 의례에 관심을 보였더니 벨로리존테 대학의 심리학 교수인 사회자가 처음에는 참가를 만류했다. 그는 꽤나 전문가 같은 자세로 움반다가 단순한 사람들의 미신에 기반을 두고 있으며 교양 있는 전문가라면 관심을 가질 필요가 없다는 식으로 말했다. 그래도 우리는 물러서지 않았다. 결국 그의 사촌이 그 지역의 움반다 그룹을 관리하고 있으며 우리가 거기 참석하는 것도 어렵지 않음을 알게 되었다.

의례가 거행되는 집은 지하실이 있는 2층 건물이었다. 천국

---

2) Yoruba. 나이지리아 남부 기니 만 근처에 사는 종족, 또는 그들의 언어.

을 의미하는 2층은 밝은 흰색과 핑크색으로 칠해져 있었고 석고로 만들어 금박을 잔뜩 입힌 화환과 커다란 장미들로 치장되어 있었다. 지옥을 상징하는 지하실은 미학적으로 2층과 완전히 반대였다. 여기는 검정색과 어두운 붉은색이었고 그 바닥에 담배꽁초와 독한 술 같은 암흑의 신들에게 바치는 공물들이 널려 있었다. 의례가 거행될 1층은 화분에 심은 교목과 관목들, 작은 물웅덩이들로 풍부하게 장식되어 있었다.

이런 내부 장식에서 우리는 어쩐지 단순하고 진부하기도 한 느낌을 받았는데 의례가 시작되면서 그런 느낌은 사라졌다. 북소리와 영창이 아주 강력했고 많은 사람들이 곧바로 입신 상태에 들었다. 우리는 감정적·육체적 해제 반응[3]을 볼 수 있었으며 이 과정이 신뢰할 만하고 치유 효과도 강하다는 점을 알게 되었다. 그날 본 것의 많은 부분이 오랫동안의 환각 세션과 홀로트로픽 호흡에서 우리가 경험한 것들을 상기시켰다.

다음 날 사회자에게 우리가 움반다 의례에서 받은 인상을 말했더니 서서히 진실이 밝혀지기 시작했다. 그는 자신의 직접 체험에 의해 움반다 의례의 가치와 치료 효과를 확신한다고 말했다. 가족 중의 누군가가 심신상관성의 문제가 있으면 프로이트의 정신분석도 행동주의도 권하지 않고 움반다 집회에 보낸다는 것이었다. 그의 가족이 움반다 힐러와 그의 도반을 병원에 잠입시켜 몰래 의례를 치른 적도 있다고 얘기했다.

벨로리존테에서의 체험이 마음에 들었던 터라 우리는 세르지

---

3) abreaction, [정신분석] 소산消散, 해제[해방, 정화] 반응.

오의 초청을 기꺼이 받아들여 또 다른 움반다 의례에 참석하기로 했다. 오후 늦게 우리는 그의 차를 타고 번화가에서 교외로 나갔다. 장소는 도시의 외곽에 있었는데 목적지까지 시간이 꽤 걸렸다. 의례가 열릴 장소에 도착해서 우리는 놀랐다. 벨로리존테에서의 의례는 상류사회의 풍속이 반영된 분위기였다면 이곳은 전혀 그렇지 않았다.

우리는 먼저 오색등으로 밝혀진 어두운 차고로 들어갔는데 머리 위의 종횡으로 움직이는 기다란 줄들에 전구들이 매달려 있었다. 한쪽 벽에는 3층으로 된 제단에 가톨릭 성자들의 모형에 대응하는 오리샤들의 작은 석고상들이 놓여 있었다. 우리는 침략과 섹스의 신인 샹고가 성 조지에 해당하고, 바다의 여신인 예만자는 성모 마리아에 해당한다는 것을 알았다. 또한 허리감개를 걸치고 깃털 달린 머리장식에 활과 화살을 든 검은 피부의 카보클로Caboclo와 입에 파이프를 물고 작은 걸상에 웅크려 앉은 늙은 흑인 프레토 벨로Preto Belho는 전부터 알고 있었다.

세르지오는 우리에게 붉고 검은 두 개의 철제 상像을 보여주었다. 남녀 악마를 나타내는 그것들은 뿔이 솟아 있고 성적 특징이 두드러졌다. 그는 또 관능적인 여인 형상의 폼바 기라Pomba Gira를 가리켰다. 그것은 노출이 심한 옷을 입고 비웃음을 짓는 매춘부 같은 모습이었다. 그런 다음 그는 옆에 딸린 넓은 '화현실化現室'로 우리를 안내했다. 여기서는 의례가 막 시작되려 하고 있었다. 우리는 애꾸눈에 헝클어진 머리의 나이 든 여인에게 소개되었다. 마녀처럼 보이는 그녀는 의례를 지휘하는 '성자들의 어머니'였다.

그녀가 검은 닭을 죽여 그 피를 여러 물건들에 칠하는 것을 보고 있을 때 세르지오가 그것은 의례적인 공양 행위라고 설명했다. 이 의례는 성 안토니의 날에 열렸고 엑수Exu를 위한 잔치였기 때문에 우리가 벨로리존테에서 보았던 것과 달랐다. 세르지오가 다시 엑수는 무책임하고 유해한 마술사이며 고난을 선사하고 혼돈 속에서 번성한다고 설명했다. 어떤 이들은 그를 인간과 오리샤들 사이의 중간자로 보고, 또 어떤 이들은 그를 기독교의 악마에 상응하는 자연계의 암흑 세력으로 본다.

북과 영창이 시작되자 '성자들의 아들딸들'은 춤을 추었고 입신 상태에 들기 시작했다. 몇몇 보조자들이 실내를 관찰하다가 특정 오리샤를 나타내는 찡그린 인상이나 몸짓, 행동들을 발견하면 그 주인공에게 옷을 입혀 어울리는 복장으로 만들었다. 두 여성의 도발적이고 음란한 몸짓이 눈에 띄었는데 세르지오가 그들이 폼바 기라의 역을 하고 있는 것 같다고 말했다. 입신 상태가 되기 전에는 아주 얌전하고 조심스러웠던 그들이 치마를 들어 올려 속옷을 드러내고 음탕한 소리를 지르면서 성행위를 하는 듯한 몸짓으로 남자들에게 접근했다. 그들은 각각 알코올 도수 45도 가량의 아콰비트 세 병씩을 들이키고도 전혀 비틀거리지 않았다.

전체적으로 광란에 휩싸인 농밀한 분위기가 어느 정도 기괴하게까지 느껴졌다. 그러나 크리스티나와 나는 현지 조사를 하는 인류학자의 초연하고 차분한 마음으로 상황을 관찰할 수 있었다. 그러나, 마녀 같은 '성자들의 어머니'가 의미심장한 웃음을 지으면서 우리에게 다가와 콘술타consulta를 원하느냐고 물었을 때는 상황이 바뀌었다. 이 말은 영매의 입에서 나오는 오리샤들의 메시지와 조언을 듣겠느냐는 것이었다. 우리는 재미있는 기회로 생각하고

'영들과의 인터뷰'에 동의했다. 그러나 그때 우리는 무슨 일이 일어날지 전혀 모르고 있었던 것이다.

그 할멈은 아콰비트를 몽땅 마신 한 여인에게로 우리를 데려가더니 뒤에서 밀어 그 영매의 바로 앞에 세웠다. 그녀는 이상하게 일그러진 얼굴로 껌을 씹으면서 커다란 엽궐련을 피우고 있었다. "그래, 너희가 영들과 얘기하고 싶단 말이지?" 그녀가 조소하듯이 이를 드러내고 웃으면서 물었다. 대답을 기다리지도 않고 그녀는 주저 없이 크리스티나의 허리 아래로 손을 가져가더니 아랫배를 만지고 눌렀다. "여자들 문제네, 엉?" 그녀가 낄낄거렸다. "고통과 출혈이 있어. 그리고 에너지가 너무 강해!" 세르지오가 그녀의 포르투갈 말을 우리에게 옮겼다.

"너는 슬프고 또 슬프고 마음이 어지러워." 깍깍거리는 목소리로 그녀가 계속했다. "두 아이와 헤어지는 게 어렵지? 그 애들이 너무 멀리 어떤 섬에 있지?" 우리는 놀랐다. 그 즈음 크리스티나는 쿤달리니 각성의 극치에 있었는데, 당시는 에너지가 아랫배에 집중되어 많은 고통을 받았지만 의학적인 이유는 찾을 수 없었다. 또 얼마 전에 전남편과의 소송에서 양육권을 빼앗긴 두 아이가 아빠와 함께 하와이에 살고 있었으며, 그래서 항상 초조하고 의기소침해 있었다.

여인의 눈이 나를 향하더니 깔보는 듯도 하고 놀리는 듯도 한 표정과 몸짓으로 바라보았다. "브라질에서 잘 지내고 있지? 브라질 음식과 양념들이 너무 맛있지, 엉? 돈 걱정하지 마. 그러면 재미가 없잖아! 무서워하지 마. 이번 여행에서 돈 잃지 않을 거야!" 이것도 역시 정확했다. 음식을 좋아하는 것은 크리스티나와 내 친구들이 모두 아는 나의 큰 약점이었다. 나는 모르는 어떤 나라에 갈 때 그 나라의 요리를 맛보고 싶어서 잠시도 기다리지 못했다. 브라질 동북부의 바이아 주州에 갔을 때도 아프리카와 브라질의 맛이 뒤섞인 양념에 흠뻑 빠졌다. 그리고 리우에서의 워크숍 취소 이후 우리의 재정 상황에 대한 걱정이 항상 마음 한구석에 머물렀다.

이것은 놀라운 일이었다. 우리가 이 움반다 공동체와 연결된 것은 오직 세르지오 한 사람을 통해서였고 그는 입신 상태의 여인이 전하는 정보의 어떤 것도 갖고 있지 않았기 때문이다. 영매들이 이런 투시력이나 텔레파시 능력을 갖고 있으며 그들에게 우리의 속이 얼마나 빤히 들여다보이는가를 알았을 때 그 의례에 대한 우리의 느낌과 자세가 바뀌지 않을 수 없었다. 우리는 갑자기 거기서 일어나고 있는 일을 더욱 존중하게 되었다. 리우의 낯선 교외 어느 곳 엑수를 위한 잔치의 기괴한 분위기 속에서 이런 초상능력을 지닌 사람들에게 둘러싸여 있다는 사실이 우리에게 어떤 망상의 물결을 일으키는 듯했다.

폼바 기라의 통로가 되었던 여인이 나에게 돈 걱정 안 해도 된다고 했던 말은 사실이었다. 리우데자네이루에서 워크숍이 취소되었음에도 불구하고 우리의 재정은 그럭저럭 수지 균형을 유지할 수 있었다. 돌아올 때 계산해보니 들어온 돈과 나간 돈의 액수가 거의 정확히 똑같았다.

◆◆◆
자신의 투시력을 믿지 않는 우리
앤 암스트롱과의 세션

메릴랜드 정신의학 연구소에 있는 동안 나는 월터 팡크와의 교우 관계를 통해서 아일린 가레트, 휴와 찰스 케이시, 조앤 그랜트 같은 이름난 심령가들을 많이 알게 되었다. 그리고 캘리포니아 빅서의 에살렌 연구소에 14년 머무는 동안 크리스티나와 나는 루이시 가스파레토, 유리 겔러, 헬렌 파머, 케이트 해러리, 잭 슈바르츠 같은 놀라운 심령능력 소유자들을 만날 기회도 많았다.

그러나 투시력과 같은 심령능력의 가장 확실하고 일관된 증거는 앤 암스트롱과의 오랜 교우관계를 통해서 얻어졌다. 앤의 심령능력은 20년이나 지속된 그녀의 '정신적 비상사태'를 통해서 나타났으며, 자신의 편두통을 치료하기 위해 남편인 짐과 함께 최면술을 실습할 때부터 발전하기 시작했다.

치료가 효과를 거둔 것은 앤의 두통이 로마시대의 전생 기억에서 왔다는 사실을 알았을 때였다. 콜로세움에서의 운동선수였었던 그녀(그)는 어떤 중요한 비밀 정보를 요구당하면서 혹독한 고문을 받았는데 그녀(그)를 고문한 것은 바로 남편인 짐이었음을 알고 부부가 함께 놀랐다. 이런 뜻밖의 사실을 알고도 부부간의 사이는 이어졌고, 오히려 두 사람은 함께 영적 발견의 길로 들어섰다. 몇 년간의 내면적 고통을 겪은 후 앤은 튼튼한 기반을 지닌 신뢰할 만한 심령가가 되었다.

앤과 짐은 우리의 한 달 워크숍 마지막 주에 초청 강사로 참석했다. 부부가 오기 전에 워크숍 참가자들은 하루 평균 열 시간씩 함께 지내면서 홀로트로픽 호흡 세션을 포함한 여러 가지 내면적 체험을 공유했다. 앤은 크리스티나와 나 이외의 참가자들에 대해서는 아무것도 모르는 상태로 와서 우리도 모르는 그들의 모든 내밀한 정보를 읽어냈다. 그녀의 특기는 대인관계 문제를 파고들어 해명하는 일이었는데, 이것은 상대방의 이름만 알면 가능했으므로 전화상으로도 아주 정확한 해석을 할 수 있었다.

그녀는 워크숍 참가자 개개인의 일들을 놀라우리만치 정확하게 해석하는 외에도, 짐과 함께 그들을 실습으로 유도하여 각자가 자기 내부의 심령능력을 계발하도록 도왔다. 이 부부가 좋아한 실습은 그 두 가지를 결합한 '집단검사'였다. 참가자들의 이름이 적힌 종잇조각들을 작게 접어서 모자 속에 넣은 뒤 누군가가 눈가리개를 하고 그중 하나를 고른다. 거기에 뽑힌 사람은 심령적 차원에서 궁금한 자신의 문제를 제시하고 그것을 참가자들이 자기 나름으로 해석하는 방식이었다.

참가자들이 할 일은 자신의 심령능력에 대한 의심은 젖혀두고 무조건 마음속에 떠오르는 내용을 하나도 제외하거나 검토하지 않고 낱낱이 적는 것이었다. 제시된 문제에 대해 그들이 통찰한 내용을 함께 검토한 뒤 앤은 자기만의 해석을 가했고 그래서 우리는 모두 자신의 통찰 내용을 그녀의 해석과 비교할 수 있었다. 마지막 단계는 해석 대상이었던 사람의 진술을 통해서 해석자들이 적중시키거나 빠뜨린 것을 수정 보완하는 일이었다.

앤의 해석은 시종일관 정확했고 정말로 놀라울 때가 많았다. 그러나 자신에게 심령능력이 있다는 생각을 가져본 적 없는 참가자들의 심상과 통찰도 상당히 정확할 때가 의외로 많았다. 여기서 어려운 점은 떠오르는 심상과 거기 연루된 것들을 분명하게 정의하는 문제였는데 앤은 이것을 아주 쉽게 할 수 있었다. 그 실례로서 앤과 짐의 지도 아래 행했던 나의 사이코메트리 실습을 여기 소개한다.

참가자의 절반이 한쪽 벽을 따라서 줄지어 앉고 나머지 절반은 반대편에 앉았다. 지시에 따라 우리는 자신에게 감정적으로 중요한 의미가 있는 물건을 하나씩 가져온 상태였다. 짐은 커다란 쇼핑백을 양쪽에 하나씩 주고 그 속에 우리의 물건을 넣게 한 다음 백을 바꾸더니 반대편 사람들이 가져온 물건을 하나씩 선택하도록 했다. 그다음은 선택한 물건을 손에 들고 사이코메트리를 행하면서 연상되는 모든 것을 기록하는 일이었다.

내가 선택한 물건은 직경이 1인치가 좀 넘는 원형의 금속제 펜던트였다. 그 속에는 레오나르도 다 빈치의 유명한 그림 '비트루비안 맨'과 같이 팔다리를 쭉 뻗은 인체 형상이 담겨 있었다. 앤의 지시에 따라 나는 그것을 왼손에 들고 주의를 집중했다. 그리고 프로이트의 정신분석 훈련에서 하던 방식으로 마음이 자유롭게 움직이도록 놓아두었다. 그런 다음 연상되는 것들을 오른손으로 적어나갔다. 한편으로는 너무 쉽게 너무 많은 것이 떠오르는 데 놀라면서.

맨 먼저 나는 자갈이 깔린 길가에 아름다운 집들이 늘어선 작은 독일 마을을 방문했던 기억이 떠올랐다. 그곳은 집들이 그림과 목각 무늬로 장식되고 창가에 화초 상자를 내놓은 예스럽고 멋진 마을이었다. 그런 다음 상념은 나의 학생 시절로 넘어가서 강의와 실습을 위해 찾아다닌 여러 연구소가 떠올랐다. 일반적인 내용으로 시작되었지만 얼마 안 가서 아주 강렬하게 솟아난 것은 악성 종양의 해부생리학에 관련된 기억들이었다. 그런 다음 메릴랜드 정신의학 연구소에서의 말기 암환자들이 떠오르면서 거기 잠시 머물렀다. 그때 아무런 예고도 변화 과정도 없이 최근에 들었던 우스운 이야기가 갑자기 떠올라서 웃음을 터뜨렸는데 그 이야기는 이렇다.

북아프리카를 방문한 어떤 모험심 많은 여행가가 사하라 사막을 건널 생각으로 낙타를 한 마리 사려고 아랍 상인에게 갔다. 그는 물 없이 오래 견딜 수 있는 아주 좋은 낙타가 필요하다고 상인에게 분명히 말했다. 아랍인은 자신의 것들 중에서 가장 튼튼하고 믿음직하다는 낙타를 가져왔고, 여행가는 요구받은 상당한 액수의 돈을 치른 뒤 지체 없이 사막 탐험의 길에 올랐다. 그러나 며칠이 지나자 이상하게 낙타가 약해지더니 걸음이 느려지기 시작했다. 준비했던 물을 다 마셔버린 그는 탈수 상태가 되어 헐떡이다가 사막 한가운데 주저앉았다.

충분한 물을 가지고 반대쪽으로 여행하던 캐러밴을 만나지 못했다면 죽을 운명이었다. 사막 횡단에 실패하고 돌아온 그는 분노를 억누르고 아랍 상인을 찾아가서 낙타 값을 도로 내놓으라고 말했다. "도대체 내게 무슨 낙타를 줬던 거요?" 그가 소리쳤다. "며칠 뒤에 낙타가 주저앉아서 더 이상 움직이지 못하잖아. 거기서 죽을 뻔했단 말이요!"

"이해할 수 없네요." 아랍 상인이 고개를 흔들면서 말했다. "낙타에게 벽돌질을 했습니까?" "낙타한테 벽돌질을 하다니 그게 무슨 말이요?" 불쌍한 여행가가 당혹스럽게 되물었다. "보여드리지요." 상인이 말하고 그 낙타를 우물가로 데리고 갔다. 낙타가 물을 마시기 시작했을 때 아랍인은 양손에 큰 벽돌을 한 장씩 들고 거기 다가가서 끈기 있게 기다렸다. 그러다가 물마시기가 끝나는 순간 그는 벽돌로 낙타의 고환을 뭉개버렸다. 낙타는 엄청난 비명을 지르면서 마신 물의 두 배나 되는 물을 더 들이키는 것이었다.

이 이야기의 핵심 구절은 글로 전달하기가 쉽지 않다. 이야기를 제대로 이해하려면 낙타가 고환이 뭉개졌을 때 지른 소리를 실제로 들어야 한다. 그러면 이 소리를 지르면서 어쩔 수 없이 들이마신 숨이 낙타의 물 흡입량을 얼마나 늘려놓았을지 아주 분명해진다. 사이코메트리 실습에서 내게 마지막으로 떠오른 것은 이 낙타 이야기였다. 이 이야기는 실습이 끝난 뒤에도 몇 분 동안 내 머릿속에 여운으로 남아 있었다.

앤과 짐의 지도 아래 우리는 물건의 주인을 확인하고 각자의 체험을 말하기 시작했다. 나는 내가 자유롭게 상상한 내용이 얼마나 적중할지 믿을 수 없었다. 자신을 심령가로 생각해본 적이 전혀 없었기 때문에 더욱 그랬고, 나는 심령 게임에 어느 정도 회의적인 자세로 임하면서 거기 관련된 어떤 것이 사실로 입증되리라는 것을 의심하는 편이었다. 그러나 그것은 잘못이었다. 내가 실습의 대상으로 삼았던 펜던트의 소유자는 내가 연상했던 그대로 독일의 작은 마을에서 성장한 의사였다. 미라라는 이름의 그녀는 최근 들어 대체의학에 관심을 갖게 되면서 '뉴에이지' 관련 워크숍과 세미나에 참석하기 시작했다.

낙타 이야기는 실제의 사건이 변장을 하고 찾아오긴 했지만 놀라울 정도로 사실과 일치했다. 사실을 말하자면 그것은 낙타 이야기보다 더 엉뚱하고 야단스러운 것이기도 했다. 그 펜던트는 프라이멀 요법을 수정 확장시킨 형태의 자기탐구 관련 조직인 '전인센터(Center for the Whole Person)'의 표상이었다. 미라는 그 조직의 그룹 리더들 중 하나인 빌 스와틀리의 주말 워크숍에 참가했었는데 그 워크숍은 뉴저지의 애틀랜틱시티 근처에서 행한 누드 마라톤이었다.

누드 마라톤은 1960년대에 캘리포니아의 심리학자 폴 빈드림이 개발한 과격한 요법인데 체온과 같은 물 온도의 수영장에서 발가벗고 잠을 자지 않고 식사도 하지 않으면서 그룹으로 실험적인 행위를 하는 것이었다. 수영장의 깊이는 대략 1.5미터였다. 마라톤이 시작될 때 빌 스와틀리는 참가자들에게 자기네 센터를 상징하는 그 펜던트를 보여주면서 주말 동안 가장 엉뚱한 짓을 한 사람에게 그것을 주겠다고 약속했다. 미라가 얼마나 대담하고 용감한지 모르는 빌은 자신이 무슨 일을 당하게 될지 전혀 몰랐다.

누드 마라톤에서 강렬한 감정 반응을 유도하기 위한 방법들 중 하나로 참가자들의 벗은 몸뚱이를 동료들이 자세히 관찰할 수 있도록 물에 띄워 드러내는 것이 있었다. 참가자들은 수영장 안에 두 줄로 늘어서서 서로 마주 본다. 그런 다음 한쪽 끝에서 시작하여 한 사람씩 배를 위로 향하고 물에 떠서 양쪽에 늘어선 사람들 사이를 끝까지 흘러간 뒤 반대쪽 끝의 줄에 선다. 이런 상황에서는 남자든 여자든 생식기고 젖가슴이고 모든 사람의 눈에 노출되기 마련이다. 그러나 이런 지독한 방법이 많은 사람들로 하여금 감정적으로 놀라운 힘을 발휘하게 만들기도 했다.

어떤 참가자들은 이런 상황을 견디지 못하고 감정적으로 혼란스러워지거나, 또는 예기치 않은 행동을 하는 경우가 꽤 많았다. 이 시점에서 나머지 사람들은 물에 뜬 사람을 둘러싸고 무슨 일이 닥치더라도 그가 그것을 잘 견뎌내도록 격려한다. 이 과정이 끝나면 줄을 재정비하여 알몸 띄우기를 계속한다. 진행자도 평등하다는 원칙에 의해 함께 옷을 벗고 같은 시험을 통과해야 했다. 그래서 빌 스와틀리가 물에 떴을 때 미라는 주말 포상의 기회를 잡았다. 그녀는 빌을 향해 몸을 던진 뒤 이빨로 그의 고환을 공격했고, 결국 논의의 여지없이 펜던트를 받았다.

집단검사에서 많은 참가자들이 물건 소유자의 성격과 인생에 직결된 내용들을 떠올렸다. 그러나 우리와 앤의 차이는 우리보다 그녀가 상상력이 훨씬 풍부할 뿐만 아니라 자신의 심상과 거기 연루된 것들을 올바르게 해독하여 앞뒤가 맞는 명료한 언어로 그것을 표현할 수 있다는 점이었다.

내 경우도 펜던트 소유자를 확인하고 그녀의 진술을 들어보니 놀라우리만치 정확했지만 연상된 것들을 나 스스로 해독하여 명료하게 제시할 수가 없었다. 그러나 그 속에 중요한 부분이 있었는데 그것의 타당성은 그 당시엔 입증되지 않았다. 나는 의학 수업과 암 관련 상황에 집중된 직장생활을 떠올렸었는데 이것은 미라가 의사임을 암시하는 그 이상의 효과가 있었다. 우리의 에살렌 워크숍이 있고 나서 몇 달 후에 미라는 암 진단을 받았고 결국 그것으로 세상을 떠났다.

◆◆◆

태모신太母神의 개미들

팔렌케 방문

다음 이야기는 홀로트로픽 의식상태에서의 초개인적 체험을 통해 집단무의식의 원형적·역사적 영역에 축적된 정보가 '초상적'으로 입수될 수 있음을 보여준다. 세계 여러 문화의 신들과 그 세계, 인류 역사의 여러 시대에 관한 정보가 그렇게 입수되었을 때 그것의 정확성을 입증하는 사례는 의외로 많다. 체험자가 그런 신화나 문명, 역사적 사실들을 전부터 알고 있었는지 어떤지는 중요치 않다. 이런 사례들을 통해 우리는 자신의 마음이 개인무의식을 넘어서서 (인류의 신화적 유산과 역사적 기록을 내장한) 집단무의식에까지 연결되어 있다고 하는 C. G. 융의 설을 다시 한 번 확인할 수 있다.

1971년 11월 말에 나는 동생인 파울과 제5차 세계 정신의학회의 참석차 멕시코시티에 갔다. 나와 마찬가지로 정신과의사인 파울은 그 당시 온타리오 해밀턴의 맥마스터스 대학 정신과 병원에서 일했고, 나는 볼티모어에서 살았다. 우리는 그 회의 덕분에 반가운 재회를 했고, 회의가 끝나면 유카탄 반도에 가서 고대 마야의 유적들을 답사하기로 약속했다.

회의가 끝난 뒤 우리는 자동차를 세내어 유카탄의 주도인 메리다로 향했다. 그리하여 한참을 달려가서 메리다의 호텔에 여장을 푼 뒤 그곳을 기점으로 치첸 이싸와 찌빌찰툰, 우스말, 툴룸 등 주변의 유적지들을 둘러보았다. 그러나 바쁘게 움직이던 중 나는 목구멍이 아프기 시작하면서 독감 증상이 나타났다. 그러나 청년기 이후 항상 가고 싶었던 마야 유적지 관광을 중도에 포기할 수는 없었다. 그래서 인후부의 통증을 잊으려고 대커리[1]를 몽땅 마셨는데 그 취기와 고열로 인해 나는 아주 흥미로운 체험을 하게 되었다. 몇 가지 전생 기억들이 떠오르면서 우리가 방문한 장소에 관한 통찰을 얻게 된 것이다.

밤에만 휴식할 수 있음에도 불구하고 내 증세는 멕시코시티로 돌아오기 전에 어느 정도 회복되었다. 돌아오는 길에 우리는 빌라 에르모사에 들러 마야의 중요한 유적인 팔렌케를 답사하기로 했다. 몸 상태가 완전히 정상으로 되돌아온 것은 아니었지만 나는 어리석게도 엑스터시와 유사한 효과가 있는 메틸렌디옥시암페타민(MDA)을 약간 복용했다. 원래는 치첸 이싸에서 그걸 먹을 생각이었는데 몸 상태가 너무 나빠서 그럴 수 없었다. 이런 특별한 장소에서의 세션은 환각제의 문화적 효과를 연구하는 데도 도움이 되고, 과거의 경험으로 보아 이 약이 성지聖地의 원형적인 힘들을 깊

---

1) daiquiri. 럼주와 레몬주스, 설탕 등으로 만든 칵테일.

이 꿰뚫어보게 만들 것이었다.

환각 체험에는 안전성이 중요하다는 것을 잘 알고 있었지만 이것은 놓치고 싶지 않은 기회였다. 과거의 MDA 경험에 입각해서 생각하면, 공공장소에서 다른 사람들의 눈에 띄지 않도록 그것의 효과를 제어할 수 있을 것 같았다. 나는 그것을 125밀리그램 먹고 다른 방문객들이 나의 확대된 동공을 보지 못하도록 색안경을 썼다. 그런데 몸이 아직 덜 회복되어서인지, 팔렌케의 기운 때문이었는지, 그 당시 나의 운세가 특별했었는지 모르지만 MDA의 효과는 예전보다 훨씬 강력했다.

체험은 시작부터 너무나 갑작스럽고 드라마틱했다. 나는 단순한 관광객으로 주변의 유적들에 감탄만 하고 있기가 점점 어려워졌다. 깊은 불안과 알 수 없는 고뇌가 나의 전 존재 속으로 침투해 들어왔다. 지각 영역이 점점 어두워졌고 주변의 물체들에 충전되어 있는 무서운 에너지가 드러나면서 그것들이 험악하게 물결치기 시작했다.

팔렌케에서 수천 번의 인신공양이 있었고 여기서 있었던 모든 수난의 역사가 아직도 주변에 무거운 구름을 드리우고 있음이 느껴졌다. 나는 격노한 마야의 신들과 그들의 갈증을 보았다. 그들은 더 많은 희생을 원했고 다음 희생물로 나를 점찍은 것 같았다. 이런 느낌이 강력하긴 했지만, 그것은 내면의 상징적 체험이고, 내 생명이 실제로 위험하지 않다는 것쯤은 나도 알고 있었다.

나는 마음속에서 무슨 일이 일어나는지 알아보려고 눈을 감았다. 갑자기 역사에 생기가 돌았고, 내 눈에는 유적지로서의 팔렌케가 아닌, 영광의 절정에 이른 신성한 도시로서의 그곳이 비쳤다.

나는 인신공양의 의례를 믿을 수 없을 정도로 자세히 목격했다. 그러나 나는 단순한 관찰자가 아니었고 공양의례의 희생자이기도 했다. 이것은 즉시 비슷한 다른 장면 장면들로 이어졌다. 콜럼버스의 미대륙 발견 이전 종교와 그 안에서 치러진 의례들을 깊이 꿰뚫어 보면서 나의 개인의식은 차츰 사라져갔다. 나는 수백 년 동안 팔렌케에서 죽은 모든 사람들 그 자체였다.

나는 그들이 느꼈던 모든 감정이 담긴 거대한 웅덩이였다. 그 속에는 온갖 느낌이 ─ 젊은 목숨을 잃는 데 대한 슬픔, 불안한 예감, 의례 집행자에 대한 기묘한 이중 감정, 운명에 맡기고 체념할 때의 특별한 기분, 심지어 앞으로의 일에 대한 흥분과 호기심 같은 것이 있었다. 그리고 의례를 다른 영적 차원으로 끌어올릴 어떤 종류의 의식변환 약물이 사용되었다는 것을 확실히 느낄 수 있었다.

나는 이 체험의 차원과 그 속에서 얻어지는 많은 통찰에 매료되었다. 내 속에서 일어나고 있는 것들을 좀더 생생하게 느끼기 위하여 나는 언덕으로 올라가 태양 사원 옆에 누웠다. 전생의 장면들이 놀라운 힘으로 내 의식을 포격하고 있었다. 매료되었던 내 마음은 알 수 없는 커다란 두려움으로 바뀌었다. 어떤 메시지가 왔는데 그것은 강력하고 분명했다. "너는 역사를 엿보는 관광객으로 여기 있는 게 아니다. 너는 과거에 희생된 다른 모든 이들과 같은 희생자이다. 너는 산 몸으로 여기를 떠나지 못한다." 나는 희생을 요구하는 신들의 기운에 압도되었고, 건물의 벽들까지도 더 많은 피를, 내 피를 갈망하고 있었다.

나는 과거의 경험들을 통해서, 어떤 공포감도 실제의 위험을 나타내는 것이 아니고 의식이 정상으로 돌아오면 곧바로 사라진다는 것을 알고 있었다. 그래서 이것도 '그런 경험들 중의 하나'로 믿고 싶었다. 그러나 죽음이 임박했다는 느낌은 점점 더 사실로 다가왔다. 무서움에 눈을 뜬 나는 피가 얼어붙게 만드는 공황 상태에 빠졌다. 내 몸을 커다란 개미들이 뒤덮고 있었으며 피부에 수백 개의 붉은 발진이 돋아나고 있었다. 이것은 마음속에서의 일이 아니라 실제의 일이었다.

이런 예기치 못한 사태는 내가 미처 몰랐던 어떤 요소 때문이라는 생각이 들었다. MDA만으로 사람이 죽을 수 있다고 생각되지는 않았지만 거기에 커다란 멕시코 개미 수백 마리의 독이 가세할 때는 어떻게 될지 알 수 없었다. 개미들은 내 몸에 알 수 없는 독을 주입했고, 그 독에 담긴 성분이 내 몸속의 약 성분과 반응하여 복잡한 화학식이 생겨났다. 나는 일단 신들의 영향권에서 벗어나야 한다고 생각했다. 그러나 시간은 거의 멈춘 것처럼 더디게 흘러갔고 내 몸은 납덩이처럼 무겁게 느껴졌다.

나는 가능한 한 빨리 달리려고 필사적으로 노력했으나 내 움직임이 슬로 모션 영화 속의 장면과 같이 느껴졌다. 마치 트랙터 빔(견인 광선)에 붙들린 것 같았다. 유적지의 벽과 신들이 나를 단단히 붙잡아 그들의 마법 안에 가두고 있었다. 이러는 동안 팔렌케의 역사적 이미지들이 여전히 내 마음속에서 번득였다. 저만치 자동차들이 들어선 주차장과 유적지의 경계를 구분하는 무거운 쇠사슬이 보였다. 거기에 내 일상적 현실의 세계가 있었다. 나는 그 세계만이 어떻게든 내 목숨을 구할 수 있다고 느끼면서 오직 거기 도달하는 일에만 마음을 고정했다. 그 쇠사슬은 고대의 신들의 마법적 영향력이 작용하는 한계선이었다. 현대 세계는 이런 신화적인 믿음에 기반을 둔 고대의 제국을 정복하지도 의심하지도 못했던 것일까?

내 생각은 틀리지 않았다. 영원처럼 느껴지는 시간과 엄청난 노력 끝에 나는 주차장에 도달했다. 그 순간 심신상관성의 무거운 압력이 내게서 빠져나갔다. 가볍고 황홀한 재탄생과 생명에 넘치는 맥박이 느껴졌으며, 내 몸의 감각은 정화되었고 넓게 열렸다. 돌아오는 길의 찬란한 석양과 빌라 에르모사의 작은 식당에서의 저녁식사, 길거리의 생동감, 과일주스의 맛 등은 정말 일품이었다.

그러나 개미들에게 물린 데가 화끈거려서 밤에 여러 차례 찬물로 샤워를 해야 했다. MDA 효과가 사라졌을 때 온몸을 뒤덮은 수백 개의 두드러기가 가려운 현실로 다가왔다. 몇 년 뒤에 나의 독일인 친구 크리스티안 라취가 에살렌에 왔을 때 가르쳐주었다. 그는 중앙아메리카 문화를 깊이 연구하고 실제로 라칸돈 마야족과 오랫동안 함께 살았던 인류학자이자 민족 식물학자이다. 그의 말에 의하면, 마야의 신화에서 개미는 중요한 역할을 했고 대지의 여신 및 죽음과 환생에 깊이 결부되어 있었다.

울루루와 앨처링거[1]
'꿈의 시대' 탐험

이번 이야기는 크리스티나와 내가 오스트레일리아 중앙부의 장엄한 에어스록(울루루)[2]에 갔을 때 체험했던 비일상적 현실에 관한 것이다. 내게 환각 세션을 통해서 — 크리스티나에게는 그녀가 겪고 있던 정신적 비상사태 속에서 저절로 — 찾아온 이 체험은 원주민들의 원형적이고 의례적인 세계에 관한 새로운 지식의 독자적 증거가 되어주어서 더 흥미로웠다.

오스트레일리아는 독특하고 범상치 않은 점이 많다. 남반구에 홀로 위치한 대륙, 그 중심부 사막지대의 광활함, 대륙 한가운데의 그림 같은 거대한 에어스록, 캥거루, 웜뱃, 태즈메이니아데빌, 오리너구리, 바늘두더지 같은 전 세계에서 찾아볼 수 없는 동물상

---

1) Alcheringa. (호주 원주민의 신화에서) 꿈의 시대(dream time)
2) Ayers Rock(Uluru). 오스트레일리아 노던주州 남서쪽에 있는 커다란 바위언덕.

이 그렇다. 그러나 인류학자와 심리학자, 의식 연구가들에게 가장 흥미를 자아내는 것은 원주민들이다.

수렵과 채집에 의해 살아온 이 특별한 인종은 오스트레일리아에서 적어도 5천 년 동안 변화하는 대륙과 함께 생활해왔다. 원주민들은 외부에서 볼 때 반$^+$유목민의 삶으로 척박한 환경에 잘 적응했지만 그 방식은 석기시대와 크게 다르지 않았다. 그들에게는 흥미로운 의례와 영적인 생활, 자신들의 땅과 관련된 복잡한 신화가 있다. 그들과 함께 살면서 연구한 사람들은 그들이 '꿈의 시대'라 부르는 진기한 의식상태 속에서 많은 시간을 보낸다고 말한다.

우리는 원주민들의 놀라운 심령능력에 관해 많은 것을 읽었다. 거기에 보면 이들이 소리나 편지, 연기 신호 같은 물리적 수단의 도움 없이 의사를 교환한다고 한다. 이들은 생각이나 느낌을 수백 마일 떨어진 친구와 친지들에게 정확히 전달한다. 이들이 자연계에 대해 갖는 직감도 놀랍다. 예를 들면, 사막에서 드물게 오는 소중한 비가 몇 마일 떨어진 지역에서 언제 내릴 것을 미리 알고 정확한 시간에 그곳으로 가서 물을 얻는다. 다른 이야기를 보면, 도둑을 맞았을 때 그 사건을 마음속에 떠올린 뒤 그 도둑을 알아내고 잃어버린 가축과 귀중품의 소재를 파악한다. 그들은 또한 먼 거리의 작은 물건도 알아볼 수 있다.

이런 보고와 더불어 그들의 신화와 미술, 음악에 관해 이미 알고 있던 것을 기반으로 우리는 그들을 좀더 자세히 알아보고 싶어졌다. 친구인 알프와 뮤리엘 푸트가 우리를 초대하여 멜버른 근처 블랙우드의 센터에서 홀로트로픽 호흡 워크숍을 진행하게 되었을 때 그 첫 번째 기회가 왔다. 우리가 온 목적은 오스트레일리아 필립 섬에서 국제 초개인 협회의 회의를 준비하기 위한 것도 있었다.

블랙우드에 머무는 동안 우리는, 얼마 동안 원주민과 함께 지내면서 지도자들과 얘기할 수 있는 길을 모색했다. 그러나 이것은 예상했던 것보다 훨씬 어려웠다. 그들은 동질의 민족이 아니었고 잔존하는 수십만 원주민들 사이의 언어는 2백 가지 이상이었다. 게다가 각자의 신화와 의례, 엄격한 집단 내 혼인 규범을 갖는 수많은 '피부 그룹'들로 나뉜다는 것이었다. 다양한 원주민 부족들과의 접촉을 중재할 '문화 브로커'를 찾기가 쉽지 않았으며, 찾아낸 소수의 사람들도 과거의 어떤 나쁜 경험 때문에 너무나 방어적이었고 모르는 외국인을 아주 조심스럽게 대했다.

캘리포니아에 있을 때 우리는 오스트레일리아 중앙부로 가서 대륙 한가운데에 있는 독특한 지형인 에어스록을 방문하려고 계획했었다. 이것은 원주민들이 '우주적인 산'으로 생각하고 울루루라고 부르는 세계 최대의 암석이다. 안내자를 찾다가 결국 실패한 우리는 그냥 우리끼리 여행하는 수밖에 없었다. 그리고 원주민 문화와의 만남은 우리가 기대했던 것과 달리 외부적 접촉 아닌 강렬한 내면적 체험을 통해서 이루어졌다.

멜버른에서 앨리스스프링스로 날아간 우리는 에어스록까지 작은 비행기를 이용하지 않고 자동차를 세내기로 했다. 오스트레일리아의 대부분을 차지하는 광막한 붉은 사막을 좀더 가깝게 느끼고 싶어서였다. 앨리스스프링스와 울루루 사이의 거리는 거의 3백 마일이었으니 타는 듯한 열기 속으로 여러 시간 동안 차를 몰아야 했다. 원주민들은 사막지대 내부 여러 장소들의 미묘한 차이를 감지했고, 그로부터 다양한 신화들이 생겨났다. 나아가 그들은, 식물이 자신의 상像을 씨앗으로 남기듯이 어떤 장소에서 일어나는 제각각의 행위나 작용은 그 대지에 파동으로 기록된다고 믿는다. 그래서 경관의 형상은 그 나름의 파동을 방사하여 거기서 일어난 사건과, 그 과정을 도왔던 신화적 존재들의 족적을 다시 보여준다. 구루와리guruwari, 또는 '씨앗의 힘'이라 불리는 이런 에너지 패턴이 지형의 가장 중요한 요소이며 그 지형에 심오한 의미를 부여한다.

풍경은 아름답고 경외감을 자아냈지만 서양인인 우리에게는 단조롭기도 했다. 길가에는 이따금 들개와 낙타를 포함한 짐승들의 풍화된 해골이 누워 있었다. 그중 반가운 위안물은 길에서 몇 미터 떨어진 곳에 일광욕을 하고 있는 왕도마뱀 페렌티였다. 이것의 고기를 원주민들이 별미로 친다는 것은 나중에 알게 되었다.

에어스록(울루루)은 대략 달걀 모양으로 생긴 세계 최대의 단일 암석으로서 수백 마일의 붉은 사막 위에 3백 미터 높이로 솟은 웅장한 사암砂巖이며 둘레가 9킬로미터이다. 이것은 그 아래에 몇 마일 가량 누운 산의 정상으로 여겨진다. 긴 시간의 사막 여행 끝에 기진맥진해서 도착한 우리는 그 거대한 바위로부터 약 2백 미터 거리에 위치한 작은 모텔을 발견했다. 우리는 방을 정한 뒤에 잠깐 밖으로 나가서 그 경관을 감상했다.

해가 지고 있는 중이었는데 우리는 보다 나은 조망을 찾아서 사막 속으로 조금 걸어갔다. 우리가 모텔로부터 충분한 거리를 이동했을 때 울루루의 전경이 눈에 들어왔는데 짙푸른 하늘을 배경으로 한 주황색의 그것은 말 그대로 장관이었다. 자연이 빚어낸 이 경이로운 작품은 일출과 일몰 시의 숨을 멈추게 만드는 아름다움으로 널리 알려졌다. 이런 상서로운 장소에 위치한 모텔은 환각 체험을 위한 최고의 무대였다. 내게는 체코에서 환각요법의 연구 책임을 맡고 있을 때 무제한으로 이용 가능했던 LSD가 조금 남아 있었다.

긴 시간 동안의 사막 여행으로 피곤하긴 했지만 이 특별한 기회를 놓칠 수 없었다. 나는 내면 여행을 준비했고, 그 당시 쿤달리니 활성화에 의해 자연스럽게 여러 가지 체험을 하고 있던 크리스티나는 여기 동참하지 않기로 했다. '연緣줄을 잡아줄'사람이 필요하면 그녀를 깨우기로 하고 나는 LSD 4백 마이크로그램을 복용한 뒤 침대에 누웠다.

약 45분 동안 조용히 명상하니 효과가 나타나기 시작하면서 내 의식은 아주 빠르고 깊은 변화를 겪었다. 나는 꿈의 시대로, 세상의 시작으로 실려 갔다. 오스트레일리아 신화를 조금 알고 있긴 했지만 나의 체험은 과거에 읽거나 들었던 모든 것을 까마득히 넘어서고 있었다. 그러나 원주민들의 이 신화적 영역 체험이 전혀 의심스럽지 않았다.

나는 평평하고 막연하고 단조로운 지구 표면을 보았고, 또 여러 가지 모습의 신화적 존재들이 도착하는 것도 보았다. 그들은 신비한 노래를 읊조리면서 풍경에 형상을 부여했고, 바위와 산, 계곡, 물웅덩이 등이 생겨났다. 어떤 것은 인간 형상이었고 또 어떤 것은 뱀이나 다른 짐승의 형상이었다. 그중에는 신격의 거인들도 있었는데, 나는 원주민들의 신화에 거인이 등장한다는 얘기는 들은 적이 없었다.

처음에 나는 꿈의 시대의 이 환상적인 드라마를 그저 관찰하는 쪽이었다. 그러나 갑자기 상황이 바뀌었다. 꿈의 시대의 거주자들이 나를 죽이겠다고 위협하면서 함부로 침입한 이유를 물었다.

나는 겸손한 마음으로 여기 왔고 그들에게 우호적이며 여기 온 이유는 단지 알고 싶어서라고 설명했다. 나는 엄중한 정신적 심문 같은 것을 받고 결국 그들의 법칙에 철저히 따른다는 조건하에서 그 세계를 방문하도록 허용되었다.

이런 곤경을 통과한 뒤 나는 방해받지 않고 위대한 꿈(또는 꿈의 시대)의 내부를 여행할 수 있었다. 시간과 공간 너머 어딘가의 원초적 심연으로부터 울루루의 장엄한 모습이 내 눈앞에 생겨났다. 그것은 우리가 현상계에서 생각하는 지질학적 무생물이 아니라 웅크린 모습의 거대한 생물이었으며 기괴하고 무서운 파충류였다. 그것이 커다란 위아래 턱을 열었을 때 귀를 먹먹하게 만드는 굉음이 울렸고 그 안의 목구멍이 들여다보였다. 그 속에서는 용암 같은 것이 소용돌이치면서 간간이 밖으로 분출되었다.

그러나 이 생물의 입 안을 용암으로 설명한 것은 그 불가해한 생물의 외양만을 가리킨 것이다. 그것은 뜨거운 용암처럼 파괴와 창조의 잠재력을 지닌 듯했지만 그보다 수준이 훨씬 더 크고 깊었다. 그것은 화산활동의 근원을 이루는 원형이었다. 원초적 질료를 의미하는 그리스어의 힐레hyle나 연금술의 기본물질(prima materia)처럼 그것은 창조와 파괴의 우주적 원리인 것 같았다. 그것은 존재의 본질이었으며 형태들이 그로부터 나오고 그리로 되돌아갔다. 나는 이 무시무시한 장관을 관찰하면서 우주의 궁극적 신비를 느꼈다.

창조와 파괴의 원초적 파충류인 울루루와의 무서운 만남에서 완전히 헤어나기 전에 또 다른 거대한 존재를 만나야 했다. 그것은 암 캥거루의 모습을 한 태모신太母神이었다. 갑자기 나는 그녀의 자궁 속에서 출산을 앞둔 조그만 캥거루가 되어 있었다. 산도를 빠져

나오는 과정은 과거에 내가 체험했던 인간의 경우에 비교하면 수월했다.

정작 어려운 관문은 그녀의 주머니 속으로 들어가 젖꼭지에 도달하는 일이었다. 이것이 너무 힘들어 나는 몇 번이나 이 일을 완수하지 못하고 도중에 죽어버릴 것 같았다. 그러나 결국 목적을 이룰 수 있었고, 위대한 어머니 캥거루의 젖꼭지로부터 감로와도 같은 젖이 흘러내렸으며, 그것이 힘겨운 여행의 고초를 잊게 만들었다. 이 세션에서는 캥거루 여신과의 황홀한 합일이 중요한 마지막 체험이었다.

새벽이 오자 잠에서 깨어난 크리스티나가 간밤의 내 여행 내용을 알고 싶어했다. 나는 중요한 부분들을 간단히 설명한 뒤 함께 에어스록에 오르기로 했다. 그 꼭대기에서 아침 해를 맞이하고 주변 사막의 경관을 관람할 생각이었다. 등반길은 가파른 편이어서 여기저기 방문객을 위해 설치해놓은 쇠사슬을 이용해야 했다. 정상에 이르는 길을 삼분의 일쯤 올라왔을 때 날씨가 빠르게 변하더니 돌풍이 불어와 우리를 습격했다.

크리스티나는 자신의 등반을 가로막는 힘의 영역에 도달했다고 느꼈다. 그것은 바위에서 그녀를 밀어내는 불가시의 손길과 같았다. 그녀는 이 압력에 항복하고 기점으로 돌아가 나를 기다리기로 했다. 나는 아직 정상적인 의식상태로 돌아온 것이 아니었는데 어쨌든 등반을 계속해서 정상에 도달해야겠다는 확고한 의지가 있었다. 돌풍과 싸우다가 나는 내면의 알 수 없는 원천으로부터 오는 메시지를 받았다. 바위를 오르는 것은 원주민들 사이에서도 특별한 자격이 있어야 하지만 나도 어젯밤의 통과의례를 겪었으므로 그 자격을 얻었다는 내용이었다.

떠오르는 태양빛에 의해서 주황색으로 물든 사막의 모습은 장관이었다. 내 뒤를 이어 올라온 몇몇 관광객들이 서로 사진을 찍어주고 큰 소리로 대화를 나누었다. 그들 중에는 "나는 에어스록에 올랐다"는 자랑스러운 문구가 찍힌 티셔츠를 입은 여성도 있었다. 나는 크리스티나와 함께 조용한 시간을 갖기 위해 오래 머물지 않고 거기서 내려왔다. 그녀는 작은 동굴 속에서 깊은 명상에 잠겨 있었다.

그녀는 수동적인 자세로 의례의 음악과 영창을 듣는 중이라고 말했다. 그녀는 그것이 코로보리(원주민들의 음악)인가 의아해하면서 그 소리가 어디서 들려오는지 확인하려 했다. 그러나 주변에는 원주민들이 없었다. 그녀는 의례의 장소였다고 믿어지는 장소를 내게 보여주었다. 나중에 안 사실이지만 울루루가 관광지로 변한 이후로는 여기서 원주민들의 의례가 거행되지 않았다. 이런 상황은 1985년 10월까지 이어졌고, 그 후로 울루루 주변 땅의 소유권은 원주민에게로 넘어갔다.

크리스티나는 나를 기다리는 동안 자신의 등반과 관련해서 어떤 흥미로운 것을 깨달았다고 말했다. "내가 왜 바위에 오를 수 없었는지 알아요. 원주민들은 이곳을 남자들의 입문의례 장소로 이용했고, 여자들은 허용하지 않았어요. 어느 시점에서 아주 분명한 메시지가 왔지요. '너는 여자다. 여기 있으면 안 된다.'" 우리는 그날 남은 시간 동안 모텔에서 구입한 안내서를 보면서 바위 주변을 답사하기로 했다. 우리는 차를 몰다가 자주 멈추었고 자연계의 완벽한 작업에 탄복했다.

울루루가 원주민들의 상상력에 그토록 강하고 깊게 작용한 이유를 아는 것은 어렵지 않았다. 거대한 바위 표면은 심하게 풍화되었고 기묘한 낭떠러지와 깊은 동굴들이 많았는데, 기상의 변화가 부드러운 사암의 표층에 환상적인 형태를 무수히 만들어낸 것이었다. 안내서는 바위 표면의 중요한 패턴들과 그에 관련된 신화를 자세히 설명하고 있었다. 그 속에서는 각기 다르게 조합된 형상들이 그것을 창조한 꿈의 시대의 사건들에 의해서 설명되었다. 그런데 놀랍게도 그 작은 책자는 우리가 어젯밤과 이른 아침에 내면적 체험을 통해 얻은 많은 정보를 사실로 확인시켜주고 있었다.

이 지역의 부족으로서 '아낭구'라고도 불리는 피찬챠챠라와 양쿠니챠챠라 사람들은 울루루를 창조와 파괴의 원리를 나타내는 거대한 원초적 파충류로 상상했다. 꿈의 시대에 만들어진 것들 중에는 세션에서 내가 본 것과 같이 3미터 가까운 거인 형상들도 있었다. 울루루 등반은 부족에서 선별되어 특별한 명예가 주어진 두 사람에게만 허용된 연례 행사였다. 우리가 바위 주변을 돌면서 보았던 동굴들 중 하나는 통과의례를 치르기 위한 입문 장소였고 '캥거루 주머니'라는 이름이었다. 안내서는 크리스티나의 체험도 확인시켜 주었다. 그녀가 음악과 영창을 들은 장소는 신성한 의례가 거행되곤 했던 장소였으며, 입문하는 남자들 외에 여자는 허용되지 않았다고 했던 의례 장소도 그녀의 말대로였다.

나는 관광객을 가득 태운 버스에 대해, 울루루를 관광 명소로만 바라보는 이들에 대해, 그 정상에 서는 일을 그저 육체적 운동으로만 아는 이들에 대해 생각했다. 그리고 정상에서 만났던, 티셔츠에 승리의 문구를 새긴 젊은 여성을 생각했다. 크리스티나가 할 수 없었던 일이 그녀에게는 별로 어렵지 않았던 것 같다. 그녀는 고대의 금기에 대해서 철저히 무감각했던 것이다. 오랫동안의 하타 요가로 단련된 심신을 지닌 크리스티나가 등반을 계속하지 못했던 것은 강한 바람 때문이거나 용기와 체력이 모자라서가 아니라 그보다 더 심원한 이유에서였다.

크리스티나는 자신이 들어 있던 비일상적 의식상태 속에서 강화된 심령능력으로 신성한 장소의 의미를 이해하고 원주민들의 금기를 감지했던 것이다. 산업 문명은 현대인의 직감을 둔화시켜 숨겨진 차원의 현실을 잊고 존재의 신비에 무관심하게 만든다. 그 장막이 사라지고 평소에 보지도 듣지도 못하던 실체를 감지하게 되는 것은 비일상적 의식상태를 통해서이다. 그것은 저절로 찾아올 수도 있고 어떤 종류의 의식변환 기법을 사용하여 유도될 수도 있다.

앨리스스프링스로 돌아올 때는 다른 길을 선택하여 사막의 농장들 중 하나에서 하룻밤을 지내기로 했다. 울루루를 떠나는 순간에도 크리스티나는 여전히 자신의 체험 속에 깊이 몰입해 있었다. 울루루에서 멀어지면 그녀가 거기서 받는 영향력이 줄어들 것으로 생각했는데 결과는 그렇지 않았다. 차의 뒤쪽 창문으로 보이는 주황색 바위는 점점 작아지다가 사라졌지만 크리스티나의 기분은 이렇다 할 변화를 보이지 않는 것 같았다.

그녀에게 작용한 울루루의 마법은 우리가 사막 안의 작은 오아시스인 콜린스프링스에 도착하여 찬 음료수와 스낵을 사면서 풀렸다. 우리는 주변을 거닐다가 그곳의 소유주가 기르는 새들을 보았다. 그들 대부분은 커다란 새장에 갇혀 있었지만 공작 몇 마리가 구내를 자유롭게 돌아다녔다. 크리스티나가 그것을 보더니 놀라면서 흥분했다. 오스트레일리아의 사막 한가운데서 공작을 본다는 것은 생각지도 못했을 뿐만 아니라 공작은 그녀에게 큰 의미가 있었다.

과거에 그녀가 내면적 변환과정을 겪으면서 체험했던 가장 중요한 부분이 공작의 환상이었고, 공작의 상징은 그녀의 그림들 속에 되풀이해서 나타났다. 또한 그녀가 가장 중시하는 싯다 요가에서도 공작은 아주 중요한 상징이다. 그녀의 스승 묵타난다는 제자들의 영적인 에너지를 일깨우는 데 공작 깃털이 달린 작대기를 사용했다.

그녀는 약간의 먹이를 사서 공작에게 주기로 했다. 의식적이고 명상적인 자세로 공작에게 먹이를 주고 있던 그녀는 자신의 스승과 싯다 요가, 인도 같은 것들과 관련된 기억을 되살렸다. 그러면서 그녀는 일상적 의식상태로 돌아왔고 원주민들의 세계에서 벗어났다.

우리는 따뜻한 수영장과 바비큐를 제공하는 사막의 어떤 인심 좋은 농장에 투숙했다. 식사로 제공되는 것들 중에 반갑게도 유령나방의 애벌레 구운 것이 있었는데 이것은 오스트레일리아 원주민들의 진미로서 내가 꼭 한 번 먹어보고 싶었던 음식이었다. 공작과의 조우로 막을 내린 크리스티나보다는 덜 드라마틱하지만 나의 '꿈의 시대' 여행은 이것이 대단원이었다. 다음 날 우리는 앨리스스프링스에 도착했고, 다시 '넓은 세상'으로 나왔다.

◆ ◆ ◆

편재^{遍在}하는 우주의 유혹

아스트랄체 투사에서 못한 실험

50년에 걸친 내면세계 여행에서 아스트랄체 투사는 내가 겪은 가장 놀라운 체험들 중의 한 가지이다. 그것은 스프링그로브 주립병원의 연구 단지에서 1967년에 가졌던 환각 세션이었다. 이 연구 단지는 나중에 볼티모어의 같은 부지 내에 새로 지은 메릴랜드 정신의학 연구소로 옮겨갔다. 앞서도 말했듯이 여기서의 연구 프로그램 중에는 정신과의사와 심리학자, 정신건강 전문가들이 수련 목적으로 세 번에 걸쳐서 환각 세션을 받도록 허용하는 것이 있었다. 미국에 도착한 뒤 얼마 안 가서 나는 스태프에 가담했고 이런 모처럼의 기회를 잘 이용하기로 작정했다.

스프링그로브에서의 연구는 환각요법이라 불리는 것을 사용했다. 이것은 4백 내지 6백 마이크로그램이라고 하는 많은 양의 LSD 투여를 포함하고 있었는데 눈가리개와 헤드폰을 착용하여 의식이 내부를 향하도록 엄격하게 관리되었다. 원래 유럽 의사들이 사용했던 다른 방법은 사이콜리틱psycholytic이라 불렸던 것으로서 일련의 세션에 적은 양의 환각제를 투여했다. 피험자가 세션을 받는 동안 의사와 간호원으로 이루어진 한 쌍의 남녀 안내자가 그를 보살폈다. 몇 시간에 걸친 준비 작업을 통해서 무엇보다도 피험자와 안내자들 사이에 강한 유대와 좋은 협력관계가 형성되었다. 내 세션의 안내자들은 스프링그로브의 연구 항목을 설정하고 설계하는 심리학자 샌디 엉거와 남부의 침례교도 출신으로 따뜻하고 모성적인 간호사 낸시 주얼이었다.

이 세션에 사용된 LSD는 스위스의 산도즈 사社에서 왔고 복용량은 4백 마이크로그램이었다. 체험은 내가 예상했듯이 아주 강렬했다. 4백 마이크로그램은 환각요법가가 '1회용의 압도적인 분량'이란 말로 적절히 표현한 범위 내의 양이었다. 그러나 처음 몇 시간 동안 아무 일도 일어나지 않는 것이 과거에 내가 프라하에서 체험했던 것들과 너무 달랐다. 그런 다음 후반부에 들어서자 이따금 아주 이상한 마음 상태가 되는 것을 느꼈다. 그것은 평온과 축복, 천진난만에 존재의 신비로부터 오는 경외감이 뒤섞인 느낌이었다. 나의 체험은 초기 기독교도들이 체험했음직한 것과 비슷하다는 생각이 들었다.

그것은 기적이 가능하고 받아들여지고 당연하게까지 여겨지는 세계였다. 이런 상태에서 나는 자연에 대해, 시간과 공간의 기원에 대해, 그것들의 수수께끼와 모순에 대해, 영원과 무한의 신비에 대해 생각했다. 선형線型의 시간과 삼차원적 공간이 절대적이고 강력한 현실의 차원들이라고 믿었던 것이 우스웠다. 정신의 영역에는 어떤 한계도 없으며 마음은 시간과 공간을 자유롭게 요리할 수 있다고 하는 것이 오히려 당연해 보였다.

나는 갑자기 시공의 한계에 묶여 있을 필요가 없으며 시공 연속체 속을 자유롭게 여행할 수 있다는 생각이 들었고, 이런 느낌이 너무 분명해서 실제로 그렇게 해보고 싶어졌다. 나는 프라하에 사는 내 부모님의 아파트에 갈 수 있을지 알아보려고 방향과 거리를 생각한 뒤 공간을 통해서 목적지로 날아가는 자신을 상상했다. 그러자 엄청난 속도로 공간을 이동한 것 같은데 실망스럽게도 나는 아무 곳에도 도달하지 못했다.

이 실험이 왜 실패했는지 이해할 수 없었다. 그런 공간 이동을 할 수 있다는 느낌이 너무 확실했었기 때문이다. 그때 갑자기 내가 아직도 과거의 시공 개념에 묶여 있다는 것을 깨달았다. 나는 방향과 거리의 관점에서 생각했고 그것에 맞추어 움직였다. 지금 필요한 자세는 그게 아니라 나의 세션 장소를 실제의 목적지로 느끼는 것이었다. 나는 혼자서 말했다. "여기는 볼티모어가 아니라 프라하이다. 지금 바로 여기 나는 프라하의 부모님 댁에 있다."

이런 식으로 마음을 바꾸자 독특하고 기묘한 느낌이 왔다. 그리고 나 자신은 어떤 이상한 곳에, 전기 회로와 튜브, 전선, 레지스터, 콘덴서들이 가득한 복잡한 장소에 있었다. 약간의 혼란을 겪은 뒤 나는 내 의식이 부모님의 아파트 내부 한쪽 구석에 있는 텔레비전 세트에 걸려 있음을 알았다. 나는 어떻게든 스피커를 이용해서 듣고 모니터를 이용해서 보려고 애썼다. 그러다가 스스로 웃지 않을 수 없었다. 아직도 내가 시간과 공간, 물질에 대한 과거의 사고 방식에 갇혀 있음을 깨달았기 때문이다.

내 생각에 먼 곳의 일을 체험하기 위한 단 한 가지 방법은 텔레비전 기술과 같은 수단에 의지하는 것이었다. 물론 텔레비전 전파는 속도의 제한이 있다. 그러나 인간의 사고와 의식은 빛의 속도와도 비교할 수 없다. 내 의식이 모든 한계를 초월한다는 것을 깨닫고 단단히 믿는 순간 상황은 극적으로 변했다. 텔레비전 세트는 삼차원 뫼비우스의 띠처럼 안팎이 바뀌었으며, 나는 프라하의 부모님 아파트 내부를 걷고 있었다.

이때 나는 약 효과를 전혀 느끼지 못했고, 체험 내용은 내 삶의 다른 어떤 상황들 못지않게 현실적이었다. 부모님의 침실 문이 반쯤 열려 있어서 안을 들여다보았더니 잠든 두 분의 몸이 보였고 숨소리도 들렸다. 나는 거실 창문으로 가서 밖을 내다보았다. 길가의 시계가 내 세션이 진행되고 있는 볼티모어의 시간과 여섯 시간의 차이를 보여주고 있었다. 프라하 현지의 시각이 두 지역 사이의 실제 시차를 반영하고 있었지만 그것이 내 체험의 진실성을 입증하는 분명한 증거일 수는 없었다. 왜냐면 내 머리가 시차를 미리 알고 있었기 때문에 내 마음이 시각을 조작한 것일 수도 있다는 생각이었다.

나는 거실의 긴 의자에 누워 내 체험을 곰곰이 생각했다. 그 의자는 내가 미국으로 떠나기 전에 마지막으로 환각 세션을 했던 바로 그 의자였다. 그 세션에 조금 앞서 협회에 제출한 나의 미국 여행 허가신청서가 체코 정부에 의해서 거부되었었고, 프라하에서의 마지막 세션은 내가 재심을 청구한 뒤 그 응답을 기다리고 있을 때였다.

마음속에서 놀라운 생각이 상당히 설득력 있게 다가왔다. 나는 체코를 떠난 적이 없는지도 모른다. 그렇다면 이제 프라하의 환각 세션에서 깨어나고 있는 중이다. 재심 청구에 대한 긍정적인 응답과 나의 미국 여행, 볼티모어 팀에의 가담, 거기서의 환각 세션은 모두 환상 속의 여행이고 나의 강렬한 소망에서 생겨난 환영일 수도 있다. 나는 역사와 지리상의 참 좌표를 지정할 수 없는, 시간과 공간의 알 수 없는 올가미에 걸려든 것이었다.

똑같이 분명한 두 개의 현실 사이에서 나는 오랫동안 갈피를 잡지 못했다. 볼티모어의 세션에서 프라하로의 아스트랄체 투사를 경험하고 있는 것인지 아니면 프라하의 세션에서 미국 여행을 체험하고 깨어나는 중인지 알 수 없었다. 나는 장자莊子를 떠올렸다. 꿈이 너무 생생해서 자신이 나비가 된 꿈을 막 꾸고 깨어난 인간인지 아니면 인간이 된 꿈을 꾸고 있는 나비인지 얼마 동안 알지 못했다는…….

내가 체험하고 있는 것이 평상시의 관점에서 '객관적 진실'임을 받쳐줄 좀더 믿을 만한 증거가 필요했다. 결국 나는 실험을 해보기로 작정했다. 벽에 걸린 그림을 떼어낸 후 부모님과의 대화를 통해 그 당시 아파트에서 무슨 일이 없었는가를 알아보는 것이다. 나는 그림을 향해 다가갔지만 이것이 아주 위험한 일이라는 느낌이 점점 자라나서 액자를 잡을 수가 없었다. 갑자기 모험적인 흑마술과 악한 힘들의 영향이 느껴졌다. 지금 하려는 일이 내 혼을 담보로 하는 위험한 도박처럼 느껴졌다.

나는 잠시 멈추고 상황을 이해하려고 필사적으로 노력했다. 몬테카를로, 베니스의 리도, 라스베가스, 레노 등등 유명한 도박장들의 광경이 내 눈앞에서 스쳐 지나갔다. 나선형으로 빠르게 돌아가는 룰렛 볼들과 위아래로 미친 듯이 움직이는 슬롯머신의 레버들, 크랩 게임 테이블의 녹색 표면 위를 굴러가는 주사위가 보였다. 바카라를 하는 노름꾼들이 키노 패널을 보면서 들뜬 모습으로 카드를 돌리고 있었다. 풍요와 사치와 돈이 선사할 수 있는 무한한 가능성에 유혹이 느껴졌다.

그런 다음 장막 뒤에서 인류사를 조종하는 비밀조직의 회합, 국가 원수들의 정상 회담, 다국적 기업의 대표들과 만나는 유력한 정치가들, 국방성 본부의 실내 장면, 최고 과학자들의 두뇌 집단을 나타내는 환상이 이어졌다. 이번에는 돈보다는 권력의 유혹이었으나 역시 마찬가지로 마음을 흐리게 했다. 무한한 가능성을 위해 자신의 혼을 팔았던 파우스트 박사의 이야기가 떠올라 쉽게 물러가지 않았다. 시공을 초월할 수 있는 가능성이 내게 나타났는데 그것이 왜 그리 위험한가를 이해하려고 나는 필사적으로 노력했다. 갑자기 내 상황이 명료하게 보이기 시작했다. 이런 이미지들은 내가 아직 자기중심주의를 극복하지 못했고 돈과 권력의 유혹을 거절할 수 없음을 보여주는 것이었다. 현 상황의 위험성은 개인적 이익 추구에 초상능력을 이용함으로써 잠재력을 남용하는 것이었다.

시간과 공간의 한계를 극복할 수 있다면 나는 많은 돈을 벌어 많은 것을 향유할 수 있다. 내가 할 일이라면 가까운 카지노나 증권시장, 복권 판매소에 가는 것이다. 나는 어떤 수단이든 쓸 수 있고 내 미래는 무한한 풍요 그 자체가 될 것이다. 시공을 마음대로 넘나들 수 있다면 나는 모르는 것이 없어진다. 정계의 수뇌 회담을 엿듣고 최고의 비밀을 알게 되면 세상 사건들의 진로를 결정할 수도 있을 것이다.

정신세계 관련 서적들에서 읽었던 이야기가 생각났다. 에고의 한계를 극복하고 정신적으로 충분히 성장하기 전에 초상능력을 가지고 놀지 말라는 내용이었다. 그런 충고가 성큼 다가왔고 분명하게 이해되었다. 그러나 불순한 나의 정신은 도덕적으로 용납받지 못할 거라는 두려움이 있었다. 또한 내 실험의 결과에 따라서 나는 지극히 유동적이었다. 시공의 노예 상태로부터 해방될 수 있다는 사실은 더할 나위 없는 유혹이었지만 이 실험의 성과가 긍정적일 경우 그 결말은 아주 크고 심각할 것이었다. 그것은 시공의 변덕스러운 본성을 알게 되는 이상의 훨씬 더 큰 문제를 야기할 것이 분명했다.

수천 마일 떨어진 곳의 상황을 조종할 수 있다는 것이 확인되면 이 한 번의 실험으로 나의 온 세상은 철저히 무너질 것이었다. 내가 알았던 그대로의 세상은 더 이상 존재할 수 없으리라. 내가 의지하면서 안정감을 느꼈던 모든 좌표가 사라질 것이다. 나는 형이상학적 혼돈에 빠져들 것이다. 그러면 내가 누구이고 어디에 어느 시대에 존재하는지도 모르면서 생소한 법칙이 지배하는 놀라운 세계에서 언제 행방불명이 될지 모르고 살게 될 것이다. 내가 그런 능력을 갖는다면 그 세계에는 같은 능력을 지닌 다른 사람들도 많을 것이다. 그러면 프라이버시는 사라지고 문도 벽도 더 이상 나를 보호하지 못하게 될 것이다. 나의 새 세상은 상상할 수도 예견할 수도 없는 잠재적 위험으로 가득 차게 될 것이다.

나는 실험을 진행할 수 없었다. 그래서 체험의 객관성과 사실성에 대한 의문을 그냥 남겨두기로 했다. 그러자 내가 실제로 시공을 넘어설 수 있었다는 생각과 희롱하게 되었다. 그리고 이 사건을 강력한 환각제에 의한 환상 여행으로 볼 수 있는 여지를 남겼다. 내가 아는 현실이 환영이라는 객관적 증거가 발견되는 것이 두려웠다.

실험을 포기한순간 나는 볼티모어의 세션 장소에 있었다. 그리고 천천히 일상적 의식과 낯익은 물질계의 '객관적 현실'로 돌아왔다. 내가 미국으로 이주해왔고 볼티모어에 있다는 사실이 더 이상 의심스럽지 않았다. 나는 아스트랄체 투사 현상을 이용할 수 있는 모처럼의 기회를 놓친 것이 애석했다. 그러나 그 시험과 관련된 형이상학적 공포를 떠올리면 미래에 비슷한 기회가 주어진다 해도 내가 좀더 용감할 수 있을지 의심스럽다.

고대 인도의 가르침에서는 현상계의 체험을 우주의식의 신성한 유희로 보고, 우리가 인식하는 물질계를 환영으로 생각한다. 20세기에 와서 상대론적 양자물리학은 그런 관점을 인정하지 않을 수 없게 만드는 중요한 증거를 찾아냈다. 프라하로의 아스트랄체 투사 체험이 내게 가르친 것은 물질계에 대한 우리의 믿음이 얼마나 뿌리 깊으며 그 환영을 유지하기 위해 얼마나 애쓰고 있는가 하는 것이었다. 현실의 본질에 관한 기존의 체계가 갑자기 무너지고 앨런 와츠의 '자신이 누구인지 아는 죄'를 범하게 되면 말할 수 없는 형이상학적 공포가 찾아올지도 모른다.

◆ ◆ ◆

화신化身의 통로
내 어머니와 사이 바바, 홀로트로픽 호흡법

1960년대 말의 체코에는 자유화의 물결이 밀려왔고, 그것은 1968
년 저 유명한 '프라하의 봄'으로 절정에 도달했다. 이 운동은 소련
의 붕괴를 유도한 고르바초프의 '페레스트로이카'와 '글라스노스
트'보다 20년 앞선 것이었다. 체코의 정치 지도자들은 스스로 '인간
의 얼굴을 한 사회주의'라 부른 것을 창조하기 위하여 유례가 없는
실험에 돌입했다. 1967년에 내 동생 파울과 나는 체코를 떠나 각각
캐나다와 미국에서 새로운 삶을 찾을 수 있었다.

이듬해 8월 21일에 체코와 슬로바키아 민족의 자유 민주주의
에 대한 희망은 소련 군부의 침입에 의하여 잔인하게 짓밟혔다. 그
리하여 우리로서는 합법적 방문으로 시작한 것이 체코 정부가 불
법으로 여기는 이민으로 바뀌었고, 파울과 나는 체코를 자유로이
여행할 수 없게 되었다. 그러나 부모님과는 편지왕래나 체코 밖에

서의 만남을 통해서 그런대로 관계를 유지했다.

두 분 다 은퇴를 해서 외국 여행은 비교적 쉬웠다. 공산정권은 사회에 도움이 되지 못하는 무능한 시골 사람들을 붙들어두는 데는 관심이 없으며 이런 사람들에겐 오히려 이민을 장려하는 쪽이었다. 왜냐면 정부는 귀한 자산인 아파트를 환수할 수 있고 생활보조금이나 다른 사회적 혜택을 주지 않아도 되기 때문이다. 그래서 두 분이 북미 대륙의 파울과 나를 방문하거나 우리가 서유럽에 갈 때 두 분을 만날 수 있었다.

하지만 두 분이 여행 허가는 받을 수 있어도 경화硬貨를 직접 살 수는 없었으므로 해외에 머물 때는 언제나 우리가 재정 문제를 해결해야 했다. 파울과 나는 이것이 어려운 일이 아니었지만 어머니에게는 괴로운 일이었다. 어머니는 인심이 너무 좋아서 무엇이든 받기보다 주기를 좋아했기 때문이다. 그래서 우리의 삶에 무언가의 도움이 되는 일로 어떻게든 보답해야 한다는 생각을 항상 갖고 계셨다. 어머니의 이런 성향이 내가 지금 하려는 이야기에서 중요한 역할을 한다.

1973년에 내가 캘리포니아의 빅서로 옮겨왔을 때 에살렌 연구소는 일정 횟수의 워크숍을 진행하는 대가로 나에게 태평양이 내려다보이는 절벽 위의 멋진 집을 한 채 제공했다. 크리스티나가 함께 일하며 살기 시작했을 때 우리는 집과 바다 사이의 땅을 아름다운 채소밭으로 만들었다. 이것은 힘이 많이 들었는데 그 땅이 가시덤불과 엉겅퀴, 옻나무 등으로 뒤덮여 있었기 때문이다. 우리의 밭 가꾸기는 계속해서 되살아나는 야생 식물들과의 끊임없는 전쟁이었다.

아버지가 돌아가신 뒤 혼자서 빅서에 처음 오신 어머니는 곧바로 우리의 작은 농장에서 일거리를 찾아냈다. 그녀는 우리와 상의하지도 않고 밭과 그 주변에서 불필요해 보이는 잡초 같은 모든 것을 제거하기로 마음먹었다. 빅서에 사는 사람들은 누구나 다 독이 있는 옻나무를 안다. 그것은 삶의 낙원을 살아 있는 지옥으로 만들어버릴 수도 있는 식물계의 골칫거리 중 하나이다. 우리는 대부분 모르고서 그것과 접촉했다가 실컷 혼이 난 뒤에 독 옻나무가 주는 고통을 배웠다. 그러나 어머니는 이제 막 온 사람이어서 그것을 몰랐다.

독 옻나무의 가지와 잎의 수지 성분에 닿으면 대부분의 사람들이 피부 발진과 물집이 생기고 진물이 흐르며 몹시 가렵다. 증세가 가라앉으려면 보통 3~4주가 걸리는데 증상이 심하면 피부에만 그치지 않고 몸속으로 들어간다. 독 옻나무 가지를 태우는 연기를 들이마셔도 폐수종에 걸릴 수 있다. 빅서에 살아온 노인들의 말을 통해서 전하는 바에 의하면, 동부 출신의 순진하고 의심할 줄 모르는 어떤 부자父子가 캘리포니아를 여행하면서 화장지가 바닥나자 독 옻나무 잎으로 그것을 대신하려 했었다는 무서운 이야기가 있다.

어머니는 여러 가지 알레르기 증상으로 고통을 받았고 독 옻나무에 대한 반응은 아주 끔찍했다. 온몸이 붉은 발진으로 뒤덮이고 짓물렀으며 가려움증에 의한 고통은 상상할 수 없을 정도였다. 며칠 뒤에는 생명이 위독해져서 강렬한 환상을 보게 되었다. 한밤중에 그녀는 자신의 돌아가신 부모와 오빠의 방문을 받았다. 또 남편이었던 내 아버지의 환상도 보았는데 아버지는 두 마리의 말이 끄는 옛날식의 마차를 타고 찾아왔다. 그것은 택시가 나타나기 전의 유럽 도시들에서 널리 이용되었던 운송 수단이다. 그는 턱시도와 실린더 해트를 착용하고 와서 어머니를 설득하여 저세상으로 데려가려 했다.

　나는 어머니 곁에 오랫동안 앉아 있으면서 점점 더 걱정이 되었다. 말기 암 환자와 많은 작업을 하고 사망심리학 서적도 많이 읽은 나는 어머니의 환상이 죽어가는 사람을 기다리는 '환영회'의 체험과 비슷함을 알고 있었다. 나는 마침 독 옻나무 치료에 효과가 있는 코르티손 주사액을 몇 개 갖고 있었는데, 가장 가까운 카멜 병원까지 80킬로미터를 달려가기 전에 마지막 방법으로 그것을 투여했다.

　그러자 한 시간이 지나기 전에 마술처럼 증세가 호전되어 체력이 되살아나고 정신도 돌아왔다. 날이 밝아오고 있었는데 어머니는 테라스로 나가서 벤타나 황야 위로 떠오르는 태양을 보고 고개를 돌려 태평양을 보았다. 기분이 매우 좋은 듯 눈이 반짝였다. "스탠, 너 사는 곳이 정말 굉장하구나!" 어머니가 즐거워하면서 말했다. "공기가 너무 맑고 색깔이 모두 빛이 나네! 저 소나무 가지들의 광채를 본 적 있니? 그리고 저 파도 위에서 빛이 반사되는 것을 좀 봐라." 어머니는 지금 내가 환각제와 홀로트로픽 호흡법을 통해서 수백 번 보아왔던 것을 보고 있었으며, 이것은 깊은 정신적 재탄생이었다.

　그날 낮에 어머니는, 지난 밤 동안 증세가 극한까지 치달아 내가 코르티손을 투여했을 때 겪은 일을 자세히 설명했다. 주사를 맞고 얼마 지나지 않아 어머니는 눈부시게 빛나는 어떤 인도 성자의 환상을 보았다. 풍성하고 더부룩한 머리와 붉은 색의 긴 로브를 보고 그가 사트야 사이 바바임을 알았다. 그는 어머니의 몸속으로 들어와서 기적적인 치료를 감행했다. 그의 개입으로 어머니는 몸과 마음이 크게 바뀐 것을 알았다. 죽음의 문턱에서 자신을 되돌린 것은 코르티손이기보다 사이 바바일 것이라고 그녀는 확신했다.

인도에서 사트야 사이 바바는 마하라쉬트라 쉬르디 출신의 유명한 성자인 사이 바바의 환생으로 여겨진다. 쉬르디의 사이 바바는 물질계를 지배하는 마음의 힘, 즉 싯디를 통해 세상에 널리 알려졌다. 그의 싯디들 중에 물질화 능력이 있는데 여기에는 금반지와 작은 신상神像들에서 비붓디vibuddhi라 불리는 '신성한 재'까지 다양한 것들이 포함되었다. 그는 또한 동시에 여러 곳에 모습을 나타낼 수 있었다고도 한다. 많은 사람들은 그가 인류의 진화에 영향을 주려고 세상에 찾아온 화신化身들 중의 하나라고 믿는다.

크리스티나와 나는 1980년에 인도를 방문했을 때 푸타파르티의 호화로운 거처에서 사이 바바를 개인적으로 만났다. 우리의 일주일 방문은 크리스마스 휴가에 의한 것이었는데 그 당시 사이 바바는 서양인들에게 특별한 관심을 보였다. 우리는 모처럼 가까이에서 싯디의 작용을 관찰할 수 있었다. 그는 팔을 빠르게 움직여서 많은 양의 과자를 만들어 아이들에게 나눠주고 한 줌씩의 비붓디를 만들어 신봉자들의 이마에 문질렀다. 그 모든 것이 짧은 소매의 팔로 이루어졌으니 속임수를 쓰기는 어려웠을 테고 특히 재를 만들어내는 것은 더욱 그랬을 것이다.

어머니가 사이 바바를 알게 된 것은 당시 롤핑 요법가이자 침술사이고 에살렌의 워크숍 진행자였던 알 드러커를 통해서였다. 알은 원래 미국 정부에서 미사일 탄도 계산 전문가로 일하던 수학자이자 물리학자였다. 영적인 체험을 하고 도덕적 차원에서 군대를 위한 일이 싫어진 그는 하던 일을 버려두고 에살렌에 왔다. 여기서 사이 바바에 관한 얘기를 듣고 푸타파르티로 가서 그의 물질화 능력에 관한 주장을 확인했다. 물리학자였던 알은 그것이 정말 가능한지 궁금했을 것이다.

알이 직접 목격한 몇 가지 놀라운 사례들 중에는 사이 바바가 은반지를 만들어내더니 이어서 그것을 금반지로 바꾼 일도 있었다. 열렬한 신자가 되어 캘리포니아로 돌아온 알은 사이 바바의 메시지를 여기저기 전했고, 평소 에살렌의 영적인 철학들에 관심이 많았던 내 어머니가 에살렌에서 알을 만나 둘이 친구가 되었던 것이다. 알은 어머니에게 사이 바바에 관한 얘기를 많이 했고 그에 관한 책도 몇 권 빌려주었다. 알은 사이 바바를 너무 좋아했기 때문에 나중에 인도로 건너가서 인도 시민권을 얻은 뒤 사이 바바의 '오른팔'이 되었다.

어머니는 에살렌의 철학과 종교들에 관심이 많았다고 했는데, 그녀는 인도철학을 대중화시킨 영국의 철학자이자 저술가 폴 브런튼을 지지하는 체코인 그룹에 속해 있었다. 또한 라마나 마하리시와 오로빈도, 타고르를 비롯한 영적인 스승들의 책도 읽었다. 60년대 말에 어머니의 요청으로 나는 세 차례에 걸쳐 그녀의 LSD 세션을 안내했는데 이것들이 어머니에게 아주 깊은 영성을 일깨웠다. 그를 통해서 어머니는 행위의 무의식적 동기를 알고 감정의 혼란에 대처하기 위한 여러 기법과 심층심리학에 관심을 갖게 되었다. 에살렌에 머물면서 어머니는 우리의 워크숍에 참가하여 강사로 초빙되어온 영적인 스승들이나 새로운 패러다임의 과학자, 초개인 심리학자들에게서 배웠다.

어머니는 이론 강좌도 좋아했지만 우리 프로그램의 기본인 홀로트로픽 호흡법에 특히 매료되었다. 그녀는 직접 체험과 타인을 위한 '참관자' 역할 두 가지 모두를 통해서 호흡 효과를 체험할 기회가 몇 번 더 있었는데, 그것은 내가 스칸디나비아와 스위스에서 워크숍을 진행할 때였다. 나는 어머니가 이것을 좋아한다는 걸 알았지만 그 당시에는 이런 관심이 어떻게 발전할지 알 수 없었다.

어머니가 프라하로 돌아가신 뒤에 우리는 정기적으로 편지를 주고받았다. 아버지가 세상을 떠난 뒤부터 어머니의 편지는 점점 더 비관적이 되어갔다. 친구의 수효가 자꾸 줄어든다든가 80세를 바라보는 사람에게 일어나기 쉬운 문제점 같은 것들이 주요 내용이었다. 친척이나 지인들의 질병과 수술, 이를테면 중풍과 심장 발작, 암, 관절염, 척추 디스크 같은 것들에 관한 얘기도 있고, 간혹 이웃의 죽음을 알리는 부고訃告가 들어 있을 때도 있었다.

그러다가 갑자기 편지의 어투가 바뀌었다. 어머니는 과거에 내 고객이었던 부부를 포함하여 몇몇 친구들과 함께 홀로트로픽 호흡법을 실천하기로 했다고 적었다. 그리고 그 선구적인 모험의 결과가 괜찮은 데 힘입어 호흡을 계속했으며 소문이 퍼져 나가 참가자가 차츰 늘어났으니 그 속에는 새로운 기법을 배우고 체험해보려는 젊은 정신과의사와 심리학자들도 들어 있었다.

늙었다든지 병든다든지 죽는다든지 하는 말은 어머니의 편지 속에서 거의 사라졌고 그것이 홀로트로픽 호흡 세션을 통해서 겪은 체험에 관한 이야기로 대치되었다. 그녀는 세션을 할 때 들은 음악을 계속 들으면 단조롭고 지루하다고 새로운 음악을 골라서 보내달라고 요구했다. 그리고 편지를 이용해서 호흡을 하다가 생겨나는 특수 상황에 대한 자문을 구하기도 했다. 나중에는 자신의 그룹에 참가한 사람들의 ― 대부분 젊은이들인데 ― 수가 40명이 되었다고 자랑했다. 어머니는 마치 새 삶을 얻은 사람처럼 존재 방식이 근본적으로 변했으니, 그것은 글자 그대로 '존재의 이유, 생명의 약동'이었고 삶을 향한 놀라운 열정이었다.

어머니가 85세의 생일을 맞이할 때쯤은 체코슬로바키아의 상황이 많이 바뀌었으므로 나도 프라하에 가서 이 행복한 잔치에 참석할 수 있었다. 여기에 곁들여 나는 모교인 찰스대학교 정신의학과에서 홀로트로픽 호흡법 세미나를 열고 강좌를 하도록 초대되었다. 세미나에 참석한 정신과의사 두 사람은 멀리 슬로바키아에서 왔다고 하면서 그 이전에도 내 어머니가 슬로바키아에서 진행했던 행사에 몇 주일 참석했었다고 말했다. 그들은 그것이 슬로바키아인 정신과의사와 심리학자들을 위한 홀로트로픽 호흡법 세미나였으며, 거기에 이론적인 토의가 뒤따랐다고 덧붙였다.

나는 도무지 믿을 수가 없었다. 아버지를 만나서 결혼하기 전의 어머니는 세상이 인정한 콘서트 피아니스트였었다. 그러나 소질과 기예가 있음에도 불구하고 무대공포증이 있어서 공연장에 나서기를 싫어했다. 그랬던 어머니가 자신은 제대로 훈련받은 적도 없는 분야에서 정신과의사와 심리학자들을 위한 세미나를 진행했다는 것이 믿어지지 않았다. 그러나 슬로바키아인 의사들의 말에 의하면 그 워크숍은 큰 성공을 거두었고, 이어진 토의 시간에도 어머니는 이론적이거나 기술적인 모든 질문에 만족스런 답변을 해주었다고 말했다.

곤혹스러워진 나는 그날 저녁식사를 마치고 슬로바키아의 세미나에 관한 얘기를 꺼냈다. "어머니가 최근에 슬로바키아의 정신과의사와 심리학자들을 위해 호흡법 워크숍을 했다고 들었는데 어땠어요?"

"좋았어," 어머니는 약간 부끄러운 듯이 대답했다. 충분한 훈련을 거쳐 자격을 인정받은 지도자에게만 공개적 워크숍이 허용된다는 것을 알고 있었기 때문이었다. "그 사람들도 좋아하는 것 같던데."

"실습 뒤에 토의도 있었고 어머니가 질문에 답변을 해주었다던데 그건 어땠어요? 너무 전문적이어서 대답하기 어려운 것은 없었나요?" 나는 좀더 추궁했다.

"다 좋았어." 어머니는 대답을 하고 나서 오랫동안 침묵을 유지했다. 무슨 말을 더 하고 싶은데 적절한 표현을 찾기 어려워 그런 것 같았다. 나는 아무 말 없이 안락의자에서 무슨 대답이 나오는지 기다렸다. "사실 꼭 그런 건 아니지." 결국 무언가 죄를 지은 듯한 표정으로 어머니가 말했다. "실제로 그 시간의 반 정도는 참석한 사람들이 무슨 얘기를 하는지 알 수 없었지. 그런데 갑자기 대답이 나온 거야. 솔직히 말해서 그건 내가 대답한 게 아니라고 생각해."

"어머니가 대답한 게 아니라고요?" 나는 어리둥절해져서 물었다. "어머니가 아니라면 그게 누굽니까?"

"그분이 했지." 어머니는 의심의 여지가 전혀 없다는 투로 말했다. "사이 바바!"

그런 다음 어머니는 말씀을 이어나갔다. 빅서에서 사이 바바가 나타난 뒤로 어머니는 그의 존재를 자주 느꼈고, 특히 홀로트로픽 호흡법과 관련된 상황에서 더욱 그랬다. 슬로바키아에서의 세미나는 비슷한 경우들 중 하나일 뿐이었다. 똑같은 일이 호흡 세션 중의 몸 상태에도 항상 나타났다. 참가자들의 체험이 좀더 잘 마무리되기 위해 무언가의 조정이 필요할 경우 어머니는 그저 잠깐 기다리기만 하면 평소에 연결되어 있지 않던 차원으로부터 지침이 내려왔다. 어머니는 주저 없이 그에 따라 수기요법을 실시했고 그 결과는 대체로 아주 만족스러웠다.

어머니의 조정 능력은 종종 큰 효과를 발휘하여 참가자들을 놀라게 했다. 내 동생 파울은 그것을 볼 기회가 있었다. 1992년 우리가 프라하에서 국제 초개인 협회 회의 전에 홀로트로픽 호흡법 워크숍을 진행하고 있을 때였다. 과거의 어느 때보다도 많은 인원이 참석하여, 36개국에서 온 330명의 참가자에 파울과 어머니를 포함한 35명의 지도자가 가담했다.

이 워크숍 도중에 숙련된 정신과의사이고 강건한 파울이 어떤 젊은 산과 여의사의 발작을 진정시켜야 하는 어려운 상황에 처했다. 러시아에서 온 그녀는 아주 격렬했는데 몸통을 아치 형태로 굽혀 바닥에서 높이 들어 올리고 사방으로 발길질을 하며 날뛰었다. 그녀는 파울의 유창한 러시아어 암시에도 전혀 반응하지 않았고, 파울이 온몸의 힘을 다해서 제지해도 막을 수 없었다. 그때 나이 85세인 어머니가 다가와 한쪽 손과 체코어 몇 마디로 그 여성을 진정시켰다.

프라하에서 내 어머니의 지도를 받은 사람들은 모두 그녀를 좋아했고 자신의 어머니 상으로 여겼으며 나아가서는 '지혜로운 늙은 여인'의 원형으로까지 생각했다. 어머니에게 배운 사람들 중

열두 명은 공산정권 몰락 이후 미국과 유럽에서 충분한 훈련을 받고 호흡법 지도자의 자격을 얻었다. 어머니는 자신의 호흡법 세션을 마치고 며칠 후 친구인 물리학자 부부에게 차를 마시러 오라고 집으로 초청한 뒤 갑자기 돌아가셨다. 어머니는 우아한 노년과 헌신적인 인생의 표본으로 내 뇌리에 새겨졌다.

모든 것이 하나일 때 아무 문제도 없다
한국 검도 달인의 묘기

에살렌에서 여섯 주 동안 진행된 '불교와 서양심리학'이란 제목의 워크숍은 훌륭한 강사진과 괄목할 만한 프로그램으로 인기를 끌었다. 워크숍 공동 진행자인 내 친구 잭 콘필드는 심리학자이자 비파사나觀法를 가르치는 불교 승려로서 참가자들과 개인적인 면담을 하면서 아흐레 동안의 섭심攝心[1] 수행도 이끌었다. 이 프로그램에서는 티베트 불교의 스승들인 최감 트룽파와 타르탕 툴쿠, 소걀 림포체를 초청했다. 고빈다 라마는 아내인 리와 함께 두 주일 동안 머물면서 매일 한 시간씩 티베트 불교를 가르쳤다. 철학자이자 종교 연구가인 휴스턴 스미스는 불교를 강의했고, 조셉 캠벨은 일련의 삽화를 통해서 불교 신화를 소개했다.

---

[1] 마음을 가다듬어 흩어지지 않게 함.

선禪 불교를 대표하는 사람들은 샌프란시스코 선원禪院 원장인 레브 앤더슨과 한국 선종의 방장스님 숭산崇山, 선 궁도를 수행한 고분 치노였다. 도교 마스터인 충량 알 황은 태극권과 서예를 소개했다. 그러나 모든 초빙 강사들 중에서 우리 워크숍 참가자와 그 외의 에살렌 사람들을 가장 놀라게 한 인물은 한국 무술의 달인인 '관장님'이었다. 그는 두 사람의 제자를 데리고 숭산 스님과 함께 에살렌에 왔다. 우리는 그의 놀라운 실력에 대해 미리 들은 바가 있었기 때문에 이런 기회를 워크숍 참가자들에게만 제한하지 않고 좀더 널리 제공하기로 결정했다. 그래서 그날은 에살렌 사무실 앞의 넓은 타원형 잔디밭에 많은 사람들이 모였다.

관장님은 강좌를 진행하면서 시범을 보였다. 그와 두 사람의 제자가 사용한 첫 번째 무기는 칼이고 두 번째는 봉이었다. 이 시범에 이어 폴란드 출신의 바짝 마른 제자가 셔츠를 벗고 잔디밭에 누웠다. 다른 제자는 에칭으로 아름답게 장식된 큰 칼을 하나 가져왔다. 관장님은 먼저 자신의 왼쪽 엄지손가락과 집게손가락으로 한 올의 머리카락을 잡고 그것을 잘라 칼의 예리함을 보여주었다. 그런 다음 누운 제자의 아랫배에 손수건을 깔고 그 위에 사과를 올려놓았다. 그가 칼을 힘차게 휘두르자 사과는 둘로 갈라져 떨어졌고 손수건 위에는 톱니 자국이 약간 남았다.

관중들은 박수를 치며 환호했다. 관장님은 사람들을 진정시켰다. "이제 시작입니다. 조금 더 기다리세요." 작은 제자가 다시 걸상 두 개와 수박 세 개, 두꺼운 검은 벨벳 주머니 하나를 가져왔다. 그는 폴란드 도반의 머리끝과 발끝에 걸상을 하나씩 놓고 그 위에 각각 수박을 얹은 다음 마지막 남은 수박 역시 앞서와 같이 폴란드 동료의 아랫배 위에 놓았다.

그러는 동안 관장님은 검은 벨벳 주머니를 들고 잔디밭에 둘러선 사람들에게로 걸어와 한 사람씩 그것을 보고 만지게 했다. 그것은 이중의 두꺼운 검은 벨벳으로 만들어져 아무도 속을 볼 수 없게 되어 있었다. 관장님은 걸상 위 수박들의 꼭지 부분을 베어 위치를 고정시켰다. 그런 다음 제자가 누워 있는 곳에서 4.5미터쯤 걸어가 벨벳 주머니를 자신의 머리에 뒤집어쓰고 목둘레에서 주머니의 입구에 달린 끈을 조인 뒤 오른손으로 칼을 잡아 수직으로 세우고 결투 자세를 취했다.

그는 몇 분 동안 아무 소리 없이 이런 자세로 서 있었다. 둘러선 사람들은 숨을 죽이고 지켜보았다. 갑자기 에살렌의 모든 개들이 큰 소리로 울부짖기 시작했다. 그가 고함을 지르자 그 소리는 개들의 합창과 뒤섞여 놀라운 불협화음을 창출했다. 그는 칼을 쥔 오른손을 몸에 바짝 붙이고 폴란드 제자를 향해서 왼손을 회전축으로 삼아 수레바퀴처럼 옆으로 재주를 넘으며 굴러갔다. 그는 제자의 옆구리에 서서 양손으로 칼자루를 움켜쥔 뒤 걸상 위의 수박들을 조각냈다. 그런 다음 여전히 눈을 가린 상태에서 힘차게 칼을 휘둘러 믿음직한 제자의 배 위에 놓인 세 번째 수박을 잘랐다.

수박은 두 조각으로 나뉘어 제자의 몸 양쪽으로 떨어졌다. 앞서 사과를 자르면서 손수건에 보일 듯 말 듯한 톱니 자국이 남았을 때 관중들은 환호하며 박수갈채를 보냈고, 그 이전에 관장님의 칼이 얼마나 날카로운가를 모두 보았다. 눈을 가리고 4.5미터를 굴러가면서 조금만 계산이 어긋나도 제자는 치명적인 상처를 입게 될 것이었다. 그래서 방금 본 묘기가 기적과 같이 느껴졌다.

관장님은 머리에 썼던 주머니를 벗고 질문에 응했다. 사람들은 그가 어떻게 해서 그런 일을 할 수 있는지 알고 싶어했다. "당신은 육안을 사용하지 않고 ESP에 의해서 주위를 봅니까?" "의식이 육체를 벗어나 위에서 모든 것을 보았습니까?" "모든 상황의 삼차원적 영상을 기억하고 계속해서 그것을 생생하게 유지했습니까?" 사람들은 질문 공세를 퍼부었다. 관장님은 아랫배에서 나오는 건강한 웃음으로 응답했다. "아닙니다." 그는 부인하는 몸짓으로 말했다. "명상하면서 기다릴 뿐입니다. 칼을 든 자와 칼, 수박, 제자, 이 모든 것이 하나가 될 때까지 기다렸다가 하면 아무 문제가 없습니다."

에살렌에 있는 책들을 보면 높은 경지에 달한 요기들, 특히 싯다 — 성취자, 탄트라의 대가 — 들은 초능력을 구사할 수 있다고 한다. 그들의 놀라운 재주는 마음이 물질을 다스릴 수 있음을 의미한다. 눈을 가린 관장님이 2, 3인치만 어긋나면 제자를 죽이거나 큰 부상을 입힐 수 있는 상황에서 무서운 칼로 보여준 묘기는 같은 범주에 속한다고 할 수 있다. 그의 시범을 지켜본 우리는 아무리 열심히 오래 연습해도 그런 일을 할 수 없을 것 같았다.

고대 마야의 이상한 유산
수정 두개골의 신비

샤먼의 구전과 종교적 전통, 인류학 문헌, 세계의 신화들에 의하면
특별한 힘을 갖는 마법적인 인조물이나 천연물이 있다고 한다. 이
를테면 주물呪物과 의례용 도구, 부적, 반지, 무기, 수정이나 다른
종류의 보석들, 식물들이다. 예를 들면 힌두교에서는 살라그람 ―
탄트라의 중요한 상징 모습을 한 돌이나 화석 ― 에 독특한 성질
이 있다고 한다. 이슬람교도들은 그들의 지성소이자 순례 목적지
인 카바 신전의 초석으로 사용되는 블랙스톤이 신봉자들의 죄를
흡수한다고 믿는다. 그들의 말에 의하면 블랙스톤은 원래 순수하
고 눈부신 흰색이었는데 오랫동안 죄를 흡수해서 검게 변했다고
한다.

　　기독교에서는 성자들의 유품과 눈물(혹은 피) 흘리는 성모상,
토리노의 수의(십자가에 못 박힌 남자의 흔적을 보여주는 오래된 리넨

천) 등이 기적적인 성질을 갖는 물건으로 간주된다. 순교자들의 무덤은 "소경과 신체장애자들이 낫고 죽은 자가 되살아나고 인간의 몸에서 악마가 추방당하는" 장소라고 한다. 전설에 따르면 가이우스 카시우스 롱기누스가 십자가의 예수를 찌를 때 사용했다고 하는 '운명의 창'이 그것의 소유자에게 세상을 정복할 힘을 주었지만 그것을 잃어버리면 곧바로 그를 죽게 만들었다고 한다. 초상적인 힘을 지닌 신화적인 물건의 또 다른 예는 아서 왕의 검인 엑스칼리버와 성배이다.

아스텍과 마야 사람들은 인간의 두개골에 커다란 상징적 의미를 부여했으니 스페인 점령 이전의 중앙아메리카에서는 그것이 아주 중요한 테마였다. 고고학자들은 인간 두개골의 모형을 많이 발굴했는데 그것들 대부분이 선사시대의 것으로 밝혀졌으며, 크기가 다양하고 재료도 금과 은, 청동, 흑요석, 줄마노, 공작석, 청금석, 터키석, 루비, 사파이어, 토파즈, 수정 등의 여러 가지였다. 이런 가공물들 중에서 수정으로 만들어진 실물 크기의 진귀한 복제품들이 특히 주의를 끌었으며, 정교함이라든가 사람에게 갖는 효과의 면에서 많은 책과 보도 자료의 주제가 되었다.

1970년대 초에 나는 에살렌 연구소에서 어떤 워크숍을 진행하다가 미첼-헤지스의 두개골에 관한 얘기를 들었다. 그것은 영국의 F. A. 미첼-헤지스 경과 그의 수양딸 안나의 이름을 따서 명명한 마야 시대의 인공 유물인데, 한 덩이의 천연 수정을 쪼아서 인간의 두개골과 똑같은 크기로 만든 것이었다. 이 신비로운 물건과 얼마 동안 함께 있었던 사람들은 강력한 비일상적 의식상태를 체험했고, 이것을 관찰하면서 그 속의 약간 흐릿한 부분에 의식을 집중한 사람들은 트랜스 상태와 강직증 또는 격앙 증세를 보였다고 한다.

그들은 역사 속 여러 장면들의 환상을 보거나 다양한 신화적 존재들과의 만났다. 여기에는 황홀감으로부터 공포감에 이르는 여러 가지 강렬한 감정이 수반될 때가 많았고, 보고된 효과들 중에 크리야(알 수 없는 감정의 물결과 본의 아니게 나오는 소리, 그리고 강력한 에너지와 파동, 경련 등)와 관련된 쿤달리니 각성의 사례도 있었다. 그 외의 효과는 환희, 환상, 심령 현상, 정신병적 사건들이다. 이런 체험을 한 사람들 중 몇몇은 실제로 정신병원에 가야 했다.

이 두개골은 또한 놀라운 광학적 성질도 갖고 있었다. 얼굴의 관골궁들이 (현대의 광섬유와 비슷한) '빛의 도관' 역할을 하여 아래쪽으로부터 안와의 작은 렌즈 두 개에 이르기까지 빛을 전달했다. 제1경추(환추) 위 두개골 아랫부분에 있는 두 개의 융기부는 빛을 응집시키도록 작은 피라미드 형태를 하고 있었다. 적절한 조명하에서 두개골 전체가 밝은 초록색으로 빛났고 안와는 연한 붉은색이었다. 또 이따금 눈부신 오라를 방사했는데 그 크기가 수시로 바뀌면서 움직였다고도 한다. 이런 효과에 놀란 사람들은 그것을 '파멸의 두개골'이라 불렀다.

수수께끼로 가득 찬 이 두개골은 그 기원과 시대, 제작법, 인간의 정신에 미치는 영향력 등과 관련해서 많은 추측을 낳았고, 1970년대에는 많은 과학자와 저널리스트, 작가들이 관심을 가졌다. 나도 미첼-헤지스 두개골의 효과에 대한 소문을 듣고 그것의 효과를 체험 연구해보고 싶어졌다. 그것의 관리인이 캘리포니아 밀 밸리의 파노라믹 하이웨이에 사는 프랭크 돌랜드임을 알아낸 나는 그를 찾아가서 두개골에 관한 이야기를 들으며 몇 시간을 보냈다.

돌랜드는 이 수정 두개골에 몰두해 있었다. 그는 잠자지 않고 깨어 있는 모든 시간을 이것과 함께 지내면서 연구한 것이 5년이나 되었다. 그 결과 이 물건의 제작과 관련된 기술적인 문제들은 너무 어려워서 사실은 제작 자체가 불가능하다고 단정했다. 수정 결정은 모스 경도 7도의 지극히 단단한 물질로서 칼로 긁어도 흠이 생기지 않는다. 돌랜드는 쌍안 현미경으로 가장 부드러운 표면을 조사했지만 연장을 댄 흔적을 찾지 못했다. 정을 댔으면 표면에 긁힌 자국과 잔주름이 분명히 생겼을 것이다. 그 두개골 표면은 수정의 결과 반대 방향으로 깎여 있었기 때문에 더욱 그랬다.

마야인들은 카보런덤[1]도 바퀴 숫돌도 알지 못했고, 모래와 물을 이용해서 손으로 작업하려면 몇 세대가 걸릴지 모르는 일이었다. 돌랜드는 마야인들이 고대의 비전에 의해 만들어진 어떤 종류의 연고를 사용했을지도 모른다는 생각을 했지만 그런 것은 현대에 알려져 있지 않다. 그는 산소 용접기에서 나오는 것 같은 고온이 수정을 녹일 수 있다는 사실을 발견했지만 마야인들이 그런 종류의 현대적 기술을 보유했을 것 같지는 않았다. 설사 그들에게 그런 기술이 있었다 해도 그걸로 두개골의 기원을 설명할 수는 없었다. 돌랜드는 캘리포니아 산타클라라의 휴렛패커드 수정 연구소에서 실시한 조사 내용이 담긴 상세한 보고서를 보여주었다. 전문가들이 내린 결론은 현대에 알려진 어떤 기술도 한 덩어리의 수정으로 인간의 두개골의 정확한 복제품을 만들 수 없다는 것이었다. 그

---

1) carborundum. 전기로電氣爐에서 만들어지는 검은 결정. 단단하고 고온에 견디므로 돌의 연마에 사용하거나 찰흙 등 다른 재료에 섞어서 내화 재료로 사용된다.

들은 두개골 복제 비용으로 돌랜드가 제안한 50만 달러도 거절했다. 내부에 많은 불순물과 작은 수포 같은 것들이 있는 수정은 세공을 하기가 너무 어려운 물질이었다.

몇 년 동안 노력해도 이 두개골의 기원에 대한 답이 나오지 않자 돌랜드는 점점 더 환상적인 이론으로 기울었다. 그것은 어떤 진보한 문명에 의해서, 강력한 마음과 뛰어난 지능을 지닌 어떤 존재들에 의해서 만들어졌다는 식이다. 그는 이 두개골이 시공을 초월한 교신이나 평행 우주들과의 교신을 가능케 하는 장치일지도 모른다고 생각했다. 나아가 이 두개골 제작자가 그것의 눈을 통해 지금도 우리를 관찰하면서 영향을 미치는지 모른다고까지 생각했다. 그러나 그런 영향력들이 다른 혹성들에서 오는지, 다른 차원들에서 오는지, 과거 아니면 혹시 미래의 다른 시대로부터 오는지 알 수 없었다.

여러 해 동안 돌랜드는 이 두개골과 관련하여 이상한 체험을 많이 했는데 그것들은 너무 압도적이고 불가사의했다. 그가 내게 말해준 마지막 체험은 우리가 만나기 불과 몇 주일 전에 있었던 것이다. 한밤중에 잠이 깬 그는 자기 집 일층에서 이상한 소음을 들었다. 무슨 일인지 알아보러 나간 그는 계단에서 아래층의 거실을 바라본 순간 깜짝 놀라서 그 자리에 우뚝 섰다. 커다란 재규어 한 마리가 뛰어다니면서 집안을 엉망으로 만들고 있었던 것이다. 그는 황급히 침실로 돌아와 문을 잠그고 공포에 떨면서 밤을 새웠다. 아침에 나가서 본 거실은 가구들이 부서지고 엎어져 난장판을 이루고 있었다.

간밤에 무슨 일이 있었는지 알 수 없었지만 어쨌든 고약한 일이었다. 얼마 동안 어렵사리 궁리한 끝에 그는 두개골을 미첼-헤지스 양에게 돌려주기로 결심했다. 그래서 나는 그것을 보기 위해 미첼-헤지스 양이 양아버지가 세상을 떠난 뒤로 죽 살아온 캐나다 온타리오의 키치너로 가야 했다. 프랭크 돌랜드의 이야기에 매료된 나는 그 뒤로 캐나다에 갔을 때 동생인 파울과 함께 미첼-헤지스 양에게 전화를 걸었다. 우리는 어떤 모텔에서 그녀를 만났는데, 놀랍게도 그녀는 양아버지가 죽은 뒤에 그 모텔을 매입하여 운영해왔다는 것이었다.

영국의 귀족인 미첼-헤지스 경으로부터 엄청난 재산을 물려받은 그녀가 이런 일을 한다는 것이 아주 신기했다. 그녀는 그것이 '아버지'의 죽음을 추모하기 위한 자신의 방법이라고 설명했다. 수양딸로 받아들여질 당시 열 살의 나이로 그 지역에서 집도 없이 굶주리며 살았던 그녀는 양아버지가 세상을 떠난 뒤 그가 베풀었던 방식으로 자신도 다른 사람들에게 숙식을 제공하고 싶었던 것이었다.

그녀를 만나는 동안 우리는 모텔 사무실에 앉아 있었는데 그 사무실 자체가 아주 특이했다. 내부를 장식하는 훌륭한 예술품들 중에 한때 바바리아 왕 루트비히의 것이었던 커다란 은주전자와 마리 앙투아네트의 것이었던 호화로운 거울이 있었다. 미첼-헤지스 양은 오려낸 신문기사 한 묶음을 가져왔다. 거기에는 그녀가 양아버지와 함께 겪은 세계 각지에서의 모험담이 실려 있었다. 이국적인 여러 장소들을 항해하면서 상어를 사냥하고 다른 커다란 물고기를 잡은 일, 호랑이를 쏘아 죽이고 남미의 원주민들과 함께 살면서 스페인 침략 이전의 유적지들을 발굴한 일 등이었다.

이런 신문 보도들 중에서 가장 재미있는 것은 미첼-헤지스 경이 아틀란티스를 찾다가 영국령 온두라스(벨리즈)[2]의 밀림지대에서 발견한 '무너진 돌들의 도시' 루반툰의 유적에 관한 내용이었다. 수정 두개골은 여기서 발견되었는데 열일곱 번째 생일을 맞은 안나가 고대 유적지의 폐허에 묻혀 있던 그것을 찾아냈다는 것이었다. 안나는 신문 기사를 하나씩 들추면서 그 속에 숨겨진 재미있는 이야기들을 들려주었다.

신문에 보도된 내용과 거기 관련된 기억들이 이제는 그녀의 인생의 주된 관심거리인 것처럼 보였다. 그녀는 결혼한 적이 없었는데 그것은 그녀의 강한 엘렉트라 콤플렉스 때문이었을지도 모른다. 전설적인 인물이 되어버린 '아버지'의 이미지를 능가할 남자가 쉽게 나타나지 않았을 것이다. 키치너의 모텔에서 안나 미첼-헤지스 양과 함께 보낸 오후는 아주 흥미로웠지만 안타깝게도 문제의 그 두개골은 볼 수 없었다. 그것은 더 이상 키치너에 있지 않았기 때문이다.

우리가 오기 조금 전에 안나는 그것을 뉴욕 시의 아메리카 원주민 박물관에 기증했다. 그 물건은 개인이 소장하기에는 너무 강력해서 공적으로 관리되어야 한다고 생각했던 것이다. 우리가 좀 더 자세한 설명을 듣고 싶어했지만 그녀는 못들은 척하고 두개골에 대해 더 이상 말하지 않았다. 안나를 만난 뒤 얼마 안 되어 뉴욕 시에서 강좌를 할 일이 생겼는데, 거기 도착하자마자 나는 의문 사항 탐구를 끝낼 요량으로 택시를 타고 아메리카 원주민 박물관을 향해 달렸다.

---

2) Belize. 중앙아메리카의 카리브 해에 면한 나라. 1981년 영국으로부터 독립.

결국 미첼-헤지스의 두개골이, 내가 오랫동안 추적해온 그 불가해한 가공물이 내 눈앞에 있었다. 그것은 진열용 유리상자 안에 놓여 있었는데, 유리판이 빛과 주변 물건들을 반사해서 좀더 명료하게 관찰하기가 어려웠다. 게다가 박물관은 공공장소여서 주변을 어슬렁거리는 많은 관람객들 때문에 분위기가 꽤나 산만했으므로 정신을 집중하기가 쉽지 않았다. 나는 아메리카 원주민 미술의 최고 권위자이자 이 박물관 관장인 프레더릭 닥스테이더 박사를 만나보기로 작정했다. 이 박물관에서 하룻밤 동안 그 두개골을 상자 밖으로 끄집어 내놓고 혼자 조용히 명상할 수 있게 해달라고 부탁할 생각이었다.

그러나 박사는 나의 희한한 요청을 이해하지 못하는 것 같았다. 그는 정신과의사이고 의식 연구가인 내 직함에 호응하기보다는 다른 사람들과 마찬가지로 박물관의 규칙에 따를 것을 주장했다. 그의 단호한 거절로 수정 두개골에 관한 내 탐구는 거기서 막을 내려야 했다. 여러 해 뒤에 나는 수정 두개골에 대한 내 관심의 일부를 《재규어의 부름》이라는 제목의 내 신출내기 SF소설에 투사함으로써 그때의 좌절감을 승화시켰다.

◆◆◆

공감각의 경이

휴고 추카렐리와 홀로포닉 사운드

1960년대 말과 70년대 초에 나는 초개인 심리학의 기반을 구축한 작은 그룹에 속해 있었다. 에이브러햄 매슬로는 이 새로운 학문 분야가 시간상으로 행동주의 심리학과 프로이트의 정신분석, 인본주의 심리학 이후에 나타났다고 해서 그것을 제4의 세력이라 불렀다. 그것은 현대의 의식 연구와 세상의 위대한 영적 전통들로부터 얻어진 지식을 도입하여 인간 정신의 보다 확대된 모델을 창조하려는 시도였다. 이 새로운 심리학은 영성을 인간성의 아주 당연하고 중요한 차원으로 인정함으로써 과거의 이론의 심각한 오류를 개선하고 부족한 부분을 보충했다.

초개인 심리학은 다양한 비의秘儀 체계와 신비주의 유파는 물론이고 고대 문화와 토착 문화의 의례적·영적 전통을 존중한다는 점에서 문화적으로 예민하다. 그것에 의해서 수정된 심리학 이론은 환각 연구와 인류학, 체험적 정신요법, 명상 실습, 그 외의 홀로트로픽 의식상태 관련 연구 분야들을 통해서 얻어진 혁명적 발견과 예증적例證的 도전 그 자체였다.

이 새로운 학문이 초기 단계에서 극복해야 할 중요한 과제는 그것의 기본적 관점이 물질주의 철학 및 데카르트·뉴턴 패러다임에 기반을 둔 기존의 과학적 사고방식과 공존할 수 없다는 사실이었다. 그래서 그것은 비과학적이고 불합리할 뿐만 아니라 '유별나다'는 비난까지도 들어야 했다. 그러나 자신들의 주장이 타당함을 믿는 초개인 심리학의 개척자들은 그런 개념 차이를 좁히기 위해 다른 과학 분야들에서의 혁명적 발견 속에서 자신들의 견해를 뒷받침해줄 이론을 찾으려고 노력했다.

새로운 패러다임의 과학적 성과들 중에서도 초개인 심리학이 과학적 기반을 제공받은 것은 광학 홀로그래피의 작용 원리가 발견되고 그것이 여러 분야에 응용되면서부터였다. 그중에서도 특히 도움이 된 것은 칼 프리브람의 홀로그램 두뇌 모델과 데이비드 봄의 홀로무브먼트holomovement 이론이었다. 이 두 사고 체계는 부분과 전체 사이에 상상도 할 수 없었던 역설적 관계가 존재함을 폭로하여 신비체험과 많은 초개인적 현상을 새롭게 조명했다.

홀로그래픽 패러다임이 각광을 받던 시기에 베스트셀러《뉴에이지 혁명》[1]의 저자인 매릴린 퍼거슨은 자신의 〈두뇌/정신 학술지〉에다 이탈리아계 아르헨티나 발명가 휴고 추카렐리의 홀로포닉 사운드 기술 발견이라는 선풍적인 내용을 보도했는데, 이것은 홀로

---

1) 원제는 The Aquarian Conspiracy. 1994년 정신세계사에서 출간되었음.

그래픽 패러다임에서 나온 기술이었다. 휴고의 작업에 흥분한 매릴린은 그와 함께 주말을 보내고 싶은 사람들을 위해서 샌프란시스코 가까운 밀브레의 한 저택으로 그를 초청했다. 이 세미나에는 초개인 분야의 명사들이 많이 참석하여 놀라운 사실을 체험했다.

휴고는 홀로포닉 사운드를 발견하게 만든 자신의 어린 시절에 관한 이야기로 세미나를 시작했다. 그는 작은 소년이었을 때 트럭에 거의 치여 죽을 뻔한 적이 있었는데 그가 청각 효과에 대해 관심을 갖기 시작한 것은 그때부터였다. 사고 당시 그는 달려오는 트럭을 등지고 길가에 앉아 있었다. 운전사는 다른 차와의 충돌을 피하려고 길가로 방향을 틀었고, 휴고는 치이기 직전에 반사적으로 몸을 피하여 간신히 목숨을 부지할 수 있었다.

이 사건 후로 그는 다가오는 트럭의 소리가 어느 위치에서 나는가를 자신이 어떻게 그렇게 정확히 알고 적절히 피할 수 있었는지 항상 궁금했다. 그리하여 여러 종류의 생물들이 소리의 위치를 알아내는 메커니즘에 관심을 갖게 되었고, 자세한 연구와 분석을 통하여 기존의 청각 이론은 인간의 음향 인식 능력에 관한 어떤 중요한 특징을 설명하지 못한다는 결론에 도달했다.

그는 유연성 없는 목을 가진 악어가 어떤 소리의 위치를 확인하기 위해서는 상체를 돌려야 한다는 사실을 알았다. 새들은 같은 일을 하기 위해서 머리를 돌려야 한다. 포유동물은 같은 목적을 위해서 귀의 구조를 변형시킬 수 있다. 그러나 인간은 머리를 움직인다든가 귓불의 형태를 변형시키지(우리는 할 수도 없는 일이지만) 않고도 들리는 소리의 위치를 정확히 알 수 있다. 나아가 인간은 한쪽 귀만으로도 소리의 위치를 정확히 알 수 있다.

그는 인간이 왼쪽 귀와 오른쪽 귀로 들어오는 소리를 비교하여 입체 음향을 청취하고 소리의 위치를 파악한다고 설명하는 이론이 잘못된 것임을 깨달았다. 그리고 음향 인식의 모든 놀라운 능력을 설명하기 위해서는 인간의 귀가 수신 장치일 뿐만 아니라 송신 장치이기도 하고 홀로그래피의 원리를 이용해서 소리의 위치를 파악한다는 가정이 필요하다고 결론지었다. 그의 말에 의하면 이명耳鳴 증상이 있는 사람들은 자신의 귀에서 실제로 나는 소리를 듣는 것이다. 그는 자신이 발견한 비밀의 세부적인 사항은 조심스럽게 접어두고 설명했다. 그가 개발한 홀로포닉 사운드 기술은 그런 메커니즘이 그대로 적용된 것이었다.

이 비밀스런 기술의 중요한 부분은 그가 링고라는 애칭으로 부른 사람의 머리 모양의 모조물이었다. 그것은 귀에 해당하는 부위에 녹음장치를 장착하고 있었으며, 두껍고 검은 주머니 속에 밀폐되어 청취자가 그 속을 알고 싶어도 알 수 없었다. 링고에서 나온 전선은 헤드폰을 꽂기 위한 열 개의 코드 구멍이 달린 박스에 연결되어 있었다. 간단한 설명을 마친 뒤에 휴고는 공개 실험을 진행했다. 그 자리에 참석했던 우리 열 사람은 헤드폰을 착용하고 그가 실험적으로 만든 홀로포닉 녹음테이프를 들었다.

우리는 믿을 수가 없었다. 거기서 나는 소리는 넓은 스펙트럼의 음향을 재현하고 있었으며, 그것이 삼차원 공간 속의 실제 상황이 아니라는 것을 눈으로 자꾸 확인하지 않고는 사실상 구분이 불가능할 정도의 생생함과 정밀한 공간감을 느끼게 했다. 그 전형적인 실례는 휴고가 어린 시절 체험을 생각하고 제작한 트럭이 달려오는 소리였다. 눈을 감고 그 소리를 들었을 때 우리의 몸은 트럭에 치이지 않으려고 본능적으로 몸을 옆으로 굴렸다.

이것이 전부가 아니었다. 놀랍게도 그의 홀로포닉 사운드는 청각 이외의 다른 감각들이 맞물려 아주 풍부한 한 세트의 공감각共感覺을 창출했다. 공감각이란 한 종류의 감각적 자극이 다른 감각적 인식을 유도하는 상황을 가리킨다. 이것의 가장 보편적인 형태는 소리를 들으면서 시각적 효과를 경험하는 '유색 청각(colored hearing)'이지만, 공감각에는 시각과 청각 이외의 다른 감각 영역들도 포함될 수 있다. 휴고의 실험적 테이프는 오감을 다 포함하고 있었을 뿐만 아니라 그 소리가 발생한 상황의 다른 측면들에 대한 정보도 담고 있었다.

그래서 머리카락을 자르는 가위 소리에 실제로 머리카락이 잘리는 느낌이었고, 헤어드라이어의 윙윙 소리가 머리카락들 사이를 지나는 뜨거운 바람을 느끼게 했으며, 성냥갑에 대고 긋는 성냥 알의 소리에서 불꽃의 영상과 유황 냄새가 분명히 느껴졌다. 또한 귓전에서 속삭이는 여인의 관능적인 목소리에서 그녀의 따뜻한 숨결을 느낄 수 있었다. 이런 효과를 체험하면서 우리가 큰 감명을 받은 것은 말할 필요도 없다.

공개 실험이 끝나고 진행된 논의에서 그 이전부터 홀로포닉 사운드를 체험했던 몇몇 사람들이 이 기술의 발전 가능성에 관해 더 재미있는 얘기를 했다. 이 사운드가 다른 감각만이 아니라 '감정'이나 신비로운 '느낌'까지도 체험하게 만들 수 있다는 것이었다. 그들은 젊은 세대가 엑스터시라고 부르는 향정신성 암페타민 유도체 MDMA를 복용하고 함께 인도의 만트라인 '옴'을 염송했었는데, 이 상황이 녹음된 홀로포닉 사운드를 들은 사람들도 그들이 느꼈던 것과 같은 신비로운 빛과 우주적 합일감을 느꼈다는 이야기였다.

논의가 활발히 진행되면서 세미나는 열기가 점점 고조되었다. 어떤 사람들은 홀로포닉 기술이 다양한 영적 전통과 신비주의 유파들이 사용하는 음향의 역할을 새롭게 조명할 것처럼 보인다고 말했다. 그들은 히브리어와 고대 이집트어 알파벳의 소리에 신비로운 성질이 있다고 믿어졌던 점을 언급하면서 쿤달리니 요가와 나다 요가의 차크라들이 특정 음절이나 음파에 상응하고, 탄트라의 행법과 예술, 의례 등에 있어서 소리가 지극히 중요한 역할을 하며, 인도 신화에서 '옴' 소리가 우주적 창조력을 지닌다고 하는 사실들을 예로 들었다.

또 다른 사람들은 홀로포닉 사운드의 발견이 청각 기능의 생리학과 병리학, 정신의학, 심리학과 정신요법, 영화, 텔레비전, 그 외의 흥행사업 분야에서 가상현실 창조 기술과 이론적으로든 실질적으로든 어떤 중요한 관계를 갖게 될지에 대한 의견을 제시했다. 여러 분야에서 새로운 과학 패러다임이 확대되고 있는 이 시대에 초개인 심리학의 개념에 도움이 되어줄 이런 또 하나의 기술이 첨가된 것을 우리는 아주 기쁘게 생각했다.

그러나 휴고의 경직된 자세가 홀로포닉 기술의 폭넓은 이용에 큰 장애로 작용할지도 모른다는 사실이 분명해졌다. 그는 자신의 기술을 누가 어떤 목적으로 사용하는가에 따라서 그 사용법을 철저히 통제하려 하고 있었다. 다시 말하면 어떤 형태의 남용과 오용도 허락하지 않겠다는 것이었다. 어찌 보면 칭찬할 만한 이런 태도는 사실 별로 현실적이지 못하고, 또 홀로포닉 사운드를 대중에게 알리고 싶은 회사들과 어떤 식으로 협상하는가에 따라서 달라질 것이 뻔했다.

　매릴린 퍼거슨이 그를 MGM 사社의 공상과학 영화인 〈브레인스톰〉 시사회에 초청했을 때 그의 관심은 크게 증폭되었다. 앞서도 언급했듯이 이 영화는 크리스티나와 내가 특수 효과를 위한 상담역으로 참여했었다. 그 내용을 다시 한 번 간단히 설명하자면 두 사람의 과학자, 즉 컴퓨터 천재와 총명한 두뇌 연구가의 공동 작업에 의해 개인의 체험을 기록하는 장치를 만들어 다른 사람들도 똑같은 체험할 수 있게 된다는 이야기이다. 이것을 가능케 하는 헬멧은 휴고의 기술이 훨씬 더 복잡하고 정교하게 발전된 것이라고 볼 수 있다.

　〈브레인스톰〉 영화 속에서는 이 발명품이 곧바로 상업적이거나 군사적인 목적을 갖는 나쁜 인간들에게 이용된다. 이 영화를 보면서 휴고는 자신의 기술이 남용되는 것을 우려하던 마음이 더욱 강해졌다. 휴고의 경직된 자세가 얼마나 거기서 비롯되었는지는 모르지만 어쨌든 그의 놀라운 발명은 밀브레의 세미나 참석자들이 기대하고 희망했던 만큼 세상의 각광을 받지는 못했다.

◆◆◆

절대성의 관문
빛의 두꺼비의 비밀

많은 사람들이 환각 물질은 식물에서 얻어지는 것으로 알고 있다. 고래로 토착 문화들은 종교 의례와 영적인 삶의 주된 수단으로 강력한 의식변환 성분을 지닌 식물들을 이용해왔다. 고대 인도의 전설에 나오는 소마라든가 인도대마의 여러 가지 변종들, 콜럼버스 미대륙 발견 이전의 성찬이었던 페요테와 환각버섯(테오나나카틀), 아프리카 부족들의 의례에 사용된 신성한 관목인 이보가, 그리고 남미 밀림의 양조 음료인 아야후아스카 이외에도 많은 것들이 있다.

그러나 동물계에서도 환각 성분들이 발견된다는 사실은 잘 알려져 있지 않다. 1960년대에 내셔널 지오그래픽의 사진기자였던 조 로버츠는 키포수스 푸스쿠스의 어육을 먹고 공상과학적 요소가 많은 어떤 강렬한 환각체험을 한 뒤 그에 대한 글을 썼다. 남태평양의 노픽 섬 앞바다에 사는 이 물고기는 악몽과도 같은 강력한 환상을 자주 일으키는 것으로 원주민들에게 알려져 있다.

　연구가들에게 가장 잘 알려진 동물계의 환각 물질은 두꺼비 속屬에서 나온다. 향정신성 물질인 뷰포테닌을 함유하는 두꺼비 가죽은 중세에 마녀들이 안식일의 환상을 체험하기 위해 사용했던 음료수의 중요한 성분이었다. 60년대 말에 환각 상태를 유도하는 새로운 이상한 방법이 알려졌는데 그것은 애리조나 사막의 커다란 두꺼비인 뷰포 알바리우스의 피부 분비물을 핥는 일이었다. 이 두꺼비는 애리조나 남부에서 멕시코의 소노라 남쪽까지 퍼져 있는 소노라 사막에서만 발견된다.

　물 근처에서 생활하는 이 두꺼비는 믿음직한 수원 근처에 머물러야만 생명을 유지할 수 있기 때문에 그들의 주요 서식지는 소노라 사막의 항구적인 내와 강 유역에 한정된다. 그들의 생활방식은 천 년도 더 전부터 호호캄 원주민들이 불모지에 물을 대기 위해서 길라 강의 물로 복잡한 운하 체계를 만들기 시작했다는 사실과 관계가 있다. 그러나 그것만으로는 충분치 않다. 뷰포 알바리우스는 목과 사지에 특수한 분비선이 있어서 우윳빛의 끈적끈적한 분비물을 내어 사막의 열기와 적들로부터 자신을 보호한다.

　이 분비물은 환각을 일으키는 5-메톡시디메틸트립타민(5-MeO-DMT)을 함유한다. 이 물질이 실험실에서 처음 합성된 것은 1936년의 일로서, 현대의 미국인들이 그것의 환각 효과를 알게 된 것은 그로부터 20년 이상 지난 뒤였다. 어쨌든 아메리카 원주민들은 이 분비물의 의식변환 효과를 알고 있었으며 자신들의 샤먼 의례에 이용했다. 그리고 브라질과 베네수엘라의 투카노, 와이카, 아라라이보 원주민들이 사용하는 비롤라(또는 에페나) 같은 식물성 코담배도 그와 똑같은 효과가 있음이 판명되었다.

뷰포 알바리우스의 피부 분비물을 훑어내서 열에 의해 증발시켜 얻은 건조 물질은 15퍼센트의 유효성분을 함유한다. 그 분비물 말린 것을 연기로 들이마시면 몇 초 안에 환각 상태가 찾아오는데 효과가 너무 빠르고 강력해서 정신적으로 그것을 감당하기 어려울 수도 있다. 5-MeO-DMT의 순수한 가루 5~15밀리그램을 피우거나 코로 들이마셔도 비슷한 효과가 있다. 뷰포 알바리우스의 분비물이 환각효과가 있음을 알게 된 것은 하나의 센세이션이었다. 그로부터 '빛의 두꺼비 교파(Church of the Toad of Light)'가 생겨났고 이 교파의 신자들은 의례적으로 이 물질을 이용했다.

나는 뷰포 알바리우스와 플로리다에 서식하는 또 다른 환각 두꺼비인 뷰포 마리누스에 대해서 관심을 갖고 연구했다. 후자는 칼 하이어슨의 소설들에 등장하는데 거기에는 성미가 난폭해져 에버글레이즈 습지[1]에서 이 두꺼비를 핥으며 사는, 공직자 출신의 어떤 인물이 나온다. 여러 가지 환각제의 효과를 이론적으로 비교하는 일이 중요하다고 생각했던 나는 이 새로운 물질을 시험해보려고 기다렸다. 그것과 비슷한 트립타민 유도체들인 디메틸트립타민(DMT)과 디에틸트립타민(DET)을 프라하의 초창기 실험에서 사용했었고, 디프로필트립타민(DPT)은 메릴랜드 정신의학 연구소에서 써본 적이 있었다.

그러고 보니 놀랍게도 이전에 애리조나에 갔을 때 뷰포 알바

---

1) Everglades. 미국 플로리다 반도에 있는 넓은 습지대. 남쪽 끝 일대는 국립공원으로 지정되어 있다.

리우스를 실험할 기회가 있었음을 깨달았다. 칠월 중순, 투손[2] 근처의 사막에서 여름 계절풍의 강한 소나기를 만났는데 그것은 레몬 산 부근 카탈리나 산맥의 태양에 그을린 구릉지대 토지를 너비 6미터 깊이 1미터가 넘는 강으로 바꿔버렸다. 불과 몇 분 동안에 수천 마리의 커다란 두꺼비들이 땅 밑에서 올라와 사막을 뒤덮더니 쌍을 이루어 짝짓기를 시작했다. 대기를 가득 채우는 개굴개굴 소리를 들으면서 나는 그 황홀한 생명의 축제에 크게 감동했다. 그러나 양서동물 분류법에 익숙지 못했던 탓으로 그것이 뷰포 알바리우스의 난교 파티인 줄 몰랐고 그들의 신비로운 영약을 맛볼 기회를 놓쳤던 것이다.

친구인 폴이 5-MeO-DMT를 넉넉히 들고 내 집에 왔을 때 나는 '빛의 두꺼비'의 비밀을 통찰할 수 있게 되었다. 이 물질은 1번 목록(치료적 가치는 없고 남용 가능성만 높다고 여겨지는 물질 그룹)에 포함되어 있지 않기 때문에 화학자들이 다른 물질 합성의 출발 물질로 쉽게 이용할 수 있었다. 내 친구는 이것을 체험한 적이 있으므로 나에게 사용법을 가르쳐주었다.

폴의 지시에 따라 나는 소량의 흰색 분말을 판유리에 놓고 그것을 면도칼로 가능한 한 잘게 부쉈다. 그런 다음 분말을 두 무더기로 만들고 남은 분말은 파슬리 말린 것을 채운 파이프에 넣었다. 폴이 파이프에 불을 붙이는 동안 나는 1달러짜리 지폐를 말아서 가느다란 튜브 형태로 만들어 분말 두 무더기를 각각 다른 콧구멍으로 흡입하고 파이프를 두어 모금 깊이 빨아들였다. 내가 흡입한

---

2) Tucson. 애리조나 주 남동부 산타크루즈 강 연안에 있다. 높은 사막 지대에 산으로 둘러싸여 건조하고 쾌적한 기후를 보이는 관광지 겸 휴양지이다.

5-MeO-DMT의 전체 양을 나중에 계산해보니 상당히 많은 25밀리그램 정도였다.

이 체험은 시작부터가 아주 갑작스럽고 드라마틱했다. 나는 곧바로 일상적 현실을 박살 내서 녹여버리는 엄청난 강도의 우주적 벼락에 얻어맞은 것 같았다. 주변 세상과의 모든 관계가 끊어졌고 그것들은 내게서 마술처럼 완전히 사라졌다. 나는 환각제를 사용할 때 언제나 편안하게 눕는 것을 좋아했는데 이번만큼은 그런 걸 생각할 필요가 없었다. 왜냐면 주변 환경에 대한 인식과 함께 육체의식까지도 사라졌기 때문이었다. 세션이 끝나고 들은 바로는 내가 파이프를 두 모금 빨아들인 뒤 파이프를 입 가까이에 든 상태로 몇 분 동안 조각상처럼 앉아 있었다는 것이었다. 크리스티나와 폴은 내 손에서 파이프를 거두어들이고 소파의 등받이에 내 몸을 기대게 만들어야 했다.

나는 과거의 세션들에서는 항상 기본적 의식을 유지했었다. 내가 누구이고 어디에 있으며 왜 이런 예외적인 체험을 하고 있는가를 알고 있었다. 그런데 이번에는 그 모든 것이 순식간에 녹아 사라졌다. 나의 일상적 존재와 내 이름, 내 거처, 내 인생 같은 것들에 대한 인식이 마술처럼 모두 사라졌다. 스탠 그로프, 캘리포니아, 미국, 지구, 이런 개념들이 잠깐 동안 꿈속의 영상처럼 내 의식의 변경에서 가물거리다가 모두 없어졌다. 내가 평소에 알고 있던 현실적인 존재의 나 자신을 되살리려고 애썼지만 그것들은 쉽사리 돌아오지 않았다.

과거의 세션에서는 언제나 어떤 특별한 내용이 많이 떠올랐다. 그것들은 나의 어린 시절과 유아기, 출생 시, 태아기와 같은 나의 현생이라든가 초개인적 영역의 여러 가지 주제들, 전생의 체험들, 인류의 역사에 관련된 심상들, 신과 악마들의 원형적인 모습들, 신화적인 세계의 여러 영역들과 관련되어 있었다. 그러나 이번에는 그런 차원들이 나타나지 않는 것은 물론이고 존재하지도 않는 것 같았다. 나의 단 한 가지 현실은 빛을 발하며 소용돌이치는 무한대의 에너지 덩어리였으니 그 속에는 모든 존재가 철저히 추상적인 형태로 응집되어 담겨 있었다. 나는 '절대'와 대면한 '의식'이었다.

그것은 무수히 많은 태양의 밝기로 이루어져 있었지만 내가 평소에 알았던 어떤 빛과도 같지 않았다. 그것은 순수한 의식이고 지성이었으며 모든 극성을 초월한 창조 에너지였다. 그것은 무한과 유한이었고, 신성함과 흉포함이었으며, 무섭고도 황홀했으며, 창조적이면서 파괴적이었으니, 그 모든 것이었고 그보다 훨씬 더 한 것이었다. 내가 목격하고 있는 것에는 어떤 개념도 범주도 허용되지 않았으며, 이런 힘의 면전에서 나는 어떤 분리된 존재감도 가질 수 없었다. 평소의 내 정체성은 박살이 나서 녹아 없어지고 나는 근원과 하나가 되었다. 돌이켜보면 내가 체험한 것은 〈티베트 사자의 서〉에서 우리가 죽을 때 나타난다고 말하는 원초적 정광명淨光明, 또는 법신法身임이 분명했다. 그것은 내가 첫 LSD 세션에서 본 것과 비슷했지만 훨씬 더 압도적이었고 분리된 존재로서의 내 느낌을 완전히 소멸시켰다.

외부에서 보았을 때 나의 '절대성' 체험은 약 20분 동안 지속되었지만, 내가 느꼈던 바에 의하면 체험이 지속되는 동안 시간은 정지해 있었고 어떤 의미도 없었다. 영원처럼 보였던 것 이후에 실제의 꿈같은 영상과 개념들이 나의 경험 영역 안에서 형태를 갖추기 시작했다. 내 의식 속에서 우주의 은하계와 붙박이별, 떠돌이별 같은 상들이 빠르게 흘러가면서 차츰 태양계가 보였고 그 안의 지구가 보였고 커다란 대륙들이 다가왔다.

처음에는 이런 상들이 아주 먼 비현실적인 것이었지만 체험이 이어지면서 이런 것들이 실제로 존재할지도 모른다고 느껴지기 시작했다. 이것은 차츰 미국과 캘리포니아로 구체화되었고, 마지막에 떠오른 것은 평소의 내 정체성과 현재의 삶에 대한 인식이었다. 처음에는 일상적 현실과의 연결이 아주 희미했다. 나는 내가 어디에 있고 주변 상황이 어떤지를 확인했다. 그러나 내가 과량의 약을 흡입했고 실제로 죽었었던 것이라고 확신했다. 티베트 문헌들에서 말하는 중음中陰를 체험했다는 생각이 얼마 동안 이어졌다.

일상적 현실에 좀더 가까워지면서 내가 환각 세션으로부터 돌아오고 있으며 그 체험내용을 잘 소화해나갈 수 있을 것 같은 시점에 이르렀다. 아직 나는 임종 상태의 나 자신을 체험하면서 그 자리에 있었지만 현재의 내 생명이 위태롭다는 느낌은 없었다. 나의 죽음은 내 전생의 삶들의 장면과 관계가 있는 것 같았다. 나는 오랜 세월 동안 세상의 여러 지역에서 일어난 많은 극한 상황들 속에 있는 자신을 발견했는데 그 모두가 위험하고 고통스러운 것들이었다. 이런 다양한 상황들 속에서 내 몸이 상처를 입고 죽을 때 몸속 여러 부위의 힘살들이 비꼬이고 부들부들 떨렸다. 그러나 나의 카르마가 내 몸속에서 상연되는 동안 나는 그런 드라마를 초월한 지복의 상태에 머물렀고, 그것은 내 체험의 모든 내용이 사라진 뒤까지도 이어졌다.

　메릴랜드 정신의학 연구소에 있을 때 우리가 사용한 말 중에 '환각 여운'이란 용어가 있었다. 그것은 멋진 환각 세션 이후 며칠, 때로는 몇 주 동안 느껴지는 기분을 가리키는 말이다. 이번 체험 뒤의 내 여운은 유난히 깊고 강하게 오래 이어졌다. 나는 엄청난 집중력과 정확성을 갖고 내 책의 교정 작업을 할 수 있었다. 휴식하기 위해 눈을 감으면 잠깐 사이에 모든 것과 하나가 된 듯한 황홀경이 찾아와 깊은 명상에 들었으니, 그것은 내가 상상할 수 있는 가장 자연스런 상태였다.

　시간이 흐르면서 일상의 냉정한 현실이 차츰 되살아나고 절대성으로 통하는 창이 흐려졌다. 그러나 샤먼들이 사용했던 수단에 대한 깊은 이해와 존경심은 그대로 남아 있었다. 그들의 방법론을 원시적인 미신의 산물로 바라보는 많은 정신과의사들의 교만함에 자주 웃음이 터졌다. 그런 의사들에게는 안락의자에서의 자유연상이나 행동심리학의 탈조건화 같은 기법이 더 과학적이고 우월한 것이었다.

　이 체험 이후 나는 가장 고귀한 진리가 가장 평범한 곳에서 발견된다고 하는 가르침을 다시 새롭게 이해했다. 연금술사들의 말하듯 '보석이 쓰레기와 똥 속에 숨어있는' 것이다. 내게 있어서는 절대성에 이르는 가장 짧고 빠른 길을 보여준 동물, 흔히 추함의 상징으로 여겨지는 동물인 두꺼비가 바로 그것이었다. 셰익스피어의 희극 〈뜻대로 하세요〉에 나오는 저 유명한 대사를 듣거나 읽을 때마다 나는 그것이 떠오른다.

그것은 두꺼비처럼 추하고 독하지만

그 머리에는 귀중한 보석이 있네.

그래서 이런 우리의 인생은 속세를 떠나,

나무들의 말을 듣고, 흐르는 시냇물에서 책을 읽으며,

돌들에게서 교훈을 얻고, 모든 것에서 선을 발견하지.

나는 이런 생활을 바꾸지 않겠네.[3]

---

3) 동생에게 추방당하여 숲속에 사는 전前 공작이 자신의 '역경逆境'을 두꺼비에 비유해서 하는 말임.

케타민과 세상의 재발견

나는 50년 동안 인간의 정신세계를 탐구해왔지만 1972년 가을에 알게 된 것만큼 이상한 향정신성 물질은 없었다. 이 물질의 효과는 너무나 어이가 없어서 독일의 약물학자인 루이 레빈이 한때 '판타스티카fantastica'라고 불렀던 환각제 그룹에서도 제외된다. 이것은 케탈라, 케타제트, 케타니스트, 베탈라 등의 상표명으로 알려진 케타민이다.

메릴랜드 정신의학 연구소의 우리 연구원들 중에서 케타민의 독특한 성질에 주목한 사람은 논쟁하기 좋아하고 환각제를 자유분방하게 실험하는 멕시코 출신 정신과의사 살바도르 로케트였다. 살바도르는 많은 사람들과 자주 세션을 하면서 그들에게 LSD나 사일로사이빈, 페요테, 다투라 같은 여러 가지 향정신성 물질들을 투여하고 공격성과 관능을 주제로 한 충격적인 영화를 보여주었다. 그의 의도는 고객들로 하여금 에고의 죽음과 정신적 재탄생을 체험케 하는 것이었다. 그는 또한 자기 집의 잔치에서 (손님들에게 알리지 않고) 환각버섯을 가미한 샌드위치를 제공하여 멕시코시티 동료 의사의 미움을 샀다. 그가 볼티모어에 온 것은 전문가들을 위한 우리의 LSD 실습에 참여하기 위해서였다.

케타민은 세르닐이나 PCP로 알려진 동물 진정제 펜시클리딘과 관계가 있는 속효성의 마취제로서, 1961년에 웨인 주립대학의 칼 스티븐스가 발견했다. 이것은 혈액순환과 호흡 및 기침 반사 기능을 최소한으로 억제하는 안전한 마취제로 오랫동안 알려졌다. 그래서 의사들에게 큰 인기를 얻었고 베트남 전쟁터에서도 많이 사용되었다. 그러나 나중에 사용률이 급격히 감소했는데 그 이유는 마취에서 깨어난 환자들이 기괴한 정신적 체험을 했다고 보고하기 때문이었다. 이런 기괴한 체험은 '비상사태 증후군'으로 명명되었고, 오늘날은 그런 문제를 별로 일으키지 않는 어린이나 노인들 위주로 수술 경과 시간이 짧은 경우에 많이 사용된다.

살바도르가 우리 연구진에 오기 전부터 케타민에 대해 들은 적이 있는 연구원들은 그것을 외과의사들이 사용하는 마취제로 알고 있었고 '비상사태 증후군'은 진정제를 상습적으로 복용한 사람들의 경우에나 나타나는 것으로 생각하고 있었다. 그런 상황에서 살바도르는 우리 연구원들에게 완전히 새로운 관점을 제시했으니, 그것은 '비상사태 증후군'이 케타민 효과의 부副작용이 아니라 흥미로운 주主작용의 일부라는 점이었다. 케타민은 '분리성 마취제'였고 작용기전이 여느 마취제들과 전혀 달랐다. 케타민 투여는 환자의 육체에서 의식을 상실시키는 것이 아니라 분리시키는 것이었다.

의사들이 환자에게 케타민을 투여하고 수술할 수 있는 것은 보통 마취제의 경우와 같이 환자의 의식이 사라지는 것이 아니고 몸에서 떠나기 때문이었다. 환자는 환상 속에서 지구 밖 문명과 평행 우주, 천체물리학적 세계, 극미極微의 세계, 동물계, 식물계, 광물계, 다른 나라와 시대들, 다양한 문화의 원형적 영역들 같은 또 다른 현실을 여행하는 것이다. 살바도르의 고객들 중에서 케타민을 마취제가 아닌 치료제 내지 철학적·정신적인 의식변환 수단으로 투여한 사람들은 심오한 신비체험을 했고 많은 이들이 스스로 신을 만났었다고 믿고 있었다. 또 어떤 이들은 한 생애와 그다음 생애 사이의 중간세계인 중음中陰을 체험했다고 확신했으며, 죽음에 대한 공포가 사라졌다고 말했다.

우리 연구원들 중에서 나와 몇몇은 살바도르의 얘기를 들은 뒤 그것을 직접 체험해보고 싶어졌다. 살바도르는 케타민을 충분히 갖고 있었으며 관심이 있는 사람은 누구든 체험할 수 있도록 도와주겠다고 말했다. 우리는 직접 체험을 통해서 살바도르의 이야기를 확인했다. 케타민은 진지하게 정신세계를 탐구하는 어떤 사람에게든 큰 중요성을 가질 만한 흥미로운 물질임이 분명했다. 그것의 효과는 LSD와는 아주 달랐지만 그 방면에 커다란 기여를 하고 있어서 환각물질 목록에 포함시킬 만한 가치가 있었다. 케타민은 현기증과 어느 정도의 운동 실조증, 언어장애 같은 부작용을 야기하긴 하지만 그 체험의 놀라운 장점들이 그런 단점을 충분히 보충하고도 남았다.

나는 오랫동안 개인적으로 케타민을 실습했는데 그를 통해서 얻어지는 정신과 물질 사이의 관계에 대한 통찰력은 항상 놀라웠다. 케타민의 효과는 언제나 예측할 수 없었다. 다른 환각제들의 경우는 최소한 내가 어디에서 자기탐구를 하고 있고 대략 어떤 체험을 하게 될지 윤곽을 잡을 수 있다. 하지만 케타민 체험은 우주적인 디즈니랜드 방문과 같아서 무엇을 체험하게 될지, 어떤 '여정'이 기다리고 있는지 전혀 알 수 없었다. 그리고 그 체험은 가장 숭고한 것에서부터 뜻밖의 아주 시시한 것까지 폭이 넓었다.

몇 가지 실례를 보이자면 이렇다. 어디서 실습하느냐에 따라 아스트랄체 투사의 여건이 달라졌는데, 한 달 세미나를 진행하던 어느 날 저녁 나는 빅서의 우리 집에서 케타민을 투여했다. 얼마 뒤에 나는 집에서 약 1마일 떨어진 에살렌의 빅 하우스에 있는 자신을 발견했다. 빅 하우스는 세미나의 모든 단체 활동을 위한 공간인데 여기서 나는 그룹 구성원들 중 몇몇이 대화하고 있는 모습을 아주 자세히 목격했다. 다음 날 확인한 바에 의하면 내가 본 것은 정확했다. 그러나 당시의 나는 빅 하우스의 실내 한쪽 구석에 있는 베개였고, 내 몸도 완전히 베개의 형상을 취하고 있었다.

또 다른 체험은 비슷하긴 하지만 크리스티나와 내가 함께 했다는 점에서 특이하다. 빅서의 우리 집 침실에서 우리는 함께 케타민을 투여했는데 갑자기 나는 에살렌의 수영장에서 젖은 수건이 되어 바다가 내려다보이는 난간에 걸려 있었다. 여기서 일어나는 일을 자세히 보고 수영장 안에 있는 사람들을 정확히 분별할 수 있었다. 나는 세션이 끝나갈 무렵 크리스티나에게 이 이상한 체험을 얘기했다가 그녀도 똑같은 것을 체험했음을 전해 듣고 깜짝 놀랐다. 다음 날 아침에 사람들을 만나보고 우리가 함께 체험한 내용을 확인할 수 있었다.

위의 실례들에서 보이듯이 케타민 체험의 특징 중 하나는 체험자의 의식이 보통은 의식이 없다고 생각되는 여러 가지 물질적 대상 및 작용과 동화될 수 있다는 점이다. 그것들은 무생물이고 우리는 보다 높은 차원의 생명체만이 의식을 갖는다고 생각한다. 그래서 이런 체험을 하고 나면 여러 토착문화들의 만유정령설을 이해하기가 쉬워진다. 여기에 따르면 동식물은 물론이고 해와 별, 바다, 산 등등 자연계의 모든 것에 의식이 존재한다.

이런 종류의 내 체험들 중에서 인상적이었던 것은 바다와 사막, 화강암, 북극해 얼음 아래 잠수함의 원자로, 무거운 트럭들이 지나다니는 철제 다리, 커다란 나무망치로 땅속에 박아 넣는 나무 말뚝, 불이 타는 양초, 횃불 끝의 불길, 보석용 원석, 황금 등과의 동일시였다. 그중에는 크로스컨트리 스키어의 발에 신은 스키 부츠가 되어 눈 위로 미끄러지면서 느끼는 모든 긴장을 체험한 적도 있었다.

다른 생명체들과의 동화를 체험하는 일도 마찬가지로 잦았다. 어떤 세션에서는 올챙이가 되었다가 개구리로 탈바꿈을 했고, 또 다른 세션에서는 나이 든 커다란 수컷 고릴라가 되어 자기 영역을 관리했다. 몇몇 체험들에서는 이런 메커니즘을 통해서 고래와 돌고래들의 세계를 깊이 이해하게 되었다. 또 아주 확실하고 믿을 만한 체험으로, 애벌레가 되어 고치를 짓고 무정형의 액체로 변했다가 거기서 나비가 되어 빠져나온 적도 있었다. 특히 기억에 남는 체험은 끈끈이주걱이 되어 파리를 잡아먹은 일이었는데 그때의 맛은 인간적 상상력으로는 도저히 추측도 할 수 없는 것이었다.

위의 환상적인 체험 사례들과 반대로 아주 시시하고 지루했던 경우도 있었다. 대도시 근교의 포장도로와 벽돌을 쌓아 만든 벽, 시멘트 표면이 끝없이 이어진 영상, 또는 보기 싫은 형광 칼라들 같은 것을 보면서 내가 왜 이 짓을 하고 있나 자문하기도 했다. 너무나 무섭고 역겨워서 다시는 케타민을 이용하지 않으려고 했던 체험도 몇 번 있었다. 화석연료와 그것들이 이 지구상의 생명에 대해 품고 있는 저주와 관련된 체험이었다.

분위기는 어둡고 무겁고 험악했다. 화학적으로 유독하지만 추상적으로도 위험하고 사악해 보였다. 처음에는 그것이 외부 상황으로, 내 주변 환경으로 느껴지더니 차츰 세력을 더하면서 나 자신이 그것이 되었다. 얼마 동안 나는 지구 공동을 가득 채운 석유가 되어 있었다. 냄새나는 물질로서의 석유와 하나가 되어 있는 동안 나는 상상할 수 없을 정도로 사악한 추상적(또는 원형적) 존재였다. 화학과 지질학, 심리학, 신화, 역사, 경제, 정치가 결합된 흥미로운 생각들이 내게 쇄도했다.

전에는 생각해본 적 없는 어떤 것이 갑자기 이해가 되었다. 석유는 생물의 기름이 광물화된 것이었고, 그것은 죽음과 재탄생의 사슬고리에서, 다른 생물들이 예속되어 있는 순환의 법칙에서, 빠져나왔다는 것을 의미한다. 그러나 이 과정에서 죽음의 요소가 사라진 것은 아니며 단지 연기되었을 뿐이다. 죽음의 가능성은 세상을 향해 폭발하기를 기다리는 무서운 시한폭탄과 같은 잠재적 형태로 석유 속에 계속 존재한다.

석유의 의식이 느끼는 것들을 체험하면서 나는 큰 이익을 추구하는 자들에 의해 악행과 살생으로 표현될, 석유가 본래부터 갖고 있는 죽음의 성질을 목격했다. '오일 달러'를 목표로 한 정치적

음모와 경제적 사기, 외교적 협잡의 수많은 장면들이 떠올랐고, 석유를 위해 싸우다 이 사악한 존재의 제단 위에서 죽어간 무수한 희생자들이 보였다. 이어지는 상황을 따라가니 산업화된 국가들의 생존과 번영에 필수적이 되어버린 자원, 고갈되어가는 자원을 확보하기 위한 미래의 전쟁이 나타났다.

이 지구를 보존하려면 경제의 방향이 바뀌어 태양에너지와 재생 가능한 다른 자원에 의지해야 했다. 한정된 양의 화석연료를 채취하여 그것들을 유독성 폐기물과 오염물질로 바꾸는 일차원적 정책은 근본부터가 너무나 잘못되었고, 경제학자와 정치가들이 그것을 모른다는 게 이상했다. 앞을 내다볼 줄 모르는 이런 정책은 순환적인 우주의 질서와 생명의 본질에 어긋나는 것이었다. 화석연료의 개발은 산업혁명의 역사적 상황에서는 이해가 가지만 그것이 파괴적인 행위임이 확인된 이상 똑같은 짓을 계속한다는 것은 자살이고 살인이고 범죄였다.

무섭고 불쾌하기만 한 체험이 오래 이어지면서 석유를 기반으로 한 화학공업의 의식상태가 내게 찾아왔다. 독일의 유명한 화학공업 단지 이름이 떠올라서 나는 이 상태를 '이게파르벤[1] 의식'이라 명명했다. 그것은 아닐린 염료와 유기 용매, 제초제, 살충제, 유독가스 따위의 마음상태가 끝없이 이어지는 괴로운 의식이었다.

여러 가지 산업오염 그 자체를 떠나서 석유제품이 생명체에 미치는 영향과 관련된 의식상태도 체험했다. 나는 나치스의 가스

---

1) IG Farben. 1925년에 바이엘·바스프·회히스트·아그파 등의 주식회사가 합동으로 설립했다. 우수한 염료·비료·의약품(아스피린 등)·필름·합성고무·인조석유 등의 제품이 세계적으로 알려졌지만, 그 발전은 1~2차세계대전과 보조를 같이했으므로 죽음의 상인이라는 비난도 샀다.

실에서 죽은 유태인 한 사람 한 사람이었고, 분무기의 살충제를 맞은 개미와 바퀴벌레, 파리 잡이 접착제에 붙들린 파리 한 마리 한 마리였으며, 제초제의 효과로 죽어가는 풀 한 포기 한 포기였다. 그 모든 것을 떠나서도 지구 생명체 전체의 불길한 미래가 ― 산업오염에 의한 파멸이 ― 아주 높은 가능성으로 잠복해 있었다.

이 체험을 통해서 나는 아주 큰 공부를 했다. 깊은 생태학적 인식을 갖게 되었고 경제와 정치가 어떤 방향으로 나아가야 지구상에서 생명이 유지될 수 있을지를 분명히 알게 된 것이다.

산업시대의 마수를 깨닫게 된 이번과 같은 체험들을 겪으면서 나는 더 이상 케타민을 사용하지 않으려고 마음먹었다. 그러나 마지막이라고 생각했던 세션에서 너무 놀랍고 황홀한 또 다른 차원을 체험했으니 마음을 바꾸지 않을 수 없었다. 그 체험을 여기에 간단히 소개한다.

초개인 심리학에 관심을 갖고 가치관과 목적의식을 공유하는 나의 많은 친구들이 함께 있는 느낌이었다. 그들이 보이진 않았지만 어떤 초감각적 수단을 통해서 그들의 존재가 강하게 느껴졌다. 우리는 우리들 사이의 공통점과 차이점을 확인하는 어떤 복잡한 과정을 치르면서 용해와 중화의 연금술에 의해 마찰을 제거하려고 노력하는 중이었다. 어느 시점에서 우리 사이에 완전히 통합된 네트워크가, 목적이 분명하고 내부 갈등이 없는 하나의 공동체가 형성된 것 같았다.

이 유기적 조직체는 내가 '의식 속의 우주선'이라 부르는 것이 되었다. 우리는 공간 비행의 요소에 의식 진화의 추상적 개념을 결합한 이동을 시작했다. 이동 속도가 점점 빨라지더니 아인슈타인 우주에서 말하는 광속과 같은 경지의 절대적 한계에 도달한 것 같았다. 우리는 이 한계를 넘어설 수 있지만 그 뒤는 아무도 모르고 거기에 위험이 내포되어 있음을 느꼈다. 그러나 모험 정신이 강한 친구들이어서 우리는 계속 나아가 미지의 것들을 만나보기로 결정했다.

우리는 한계를 넘어섰고 무어라 설명하기 어려운 방식으로 체험의 차원이 바뀌었다. 거기에는 시간과 공간을 통한 이동이 아니라 그저 무한히 확장된 의식이 있었다. 멈춰버린 시간 속에서 우리는 내가 '호박 의식'이라고 생각하는 상태에 들었다. 호박琥珀은 시간이 동결된 상태의 물질적 표현이므로 내 생각이 틀리지는 않을 것이다. 호박은 유기물이 석화된 것이며, 식물과 곤충 같은 생명체들이 수백만 년 동안 불변의 상태로 보존된 것이다.

그다음에는 정화 과정이 이어져 유기체적 생명과 관련된 어떤 부분이 제거된 것 같았다. 이 체험은 수정처럼 맑았고 믿어지지 않을 정도로 아름다웠다. 우리는 커다란 다이아몬드 안에 있는 것 같았다. 엄청난 순도의 용매溶媒 속에서 무수히 많은 미묘한 격자들이 교차하면서 스펙트럼의 모든 색깔로 부서지고 있었다. 그것은 완전무결한 순수와 추상으로 한없이 응축된 결정체 속에 생명과 자연에 관한 모든 정보가 담긴 궁극의 컴퓨터 같은 것이었다. 그것은 다이아몬드가 모든 생명의 기본원소인 순수한 탄소로 이루어져 있고, 또 지극히 높은 열과 압력조건에서 생겨난다는 점에서 그럴 법했다.

광택과 아름다움, 투명성, 영원성, 불변성, 다양한 빛깔들을 포함하는 흰빛 같은 여타 특징들은 다이아몬드의 형상학적 의미를 나타내는 것이었다. 티베트 불교가 금강승金剛乘이라는 이름으로 불리는 이유를 알 수 있을 것 같았다. 이 황홀한 법열 상태를 표현할수 있기 위해서는 그것을 '다이아몬드 의식'이라고 부를 수밖에 없었다. 이 상태에는 시간과 공간을 초월하여 순수의식으로 존재하는 우주의 모든 창조 에너지와 지성이 담겨 있었다.

나는 한 점의 의식이 되어 이 에너지 속을 떠다니면서 어떤종류의 개성을 유지했지만 그와 동시에 완전히 용해되어 있어서그 모든 것과 하나였다. 나는 함께 여행했던 친구들의 존재를 인식하고 있었는데 그들도 역시 형체가 없고 크기도 없는 의식의 점點들이었다. 우리는 완전한 만족과 존재의 근원에, 내가 상상할 수 있는 천국의 최종 목적지에 도달한 것이었다.

지금까지 서술한 것은 내가 일생 동안 사용한 향정신성 물질들 중에서 가장 희한하고 엄청난 것과 관련된 체험 사례들 중 다만몇 가지에 지나지 않는다. 이런 관점에서 케타민의 또 다른 성질도주시할 가치가 있다. 크리스티나와 나는 페루와 브라질, 인도, 발리등 케타민을 구할 수 있는 해외의 여러 곳에서도 이것을 이용했다.그리하여 우리는 그들의 문화와 예술, 민족성, 공예품, 신화 등에관련된 원형적 세계를 체험할 수 있었다.

잉카의 발자취

천공술穿孔術의 비밀

페루에 체재하는 동안 우리는 두 개의 편의 시설에서 긴 비행기 여행의 후유증과 시차증時差症을 극복할 수 있었다. 하나는 안락한 침대와 커다란 욕조, 고풍스런 매력을 갖춘 리마의 호텔 볼리바르였고, 또 하나는 바로 근처에 위치하면서 맛좋은 바스크[1] 요리를 제공하는 작은 레스토랑 카사 바스카였다. 우리는 또한 볼리바르 호텔 바로 맞은편의 잉카 약국에서 처방전 없이도 어떤 약이든 거의 다 구할 수 있다는 사실을 알았다. 여기에는 케타민의 남아메리카 상표인 케타제트도 포함되어 있었다.

우리는 한 병을 사서 잉카 제국의 수도였던 쿠스코에서 그것을 실험해보기로 했다. 이것은 잉카의 정신세계와 신들과 예술을

---

1) Basque. 피레네 산맥 서부의 프랑스와 스페인에 걸쳐 있는 지방. 독자적인 언어와 풍습을 가졌으며 스페인으로부터의 독립을 요구하는 민족주의 운동이 강하다.

탐험하고 이해할 수 있는 좋은 기회였다. 그러나 이때의 체험은 내가 일생 동안 겪은 가장 어려운 체험들 중의 하나로 남았다.

쿠스코에 도착한 뒤 우리는 저녁에 호텔에서 케타민을 투여했다. 약효가 나타나기 시작하면서 곧바로 나는 근육질 몸매에 잉카의 전통 복장을 걸친 전사-사제들에게 둘러싸여 있는 자신을 발견했다. 정교한 머리장식과 극채색의 깃털 상의를 걸친 그들은 귀와 몸을 무거운 황금 장신구들로 치장하고 있었다. 내 손목과 발목을 단단히 붙잡은 그들의 손길이 느껴졌다. 그때 더 특별히 치장한 제사장처럼 보이는 남자가 망치와 끌을 들고 다가와 무자비하게 내 두개골을 부수기 시작했다.

얼마 안 가서 나는 무슨 일이 벌어지고 있는지 알아차렸다. 리마에 머무는 동안 우리는 인류학 박물관에 가서 구멍이 뚫린 두개골을 많이 보았다. 상처 둘레의 뼈 조직은 사람이 그런 상태로 생존했음을 보여주는 것이었다. 해설문은 이런 천공술이 잉카인들의 발달한 의술을 보여주는 증거라고 했는데, 그것은 종양이나 다른 병리학적 현상들을 제거하기 위한 그들만의 방법인 것 같았다. 그런 구멍 뚫린 두개골들을 보면서 느꼈던 이상한 불안감이 엄습했다.

이제 나는 그런 시술법의 대상이 되어 직접 그것을 경험하고 있었다. 이런 시술법에 이용되는 어떤 종류의 마취를 당한 것 같았지만 이런 일이 실제로 일어나기 전에는 상상도 할 수 없었던 무서운 고통이 이어졌다. 그럼에도 불구하고 이 시술법의 본질을 깨닫게 하는 놀라운 이해력이 생겨났다.

이것은 병을 낫게 하기 위한 수술이 아니라 다른 토착 문화들에 있었던 것들과 — 라코타 수우 족의 선댄스나 오스트레일리아 원주민의 요도 절개와 — 같은 일종의 통과의례였고, 물질보다 강한 마음을 입증하기 위한 시험이기도 했다. 입문자는 엄청난 고통을 침착하게 견뎌낼 수 있어야 했지만, 이 천공술의 주된 목적은 최고신인 태양의 에너지가 개인의 내면으로 쉽게 들어올 수 있게 하는 것이었다.

나는 암스테르담의 어떤 골동품 가게에서 만났던 젊은이를 생각했다. 그가 얘기한 바르트 휴즈 박사라는 독일인은 1962년에 자가自家 천공술이 뇌의 혈류를 증가시켜 높은 의식상태를 촉진한다는 믿음을 골자로 하는 운동을 시작했으며, 전기 드릴을 이용하여 자기 스스로 머리에 시술했다. 젊은이도 그의 실례를 본받았으며 결과가 아주 좋았다고 주장했다. 몇 년 전 크리스티나와 내가 영국에 갔을 때 같은 목적의 시술을 받았던 제임스 니드패스 경과 그의 부인 어맨더 니드패스를 만나 시간을 보낸 적이 있는데 그들도 이것이 의식에 좋은 효과를 가져왔다고 말했다.

진행 중인 시술의 본질을 이해하면서 나는 입문자의 극기심을 유지하려고 애썼지만 고통이 너무 컸다. 나는 내 지성에 도움을 요청했다. 케타민 효과는 50분에서 한 시간 정도 지속된다는 것을 알고 있었으므로 내 고통도 시간이 한정되어 있었다. 시계를 보니 시침은 별로 움직이지 않은 것 같았다. 결국 케타민 투여 이후 영원처럼 느껴지는 한 시간이 흘러갔다. 그러나 경악스럽게도 내 고통은 끝나지 않았다. 약효는 사라졌지만 맹렬한 고통이 그대로 남아 있었다.

크리스티나는 케타민 체험의 통상적인 진로를 밟았고, 나와 대화를 나눈 뒤에 잠이 들었다. 나는 침대에 누워 잠들지 못하는 상태로 인류의 역사 속에서 사람들이 겪어온 모든 두통을 체험했다. 다음 날 우리는 잉카의 유명한 성곽 도시인 마추픽추에 갈 예정이었다. 아침식사 시간이 되어 옷을 입고 식당으로 내려가는데 구역질이 나면서 계단을 딛을 때마다 제사장의 또 다른 끌질이 느껴졌다. 크리스티나가 먹는 모습을 바라보면서 나 자신은 아무것도 먹지 못했다.

고통은 마추픽추로 가는 기차를 탄 뒤에도 이어졌다. 철로를 이은 인부들이 일을 제대로 하지 않았기 때문에 기차 바퀴가 철로의 접합 부분을 지날 때마다 또 다른 끌질이 느껴졌다. 나의 통과의례는 아직도 계속되면서 영원히 끝나지 않을 것처럼 보였다. 그러다가 마추픽추까지의 거리를 절반쯤 왔을 때 갑자기 고통이 멎으면서 나는 황홀경에 들었다. 목적지의 기차역에서 우리는 소형 트럭을 타고 구불구불한 산길을 통과하여 유적지의 입구에 도착했다.

화창하고 아름다운 날씨였으며 안데스의 높은 곳에 위치한 고대 도시에서의 경관은 잊을 수 없는 체험이었다. 나는 마치 거기서 한때 살았던 것처럼 그 장소와 인연이 느껴졌다. 점심식사 후에 우리는 유적지 주변을 어슬렁거리다가 와이나 피추에 오르기로 결심했다. 와이나픽추는 케추아어로 '젊은 산'이란 뜻인데, 그것의 가파른 봉우리가 역사의 현장을 내려다보고 있었다. 등반은 힘들고 시간이 많이 걸렸지만 거기서 '늙은 산'인 마추픽추 유적지를 바라보는 기분은 가히 환상적이었다. 천공술을 체험하고 이 마법의 장소를 찾았던 일은 지금까지도 내 인생의 가장 중요한 기억들 중 하나로 남아 있다.

아마존의 UFO들
제3방식에 의한 외계와의 조우

벨로리존테에서의 제4회 국제 초개인 회의에 가기 위해 리우데자네이루에 도착한 뒤 우리는 다른 제3세계 국가들에서와 마찬가지로 브라질에서도 케타민이 단속받지 않고 자유롭게 유통되는 물질임을 알았다. 케타민이 시차증을 극복하는 데 효과가 있음을 알고 있었던 우리는 첫 번째 브라질 여행을 리우 호텔에서의 케타민 세션과 함께 시작하기로 했다. 그리고 이를 통해서 지구 바깥의 지성적 존재로 보이는 것들을 체험했다.

　케타민을 투여한 직후 나는 그것이 내 머리를 완전히 바꿔버린 것 같은 이상한 느낌이 들었다. 지구 바깥 존재들과 교신할 수 있을 것 같은 이 느낌은 미국의 공상과학 드라마 〈스타 트렉〉의 '엔터프라이즈' 함선 승무원들이 사용했던 순간이동과 같은 체험에서 절정에 달했다. 나는 분자 수준으로 완전히 해체되었다가 어떤 외계 우주선 안에서 재합성되는 느낌이었다. 주위는 미래의 첨단과학 연구실처럼 복잡한 장치들이 가득했는데 나로서는 그것들이 무엇이고 어디에 사용하는지 전혀 알 수 없었다.

내 머리에는 커다란 헬멧이 씌워져 있었는데 거기 연결된 유색의 전선들이 대형의 컴퓨터처럼 보이는 어떤 기계로 이어져 있었다. 막대한 분량의 정보가 내 머리와 몸에서 그 기계로 전송되면서 내가 검사와 연구의 대상이 되어 있는 느낌이었다. 그러다가 상황이 뒤바뀌어 그 기계가 나에게 무언가를 보내는 것 같았고 말로 표현할 수 없는 일련의 환상적인 체험이 시작되었다. 이해할 수 있었던 단 한 가지는 내가 보다 높은 차원의 시각과 사고력에 관한 공부를 하고 있다는 점이었다. 그리고 그를 통해서 알게 된 것은 세상에 우리가 생각하는 것보다 더 많은 차원이 있으며 그것을 알지 못하면 존재를 이해하려고 아무리 노력해도 이해할 수 없다는 점이었다.

다른 영상들은 지구상의 생명을 보여주고 과학적 발견과 산업화가 지구에 미친 해로운 결과를 알게 했다. 빠른 영상들이 이어지면서 지구가 어떠했었고, 인간의 탐욕과 폭력에 기술 발전이 결합되면서 그 지구가 어떻게 되어가고 있는가를 보여주었다. 나는 이런 발전이 인류를 포함한 많은 생명체들의 멸망으로 이어지는 파괴적인 경로를 똑똑히 보았다. 이런 계시적인 징후를 목격한 나는 그것이 우리가 변하지 않을 경우에 대한 경고인지, 아니면 내가 미래를 보고 있는 것인지 가늠해보려고 노력했다. 나의 '외계 피랍'은 내가 오직 기술공학의 세계만 체험했다는 점에서 기존의 보고들과 달랐다. 나의 체험에서는 어떤 종류의 지구 바깥 존재라든가 외계인, 곤충인간 같은 것들이 없었다.

이 수업이 끝나고 나는 다시 분자 수준으로 해체되었다가 다른 우주선에서 모습을 갖추었는데 이것은 비행접시를 닮은 훨씬 작은 우주선이었다. 나는 창문 옆에 앉아서 우리가 바다 위로 날고 있음을 보았다. 리우데자네이루가 보였고 우리는 브라질 해안을 따라서 북쪽으로 이동 중임을 추정할 수 있었다. 우리는 아주 빠른 속도로 이동했지만 해안지대에서 몇 개의 독특한 지형지물이 눈에 들어왔다. 우주선은 속도가 더 빨라졌고 아주 짧은 시간이었던 같은데 어떤 큰 강어구의 삼각주에 이르러 내륙의 강 상류 쪽으로 방향을 바꾸었다.

우리는 광대한 밀림 위를 날았는데 내 생각에 그 큰 강은 분명히 아마존이었다. 우주선은 목적지인 것처럼 보이는 곳에 이르러 비행을 멈추더니 대지 위 몇 미터 부근에 머물렀다. 창문을 통해서 나는 밀림에 가린 작은 마을과 야자 잎으로 지붕을 이은 몇 채의 오두막을 보았다. 그 오두막들 한가운데에 빈터가 있고 미국 북서부의 원주민 조각상을 닮은 커다란 신상들이 있었다. 그것들은 표면 전체가 복잡한 모자이크처럼 작은 타일로 덮여 있었는데, 나는 지금까지도 밝은 파랑과 노랑, 흰색이 뒤섞인 그 모자이크 조각들의 색깔을 기억한다.

그 체험은 여기서 끝났다. 나는 다시 몸이 해체되었다가 재구성되는 느낌이 들었고, 케타민 세션을 시작했던 리우의 호텔에 돌아와 있었다. 나는 환각 세션을 통해서 일생 동안 외계의 지성을 만났던 적은 한 번도 없었기 때문에 이번 체험은 내용상으로나 체험 그 자체로나 아주 흥미로웠다. 그리고 다음 날 동시성 현상이 확인되어서 특별한 의미가 있었다. 아침에 크리스티나와 나는 차를 빌려 리우데자네이루를 돌아보기로 했다. 나의 세션 내용을 확인하겠다는 특별한 의도 없이 우리는 바닷가를 따라서 북쪽으로 차를 몰았다. 그러다가 바닷가에서 독특한 지형지물을 보고 깜짝 놀랐다. 그것들은 간밤에 내가 UFO를 타고 가면서 보았던 바로 그것들이었다.

리우에서 며칠을 보낸 뒤에 우리는 벨로리존테로 가서 프랑스계 브라질인 심리학자 피에르 베유가 준비한 국제 초개인 회의에 참석했다. 회의에서 우리는 옛 친구인 리오 마토스를 만났다. 벨로리존테에서 태어난 그는 스칸디나비아에 살면서 우리를 위해 몇 번의 워크숍을 진행한 적이 있었다. 그와 대화를 나누다가, 브라질리아에서 20마일 정도 떨어진 곳에 산다는 브라질 육군 퇴역 대령의 이야기를 듣고 우리는 깜짝 놀랐다. 리오의 말에 의하면 이 대령은 아마존의 어떤 부족과 가까운 관계에 있는데 비행접시를 탄 외계인들이 이 부족을 정기적으로 찾아오고, 그가 UFO 목격이 보장된 버스 여행을 제공한다는 것이었다.

다른 나라였다면 우리는 이런 정보에 별로 관심을 기울이지 않았을 것이다. 그러나 초상현상의 문제에 관한 한 브라질은 어느 정도 신뢰해도 좋은 나라인 것처럼 보인다. 나는 스탠리 크리프너와 월터 팡케 같은 믿음직한 친구들에게서 브라질의 심령수술과 기적적인 치유, 영매, 물질화, 비물질화 등에 대해 충분히 들은 바가 있었다. 안타까운 것은 우리의 일정이 너무 빠듯해서 오래 머물 수가 없다는 점이었다. 어쨌든 나는 케타민 체험과 바닷가의 지형지물 확인, 리오의 특별한 이야기 사이에서 동시성 현상을 찾을 수 있었다.

06

이단의 정신의학

전통적 치료법의 대안

◇

홀로트로픽 의식상태의 연구를 통해서 얻어진 성과들은 인간의 정신세계 및 심신상관성 징후들의 성질과 구조에 관해 많은 것을 통찰하게 했고, 알려지지 않았던 메커니즘을 제시하여 질병 치유의 새로운 장을 열었다.

'정신'에 대한 현대 정신의학계의 일반적 견해는 출생 이후의 일과 프로이트의 개인적 무의식에 한정되어 있다. 프로이트의 관점에서 보면 신생아는 '백지 상태'이고, 인격은 그 이후의 유년기 동안에 핵가족 내부의 환경 변화와 감정적인 사건들을 겪으면서 형성된다. 그리하여 출생 당시와 출생 이전의 사건상황들은 심리학과 관계가 없다고 본다. 또한 두뇌 조직과 생리학, 생화학에서 기질성 원인을 발견할 수 없는 질환은 어린 시절이나 그 이후의 정신적 충격에서 비롯된 것으로 이해한다. 그리고 심인성 질환은 출생 이후의 여러 단계에서 시작되며 원래의 정신적 충격이 발생한 시기에 따라서 그것의 본질과 깊이가 결정된다.

심인성이거나 심신상관성인 질병의 일반적 치료법은 '커버링 covering'과 '언커버링uncovering'의 두 범주로 나뉜다. 외래환자 업무와 의례적인 처치에서 흔히 이용하는 커버링 요법은 정신신경 계통의 약물을 사용하여 증상을 억제한다. 이것은 숨겨진 원인을 처리하지 않고 일시적으로 증상을 완화시킬 수 있다. 언커버링 요법은 문제의 근원에 도달하기 위해서 여러 가지 심리치료 기법을 이용한다. 이 방법은 증상을 완화시키는 것만이 아니라 숨겨진 요소들을 건드려 인격 속에서 긍정적인 변화를 촉진하는 것이 목적이다. 그러나 안타깝게도 현재의 '정신' 모델에서는 한정된 범위의 치료 메커니즘밖에 생겨날 수 없다. 이를테면, 잊어버리고 억눌린 사건들을 떠올리거나 자유연상과 꿈을 통해 그것들을 상기하는 법, 지성적이고 감정적인 통찰, 전이의 분석, 대인관계에 있어서의 교정 체험 같은 것이다.

앞서도 말했듯이 홀로트로픽 의식상태의 연구에 의해 주산기周産期와 초개인 영역이라고 하는 두 범주가 추가됨으로써 인간의 정신세계는 한층 넓어졌다. 또한 출생 이후의 충격적인 사건들만으로는 정신병적 징후와 심인성 질환들을 정확히 설명할 수 없음도 알게 되었다. 나아가 경험을 통해서 우리가 알게 된 것은 그런 증상들이 다차원적인 복잡한 구조로 이루어져 있고 주산기와 초개인 영역에서 작용하는 요소들도 거기에 포함된다는 사실이다.

이런 발견들은 출생 이후의 사건만을 문제로 삼는 기법들이 증상을 해결하는 데 별 도움이 되지 못하는 이유를 설명해준다. 그런 기법들은 개념적·기술적 한계로 인해서 문제의 보다 깊은 근원에 도달하지 못한다. 그것들은 정신의학과 정신요법이 다루어야 하는 문제들의 깊이를 깨닫는 순간 앞길이 막막해진다. 다행히도 홀로트로픽 의식상태와 관련된 연구는 심신상관성 장애의 원인이 주산기와 초개인 영역의 요소들에 있음을 알리는 데 그치지 않고 그 이상의 성과를 거두었다. 정신의 보다 깊은 차원에 작용하는 새롭고 유효한 메커니즘을 발견하여 질병을 극적으로 치료하고 인격이 긍정적으로 바뀔 수 있는 기회를 제공하게 된 것이다.

제6부에서 제시하는 것은 주산기와 초개인 영역의 차원에서 작용하는 메커니즘에 의해 놀랄 만한 치료 효과를 거둔 사례들이다. 출생 당시의 기억과 전생의 기억들이 떠오르거나 알지 못하는 문화의 원형적 존재와 만나고 악령을 포함하는 어떤 원형적 형상이 구체화되는 과정을 통해서 치료가 이루어진다. 또한 어떤 나무와 일체가 되거나 세파르디[1] 기도문을 읊는 등의 희한한 치료 메커니즘이 동원되기도 한다. 홀로트로픽 의식상태 연구의 관점에서 가장 흥미롭고 중요한 — 이론적으로든 실질적으로든 — 것은 주산기와 초개인 영역의 체험들이 현대의 정신의학이 심각한 정신병으로 간주하는 것에 대해서도 강력한 치유 효과를 갖는다는 사실이다.

이런 상황과 관련된 우리의 체험을 기반으로 해서 크리스티나와 내가 말해두고 싶은 것은 다음과 같다. 홀로트로픽 의식상태에서 자연발생적으로 나타나는 현상들이 정신병으로 간주되어 진정제 처방을 받더라도 그것들은 사실상 심령적 위기이거나 정신적 비상사태인 것이다. 여기에 충분한 증거가 있으니 그런 현상들을 올바로 이해하고 적절히 도와줄 때 질병이 치유되고 긍정적인 인격이 나타나며 영적인 눈이 열리는 것이다. 융 파의 심리학자인 존 위어 페리는 이렇게 해서 성공한 많은 치유 사례를 자신의 책들에 설명했다.(Perry 1974, 1976)

다음에 제시하는 이야기들 중에는 보통의 정신과 병원에서 정신병으로 진단을 받은 두 여성의 사례가 포함되어 있는데 그런

---

1) Sephardi. 스페인이나 포르투갈계의 유태인.

진단은 잘못된 것이었다. 또 다른 이야기들에서는 인습을 크게 벗어난 치료법이 등장하고, 정신이상 징후를 강화할 것 같은 환각요법이 진정제를 사용하는 것보다 훨씬 뛰어난 치유 효과를 보여주기도 한다. 마지막을 장식하는 것은 우발적인 동시성 현상에 의해 예기치 못한 치유 효과를 거둔 우스운 이야기이다.

◆◆◆

3백 년 동안 이어진 고통

노르버트의 이야기

이것은 51세의 심리학자이자 성직자로서 우리의 5일짜리 워크숍에 참가했던 노르버트의 이야기이다. 그의 경우는 심신상관성 징후의 원인으로 작용하는 충격적인 기억들이 무의식의 여러 층(출생이후와 이전 및 초개인 영역)에 포개져 있었는데, 이것을 나는 농축경험 방식[1]이라고 부른다. 노르버트의 이야기는 또한 출생 시의 정신적 외상과 전생의 기억들을 되살려 조화시키는 일이 어떻게 치유로 연결되는지를 보여주는 좋은 실례이다.

  홀로트로픽 호흡 세션 이전의 강의 시간에 노르버트는 왼쪽어깨와 가슴 근육의 만성 통증 때문에 항상 힘들고 우울하다고 불평을 토로했다. X선 촬영을 포함해서 여러 가지 진단을 받아보았

---

1) system of condensed experience(COEX system).

지만 원인을 알 수 없었고, 어떤 치료법도 소용이 없었으며, 프로카인 주사를 맞으면 약효가 지속되는 동안만 고통이 누그러진다는 것이었다.

홀로트로픽 호흡 세션이 시작되자 그는 음악이 자기를 '죽이는' 것처럼 느껴져서 견딜 수 없다고 밖으로 뛰쳐나가려 했다. 그를 붙들어 앉히고 원인을 찾기 위해 세션을 해야 한다고 어렵사리 설득하여 결국 동의를 얻었다. 그로부터 거의 세 시간 동안 그는 가슴과 어깨의 심한 통증을 견뎌야 했고 참을 수 없게 되었을 때는 마치 목숨을 걸고 싸우는 것 같았으며 숨이 막히거나 기침을 해대다가 결국 비명과 같은 소리를 질렀다. 이런 폭풍이 지나간 뒤에야 고통이 잠잠해졌고 그에게 이완과 평화가 찾아왔다. 이 체험을 통해서 그는 어깨와 가슴의 긴장이 풀리고 고통도 완전히 사라졌다.

그의 말에 의하면, 무의식 속의 세 층이 어깨 통증과 숨막힘에 관련되어 있었다..가장 바깥쪽 층에서는 목숨을 잃을 뻔했던 어린 시절의 기억이 떠올랐다. 일곱 살이었을 때 그는 친구들과 함께 바닷가의 모래밭에서 터널을 파고 다른 아이들이 주변을 뛰어다니는 동안 혼자서 그 속에 들어갔다가 그것이 무너지는 바람에 질식했던 사건이었다. 아이들의 비명을 듣고 달려온 어른들에 의해서 다행히 목숨은 건질 수 있었다.

세션이 진행되면서 그는 출생 당시의 상황으로 역행하여 긴박하고 놀라운 사건을 떠올렸다. 출산 도중에 그의 어깨가 어머니의 치골 뒤쪽에 걸려 한참 동안 밖으로 나오지 못했던 기억이었다. 이것이 어깨 통증을 유발하면서 앞의 터널 붕괴 기억과 함께 숨막힘의 원인이 되었다.

세션의 마지막 단계에 가서는 체험 내용이 크게 바뀌었다. 군복을 입은 사람들과 말들이 보이기 시작하면서 그는 자신이 격렬한 전투에 가담해 있음을 알았다. 그것은 크롬웰 시대의 영국이었는데 어느 시점에서 어깨에 예리한 통증이 느껴졌고 자신이 창에 찔렸음을 깨달았다. 그는 말에서 떨어진 뒤 자신의 몸과 가슴을 밟고 뭉개며 지나가는 말발굽들을 느꼈다. 갈비뼈가 부러지고 피가 허파로 흘러들면서 숨이 막혔다.

엄청난 고통을 겪다가 그의 의식이 몸에서 빠져나와 높이 솟아오른 뒤 전쟁터의 조감도를 보았다. 자신이 전생의 어느 삶에서 심한 부상을 당하고 죽은 병사임을 체험한 후 그의 의식은 현세로 돌아와 다시 몸에 연결되었으니, 그 몸은 오랫동안 지속된 고통에서 완전히 벗어난 몸이었다. 이 체험을 통해서 얻은 치유 효과는 영구적이었다. 크리스티나와 나는 노르버트 부부와 친구가 되었고 워크숍이 끝난 뒤에도 관계를 유지했으며 그때의 세션 이후 20년이 흘렀지만 그의 통증은 재발하지 않았다.

◆◆◆

말레쿨라 섬의 돼지여신

오토의 이야기

정신병 진단을 받은 환자들은 신과 악마들의 환상을 보고 천국과 낙원, 지옥 같은 신화의 영역을 방문하는 일이 많다. 대부분의 정신과의사들은 환자의 뇌에 어떤 이상이 있어서 그런 일이 일어난다고 생각하며 미래의 어느 날 그 원인이 밝혀지리라고 믿는다. 학계에서는 이것을 과학적 사실로 믿어 의심치 않지만 실제로는 아주 미심쩍은 가정일 뿐이다. 그런 관점은 정신보다 물질을 앞세우는 물질주의적 자세가 산업문명 속의 과학적 사고를 좌우하는 데서 생겨난다. 실제로 그런 환자의 체험을 특징짓는 멋진 철학이나 아름다운 심상들이 뇌의 병리 현상에 의해서 생겨난다는 것은 있을 수 없는 일이다.

나의 책《코스믹 게임》[1]는 그런 체험들을 통해서 얻은 계시와 통찰이 동서양의 위대한 전통에서 — 헉슬리가 말한 '영원의 철학' 에서 — 가르치는 것들과 너무나 똑같음을 설명한다. 그런 체험들을 병든 뇌가 만들어낸 병적인 가공물로 보는 권위적인 집단을 무색케 할 과학적 증거가 있다. 칼 융과 그의 지지자들은 그런 체험들 속에 체험자 자신도 모르는 세계 여러 나라의 신화적 요소들이 반영되어 있음을 보았다. 그리고 그런 체험들이 뇌의 이상에서가 아니라 인류가 공유하는 집단무의식에서 비롯된 것임을 알았다. 환각 연구와 홀로트로픽 호흡법의 결과들은 융의 시각과 같은 것이었다. 홀로트로픽 의식상태에서 우리는 우주가 신화적인 존재들과 함께 살아 있으며 평화로운 신들과 분노하는 신들에 의해서 다스려진다고 보는 문화들의 세계관을 깊이 이해할 수 있다. 그 상태에서는 집단무의식 속의 신과 악마, 영웅, 초인적인 존재, 수호령들의 원형적인 세계를 직접 체험한다. 우리는 또한 이승을 포함하는 초경험적인 세계의 환상적인 거처를 방문할 수도 있다.

이런 세계를 경험하고 나면 산업화 이전 사회의 세계관이 원시적인 '마법'이나 미신에서 비롯된 것이 아니라 또 하나의 실재를 체험한 결과임을 깨닫는다. 이런 체험을 통해서 원형적인 존재와 세계들을 새롭고 정확하게 인식할 수 있다는 사실 그 자체가 이런 체험이 올바르다는 것을 의미한다. 그리고 그렇게 해서 생겨난 인식은 본성과 범위, 특징의 면에서 여러 신화들에 대한 기존의 지적인 인식을 훨씬 능가한다.

---

1) The Cosmic Game.

내가 이런 종류의 재미있는 체험을 한 것은 프라하에서 우울증과 사망공포증에 사로잡혀 있는 오토라는 환자를 치료할 때였다. 오토는 환각 세션에서 아주 강렬한 심령적 죽음과 재탄생을 체험했는데, 체험이 절정에 달했을 때 저승의 입구와 그것을 지키는 무서운 돼지여신을 보았고, 이 시점에서 갑자기 어떤 특별한 기하학적 도형을 그리고 싶어졌다.

나는 일반적으로 세션중인 고객이 자신의 내면세계를 체험하기 쉽도록 등을 기대고 눈을 감게 하는데, 오토는 눈을 뜨고 등을 세우더니 종이 몇 장과 필기구를 갖다달라고 요청했다. 그는 아주 긴급하게 어떤 복잡한 추상적인 도형을 그려놓고 크게 실망한 표정을 지으면서 그 그림을 마구 찢어 구기더니 '제대로 그릴 수 없다'고 하면서 더욱더 실망했다. 왜 그러는지를 물어도 그는 설명할 수가 없다면서 단지 그런 기하학적인 도형을 그리고 싶고 그것을 제대로 그려야만 세션이 성공적으로 끝날 것 같은 강박관념이 든다는 것이었다.

지극히 강렬한 감정적인 주제 같았는데, 오토 자신도 그것이 무엇인지 이해하려고 무진 애를 썼다. 그 당시 나는 프로이트 방식의 상담을 하고 있었으므로 자유연상법에 의해서 그 이상한 행동의 무의식적 동기를 찾으려고 최선을 다했다. 우리는 오랫동안 이 작업을 했지만 별다른 성과가 없었다. 전체적 상황이 오토의 어린 시절이나 이번 인생과 관련해서 어떤 식으로든 연결되지 못한 것이었다. 결국 세션은 다른 영역으로 넘어갔고, 나는 이 상황을 생각지 않기로 했다. 그때의 사건은 내가 미국으로 이주하고 나서 여러 해 뒤까지도 풀리지 않은 문제로 남아 있었다.

볼티모어에 도착한 직후 나는 뉴욕 시의 '예술·종교·과학 협회'의 모임에서 '예술 속의 그로테스크'라는 제목으로 강연을 하게 되었다. 나는 환각 연구를 통해 알게 된 것들을 끌어들이고 내 고객들이 그린 그림을 슬라이드로 만들어 보여주면서 그로테스크의 문제에 대해 얘기했다. 참가자들 중에 20세기 최고의 신화학자로 꼽히는 조셉 캠벨도 있었는데, 그는 출생 시를 다시 체험하는 고객들에 대한 나의 설명과 그들의 그림에 흥미를 느꼈다. 그의 요청에 따라 나는 프라하에서의 연구 결과를 요약한 원고를 그에게 보냈다. 그것은 〈정신과 치료의 고통과 환희〉[2]라는 제목의 두툼한 원고였는데 출판된 적이 없고 그 후에 내 연구 결과를 논한 다섯 권의 책의 출전으로만 활용되었다.

우리는 몇 번 만난 후에 친구가 되었고, 조셉은 나의 사생활과 직무에 있어서 아주 중요한 역할을 했다. 크리스티나는 뉴욕 브롱스빌의 사라 로렌스 대학에서 조셉에게 배울 때부터 그와 잘 아는 사이였다. 조셉의 지성은 비범했고 세계 신화에 대한 그의 지식은 말 그대로 백과사전이었다. 그는 환각 연구에 관한 자료를 좋아했는데, 그중에서도 특히 나의 '기본 주산기 단계(BPMs: basic perinatal matrices)' 개념은 신화 속에 죽음과 재탄생의 주제가 항시 존재함을 이해하는 데 도움이 되었다. 내가 캘리포니아로 옮겨간 뒤로는 그를 더 자주 만나게 되었다. 크리스티나와 내가 진행하는 한 달짜리 세미나에 고정 강사로 참여하고 또 자신의 워크숍을 위해 에살렌에 빈번히 드나들었기 때문이다.

---

2) Agony and Ecstasy in Psychiatric Treatment.

한 주일의 중반쯤이 되면 조셉은 자신이 '토끼 먹이'라 부르는 에살렌의 식단에 싫증이 나서 고기 요리와 글렌리벳 위스키를 먹고 싶어했다. 크리스티나와 나는 집으로 그를 초대하여 그가 좋아하는 음식을 대접하곤 했다. 여러 해 동안 그와 많은 대화를 나누면서 나는 홀로트로픽 호흡 워크숍 참가자들의 여러 가지 원형적 체험에서 내가 이해하지 못한 부분을 얘기했다. 그러면 대부분의 사례에서 조셉은 내가 알지 못하고 이해할 수도 없었던 여러 가지 심오한 신화와 상징들을 어렵지 않게 인용하여 설명하는 것이었다.

　　이런 대화들 중의 하나에서 나는 앞서 말한 오토의 체험이 생각나서 그에게 물었다. "그거 멋진데." 조셉은 전혀 머뭇거리지 않고 말했다. "그것은 우주모^母의 죽음의 어둠, 뉴기니에 있는 말레쿨라 섬의 게걸스런 어머니 여신이 분명해." 이어서 그는 이 신이 돼지 모습의 무서운 여인 형상을 하고 있다고 설명했다. 말레쿨라의 전통에 따르면 이 신이 저승 입구에 앉아서 뒤얽힌 구조의 신성한 미궁을 지키고 있으며 섬사람들은 저승 여행에서 이 신과 만나게 된다고 믿는다.

　　그들에게는 돼지를 길러 제물로 바치는 복잡한 의례가 있는데 이 의례의 목적은 인간 어머니에게 의존하는 상태를 벗어나서 궁극적으로는 게걸스런 어머니 여신을 인정하자는 것이다. 그들은 살아 있는 동안 많은 시간을 할애해서 미궁을 그리는 연습을 한다. 거기에 숙달되어야 저승 여행에 성공할 수 있다고 생각하기 때문이다. 돼지 여신은 미궁의 구조를 완벽하게 그려낼 수 없는 사람에게는 저세상으로 갈 권리를 허용하지 않는다는 것이다. 조셉은 해박한 신화적 지식으로 내가 풀지 못했던 이 어려운 문제를 해결했다.

그도 대답할 수 없었던 문제는 왜 오토의 지루한 감정적 증상이 이 특별한 신화적 주제와 밀접하게 관련되고 또 왜 오토는 치료 과정에서 이 말레쿨라의 신을 만나야 했는가였다. 그러나 일반적인 관점에서 보면 사망공포증이 있는 사람에게는 혼의 사후 여행과 관련된 문제에 숙달되는 일이 중요할 수도 있을 것이다.

악마와의 인터뷰
플로라의 이야기

홀로트로픽 의식상태에서는 원형적인 신성한 존재들이나 천국, 낙원 같은 평소에 보지 못하던 차원의 현실을 체험하게 될 수도 있다. 그러나 이 상태에서는 엄청난 힘을 지닌 악마적 존재나 암흑의 에너지, 무시무시한 지옥 같은 어두운 측면도 자주 나타난다.

환각제를 복용하거나 홀로트로픽 호흡 세션에 참가하거나 정신적 비상사태를 겪고 있을 때 분노하는 신들과 악마적 세력에 마주치는 경우도 아주 많은 것이다. 이때 나타나는 악마적인 것들은 잘 살펴보면 그 주인공이 이번 생이나 전생에 체험한 커다란 고통, 예를 들면 출생 시의 산소결핍, 태아기의 위난, 익사를 포함하여 목숨을 잃을 뻔한 사건, 폭력과 강간 같은 것들에 관련되어 있음을 알 수 있다. 집단의 차원에서 보면 악마적인 원형 및 주제는 전쟁이나 유혈 혁명, 집단 학살 등을 포함한 비극과 잔학행위의 배후에서 움직이는 세력인 것처럼 보인다.

오랜 세월에 걸쳐 인류가 서로 주고받으면서 체험해온 고통의 양은 실로 어마어마하다. 그러나 존재계의 그런 어두운 측면은 인간 사회에만 국한된 것이 아니며, 생명 조직 속으로 복잡하게 뒤얽혀 있다. 네덜란드의 미생물학자로 현미경을 발명한 안톤 반 레벤후크는 그것을 한 문장으로 이렇게 요약했다. "생명은 생명을 먹고 산다. 그것은 잔인하지만 신의 뜻이다." 살아 있는 생물체는 다른 살아 있는 생물체의 희생에 의해서만 존속할 수 있다. 영국 시인 알프레드 로드 테니슨은 자연의 '이빨과 발톱이 붉다'고 표현했다. 존재계 전체를 완전히 의식하고 자연과 그것의 어두운 면을 수용할 수 있게 된다는 것은 영적 성장의 여로에서 가장 어려운 문제에 속하는 일이다.

악마와 만나게 되는 내면적 체험은 여러 가지 외부적 현상으로 나타나기도 한다. 일그러진 얼굴과 눈에 드러나는 독기, 신체 부위들의 경련, 목소리의 변화, 구토 같은 것들이다. 치료적 관점에서 보면 이런 증상들은 아주 좋은 결과를 가져올 수 있다. 나는 고객들을 상대하면서 여러 가지 악마적 현상들을 목격했지만 플로라의 경우만큼 지독한 경우는 없었다. 그녀는 내가 60년대 말에 볼티모어의 메릴랜드 정신의학 연구소에서 환각요법으로 상담했던 환자였다.

이 특별한 사건을 이해하기 위해서는 앞뒤의 상황을 좀더 알아야 한다. 우리 연구소는 스프링그로브 주립병원 구내에 새로 지은 4층 건물로서 예술 부서의 작업실과 치료실들을 갖추고 있었다. 그러나 병원용의 침대는 없었고 우리 연구에 참가하는 환자들은 주립병원의 병실에 기거했다. 병원과 연구소 두 곳 직원들 사이의 관계는 약간 서먹서먹하고 불편했는데 그 이유는 병원 사람들이 우리를 좀더 운 좋은 족속으로 생각했기 때문이었다. 어느 날 임상 업무 총책임자인 찰즈 새비지 박사와 내가 주립병원의 스태프 회의에 초대되었고 거기서부터 일이 시작되었다.

회의가 진행되면서 우리는 상황을 파악하기 시작했다. 스프링그로브의 정신과의사 한 사람이 10개월 이상 병동에 감금되어 있는 플로라는 이름의 28세 독신녀에 대해 설명했다. 신경안정제와 항울제, 정신요법, 작업요법 등 여러 가지를 시도했지만 효과를 보지 못했다는 것이었다. 그녀는 만성 질환자들의 병동으로 옮겨질 단계였고, 그것은 만성 정신이상자와 노인 질환자들 틈에서 남은 인생을 보내게 된다는 것을 의미했다.

플로라는 내가 지금까지 보았던 중에서 가장 어려운 복합 증상을 갖고 있었다. 그녀는 16세 때 어떤 야간 경비원을 죽인 적이 있는 무장 강도단의 일원이었다. 도주 차량을 운전한 죄목으로 4년 동안 감화원 생활을 하고 형기의 남은 기간은 가출옥 처분을 받았다. 그 후로 험난한 생활을 하면서 알코올 중독에다 헤로인을 포함한 여러 가지 약물과 수면제를 함부로 복용했다. 심각한 우울증에 빠져 자살 충동을 느낄 때가 많았으니 차를 몰고 절벽 아래로 투신하거나 다른 자동차와 충돌하고 싶어지는 것이었다.

또한 감정적으로 흥분된 상황에서 히스테리성 구토 증상도 자주 발생했다. 그녀가 느끼는 가장 큰 고통은 안면경련이었는데 이것에 대해서는 존스홉킨스의 어떤 신경외과 의사가 두개 내부의 삼차신경을 절단하는 뇌수술을 제안했었다. 그녀는 레즈비언이었고 이성과 관계를 맺은 적은 없었으며, 섹스 문제에서 심한 정신적 갈등과 죄의식을 느꼈고 이따금 '모든 것을 끝내기' 위해 자살을 생각했다. 상황을 더 복잡하게 만든 것은 그녀가 헤로인을 복용한 상태에서 총을 소제하다가 동거 중인 여자친구에게 심각한 부상을 입혀서 재판을 받아야 하는 처지에 있다는 점이었다.

회의가 끝날 무렵 플로라를 맡았던 주립병원 의사가 우리의 LSD 정신요법 프로그램에서 그녀를 받아줄 수 있는지 새비지 박사와 나에게 물었다. 그것은 결정하기가 아주 어려웠다. 그녀의 정신상태가 심각하고 복잡한 것도 이유지만 당시 유행하던 LSD로 전국이 흥분되어 있는 것도 문제였다. 게다가 '정신건강 국민기구'로부터의 지시가 담긴 우리의 의정서는 환자들에게 제공할 수 있는 LSD 세션의 횟수를 세 번으로 제한하고 있었다. 플로라와 같이 어려운 상태에 있어서는 이런 제한도 문제가 될 수 있었다.

플로라는 이미 범죄 기록이 있고 무기를 사용할 수도 있으며 맹렬한 환상과 자살 충동을 지닌 환자였다. 당시의 분위기로서는 그녀에게 LSD를 준 후에 어떤 일이 발생하든 그녀의 과거사와 관계없이 우리의 처치 쪽으로 책임이 떠넘겨질 그런 위험을 감수해야 했다. 그러나 시도했던 모든 방법이 효과가 없었고, 플로라는 만성 정신이상자로서의 인생에 직면해 있었다. 얼마 동안 숙고한 후에 그녀의 절망적인 상황이 우리의 모험을 정당화하리라는 생각으로 기회를 활용해보는 의미에서 그녀를 LSD 프로그램에 받아들이기로 결정했다.

플로라의 첫 번째와 두 번째 세션은 내가 과거에 했던 다른 사람들의 경우와 크게 다르지 않았다. 그녀는 출신 가족들 속에서의 알코올과 폭력, 근친상간을 포함한 험난했던 어린 시절들을 떠올렸다. 출생 그 자체도 아주 어려웠는데 산도 속에서 고군분투하던 일련의 상황이 자꾸 반복되었다. 그녀는 자신의 자살 충동과 안면경련을 출생 시의 정신적 외상 중 어느 국면과 연결하고 강렬한 감정과 육체적 긴장을 많은 부분 누그러뜨릴 수 있게 되었다. 그럼에도 불구하고 이 모든 것을 합한 치료 성과는 아주 미미해 보였다.

세 번째 세션에서도 처음 두 시간 동안은 특별한 일이 없었고 앞의 것들과 비슷했다. 그러다가 갑자기 변화가 있었다. 플로라가 울음을 터뜨리면서 안면의 고통을 더 이상 참을 수 없다고 호소했다. 내 눈앞에서 그녀의 얼굴에 경련이 일더니 기괴하게 일그러져 악마의 가면이라고밖에 할 수 없는 모습으로 굳어졌다.

그녀는 깊이 울리는 남자 목소리로 말하기 시작했고, 종전의 모습을 거의 찾을 수 없을 정도로 모든 것이 너무나 달라 보였다. 그녀의 두 눈은 무어라 말할 수 없는 악의를 담고 있어서 〈로즈마리의 아기〉[1]라는 영화의 마지막 장면이 떠올랐다. 그것은 악마에 의해 잉태된 아이의 클로즈업 화면이었다. 경련에 의해 갈고리 발톱처럼 변한 양손으로 그녀의 모습은 더 완벽하게 보였다. 그녀의 몸과 목소리를 점유한 에너지는 하나의 인격을 취하여 자신을 '악마'라고 밝혔다.

'그'는 나를 똑바로 바라보면서 플로라에게서 떨어지라고 말하고 또 그녀를 도울 생각을 포기하라고 명령했다. 그리고 자신이 그녀를 소유했다고 주장하면서 자기 영역을 침범하는 자는 누구든 혼내주겠다고 협박했다. 내가 말을 듣지 않으면 나와 내 동료들과

---

[1] 1968년 파라마운트사 제작, 로만 폴란스키 감독의 영화. 미아 패로우와 존 카사베츠가 주연을 맡았으며, 국내에서는 〈악마의 씨〉라는 제목으로 소개되었다.

우리의 프로그램에 나쁜 일이 생길 거라는 공갈이 한동안 이어졌다. 이때의 으스스한 분위기는 무어라 설명하기 어려우며, 방 안에 실제로 악마가 존재하는 것 같았다.

공갈의 내용 중에는 플로라가 알 수 없는 것도 들어 있어서 더 무서웠다. 그 속에는 나에 관한 것도 있었지만 스프링그로브의 내 동료들과 관련된 것도 많았다. 나중에 그들에게 얘기했더니 그들도 깜짝 놀랐다. 그럴 만한 것이 플로라나 내가 그들의 사생활에 대해서 그렇게까지 자세히 안다는 것은 누가 보아도 불가능했기 때문이다.

전에도 LSD 세션에서 여러 가지 악마적인 현상을 본 적이 있지만 그것들은 이번과 같이 극단적이고 현실적이진 않았다. 나의 감정이 극도로 긴장되면서 무어라 말하기 어려운 공포가 몰려왔다. 나는 한편으로는 나 자신의 불안감과 싸워야 했고, 또 한편으로는 정신 차원에서 실제의 악마적 존재와 싸워야 했다. 나는 최선의 전략을 찾기 위해 머리를 빠르게 회전시켰다. 그러자 우리의 모든 의료 설비에 십자가를 비치해야 한다는 생각이 들었다. 내가 목격하고 있는 것은 융이 말한 어떤 원형의 구체화이고 이런 상황에서 내 머리에 떠오른 최선의 원형적 대응물은 십자가였다.

나의 감정은, 그것이 공포심이건 공격성이건, 내가 어떤 강력한 추상적 존재와 싸우고 있다는 확신을 가졌다. 갑자기 〈스타 트렉〉의 어떤 이야기에 관한 장면들이 머리에 떠올랐다. 그것은 '엔터프라이즈' 함선에 침입한 외계인이 승무원들의 감정을 먹이로 삼는 내용이었다. 그 괴물은 결국 함선의 의사인 맥코이 박사가 승무원들에게 진정제를 먹임으로써 퇴치당했다. 나는 무슨 일이 있더라도 차분한 자세를 잃지 말아야 한다고 스스로 다짐했다.

나는 명상에 들어 우리 둘을 감싸는 흰빛의 캡슐을 시각화했다. 어떤 책에서 악마들이 빛을 싫어한다는 내용의 글을 읽은 기억이 떠올랐기 때문이다. 빛을 명상하면서 나는 플로라의 오그라든 손을 잡고 기괴하게 일그러진 얼굴을 바라보면서 이전에 보았던 모습의 그녀를 상상하려고 노력했다. 이런 상황이 시계의 문자판에서는 두 시간 이어졌는데 느낌상으로는 나 자신의 환각 세션을 제외하면 지금까지 체험했던 중에서 가장 긴 두 시간이었다.

그런 다음 플로라의 손이 누그러지고 얼굴도 원래의 모습으로 돌아왔다. 이런 변화는 상황이 시작되던 순간과 마찬가지로 불시에 일어났다. 그녀는 두 시간 동안 무슨 일이 있었는지 기억하지 못했다. 세션의 전반부에 대해서 이야기하고 '빙의 상태' 이후에 대해서만 이야기하는 것이었다. 그녀가 기억하지 못하는 시간 동안 있었던 일을 말해야 할지 진지하게 자문하다가 그러지 않기로 결심했다. 그녀는 밝은 표정이었으며 놀라움도 느끼고 있었다. 그런 그녀의 마음속에 굳이 그런 무시무시한 이야기를 심어주어야 할 이유는 없었다.

이 세션을 통해서 커다란 치유 효과가 나타났다. 플로라에게 자살 충동 아닌 삶의 의욕이 새롭게 솟아났다. 그녀는 알코올과 헤로인, 수면제들을 잊어버리고 캔톤스빌에 있는 어떤 작은 종교단체의 모임에 참여하기 시작했다. 안면경련도 거의 사라졌고 그것을 일으켰던 에너지도 그녀의 얼굴에 두 시간 동안 나타났던 '악마의 가면' 속에서 저절로 고갈되어버린 것 같았다. 그래서 존스홉킨스의 신경외과 의사가 제안했던 신경 절단 수술은 필요가 없어졌다. 이따금 재발하는 고통은 무시해도 좋을 수준이었고 굳이 약을 먹을 필요도 없었다.

그녀는 이성과 교제하기 시작했고 결국 혼인도 했다. 그러나 성생활에 있어서의 방향 전환은 일시적이고 피상적인 것이었다. 남편과 관계를 가질 수는 있었지만 그녀에게는 그것이 고통스럽고 불쾌하게 느껴졌다. 결혼생활은 3개월로 끝이 나고 다시 레즈비언이 되었는데 이번에는 죄의식이 훨씬 적게 느껴졌다. 건강이 호전된 그녀는 병원에서 해방되어 볼티모어의 택시 운전사로 일하기 시작했다. 그 후로도 삶에 기복이 있긴 했지만 그녀는 입원할 필요가 없었고 정신과 병원을 찾을 일도 없게 되었다.

나는 이처럼 상황이 크게 개선되어 그 효과가 오래 지속된 사례는 지금까지 본 적이 없다. 오랫동안 약물학과 정신의학을 연구하고 실천하면서 내가 체험했던 가장 극적인 치유 효과가 만인이 인정하는 착실한 정신의학 치료법으로 달성된 것이 아니라는 사실에서 커다란 아이러니를 보지 않을 수 없고 그것이 조물주의 익살처럼 느껴지기도 한다. 그것은 현대과학의 발견에 기반을 둔 합리적 치료가 아닌 중세의 귀신몰이나 주술사의 의례와 비슷한 방법에 의해서였다.

다프네 원형의 체현

마르타의 이야기

초개인적인 여러 가지 현상들 중에는 인간 아닌 다른 생명체를 체험하게 되는 일도 있는데, 특정 식물이 되어서 그 식물의 생물학적 작용을 체험하는 것도 여기 포함된다. 그리고 이런 체험들은 어떤 감정적인 문제나 심신상관적 증상과 깊이 연결되어 있을 수도 있다. 그럴 경우 치유 효과가 나타나려면 이런 체험들이 무의식 영역에서 의식 영역으로 완전히 해방되어야 한다. 내 고객이었던 마르타의 사례에서 그것을 알 수 있다. 32세인 그녀는 여러 달 동안 정신신경 계통의 약물과 전통적인 방법으로 효과를 보지 못하자 LSD 정신요법의 실험 프로그램을 받아들였다.

마르타의 병명은 '기묘한 심기증[1]적 호소'라든가 '신체 이미지의 막연한 왜곡이 수반된 경계역域 정신병' 같은 용어들을 포함하고 있었다. 그녀의 가장 두드러진 불평은 몸통과 두 다리에서 형언하기 힘든 이상한 느낌이 든다는 것이었다. 이에 대해 그녀는, 자기 몸의 느낌이 무언가가 크게 잘못되어 있다고 말했다. 이런 증상은 그녀가 직장 동료인 어떤 핸섬한 젊은 남성의 '반복적인 성희롱'이라고 표현한 것 이후부터 시작되었다. 마르타 자신도 상당히 매력적인 여성이었고 많은 구혼자가 있었지만 약속된 이성관계나 결혼에 대해서 강한 거부감을 갖고 있었다. 그녀는 자신의 성적인 문제를 친척 오빠 때문에 힘들었던 어린 시절의 사건 탓으로 돌렸다.

몇 차례의 세션은 어린 시절의 정신적 외상과 출생 당시의 여러 가지 국면을 체험하는 등 대체로 통상적 진로를 밟았고, 그 후의 세션들 중 하나에서 체험 내용이 급격히 변했다. 두 다리의 이상한 감각이 크게 증가하여 참을 수 없을 정도가 된 것이었다. 마르타는 세션을 끝낼 생각으로 내게 소라진[2] 주사를 놓아달라고 요청했다. 그것은 환각요법에서 최대한 피하려고 애쓰는 약이었다. '배드 트립'[3] 도중에 진정제를 투여하면 — 안타깝게도 많은 의사들이 그리하지만 — 힘든 단계에서의 체험이 그대로 굳어지기 쉽다. 그래서 숨겨진 문제를 해결하지 못하고 세션을 끝낼 확률이 높아지는 것이다.

---

1) hypochondria(心氣症). 자기 심신의 상태에 끊임없이 주의를 기울이면서 기능의 이상을 병적으로 의심한다. '병에 걸려 있다'는 강박관념에 의해서 사소한 이상도 알아차리고 더욱 주의를 기울이게 되는 악순환이 일어난다.
2) Thorazine. 정신분열증에 진정제로 사용하는 chlorpromazine의 상품명.
3) bad trip. (LSD 등에 의한) 무서운 환각 체험.

나는 마르타에게 물어 그녀가 왜 중도에서 그만두고 싶어하는지를 알았다. "이것은 정말 미친 짓이에요." 그녀가 말했다. "계속하면 나는 나무가 되어버릴 거예요." 나는 아무리 나무로 변할 것 같아도 그런 일은 절대로 일어나지 않는다고 그녀를 안심시켰다. 그녀에게 일어날 수 있는 최악의 상황은 나무가 된 자신을 '체험'하는 것이었다. 나는 환각 세션에서 자연계의 여러 국면과 완전히 동화되는 것은 아주 흔한 일이고 어떤 위험도 없다고 설명했다. 잠시 후에 그녀는 조용해졌고 세션을 계속하는 데 동의했다.

그녀가 눈을 감고 의식을 내부로 향하자 몸과 다리의 기묘한 느낌이 점점 더 강화되었고 이제 그녀는 그것을 견딜 수 있었다. 그런 느낌이 완전해진 뒤에 그녀는 자신의 몸 형상이 뒤틀리는 듯한 이상한 느낌은 하나의 나무로 존재하는 경우에 아주 당연하고 확실한 체험임을 깨달았다. 그녀는 일어서서 양팔을 높이 들어 올린 뒤 오랫동안 그 자세를 유지했다. 황홀한 표정을 지은 그녀가 세션을 즐기기 시작한 것이 분명했다.

마르타는 자신의 손가락들이 자라나서 잎이 많이 달린 나뭇가지가 된 것을 느꼈다. 그녀는 태양의 강력한 환상을 보고 그 빛을 받으면서 생명활동의 기반인 광합성의 신비한 작용을 세포 수준에서 느꼈다. 그녀의 몸은 나무의 원줄기였다. 그녀는 형성층[4]의 세포활동을 체험하면서 백목질白木質[5]의 맥관계를 흐르는 수액을 느꼈다. 그녀의 양발과 발가락들은 자라나서 땅속으로 구불구불하게

---

4) cambium. 물관부와 체관부 사이에 있는 한 세포층이며, 부피 생장이 일어나는 곳으로 부름켜라고도 한다.

5) 나무의 껍질과 심 사이의 연한 부분.

깊이 뻗은 뿌리들이 되었다. 그녀는 이제 뿌리들의 갈래와 뿌리털에서 물과 미네랄이 오가는 것도 느낄 수 있었다. 그리고 나무들과 관련된 자신의 해부생리학적 통찰에 놀랐다.

그녀의 통찰은 식물학적인 관점에만 머물지 않았으며, 신화적이고 영적인 차원으로도 이어졌다. 모든 생명체의 에너지원으로 느꼈던 물질계의 태양이 창조력의 원천인 '우주적 태양'이 되었고 우주의 섭리인 로고스가 되었다. 또한 나무를 키워낸 토양은 어머니로서의 대지를 나타내는 신화 속의 가이아였고, 나무 자체는 신화적 의미에서 '생명의 나무'가 되었다. 시작 단계에서는 힘겹고 두려웠던 체험이 이토록 황홀하고 신비롭게 바뀐 것이다.

이 세션의 마지막에 가서는 마르타의 증상을 원형적 차원에서 알게 하는 체험이 찾아왔다. 그녀는 강의 신 페네오스의 딸인 다프네와 하나가 되었다. 그리스 신화에 의하면 님프인 다프네는 아르테미스에게 헌신했고, 아르테미스 여신처럼 결혼을 거부했다. 그녀에게 구애를 했던 신들이 많았지만 모두 거절당했고 태양신 아폴로에게도 마찬가지였다. 아폴로가 다프네를 뒤쫓자 그녀는 대지의 여신과 자신의 아버지에게 구조를 요청했고 그 결과로 월계수가 되었다. 이 체험은 마르타의 결혼 거부 성향과 그것이 멋진 직장 동료의 원치 않는 접근에서 시작되었다는 사실을 생각할 때 이해가 가는 것이었다. 그녀는 몸 형상의 뒤틀림 없이 세션을 끝냈고 결혼하여 아이를 낳는 일도 긍정적으로 생각하게 되었다.

◆◆◆

세파르디 기도에 의한 우울증 치유

글래디스의 이야기

프로이트의 〈정신분석 기초 강좌〉를 읽고 그것에 흥미를 느껴 정신의학을 공부하게 되었지만 그의 이론과 치료법에 대한 나의 믿음은 나중의 임상 경험에 의해서 크게 망가졌다. 나는 지금도 프로이트가 심층심리학의 위대한 개척자라고 생각하지만 그의 이론의 많은 부분이 세월에 의해서 시험당하지 않았고 근본적으로 수정되어야 한다고 생각한다. 그리고 그의 치료법에 대해서는 더 강한 의구심을 가지고 있다.

수년간의 정신분석 후에 자신의 감정에서 비롯된 심신상관성의 증상을 직접 설명할 수 있었던 환자들도 많은데, 그들은 그런 증상이 구순기 소아 성욕이나 용변 교육, 무의식 속에 새겨진 최초의 장면들, 오이디푸스·엘렉트라 콤플렉스 같은 출생 이후의 문제들과 어떤 관계가 있는지도 알고 있었다. 그러나 그들이 머리로 이

해한 내용은 실제의 결과와 그대로 일치하는 것이 아니었다. 홀로
트로픽 의식상태를 이용했던 나의 체험은 정확히 그 반대였다. 강
렬한 환각 체험과 홀로트로픽 호흡 세션 후에 큰 치료 효과가 나타
나는 것을 자주 보았지만 그것들이 왜 어떻게 나타나는지는 알 수
없었다.

그런 종류의 대표적인 사례가 우리의 에살렌 워크숍에 참가
했던 글래디스라는 젊은 여성이다. 그녀는 약 4년 전부터 극심한
불안감을 수반한 우울증을 앓고 있다고 했는데, 이것은 대체로 매
일 아침 일찍부터 시작해서 몇 시간 이어졌다. 이 시간 동안 그녀
는 화장실에 갔다가 이를 닦고 세수하고 옷을 갈아입는 등의 가장
기본적인 일들을 하기 위해 분투해야 했다. 전통적인 관점에서 이
런 모습을 볼 때 그녀의 우울증은 (외부의 환경에서 기인하는) 반응
성이기보다 (내부에서 생겨나는) 내생적인 것으로 보였다.

우리의 5일 홀로트로픽 호흡 워크숍은 참가자들이 두 번 호
흡을 하고, 두 번은 다른 사람들이 하는 동안 '참관자'로서 남는다.
첫 번째 호흡 세션에서 글래디스는 어린 시절과 유아기의 여러 가
지 정신적 외상을 비롯해서 출생 당시의 상황까지를 떠올렸다. 이
를 통해 아침의 우울증에서 특별히 해방되지는 못했지만 그녀는
이 세션에서 좋은 느낌을 받았다.

이틀 뒤의 두 번째 세션에서 그녀는 무의식 속으로 더 깊이
들어가 출생 당시의 거의 모든 상황을 다시 체험하면서 육체적 에
너지가 크게 활성화되었는데 이것은 감정적, 육체적 에너지의 억
압 상태인 우울증을 개선하는 데 아주 중요한 단계였다. 그러나 세
션 종료 단계에서 몸을 충분히 다스렸음에도 불구하고 만족할 만

한 결과가 나타나지 않았다. 마지막에 몸을 다스리는 일은 세션을 성공적으로 끝내기 위한 것인데 어쨌든 이례적인 경우였다.

다음 날 아침에도 그녀의 우울증은 여전하면서 더 확실했고 전과는 다른 양상을 보였다. 평소의 억제와 무관심이 아니라 감정적 동요가 나타난 것이다. 우리는 원래 아침 세션으로는 공개토론에 의해서 참가자들이 자신의 상황에 대한 어떤 의문이나 홀로트로픽 호흡의 이론과 기법에 대해 얘기하도록 할 계획이었다. 그러나 글래디스의 상황을 보고 계획을 바꾸어 곧바로 그녀를 중심으로 실제의 체험 작업을 시작했다.

우리는 참가자 그룹의 한가운데에 그녀를 눕히고 몇 번 심호흡을 하게 한 뒤 흘러나오는 음악에 모든 것을 맡기고 그 상황에서 솟아나는 모든 체험을 받아들이도록 유도했다. 그녀는 약 15분 동안 격렬하게 몸을 떨고 숨이 막히는 듯 기침을 하면서 큰 소리를 지르는 모습이 어떤 보이지 않는 적들과 싸우는 것 같았다. 나중에 그녀가 보고한 바에 따르면, 이때는 힘겨웠던 출생 과정을 다시 체험한 시간이었다.

그러다가 그녀의 외침이 점점 명료해지면서 어떤 알지 못하는 언어의 낱말들을 닮기 시작했다. 우리는 그녀에게 어떤 소리가 나와도 좋으니 이해되지 않더라도 억제하거나 판단하지 말고 나오는 대로 내버려두라고 격려했다. 그녀의 움직임이 점점 더 어떤 분명한 양식을 갖추었고 음절들도 똑똑히 들렸지만 그것은 우리가 알지 못하는 언어였다. 어느 시점에서 그녀가 일어나 앉더니 어떤 종류의 기도문처럼 들리는 말들을 반복해서 읊조리기 시작했고 한동안 이것이 이어졌다.

이런 상황이 참가자들에게 미친 효과는 아주 강렬했다. 그 말들을 이해하지 못하고 글래디스가 내부적으로 어떤 체험을 하고 있는지 모르는 참가자들 대부분이 감동하여 눈물을 흘리기 시작했다. 또 어떤 이들은 명상하는 자세를 취하고 기도하듯이 양손을 모았다. 영창을 끝낸 글래디스는 바닥에 등을 대고 조용히 누웠다. 그녀는 황홀한 편안함 속에서 한 시간 이상 꼼짝도 하지 않고 머물렀다. 나중에 그녀는, 어떤 저항할 수 없는 충동에 따라 행동했을 뿐이며 무슨 일이 있었는지, 영창에 사용한 음절들이 어떤 언어인지 아무것도 모른다고 말했다.

참가자들 중의 한 사람으로, 부에노스아이레스에서 온 아르헨티나 출신의 정신분석가인 카를로스가 글래디스의 영창이 완벽한 세파르디 언어였다고 말했다. 라디노Ladino라고도 불리는 이 언어는 중세 스페인어와 히브리어의 혼종어이다. 이상한 우연의 일치이지만 유태인인 카를로스는 개인적인 취미로 여러 해 동안 세파르디 언어를 공부했다. 글래디스는 유태인이 아니었고 히브리어도 스페인어도 알지 못했으며, 라디노에 대해서도 들은 적이 없고 그런 것이 존재하는지, 그것이 무엇인지도 몰랐다. 카를로스는 글래디스가 반복해서 읊조린 문장을 통역했는데, 그것은 다른 참가자들에게도 아주 큰 효과가 있었다. 글자 그대로 옮기면 그것은 다음과 같다. "나는 지금 고통스러우며, 항상 고통스러울 것입니다. 나는 지금 울고 있으며, 항상 울 것입니다. 나는 지금 기도하고 있으며, 항상 기도할 것입니다."

참가자들과 함께한 글래디스의 체험이 세파르디 기도문 영창을 통해 이렇게 극적으로 막을 내리면서 그녀는 우울증에서 벗어나 정신적 안정을 얻었다. 에살렌 워크숍 이후 우리는 다른 상황에서 그녀를 두 번 만났는데 우울증은 재발하지 않았다. 그것은 내가 경험한 가장 강력한 치유 효과들 중의 하나였다. 그때의 상황과 그것이 글래디스에게 미친 깊은 영향력은 그녀에게나 우리에게 지금까지도 미스테리로 남아 있다.

◆ ◆ ◆

자기 발견의 험난한 여정

카렌의 이야기

이번 인생에서의 내 운명은 사회적으로 논란이 될 만한 사안이나 행위들과 관계가 있는 것처럼 보인다. 환각제와 비일상적 의식상태에 대한 평생의 관심을 보아도 그렇다. 오랫동안 이 분야를 연구해오면서 나는 정신과 의식의 본질에 관한 많은 정신과의사들의 믿음이 크게 잘못되었고 근본적으로 바뀌어야 한다고 확신하게 되었다. 또한 의식 연구를 통해 내가 발견한 많은 것들이 서양과학의 물질주의적 세계관과는 크게 다르고, 특히 의식과 물질 사이의 관계에 있어서 더욱 그렇다는 결론에 도달했다.

나는 많은 잡지와 단행본에 내 생각을 숨기지 않고 표현했다. 새로운 발견들 중에서 아내인 크리스티나와 함께 발전시킨 '정신적 비상사태'의 개념보다 더 큰 논란을 낳은 것은 없다. 정신병으로 진단하고 무조건 증상을 억제하기만 하는 많은 상황들이 사실은 인격의 큰 변화와 영적인 개안의 중요한 단계이기도 하다는 것이 우리가 오랜 연구 끝에 도달한 결론이다. 이런 사실이 올바르게 이해되고 도움을 받는다면 그 상황을 통해서 감정적인 심신상관성의 증상이 치유되고 놀라운 정신적 변화나 의식의 진화로 이어질 수 있는 것이다.

'정신적 비상사태'라는 말은 그 상태가 문제점을 지니는 동시에 긍정적인 잠재력도 숨기고 있음을 나타낸다. 이 용어는 위기를 암시하지만, 비상사태(emergency)의 라틴어 어원인 emergere(emerge)와 관련시켜 생각하면 그것은 보다 높은 수준의 정신 기능 및 영적 인식의 상태로 올라설(나타날, 일어설) 기회도 되는 것이다. 정신적 비상사태를 중국어의 '위기危機'에 입각하여 해석하면 그것의 앞 글자는 '위험'이고 뒤 글자는 '기회'이다. 이런 개념을 논의한 책이 우리의 《자기 발견의 험난한 여정》과 《정신적 비상사태》이다.(Grof & Grof 1989, 1991)

심령적 위기 속에 숨겨진 치유 가능성은 에살렌에서 우리와 함께 작업한 적이 있는 카렌의 다음 이야기를 통해서 입증된다. 나는 여기서, 정신적 비상사태에 관한 우리의 공저共著를 위해 크리스티나가 썼던 카렌과의 작업에 관한 이야기를 약간 수정하여 제시하고자 한다. 카렌은 20대 후반의 우아하고 나긋나긋하며 차분한 아름다움을 지닌 금발의 여성이다. 겉으로 보면 조용하고 내향적이지만 밝은 성품에 육체적으로도 활발한 그녀는 유난히 힘든 어린 시절을 보냈다. 그녀의 어머니는 그녀가 세 살 때 자살을 했는데 그것은 그녀가 어머니와 단둘이 집에 있을 때였다. 그녀는 알코올 중독의 아버지와 그의 포악한 두 번째 아내 밑에서 자랐다. 10대 말기에 집을 나와 우울한 일들을 겪으며 살았고 강박적으로 음식을 먹는 버릇과 종종 싸웠다.

그녀는 여행하고 공부하고 재즈 댄스에 몰두하여 노련한 댄서가 되었으며 이따금 댄스 강습도 했다. 그녀는 노래 부르기를 좋아했고 마사지 전문가로서의 수련을 쌓았다. 온순하고 친절한 피터라는 남자를 만나 함께 살기 시작했는데 둘이 결혼은 하지 않았지만 에린이라는 이름의 세 살 난 딸을 두고 함께 잘 보살폈다.

카렌의 이야기는 점진적이고 온화한 정신적 발현과 지극히 위험한 정신적 비상사태 사이에서 가장 드라마틱한 결말을 보여준다. 그렇지만 그녀의 체험과 관련된 많은 문제들이 정신적 변용을 겪고 있는 어떤 사람에게든 적용될 수 있다. 카렌의 위기는 진정한 정신적 비상사태의 모든 요소를 포함한 것이었다. 그것은 3주일 반 동안 지속되었고 그녀의 일상생활을 철저히 방해했다. 그 체험은 너무나 강렬해서 24시간 간호를 요구했다. 그녀가 며칠 동안 정신적 비상사태를 겪은 후 이 분야에 대한 우리의 관심을 아는 그녀의 친구들 중 하나가 우리에게 그녀의 간호에 동참해줄 것을 요청했다. 그 뒤로 2주일 반 동안 우리는 그녀를 거의 매일 보다시피 했다.

많은 정신적 비상사태가 그렇듯이 카렌의 위기도 시작이 빠르고 돌발적이었으며, 그 체험에 너무나 압도되어 자신도 에린도 돌볼 수가 없었고 에린은 아버지와 함께 지내야 했다. 에살렌에 사는 그녀의 친구들은 그녀를 입원시키지 않고 하루 24시간 동안 교대하면서 돌보기로 결정했다. 카렌은 그녀의 집에서 에살렌의 특별한 방으로 옮겨졌으며, 친구들은 두 사람이 함께 두세 시간씩 돌보고 교대하기를 24시간 계속하는 '간호사 업무'를 시작했다. 문 밖에 공책을 놓아두고 간호 인원들이 출입 시간과 카렌의 용태 변화를 기록했다. 그녀가 무슨 말을 하고 어떻게 행동했는지, 무엇을 먹거나 마셨는지, 다음 간호인들은 어떤 종류의 행동을 예상해야 하는지의 내용이었다.

이런 일이 있던 첫째 날, 카렌은 자신의 환상이 '흐릿하던' 평소와 같지 않게 갑자기 분명해지는 것을 보았다. 그녀는 자신이 상서롭고 중요한 체험을 시작하고 있는 중이라고 말하는 여인들의 목소리를 들었다. 여러 날 동안 그녀의 몸 전체에서 엄청난 열이 방사되었고, 그녀는 불과 붉은색 벌판들의 환상을 보면서 이따금 자신이 불길에 다 타버리는 것을 느꼈고 그로부터 생겨나는 갈증을 달래기 위해 많은 물을 마셨다. 그녀는 자신을 관통하는 엄청난 에너지에 의해 무의식의 여러 층으로 실려가서 거기에 축적되어 있는 기억과 감정과 육체적 감각들을 체험했다. 연령 퇴행에 의해서 어머니의 자살과 그에 이은 계모의 학대 같은 어린 시절의 정신적 외상이 떠올랐다. 혁대로 얻어맞던 어린 시절의 기억이 갑자기 바뀌더니 그녀는 아프리카 흑인이 되어 사람들이 운집한 노예선에서 채찍으로 무자비하게 얻어맞고 있었다.

그녀는 자신이 태어나던 당시의 육체적 감정적 고통이 다시 떠올라 힘들었고 자기 딸의 출산 과정도 되풀이해서 떠올랐다. 그녀는 여러 번에 걸쳐서 다양한 형태의 죽음을 체험했으니, 그런 모습을 본 친구들은 그녀가 자살을 시도하지 않을까 염려하기도 했다. 그러나 안전한 환경에서 조력자들이 번갈아가며 세심하게 잘 돌보았고, 그런 체험들을 행동으로 나타내기보다도 내부에서 잘 견디도록 격려했다.

카렌은 자신의 죽은 어머니와 연결되어 있는 느낌이 수시로 들었으며 딱 1년 전에 사고로 죽은 친구와도 그러했다. 그녀는 그들이 그립다고 말하고 그들과 합류하고 싶어했다. 죽어가는 사람들의 환상이 보이기도 했고 자신이 죽어가고 있는 것처럼 느껴지기도 했다. 우리는 그것이 실제로 죽는 것이 아니라 상징적으로 죽음을 체험하는 것일 수 있다고 그녀에게 설명했다. 이런 체험에는 대체로 심령적 재탄생이 뒤따르기 마련이다. 우리는 그녀에게 눈을 감고 용기를 내어 그런 내면적인 죽음의 과정을 철저히 체험하면서 힘든 감정들을 표현하라고 말했다. 그녀는 순응했고 얼마 후에 죽음과의 강렬한 만남을 통과하여 다른 체험으로 넘어갔다.

　　이틀 동안 카렌은 악마적인 요소들이 포함된 일련의 과정에 휩쓸렸다. 이따금 그녀는 마법의 제례에 참석한 고대의 마녀였고, 또 자기 안에 어떤 무서운 괴물이 있는 것처럼 느끼기도 했다. 잔인한 짐승이 악마적인 에너지를 표현하듯 그녀는 성난 헛소리로 방 안을 채우고 바닥을 구르면서 흉포한 표정을 지었다. 친구들은 그것이 자신들을 향한 행위가 아님을 알고 그녀의 자해를 우려했으며 그런 충동들이 안전하게 표현되도록 이끌어주었다.

　　이따금 그녀의 체험은 성적인 것이 되었다. 자신의 성생활과 관련된 상처를 되살린 후 골반에서 강한 에너지를 느꼈다. 그녀는 전부터 섹스를 인간과 짐승에게 공존하는 비속한 본능으로 간주했다. 이 시기 동안의 체험들 중 하나에서 그녀는 탄트라에 관련된 어떤 통찰을 얻었다. 성적 충동은 단순한 생물학적 욕구가 아니라 신성한 정신력의 표현이라고 하는 것이었다. 그녀는 자신이 이런 깨달음을 부여받은 첫 번째 여성이라고 느꼈고, 생명을 주는 어머니로서의 자신의 신비한 역할을 존중하게 되었다.

다른 체험에서는 지구와 거기 살고 있는 사람들에 동화되었고, 그 둘이 다 망하게 될 것이 두려웠다. 그녀는 지구와 지구인들이 파멸로 향하고 있는 환상을 보았으며 그것은 이 세계의 상황에 대해 자세하고 명료한 통찰을 선사했다. 그녀는 '버튼'에 손가락을 댄 미국과 소련의 지도자들을 보았으며, 국제정치에 관해서 정확하고 익살스럽기도 한 의견들을 말했다.

며칠 동안 카렌은 어떤 강한 창조력의 흐름에 연결되었고 즉석에서 노래를 지어 부르는 방식으로 자신의 체험들을 표현했다. 그것은 놀라운 일이었다. 내면의 어떤 주제가 의식 속으로 부상하는 순간 곧바로 그에 관한 노래를 짓거나 기억 속에서 어떤 적절한 것을 끄집어내어 자신의 상황을 노래하는데 그 속도와 예술성이 놀라운 것이었다.

카렌은 또한 주변 상황에 심령적으로 지극히 민감해져서 주위의 누구든 '꿰뚫어보고' 자신을 돕는 친구들의 말과 행동을 미리 알 수 있었다. 관련 인물들이 더욱 불편했던 것은 그녀가 자기 눈에 보이는 인간관계의 유희를 너무 노골적으로 지적하면서 지나치게 강압적이거나 완고한 사람들에게는 곧바로 적의를 드러내고 그와 협력하기를 거절했던 점이었다. 언젠가는 교대 예정인 두 사람이 카렌의 방으로 오면서 그녀에 대해 얘기를 나누었는데, 그들이 안으로 들어서자 카렌은 마치 그 내용을 처음부터 알고 있었던 것처럼 그들의 대화에 가담했다.

대략 2주일이 지난 후에 어렵고 고통스러운 상황들이 조금씩 사라지면서 점점 편안하고 밝은 체험들이 나타났으며 어떤 신성한 근원에 연결되는 것처럼 느껴졌다. 그녀는 내부에서 자신의 중심을 나타내는 것처럼 느껴지는 찬란한 진주를 본 뒤 그것과 대화를 나누고 그것을 강화하면서 많은 시간을 보냈다. 또한 내부의 원천으로부터 자신을 어떻게 사랑하고 돌볼 것인가에 대한 가르침을 받았고 자신의 가슴과 몸속에 남아 있던 감정적인 상처들이 치유되는 것을 느꼈다. 그녀는 '두 번째 탄생'을 통과했다고 말하면서 자신의 느낌을 다음과 같이 요약했다. "나는 생명을 향해, 사랑을 향해, 빛을 향해, 자신을 향해 열리고 있어요."

체험에서 벗어나기 시작한 카렌은 내부세계에 몰입하는 시간이 줄어들었고 자신의 딸과 주변 사람들에게 관심을 갖게 되었다. 보다 규칙적으로 먹고 잠자기 시작했으며 자신에게 일상적으로 필요한 것들을 챙길 수 있게 되자 체험을 끝내고 집으로 돌아가기를 원했다. 그녀는 주변 사람들도 이 상황을 끝낼 준비가 되었음을 알았다. 그들은 그녀가 집으로 돌아가 예전처럼 자신과 딸을 보살피며 사는 데 동의했다.

우리는 그 사건 이후의 일들에 대해서 카렌과 애기를 나눌 기회가 있었는데 그때 일어났던 많은 긍정적인 변화의 내용이 그대로 유지되었음을 알고 매우 기뻤다. 그녀의 분위기는 크게 달라져 있었고 자신감과 외향성을 보여주었다. 자라난 자신감은 아름다운 목소리를 살려 공적인 장소에서 노래도 부를 수 있게 만들었다. 정신과에 입원하여 진단서에 낙인이 찍히고 몇 년 동안 진정제를 복용하며 살게 될 수도 있었던 상황이 마음 깊은 곳으로부터의 치유와 긍정적 변용을 안겨주었던 것이다.

◆◆◆

환청이 정신분열증의 징후가 아닌 경우

에바의 이야기

1960년대 말에 체코에서 캐나다로 이주해온 내 동생 파울과 그의 아내 에바는 둘 다 정신과의사이다. 그들은 온타리오의 해밀턴에 정착하여 맥마스터 대학의 정신의학부에서 일하기 시작했다. 캐나다의 의사면허를 얻기 위해 시험을 치러야 했던 그들은 생계를 위해 둘 다 정신과 병원에서 일할 수밖에 없었기 때문에 시험공부는 저녁과 주말의 시간을 이용했다.

　잠을 조금밖에 못자는 긴장된 나날이 이어지면서 결국 에바에게 문제가 생기는 것 같았다. 늦은 시각까지 공부하고 있던 어느 날 밤 그녀는 이상한 목소리를 듣기 시작했다. 목소리가 들리는 증상은 심각한 정신병에, 좀더 자세히 말하면 편집형 정신분열증에 직결되기 때문에 정신과의사로서는 아주 두려운 일이었다. 두려움을 극복한 후 그녀는 그 목소리가 모국어인 체코 말이나 자신이 유창하게 구사하는 영어가 아니고 알지 못하는 외국 말투라는 것을 깨달았다. 이것은 정신분열증에서는 거의 없는 일이었다. 정신분열증 상태에서 들리는 목소리는 명령하고 협박하고 자존심을 손상시키는 등 환자가 이해할 수 있는 특정 메시지를 담고 있기 때문이다.

에바는 그 목소리가 무슨 말을 하는지도 그것이 어떤 언어인지도 몰랐지만 체계적인 언어처럼 명료하게 들렸고 그냥 애매모호하게 지껄이는 소리 같지는 않았다. 거기에 어떤 의미 있는 정보가 담겨 있을 것 같은 느낌이 강하게 들었고, 그래서 그 메시지를 기록하여 어학에 능한 사람들과 상의해보기로 했다. 영어와 달리 체코어는 표음表音 문자였으므로 어떤 단어든 들리는 것을 소리 나는 대로 받아 적어 나중에 정확히 재현할 수 있었다.

마침 파울은 얼마 전에 캐나다에 온 크로아티아 출신 의사 아사프를 만났었는데 그는 보통 사람과 달랐다. 기억력이 아주 뛰어난 그는 여러 개의 언어를 가르칠 수 있는 수피 셰이크[1]였다. 에바가 아사프에게 사정을 설명하고 노트에 기록한 메시지를 읽었을 때 아사프는 깜짝 놀랐다. 그 메시지는 고대의 아라비아어였는데, 비전으로 이루어진 수피 문헌의 내용을 담고 있었다.

아사프는 에바를 자신의 문하생으로 받아들였고 몇 달 후에는 유고슬라비아로 그녀를 보내 자기 종파의 한 수행처에서 3주일간 특수 훈련을 받게 했다. 유고슬라비아의 수피 교사들은 그녀를 더 멀리 터키의 코냐에 있는 본부로 보내 종정宗正인 셰이크 데데 로레즌을 만나도록 주선했다. 에바는 혼자서 터키에 갔고 코냐의

---

1) sheik(h). (회교 민족의) 가장, 족장, 수장首長, 교주敎主.

수피들은 그녀의 도착 시간을 알지 못했다. 코냐행 버스를 탄 그녀는 회색 수염을 기른 당당한 풍채의 노인이 같은 버스에 타고 있는 것을 보았다. 그는 아름답고 표정이 넘치는 얼굴과 잔잔한 눈매를 갖고 있었다. 몇 시간이 걸리는 여행에서 그녀는 그 사람에게 점점 더 매료되었고, 버스가 코냐에 도착했을 때 그는 에바와 같은 정류장에서 내려 군중 속으로 사라졌다.

에바는 수피 본부로 찾아가서 자신의 도착을 알리고 셰이크를 알현할 수 있도록 허락을 받았다. 한참을 기다린 뒤 시간이 되어 셰이크의 방 문을 두드리고 안으로 들어선 그녀는 버스를 타고 오는 몇 시간 동안 자신의 마음을 사로잡았던 그 노인이 바로 셰이크 데데임을 알았다. 그 종파에 속한 어느 누구도 그녀가 도착할 시간을 몰랐기 때문에 셰이크가 그녀와 같은 버스를 탔었다는 것은 놀라운 우연의 일치였다. 그녀를 더욱 놀라게 한 것은 셰이크가 몇 년 동안 그녀를 기다려왔다고 한 말이었다. 그녀가 내면의 목소리를 듣고 토론토의 수피 교사를 만나게 되기 훨씬 전부터 그는 이 날이 올 것을 알고 있었다고 말했다. 에바는 우리에게 그 셰이크를 만나서 무슨 일이 있었는지에 대해서는 자세히 말하지 않았는데, 그 내용이 비전이었기 때문인 듯하다. 코냐에 머무는 동안 에바는 수피의 훈련을 받았고 캐나다로 돌아온 뒤 그것을 심리 상담에 훌륭히 사용했다.

70년대 초에 나는 또 다른 체험을 하고 나서 '목소리 환청' 현상에 대한 자세가 크게 바뀌었다. 내가 배운 정신의학에서는 그것을 심각한 정신이상 증세로 규정하고 있었다. 에살렌 연구소가 표방하는 인간의 잠재력 탐구 취지에 공감하여 많은 센터들이 생겨났는데 그중 하나인 캘리포니아 소노마의 웨스터벡 농장에서 워크숍을 진행하고 있을 때였다. 점심시간에 농장 주인인 팻 웨스터벡이 잠시 그곳을 찾은 헬렌 슈크만과 빌 탯포드라는 두 심리학자를 내게 소개했다. 헬렌은 임상과 연구를 겸하는 심리학자로서 뉴욕시 컬럼비아 대학의 의학심리학 조교수였고, 빌은 그녀와 함께 일하는 의료 센터의 의학심리학 교수이자 헬렌이 속한 부서의 책임자였다.

함께 식사하면서 헬렌은 재미있는 이야기를 했다. 그녀는 자신과 빌 사이의 관계에 문제가 있어서 감정적으로 크게 긴장되어 있던 어느 시기에 아주 상징적인 꿈과 심상들 및 '목소리'를 체험하기 시작했다. 그 목소리는 말이 아닌 어떤 종류의 텔레파시에 의해서 무언가를 빠르게 받아 적도록 요구하는 것 같았다. 놀라운 것은 그 목소리가 자신을 예수라고 소개한다는 사실이었다. 유태인이고 무신론적 과학자, 심리학자, 일류 대학의 교육자였던 헬렌은 너무나 어이가 없었고, 에바가 그랬었듯이, 정신병을 의심하지 않을 수 없었다. 그러나 목소리는 헬렌이 읽은 적 없는 성서의 긴 문장을 정확히 인용하면서 그 문장의 여러 가지 번역문에 있는 오류에 대하여 아주 특별한 언어적 해석을 가했고, 그녀는 이런 정보의 정확성을 확인할 수 있었다.

빌의 제안과 격려에 따라 헬렌은 목소리의 모든 내용을 속기법으로 간결하게 기록하기 시작했으며, 다음 날 그녀가 빌에게 읽어주면 빌은 그것들을 타이프로 입력했다. 그녀가 내게 말했듯이 필기는 자동으로 이루어진 것이 아니었고, 언제든지 중단했다가 다시 시작할 수 있었다. 이 원대한 작업을 시작하려고 결심했을 때 그녀를 다시 놀라게 한 것은 기록의 다음과 같은 첫 문장이었다. "이것은 기적의 수업이다." 그녀에게는 이 작업이 "언제 어디서 어떻게든 완성하기로 합의했던" 자신의 특수 임무처럼 느껴졌다.

식사 후에 헬렌은 빌과 함께 한 이 공동작업의 결과를 내게 보여주었다. 그것은 〈기적수업〉이란 제목의 두툼한 원고였다. 그녀는 이것을 출판하여 독자들에게 알리고 싶지만 미쳤다는 소리들 듣고 학자로서의 평판이 떨어질까 봐 두렵다고 말했다. 그리고 내 그룹의 참가자들과 이야기할 수 있도록 자신에게 한 시간을 할애할 수 없겠느냐고 물었다. "당신의 워크숍에 오는 사람들은 좀더 마음이 열린 사람들일 테니 한 번 알아보고 싶어요. 그것은 제게 중요한 시험이 되겠지요." 그녀는 이렇게 자신의 요청을 설명했다.

나는 진심으로 거기에 동의했고, (나 자신은 물론이지만) 그룹의 반응이 너무 열광적이어서 그녀도 마음이 한쪽으로 기우는 것 같았다. 그녀는 모험이 되더라도 자신의 작업을 공표하기로 작정하고 농장을 떠났다. 〈기적수업〉은 출간되면서 곧바로 베스트셀러가 되었고 초개인 심리학자들만이 아니라 일반 대중들에게서도 화젯거리가 되었다. 얼마 안 가서 365개의 교훈으로 이루어진 〈학생을 위한 워크북〉과 〈교사를 위한 안내서〉가 뒤를 이었다. 이 세 권의 총서는 현재까지 30종 이상의 언어로 번역되었으며 150만 부가 팔렸다.

결실을 거둔 이단의 정신의학
밀라다의 이야기

머리말과 조금 전 카렌의 이야기 도입부에서 나는 '정신적 비상사태'의 개념을 설명했다. 홀로트로픽 의식상태에서 자연스럽게 생겨나는 사건들을 그렇게 이해한다면 증상을 억제하기 위해 무조건 약물을 이용하기보다는 '증상을 잘 통과해 나가도록' 정신적으로 돕고 격려할 수 있다. 이런 방법은 꼭 정신적인 것이 두드러지는 증상에만 적용될 필요가 없고, 정신적인 요소가 포함되지 않은 비일상적 체험의 경우에까지 확대 적용할 수 있다.

내가 시도했던 최고의 이단은 그런 방법에서 한 발 더 나아간 것이었다. 프라하의 정신의학 연구소에 있을 때 나는 정신병으로 진단받은 몇몇 환자들에게 보통의 억제 요법과는 완전히 반대되는 방법을 사용했다. 그리하여 LSD 세션을 통해 증상을 촉진하고 강화함으로써 LSD의 잠재적 치유력에 의해 오히려 긍정적인 결과를 가져왔던 것이다. 이런 방식의 한 예가 밀라다의 이야기이다.

밀라다는 여러 해 동안 복잡한 신경성 장애를 겪어온 38세의 심리학자였다. 그녀는 체코의 정신분석학 권위자를 일주일에 세 번 만나서 55분씩 상담을 받았는데 5개월이 지난 뒤에는 정신이상 증세가 나타나서 결국 입원을 하게 되었다.

그녀의 징후 중에서 중요한 한 가지는 색정형 망상이었다. 그녀는 자기 부서의 책임자를 사랑하게 되었고 그에게 억누를 수 없는 애정과 성적 매력을 느꼈다. 그리고 이것이 짝사랑이 아니며 상대방도 자신을 사랑한다고 확신했다. 그녀의 말에 따르면 두 사람 사이의 성적·영적 교감은 공공연히 표현될 수 없었고 사회적 체면 때문에 내면적으로 이루어져야 했다. 그녀는 결혼해서 아이들까지 둔 직속 상사가 자신의 감정을 표현하지 못한다고 생각했다.

몇 주일 후부터 그녀는 상상 속의 애인이 말하는 소리를 듣기 시작했다. 그는 자신의 열정을 고백하고 아름다운 미래를 약속하면서 어떤 특별한 제안까지 했다. 밤이 되면 밀라다는 강렬한 성적 쾌감을 느꼈는데 이것은 비밀의 연인이 마법적으로 행하는 섹스라고 생각했다. 남편과의 관계에서는 오르가즘에 도달한 적이 없던 그녀가 여기서는 큰 환희를 체험했다.

상황이 차츰 바뀌어, 그녀의 상사는 이제 아내와 이혼했으니 둘이 함께 살 수 있을 거라고 말했다. 망상과 환청에 의해 행동하기 시작한 밀라다는 입원을 피할 수 없게 되었다. 어느 날 아침 남편을 버려두고 아이들과 함께 옷가방 몇 개를 챙겨서 상사의 아파트로 간 그녀는 집 안으로 들이지 않으려는 상사의 아내와 몸싸움을 벌였다. 그런 뒤 여러 달 동안 진정제와 항울제를 복용하면서 개인적 또는 집단적 정신요법으로 치료를 받았지만 효험이 없었고 결국 나에게 와서 LSD 세션을 받게 되었다.

12회의 세션 끝에 그녀는 정신이상 증세가 완전히 사라졌고 자신의 행위가 비이성적이었음을 분명히 알게 되었다. 이제는 상사와 관련된 색정형 망상을 아버지에 대한 자신의 느낌이 전이된 것으로 해석했다. 아버지는 성품이 너무 차가워서 그녀가 한 번도 가깝게 느껴보지 못한 사람이었다. 그 뒤로 이어진 세션에서 그녀는 신경성이고 심신상관성인 복잡한 문제들을 풀어나갔다.

지나온 인생의 여러 시기에 겪었던 고통스런 기억들을 되살리면서 유년기와 아동기의 감정에서 비롯된 현재의 많은 문제점을 알 수 있었다. 또한 힘겨운 부부생활과 관련해서도 많은 시간이 필요했다. 그녀의 남편은 열렬한 공산당원으로서 아내의 감정을 무시하고 사회적 지위만을 추구하는 둔감하고 흉포한 사람이었다. 나아가 두 자녀는 전문가의 도움이 필요할 정도로 심각한 감정적 혼란을 보이고 있었다.

그다음의 LSD 세션들은 주산기의 영역으로 넘어가서 출생 당시에 있었던 어려운 상황들이 되살아났다. 죽음과 재탄생에 관련된 많은 것을 체험했는데, 함께 잉태되었던 쌍둥이 오빠의 죽음과 관련된 기억은 너무나 충격적이어서 그녀는 이 세션을 '정신적인 원자폭탄'이라고까지 표현했다. 결국 출생 과정을 완료하고 마지막으로 에고의 죽음을 체험했을 때 나는 그녀가 다른 대부분의 신경증 환자들처럼 크게 호전되리라고 예상했다.

그러나 놀랍게도 여러 달 동안 보여주지 않던 이전의 정신이상 징후들이 다시 나타났다. 차이가 한 가지 있다면 이번에는 색정형 망상과 체험의 대상이 직장 상사에서 나로 대체된 점이었다. LSD 요법을 받으면서 전이 정신병을 나타내게 된 그녀는 자신이 나의 최면술에 걸려 있다고 믿고 세션 중이나 세션이 없는 시간이나 항상 나와의 일정한 정신적 유대를 형성하고 있었다. 그녀는 나와 상념을 교환하고 나아가서는 언어적으로도 의사를 교환하는 것처럼 느꼈다.

이런 환각 상태의 만남들 중 몇몇을 통해서 우리의 '정신요법'이 계속되었다는 것은 흥미로운 일이다. 내가 LSD 정신요법 관련 회의 참석차 네덜란드의 암스테르담에 머무는 일주일 동안, 프라하의 정신의학 연구소에 입원해 있던 밀라다는 상상 속에서 나와의 세션을 이어나갔다. 우리는 그녀의 인생에 대해서 여러 가지 문제를 '논의'했고, 그녀는 가공의 내 목소리가 암시하는 대로 움직였다. 매일 목욕을 하고 운동을 한 뒤 뜨개질과 자수 같은 여성적인 일을 하는 식이었다.

나는 결국 그녀에게, 내가 병원놀이를 그만두고 그녀의 애인 겸 남편이 되기로 결심했다고 말했다. 또한 나를 그로프 박사가 아니라 (내 이름을 좀더 사랑스럽게 표현한) '스타냐'로 부르고 가까운 친구나 연인이 사용하는 구어적인 이인칭 용어를 사용하도록 권했다. 다른 많은 언어들에서와 마찬가지로 체코어에서도 호칭에 따라 사적인 인간관계와 공적인 인간관계가 구분된다.[1]

또한 그녀에게 남편의 성이 아니라 내 성을 사용하도록 허락했다. 나의 사랑을 누누이 확인시키고 그녀의 이혼이 이미 성립되

---

1) 프랑스어에서 tu와 vous, 독일어에서 du와 Sie, 스페인어에서 tu와 Usted가 다르듯이. (원주)

었으니 아이들을 내 아파트로 데려오라고 말했다. 그녀는 이제 밤마다 나에게 '최면 섹스 세션'을 받는다고 생각했다. 이때의 육체적 감각에 대한 그녀의 해석은 그것이 치유를 빠르게 하기 위해 내가 그녀에게 시키는 섹스 수업이라는 것이었다. LSD 세션이라는 점을 생각하고 가장 깊은 차원에서 보면 밀라다가 생각하는 마법과 같은 상황은 유아기에 누렸던 어머니와의 공생적 관계를 반영하는 하나의 전이 현상이었다.

언제부턴가 밀라다는 하루에 몇 시간씩 침대에 눕거나 일어서서 이상한 자세를 취하기 시작했다. 간호사들은 그녀가 오랫동안 발돋움을 하고 서서 무언가를 포옹하듯이 양팔을 앞으로 내밀어 양손을 깍지 끼고 있다고 내게 보고했다. 무얼 하고 있느냐고 물었더니 "나를 내버려둬요, 그를 껴안고 있는 중이니까"라고 대답하더라는 것이었다. 어쩔 수 없이 나는 간호사들의 놀림감이 되었다. 그들은 밀라다가 내 키를 알고 바닥으로부터 딱 적당한 높이에서 양팔로 껴안는 자세를 취한다면서 깔깔거렸다.

얼핏 생각하면 밀라다의 자세는 납굴증蠟屈症이란 증상의 긴장성 정신분열증 환자들에게서 자주 보이는 그것과 비슷했다. 그들은 밀라다처럼 이상하거나 엉뚱한 자세를 오랫동안 유지한다. 그러나 밀라다의 '긴장병'은 한 가지 중요한 관점에서 정신분열증 환자들의 무감각 상태와는 크게 달랐다. 그녀에게는 항상 말이 통했고 대화를 통해 설명하기만 하면 그 자세를 그만두게 할 수 있었다. 그러면 보통의 자세로 돌아와 이치에 닿는 이야기를 나눌 수 있는 것이었다.

그녀는 또한 자신의 행위를 이해하고 그 행위를 흥미롭게 설명했다. 그럴 때면 자신의 감정적인 문제나 심신상관성 징후가 몸 자세와 불가분의 관계가 있다고 주장했다. 어떤 자세들에서는 황홀한 기쁨과 바다 같은 느낌, 우주적 합일감이 찾아오고, 또 어떤 자세들에서는 깊은 우울과 구역질, 막연한 불안 같은 것이 느껴진다는 것이다. 그녀는 어머니의 자궁 속에서 쌍둥이 오빠와 함께 지냈던 태아기에도 그런 상황이 반복되었음을 느꼈다.

그녀의 정신병 증상이 끈질기게 이어졌지만 나는 다른 고객들을 상대했던 체험에 입각하여 일주일에 한 번씩 계속해서 LSD를 투여했다. 이런 세션들은 거의가 초개인 영역의 부정적인 체험들로 이루어져 있었다. 그녀는 자궁 내에서의 힘들었던 기억들을 감정적 긴장, 임신 중인 어머니의 질병, 태아 상태에서의 위기감, 쌍둥이 오빠와 자궁을 공유해야 하는 데서 오는 불편함 등과 관련시켰다. 이것은 원형적인 두려운 상황들을 체험하면서 운명을 극복해나가야 하는 상황을 의미했다.

나중의 한 세션에서 아주 이상한 일이 일어났다. LSD가 그녀를 홀로트로픽 의식상태로 유도한 것이 아니라 정상으로 되돌려놓은 것이다. 약효가 나타나기 시작하자 그녀는 나에게 공식적인 호칭을 사용했고 정신병의 세계에서 현실로 돌아와 흥미로운 심리학적 견해를 제시했다. 그러나 약효가 사라지기 시작하자 전의 정신병이 다시 나타났다.

그다음 세션에서는 특별한 증상 없이 몇 시간 동안 황홀한 우주적 합일감을 체험했는데, 그것은 태모신의 자궁 속에 존재하는 '신성한 아이'의 느낌이었다. 그리고 놀랍게도 기존의 정신신경증적 증상 없이 완전히 재구성된 인격이 되어 현실로 돌아왔다. 그녀의 말에 따르면, 자신은 이제 예전과 전혀 다른 방식으로 자신과 세계를 느낄 수 있었다.

그녀는 삶에 대해 열의를 보였고 자연과 예술을 새롭게 평가했으며, 자녀들을 대하는 자세도 바꾸고 과거의 비현실적인 욕망과 환상을 버릴 수 있었다. 그리고 일을 다시 시작하여 올바르게 수행했으며 남편과 이혼하고 두 자녀를 기르면서 자주적으로 생활했다.

여러 해가 지나서 체코슬로바키아가 독립한 뒤에 방문했을 때 나는 그녀를 만나 이렇게 바뀐 모습이 그대로 유지되고 있음을 보았다. 그녀는 자신의 험난한 결혼생활 때문에 큰 상처를 입었던 두 자녀의 삶과 관련해서도 감정적인 위기를 겪었지만 그런 고비들도 잘 극복했다. 딸이 달리는 기차에 몸을 던져 자살을 했을 때도 정신병원에 가지 않고 견딜 수 있었다. 깊은 슬픔을 겪으면서 죄의식으로 고통을 받기는 했지만 일상생활에서 자신의 역할을 잘 수행했다.

동유럽 국가들이 해방된 뒤 우리의 홀로트로픽 호흡법과 초개인 심리학이 그 세계에 소개되었을 때 밀라다는 그것의 수련과정을 마치고 지도자로서의 자격을 인정받았다. 이리하여 큰 논란의 대상인 이단적 요법이 나의 50여 년에 걸친 정신과 치료경력 중에서도 가장 극적인 효과를 거두었다.

◆◆◆

모래놀이의 마법

치료사가 된 새끼 고양이

환각요법이나 홀로트로픽 호흡법처럼 환자를 홀로트로픽 의식상
태로 이끌어 치료하는 경우에 동시성 현상의 발생률이 현저히 증
가한다는 것을 우리는 여러 차례 보았다. 또한 정신적 비상사태를
겪고 있는 사람들과 함께 있을 때도 동시성 현상은 자주 발생한다.
이것은 동시성 현상이 홀로트로픽 의식상태와 밀접한 관계가 있기
때문이라고 생각했었지만 시간이 흐르면서 나는 그런 특수한 의식
상태보다도 초개인적인 상황 내지 환경과 관련된다는 결론에 도달
했다.

우리는 홀로트로픽 호흡 세션을 시작하기 전에 참가자들이
파트너를 선택할 때나, 심지어는 워크숍에 참가하러 오고 있을 때
도 놀라운 동시성 현상들이 발생하는 것을 자주 보았다. 또 고인이
된 우리의 친구 도라 칼프가 발전시킨 요법인 모래놀이와 관련해

서도 동시성 현상이 자주 발생한다는 사실을 알았다. 크리스티나와 나는 스위스를 찾을 때마다 취리히 근처의 졸리콘에 있는 도라의 아름다운 옛날식 집에 자주 머물렀기 때문에 그녀와 얘기할 기회가 많았다. 우리는 그녀의 지도 아래 여러 가지 도구를 이용해서 모래놀이를 해볼 기회가 있었다.

그녀에게 모래놀이의 개념을 가르쳐준 것은 칼 융이었다. 그녀는 자신보다 나이가 훨씬 많은 독일의 어떤 남작과 결혼하여 남편과 함께 네덜란드에서 살다가 남편이 죽은 뒤에 삶을 지탱해줄 새로운 전망을 찾아 아이들을 데리고 다시 스위스로 돌아왔다. 모래놀이의 착상은 그녀가 아이들과 함께 즐겨 방문했던 작은 마을이 마침 융과 그의 친척들이 좋아하는 휴양지였던 데서 비롯되었다. 거기서 융을 만난 그녀는 자신에게 적합한 일을 찾고 있는 중이라고 말했다. 융은 모래놀이를 치료에 이용해보도록 그녀에게 방법을 가르쳐주었다.

모래놀이의 방법은 아주 단순하다. 깨끗한 모래를 어느 정도 채운 일정 크기(60×75cm가량)의 상자와 선반 위에 진열된 많은 물건들을 사용하는데, 여기에는 여러 민족의 다양한 직업을 가진 인물 형상, 동물, 나무, 여러 나라의 특색을 보이는 주택, 돌이나 조개껍질 같은 자연물, 신화 속의 주인공과 상징물들이 포함된다. 여기서 참가자가 할 일은 모래 면을 마음대로 모양 짓고 그 위에다 자신이 선택한 형상과 물건들을 이용하여 어떤 장면을 창조하는 것이다. 이 모래놀이 요법에는 어떤 기준이 없고, 시술자가 자기 스스로 알아서 물건들을 수집한다. 도라는 전 세계의 많은 물건과 형상들을 모아두고 있었다.

효과를 체험하고 그 기법에 매료된 크리스티나와 나는 이것을 에살렌에서 진행하는 우리의 한 달짜리 워크숍에 포함시켰다. 빅 하우스의 방 하나가 모래놀이를 위한 공간으로 꾸며졌으며, 필요한 장난감들의 일부는 우리가 개인적으로 수집하고 나머지는 초빙하는 강사들의 여행용품 세트를 이용했다. 드물게 도라와 그녀의 아들 마틴을 초빙할 때도 있었지만, 그 외의 경우에는 융 학파의 심리학자이자 도라의 문하생인 세실 버니가 한 달 워크숍에서 모래놀이 요법을 주재했다.

모래놀이와 관련해서 우리가 보았던 재미있는 동시성 현상은 메리라는 참가자가 다른 모든 참가자의 신경을 긁어대고 있던 한 달짜리 워크숍에서 일어났다. 그녀는 끊임없이 말을 하면서 자신의 부부관계를 포함한 사생활과 70세 남편의 정력 같은 것을 자랑하는 거의 조증躁症에 가까운 여인이었다. 자신은 거의 믿을 수 없을 정도의 오르가즘을 느끼고 환상적인 호흡 체험을 했으며 최고의 만달라들을 갖고 있다는 등의 이야기였다. 최면술사로 초빙된 에머트 밀러가 참가자들에게 적절한 몸짓이나 동작으로 자기를 소개하라고 했을 때, 그녀는 밖으로 뛰어 나갔다가 열린 문을 통해 안으로 달려 들어오더니 자신의 이름을 외치면서 발끝으로 힘차게 한 바퀴 돌고 다시 반대편 문을 통해서 달려 나갔다.

그녀의 지나친 언행은 사실상의 어려운 현실을 감추기 위한 필사적 노력에서 나오는 것임을 모든 참가자가 알고 있었다. 모래놀이에서 자신의 차례가 왔을 때 그녀는 자신이 바라는 이상적인 삶과 낭만적인 결혼을 나타내는 복잡하고 야단스런 장면을 창조했다. 그러고는 자신의 작품에 흥분해서 비길 데 없는 그것을 보여주기 위해 크리스티나와 나, 세실, 알 드러커(에살렌의 롤핑 요법가이자 침술사)를 찾아 나섰다. 우리 모두를 찾아낸 그녀는 빨리 가서 자신이 만든 '환상적인 모래놀이'를 보아야 한다고 우기면서 우리를 빅하우스로 끌고 간 뒤 모래놀이 방으로 올라갔다.

우리가 도착했을 때 그녀는 당황하지 않을 수 없었다. 그녀가 방을 나오면서 문을 열어둔 사이에 새끼 고양이 한 마리가 방 안으로 들어가 모래상자 속으로 뛰어든 뒤 현실을 크게 왜곡해서 표현한 작품의 형상들을 뒤집어놓고 그 한쪽에 똥 한 무더기를 배출해놓았기 때문이었다. 그것을 본 메리는 어안이 벙벙해졌고 비탄에 빠졌다. 우리가 방을 나온 뒤 그녀는 엉망이 된 자신의 모래놀이 작품과 함께 혼자 머물렀다. 그녀는 더럽혀진 모래와 똥을 걷어내고 똥 묻은 부분들을 세척해야 했다. 그리고 이 일을 하면서 많은 것을 깨달았다. 그녀는 몇 개의 형상들을 제거하고 다른 것으로 채워 넣었으며, 그 결과 이전 것보다 훨씬 더 현실적이고 솔직한 작품이 생겨났다.

몇 달 뒤 오스트레일리아 필립 섬의 ITA 회의에서 저녁식사를 하면서 우리는 동시성 현상에 관해 얘기했다. 이때 세실 버니가 인류학자인 마이클 하너 앞에서 그 모래놀이 이야기를 했다. 마이클은 사회적인 여러 상황에서 신랄한 유머로 빠르게 응답하는 사람이었고, 세실은 그와 자주 말 받아넘기기 시합 같은 것을 즐겼다. 세실의 말에 마이클이 즉시 대답했다. "이봐, 그 말을 들으니 고양이가 당신들보다 더 나은 치료사군."

07

초개인 심리학과 전통과학

[과학이 아닌 과학주의[1]]

칼 세이건과
그의 귀신들린 세계

---

1) Scientism. 인식론에서 과학의 한계를 인정하고 다른 인식방법을 허용하는 입
장에 반대하여 과학적 인식을 최고위의 유일한 인식방법으로 삼는 입장. 과학만
능주의. 인문과학에 있어서의 과학자적 태도.

◇

인간의 의식 연구를 통해서 20세기 후반에 축적된 도전적인 지식들과 초개인 심리학의 견해는 전통 학계의 강한 저항과 불신을 각오해야 했다. 60년대 말에 생겨나 문화적 감수성이 풍부한 초개인 심리학은 현대의 의식 연구를 통해 알려진 것들과 관련해서 고대 문화와 토착문화들의 의례 및 전통을 마땅히 존중한다. 그것은 또한 전통과학이 설명할 수 없는 많은 이례적인 현상들을 인정하고, 기존의 패러다임을 위협하는 관찰 기록들을 받아들인다. 그러나 포괄적이고 실증적이긴 해도 이 새로운 학문 영역은 전문가 그룹의 전통적 사고방식에서 너무나 벗어나기 때문에 서양과학의 데카르트·뉴턴 패러다임은 물론이고 기존의 심리학 및 정신의학과도 조화를 이루지 못한다.

그래서 초개인 심리학은 비합리적이고 비과학적이며 나아가 엉뚱하기까지 하다고 비난을 받기 쉽다. 그리고 이런 비난은 새로운 사조의 근거가 되어줄 많은 관찰 자료들을 전혀 알지 못하는 과학자들이 더 심하게 제시하며, 그들은 혁명적 변화에 앞장선 개척자들이 학계의 깊은 신망을 얻고 있다는 사실도 무시한다. 개척자들이 인간 정신의 초개인적 전망을 제시하고 받아들인 것은 전통과학의 기본 입장을 몰라서가 아니라 과거의 개념 체계가 자신들의 경험을 설명하기에 너무나 부적합했기 때문이었다. 전통 학계를 대표하는 이들은 기존의 과학적 세계관이 실재를 정확하고 분명하게 설명한다고 믿고 그것에 위배되는 어떤 증거도 인정하지 않으려 한다.

정신세계 전체 분야와 초개인 심리학에 대한 일부 전통과학자들의 반응은 그 성질 면에서나 강도 면에서나 종교적 근본주의자들의 광신적인 자세와 비슷하다. 그들의 자세는 사실상 엄정한 과학적 기반이 결여되어 있고 실존하는 모든 증거를 무시하거나 왜곡하며 관찰된 사실과 논리적 설명을 받아들이지 않는다. 찬찬히 들여다보면 그들이 의문의 여지없이 과학적으로 입증된 실재상이라고 제시하는 것은 온갖 경험되지 않은 형이상학적 가정들을 딛고 서 있는 찰흙발의 거인상과도 같은 것임을 알게 된다.

이런 과학자들의 가장 두드러진 본보기 중 하나가 뉴욕 시의 코넬대학에서 천문학과 우주과학을 맡았던 칼 세이건 교수이다. 자신의 분야를 대표하는 인물인 그는 미 항공우주국의 많은 무인 행성탐사 계획에 실험연구원으로 참여해서 '지구 밖 문명 탐사(SETI)' 사업의 기초를 쌓고 〈코스모스〉라는 텔레비전 연속물에 해설자로 출연하여 전 세계적으로 각광을 받았다. 또한 태양계 밖으로 나간 최초의 우주선 파이어니어 10호에 탑재할 지구인의 메시지를 프랭크 드레이크와 함께 도안하기도 했다. 1996년 그가 골수 형성 장애로 사망하기 조금 전에 그의 SF소설인 《콘택트》는 그 후에 개봉된 잘 알려진 동명 영화의 원작으로 사용되었다.

그러나 그는 자기 전문 분야에서의 성공과 인기에 만족하지 않고 이상하게 격양된 감정과 결연한 의지로 비합리적, 비과학적, 비의적이라고 생각되는 모든 것을 공격하기 시작했다. 그는 자기 분야의 막강한 권위자로서 초심리학과 사망심리학, 환각 연구, 인류학, 비교종교학을 포함한 학문 분야의 다양한 전문가들의 연구 관찰 결과를 마음대로 재단하고 심판했다.

비의와 미신으로 오염된 문화를 청소한다는 기치 아래 사이캅CSICOP[1]의 창립 멤버가 된 그는 〈회의적인 질문자〉라는 잡지와 관계를 맺고 마술사 제임스 랜디의 도움을 받아 초상현상의 모든 주장이 거짓임을 증명하려 했다. 그런 노력의 본보기가 비합리성의 위험에 대처하기 위한 열변을 담은《귀신들린 세계Demon Haunted World》(Sagan 1997)[2]이다.

내가 칼을 처음 만난 것은 나의 책《인간 무의식의 영역들 Realms of the Human Unconscious》(Grof 1975)이 발간된 직후에 그가 보내온 열정적인 편지를 통해서였다. 그 책에서 나는 LSD 정신요법을 받는 환자들이 깊은 연령퇴행 상태에서 자신이 출생할 당시의 강렬한 감정과 육체적 느낌을 되살리는 경우가 많다고 설명했다. 나는 출생의 과정을 네 단계로 구분하고 그것을 기본 주산기 단계(BPMs: basic perinatal matrices)로 명명했다.

주산기 1단계는 분만이 시작되기 전의 단계이고, 2단계는 자궁이 수축하기 시작했지만 자궁경관은 아직 열리지 않은 상태에서 태아가 폐소공포증과 절망을 느끼는 단계이다. 3단계는 자궁경관이 충분히 열린 뒤 산도를 힘겹게 빠져나가는 단계이고, 마지막 4단계는 출생하는 그 순간과 그 후 어머니와의 새로운 유대 기간을 나타낸다. 출생 당시의 이런 상황이 의식 속에서 재현될 때 우리는 심령적 죽음과 재탄생을 경험한다.

칼은 내가 설명한 주산기의 네 번째 단계에 특별한 관심을 보

---

1) Committee for the Scientific Investigation of Claims of the Paranormal. 초상현상의 주장들을 과학적으로 검토하는 위원회)
2) 국내에서는 〈악령이 출몰하는 세상〉이라는 제목으로 출간되었다.

였는데, 이 단계는 밝은 빛과 그 빛 속에서 보이는 다양한 원형적 형상들을 특징으로 한다. 1979년 〈월간 애틀랜틱〉(Sagan 1979a)[3]에 실린 어떤 기사에서 그는 나의 이런 관찰 결과가 신비가들의 신성한 빛과 천상의 존재에 치명타를 입혔다고 주장했다. 그는 신비가들이 초자연적인 빛과 천사 같은 존재로 생각한 것은 사실상 수술실의 빛 속으로 나와 가운을 입은 의사와 간호사들을 본 신생아의 기억일 뿐이라고 결론지었다. 갓 태어난 아기는 시각과 인식력이 아직 미숙하기 때문에 출생 당시의 그런 상황을 신비한 현상으로 오인한다는 것이다.

　　나의 책에서 인용한 칼의 주산기 해석은 나 자신의 설명과는 전혀 달랐다. 심령적인 죽음과 재탄생의 체험을 수백 번 관찰한 끝에 나는 출생 당시의 상황을 다시 체험하는 일이 융의 집단무의식을 이해하는 하나의 관문이며, 거기서 보는 원형적 심상들은 실제로 존재하는 것이지 물질계의 경험에서 비롯된 것이 아님을 깨달았다. 칼의 대작 《코스모스》를 창조한 실체의 본질에 관해 그가 도발적으로 한 말의 관점에서 보아도 그것은 이론적으로 아주 정당하다. 그는 이렇게 말했다. "우주는 현존하거나 존재했거나 존재할 모든 것이다."(Sagan 1983)

　　칼은 나중에 자신의 책 《브로카[4]의 뇌》(Sagan 1979b)에서 이 문제를 다시 거론하기 위해 '양막羊膜[5]이 있는 우주'라는 장章 전체

---

3) Atlantic Monthly. 1857년 보스턴에서 창간되어 오늘날까지 발간되는 미국의 일류 문예잡지.
4) Broca. 프랑스의 외과의사 · 인류학자(1824~1880). 대뇌에서 언어 중추인 브로카 언어영역을 발견했다.
5) amnion. 태아를 둘러싼 얇고 투명한 막. 태아는 양막 안의 양수 속에 떠서 자람으로써 외부의 충격으로부터 보호받는다. 양막은 임신 후 5~9일 사이에 형성되며, 분만할 때 파열된다.

를 할애했다. 그는 자신의 결론을 끌어내기 위해 나의 관찰 결과를 이용할 수는 있다. 그렇지만 저자인 나 자신의 해석을 무시하고 나를 신비주의의 가면을 벗기는 자로 만드는 것은 또 다른 문제이다. 그렇게 함으로써 그는 자신이 참고했던 내 책의 후반부 전체가 많은 임상 사례를 들어 영적인 체험들을 자세히 설명하고 있다는 사실도 무시해버린 것이다. 그 사례들은 영성과 과학의 통합을 추구하는 초개인 심리학의 사실적 근거가 되어주고 있음에도…….

초개인 심리학이 영성을 정당화하려는 노력을 통해 학계에서 기반을 다져나가자 칼과 사이캅 그룹은 화가 치밀었다. 칼은 결국 초개인 심리학을 주창했던 작은 전문가 그룹의 멤버인 나에게 공개적으로 만나 그 분야에 관련된 이론적인 문제들을 토의하자고 요청했다. 나는 요청을 받아들여 보스턴에 있는 그의 호텔 방에서 그를 만났다. 이 만남의 다른 참가자들에는 내 아내인 크리스티나와 칼의 아내인 앤 드루얀, 하버드의 정신과의사이자 연구가이며 우리 두 사람의 친구인 존 맥이 포함되었다.

칼은 토론에 앞서 나에게 의학과 심리학을 공부한 전문가로서의 책임을 상기시키고, 학계에서 인정받는 지식인들의 말은 세상 사람들이 진지하게 받아들인다는 점을 숙지하여 공중 앞에서 말을 조심하도록 당부했다. 이어서 독자적으로 판단할 수 없는 일반인에게 분명하고 완전한 과학적 사실을 제공해야 할 의무를 갖는 것이 과학자라고 힘주어 말했다. 그런 다음 여러 가지 장난과 사기, 협잡에 의해 사람들이 속고 있는 일련의 사례들을 인용하기 시작했다. 그는 수豊를 이해할 수 있다는 '영리한 한스(der kluge Hans)'라는 이름의 독일산 말을 거론했고, 이탈리아에서 발굴된 어떤 형상이 거인의 화석이라고 주장하는 거짓과 그 외의 몇 가지 사례를 들었다. 이 시점에서 나는, 그의 말이 우리가 토론하기로 했던 주제와 무관한 것처럼 보인다고 한마디 했다.

"그러면 당신은 무엇이 우리의 토론과 관계가 있다고 생각합니까?" 그가 물었다.

"초개인적 체험의 실체입니다." 내가 대답했다. "타인이나 다른 생명체와 하나가 되는 체험, 실제의 유체이탈 체험, 원형적인 존재와 존재계들의 심상, 조상과 민족과 카르마에서 비롯된 계통발생학적 기억 같은 것들 말입니다. 그것들이 관련 자료도 사실적 근거도 없고 현실적 사례들과는 무관한 환각이나 환상입니까?"

"실례를 보여주시오." 그가 곤혹스런 표정을 지으면서 말했다.

나는 몇 개의 예를 들어서, 비일상적 의식상태에 든 사람들이 물질계의 여러 측면과 동화되거나 집단무의식의 역사적, 원형적 영역을 체험하고 이번 인생에서 보통의 수단으로 알 수 없는 것들을 알게 되었다고 설명했다. 이런 실례들 중 셋은 짐승(독수리, 고래, 사자)과 동화된 체험이었고, 둘은 역사적인 사건들(레나타와 칼의 이야기 참고)이었으며, 하나는 뉴기니의 말레쿨라 섬에 전하는 무서운 여신의 불명료한 원형적 심상(오토의 이야기 참조)이었다.

내 이야기를 듣고 있던 칼은 평정을 되찾아 권위적으로 가르치는 자세를 취했다. "당신이 말하는 것이 그것입니까? 좋습니다, 그것은 설명하기 쉽고, 크게 이상할 것도 없습니다." 그가 말했다. "미국 아이들은 하루에 보통 여섯 시간 정도 텔레비전을 봅니다.

그들은 여러 가지 프로그램을 보는데 거기에는 노바[6]라든가 디스커버리 채널과 같이 과학지식을 포함하는 것들도 있지요. 그들은 그것을 대부분 잊어버리지만 그들의 머리는 놀라운 기관이어서 그것을 모두 기록합니다. 그러면 비일상적 의식상태에서 그 정보를 사용하여 새로운 정보같이 보이는 것을 만들어내지요. 그렇지만 당신도 아시다시피 오관을 통해 머릿속으로 들어오지 않은 정보는 입수할 수 없습니다. 만일 그런 정보가 있다면 그것은 이번 인생의 어느 시기에 어디선가 입수된 것이 분명합니다."

나는 실망했다. 칼은 물질주의 과학의 신조가 되어버린 영국 경험주의자들의 옛 속담을 이용하고 있었다. "감각 속에 존재하지 않았던 것은 지성 속에 존재하지 않는다." 내 고객들의 체험에 새로운 정보처럼 보이는 어떤 것이 들어 있다면 그들은 언제 어디선가 어떤 식으로든 이번 인생에서 오관을 통해 그것을 획득한 것이다. 그것은 자연과학을 공부한 사람이면 누구나 다 아는 일이다. 교육을 받은 사람이라면 달리 어떻게 생각할 수 있겠는가?

우리가 막다른 골목에 이르렀음을 느끼고 나는 죽음과 죽음의 과정을 연구하는 분야인 사망(심리)학을 마지막 방책으로 선택했다. 지나간 수십 년 동안 이 분야의 연구가들은 임사 상황에서의 유체이탈 체험과 관련해서 약간의 관찰 기록들을 보유하게 되었다. 여타의 초개인적 현상들과 달라서 이 체험은 좀더 쉽게 입증된다. 이것은 베스트셀러 서적과 텔레비전의 토크쇼를 통해서, 할리우드 영화들을 통해서까지 널리 알려졌으므로 내 주장을 입증하기

---

6) Nova. 미국 PBS(Public Broadcasting Service) 방송사의 과학 시리즈물.

가 어렵지 않을 것으로 생각했다.

나는 임사 상태에서 유체가 이탈되어 있는 동안 육체를 떠난 의식이 오관을 통하지 않고 주변 환경과 원거리의 상황을 인식할 수 있음을 입증하는 사망심리학적 연구 결과들을 제시했다. 켄 링의 《심안心眼》(Ring & Cooper 1999)이라는 책은 날 때부터 소경인 사람들이 분리된 의식에 의해서 주변 환경을 인식할 수 있음을 보여주었다. 그들은 자신의 인생에서 처음으로 시각 효과를 체험했고 그들이 본 것은 사실과 일치했다. 켄의 말을 빌면, 그들은 '실제의 유체이탈 체험'을 한 것이었다.

이와 관련해서 나는 또한 심장외과 전문의로 환자들의 임사 체험을 연구했던 마이클 세이봄의 《죽음의 회상》(Sabom 1982)이란 책을 인용했다. 나는 칼에게, 마이클 세이봄의 환자들 중 한 사람이 수술하는 동안 심장이 정지되었던 자신의 소생 과정을 자세히 서술할 수 있었다는 이야기를 해주었다. 그 사람은 분리된 자신의 의식이 우선 천장 부근에서 수술 과정을 지켜보았다고 보고했다. 흥미를 느낀 그의 의식은 좀더 가까이서 관찰하기 위해 수술 기구들 중의 하나인 계측기 위로 내려왔다. 소생한 뒤의 인터뷰에서 그는 수술 팀의 작업에 따라서 계측기의 바늘이 움직이는 것까지를 포함한 전 과정을 기억하여 마이클 세이봄을 놀라게 만들었다.

이런 경우를 얘기하고 나는 칼에게, 그의 세계관으로는 이 사건을 어떻게 설명할 수 있을 것인지 물었다. 그는 잠깐 동안 주저하더니 단호하게 말했다. "그런 일은 물론 있을 수 없습니다!"

나는 방금 들은 말이 믿어지지 않아 내 귀를 의심하면서 물었다. "무슨 뜻이지요? 그런 일이 일어나지 않았단 말씀입니까? 심장외과 전문의인 마이클 세이봄이 자신의 환자들과 함께 행한 연구에 근거하여 보고한 내용입니다. 제가 방금 말씀드린 것을 당신은 어떻게 설명하실 겁니까? 그 모든 것이 무엇이라고 생각하십니까?" 이번에는 대화가 좀더 길게 중단되었다. 칼은 대답을 찾으려 애쓰고 있었다. "말씀드리지만," 그가 결국 긴 침묵을 깨고 말했다. "세상에는 많은 심장외과 전문의가 있습니다. 아무도 그 의사를 몰랐을 것이고, 그래서 그는 주목을 받기 위해 황당한 이야기를 꾸며낸 겁니다. 일종의 자기 홍보 계략이지요!"

충격이었다. 칼의 마지막 한마디로 그에 대한 나의 신뢰가 철저히 무너졌다. 그의 세계관은 과학적인 것이 아니라 과학자적인 것임을 나는 깨달았다. 그것은 증거가 통하지 않는, 절대로 부서질 수 없는 신조나 교리와 같은 것이었다. 우리의 토의는 넘어설 수 없는 장벽에 도달했음이 분명했다. 칼은 새로운 자료들에 적응하려면 자신의 신념 체계가 조정 변경되어야 한다는 점을 고려하기보다도 자신의 과학 동지들이 온전하고 성실하다는 점을 인정받고 싶어했다. 우주가 어떤 것이고 그 속에서 어떤 일이 일어날 수 없는지 자신은 잘 알고 있다는 믿음이 너무 강해서 도전적인 자료들은 조사해볼 마음이 전혀 없었다.

자신의 과학적 신념을 유지하려는 그의 결의를 본 내 마음은 나중의 사이캅과 이른바 '화성 효과'를 둘러싼 스캔들에 의해서 더 확고해졌다. 점성술의 정체를 폭로하겠다는 의도로 시작된 그들의 작업에서 프랑스의 통계학자인 미셸과 루이즈 고칼랭 부부가 이름난 운동선수들의 출생천궁도는 상승점이나 남중점에 화성이 위치하는 경우가 월등히 많다는 사실을 발견했다.(Gauquelin 1973) 그들도 놀랐지만, 점성술을 반박하기는커녕 오히려 지지한 꼴이 되어버린 것이다. 통계적으로 이런 일이 우연히 일어날 수 있는 확률은 500만 분의 일이었다. 나중에 이들 부부는 다섯 행성과 열한 가지 직업을 놓고 점성술의 예지력을 실험하면서 의미심장한 사실들을 발견했으며, 그들의 관찰 결과는 이후의 다른 연구가들에 의해서도 되풀이되었다.

고칼랭의 연구 결과가 발표된 뒤 사이캅의 폴 쿠르츠와 조지 에이벌, 마빈 젤린이 그 보고에 격분하여 논란을 일으켰다. 비판을 위해서 시작했다가 나중에는 자기들도 조사를 했는데, 서로 많은 의견을 교환한 뒤에 고칼랭의 연구 결과를 인정하지 않기로 합의하고 그들 자신의 조사 자료를 변조했다. 이 사기극은 사이캅의 공동설립자이자 운영위원회 회원인 데니스 롤린스의 '스타베이비'(Rawlins 1981)라는 논설을 통해 알려졌다. 사이캅은 진실 발견을 위해 존재하는 단체가 아니라 관념론적인 입장을 고수하기 위한 단체임을 깨달은 롤린스가 초상현상에 대한 무차별 마녀사냥보다 정직이 더 중요하다고 판단한 것이었다.

1984년에 스위스의 루체른에서 열린 세계 점성학 회의에서 내가 출생 시의 충격의 심리학적 중요성에 관한 연구와 기본 주산기 단계에 관해 강의하도록 초청되었을 때 그 회의는 증거 제출자들 중의 한 사람으로 미셸 고칼랭을 선정했다. 여기에는 또 다른 점성학 옹호자이자 프로이트의 정신분석학 비판자로 유명한 한스 아이젱크도 포함되어 있었다.

동방 순례

소련에 가져간 LSD

1960년부터 1967년까지 나는 프라하 정신의학 연구소의 '대인관계 연구부서'에서 일했다. 그동안 나의 기본 임무는 환각물질들의 잠재적 치료 효과를 발견하고 연구하는 것이었다. 스위스를 제외하면 체코슬로바키아는 그 당시 정품 LSD를 제조할 수 있는 유일한 나라였고, 환각 연구의 책임자였던 나는 그것을 무제한으로 이용할 수 있었다.

1964년에 동료인 즈데넉 디트리히와 나는 교환 방문객으로 소련에서 6주일을 지내면서 신경증과 정신요법에 관한 그곳의 연구 성과를 공부하도록 초대를 받았다. 그 당시 소련의 정신의학은 공산주의 이념에 좌우되었고, 신경증과 관련해서 받아들여진 단 한 가지 이론은 파블로프의 개 실험에 기반을 둔 것이었다. 그리고 치료법은 브롬-카페인 혼합물과 수면요법, 최면술, 진정제 사용에 국한되어 있었다. 우리가 관심을 가졌던 심층심리학과 같은 것은 소련에는 사실상 존재하지 않았다.

우리는 여행 일정이 재미있고 공부에도 도움이 되도록 계획을 짜기가 쉽지 않았다. 그러나 레닌그라드의 베흐테레프 정신신경학 연구소에서 한 그룹이 미야시체프 교수의 지도 아래 여러 가지 정신요법을 실습하고 있음을 알게 되어 거기서 4주간을 지내기로 했다. 알고 보니 레닌그라드는 아름다운 도시였고 놀라운 미술품이 가득한 에르미타즈궁은 방문할 만한 가치가 있었다! 우리는 또한 그루지야의 수후미[1]에 들러 망토개코 원숭이의 신경증 실험을 하는 흑해 연안의 커다란 원숭이 목장에도 들르기로 했다. 그리고 정치적 상황을 고려해서 소련 정신의학 이념 창도자이자 모스크바 정신의학 협회장인 안드레이 스네시노프스키의 재미없는 시설도 방문해야만 했다.

소련으로 향하면서 우리는 100마이크로그램 용량의 LSD-25 앰플 3백 개를 가져가기로 했다. 그것은 항생물질인 테트라사이클린이나 인슐린, 아스피린과 같은 일반 의약품과 함께 약전에 당당히 등록되어 있는, 체코의 제약회사에서 생산된 물질이었다. 당시는 이 약이 하버드 스캔들[2]에 의해서 문제가 되기 전이었고, 우리의 행위는 전혀 불법이 아니었다. 베흐테레프 연구소에서 가서 우리는 환각제 연구 성과를 보고하고 LSD에 관심을 갖는 연구원들의 세션을 인도하기로 했다.

---

1) Suchmi. 그루지야 압하스 자치공화국의 흑해에 면한 항만도시. 기후가 온난하여 휴양지로 유명하다.
2) 1963년 5월에 하버드 대학 총장이 의학적 연구 목적 이외의 환각제 사용과 관련하여 젊은 임상심리학 조교수인 리처드 앨퍼트와 티모시 리어리 박사의 해임을 선언하면서 비롯된 일련의 사건들.

스트라우미트 박사를 책임자로 한 신경증 연구팀은 행동적인 정신요법을 피상적인 형태로 행하고 있었다. 그 팀의 심리학자와 정신과의사들은, 특히 그중의 젊은 친구들은 정신분석에 관심이 있으면서도 이것을 숨겨야 했다. 소련에서는 프로이트의 책들이 금지되었는데, 그 이유는 인간 정신에 관한 그의 모형이 인간을 속된 본능에 지배되는 이기적인 동물로 제시하고 있어서 이상적인 공산사회를 건설하는 데 방해가 되기 때문이었다. 프로이트는 또한 지배계급을 타도하기 위한 혁명의 열기를 미해결의 오이디푸스 콤플렉스 탓으로 돌려 프롤레타리아 혁명을 모독하고 있기도 했다. 베흐테레프 그룹은 그런 이단자의 유혹에 넘어갔다고 비난받지 않으려면 언행을 조심해야 했다.

치료 팀의 멤버들은 프로이트주의의 오명을 염려하지 않고 자기 마음속 깊은 곳으로 여행할 기회를 얻게 되자 크게 흥분했다. 나는 같이 간 동료와 함께 레닌그라드에서 시간을 보내면서 베흐테레프 연구소 사람들의 개인 및 집단 세션을 참관하고 그곳 간부진의 LSD 세션을 인도했으며, 유명한 에르미타즈 미술관을 방문했다. 이곳에 머무는 동안 나는 일반인에게도 공개된 베흐테레프 연구소의 강당에서 LSD 정신요법에 대해 강연을 했다. 당시의 나는 러시아어에 능통했으므로 통역 없이도 대중이 내 이야기를 잘 이해할 수 있었다.

그 즈음 환각제에 관한 임상 연구는 소련의 어디에서도 볼 수 없었다. 기본적인 실험이 조금 있기는 했는데 그중 하나가 베흐테레프 연구소에서였다. 생화학자 라핀이 LSD와 효과가 비슷한 사일로사이빈을 토끼의 귓속 혈관에 주입하는 정도였다. 그리고 KGB

에서 심문과 세뇌에 메스칼린과 LSD를 이용한다는 약간의 풍설도 있었다. 엄격한 검열제도 때문에 넓은 세상을 알지 못하는 러시아 사람들은 외부로부터의 정보에 목말라 있었다. 그들의 관심은 대단했고, 내 강연은 문전성시를 이루었다.

어느 날의 강연에서는 부서의 책임자인 스트라우미트 박사의 LSD 세션을 인도했고, 그는 내 이야기의 마지막에 가서 자신의 체험을 청중에게 말했다. 나의 강연은 오후의 이른 시간이었는데, 아주 깊고 의미 있는 체험을 겪은 박사는 아직 '환각 여운'이라 불리는 것이 남아 있는 동안에 말을 해서 그의 생생한 표현이 청중에게 멋진 인상을 남겼다.

러시아를 방문했던 시기가 시기인 만큼 우리는 덤으로 아주 재미있는 정치과학적 발전상을 목격할 수 있었다. 레닌그라드에 머무는 동안 어떤 소문이 떠돌았는데, 그것은 북극지방의 얼음 밑을 운항하는 미국의 원자력 잠수함 노틸러스 호가 1958년에 배로서는 처음으로 북극을 통과했던 역사적인 '선샤인 작전'과 관계가 있었다. 냉전이 한창이던 1959년에 프랑스의 기자들이, 극지방의 두꺼운 얼음 때문에 보통의 전자기 통신이 불가능한 노틸러스 호가 텔레파시에 의해서 본부 기지와 교신을 할 수 있었다는 내용을 선동적으로 보도했었다.

우리가 레닌그라드에 도착하기 조금 전에, 국제적으로 인정받는 생리학자이자 레닌상[3] 수상자인 레오니드 바실리예프가 학술원 회원 자격으로 무선통신의 발명을 기념하는 소련 과학자 회의

---

3) Lenin Prize. 과학·기술 부문과 문학·예술·건축 부문에 우수한 업적이 있는 자에게 주어지는 상으로, 1935년 이후(스탈린 시대) 중단되었다가 1956년에 부활했다.

에서 미국의 그런 능력을 언급했다. 그리고 ESP의 감춰진 에너지를 다스리는 일이 원자력 에너지를 발견한 것과 동등한 가치가 있으리라고 예언했다. 바실리예프의 말은 상당한 효과가 있었고 전문가들 사이에서만이 아니라 군부 내에서도 주의를 끌었다.

소련은 미국이 군사적 우위를 차지할 수도 있음을 우려했다. 그리하여 바실리예프는 강연을 하고 1년이 안 가서 레닌그라드 대학의 초심리학 특수 연구실을 책임지게 되었다. 이때부터 소련에서 초심리학 연구의 황금기가 시작되었는데, 그것은 소련 군부와 비밀경찰의 보호 아래 이루어졌으며, 1년에 대략 2백만 루블의 예산이 책정되었다. 이것은 루블화가 미국 달러보다 가치가 좀더 높을 때였다. 그러나 이것은 미국의 초심리학자들에게도 유익한 일이었다. 왜냐면 소련이 초심리학에 주의를 기울임으로써 이 분야가 국가 안보에 중요한 역할을 하게 되었고, 따라서 미국 정부도 이 분야의 학자들을 후원하지 않을 수 없었기 때문이다.

레닌그라드에 머무는 4주 동안 우리는 제정러시아 시대의 양조법에 따라 만들어진 스타르카[4]나 스타리나야 보드카를 마시면서 그곳 연구원들과 좋은 친구가 되었다. 우리는 모스크바와 수후미로 가기 위해 떠나면서 그들이 내면세계 여행을 계속할 수 있도록 충분한 양의 LSD를 남겨두었다. 그리고 직업적이기보다는 문화적 관점에서 더 흥미로웠던 모스크바와 아름다운 그루지야의 아열대 해변을 둘러보고 프라하로 돌아왔다.

이 이야기에는 재미있는 후속편이 있다. 그로부터 3년 뒤에

---

4) Starka. 크리미아 지방에서 나오는 배나 사과 잎을 담가 만든 갈색의 보드카.

나는 볼티모어의 존스홉킨스 대학에서 일했는데, 내가 정신요법을 가르치고 있던 헨리 핍스 클리닉에서는 수요일마다 세미나를 열고 방문교사들이 강좌를 했다. 그들 중에 벨라루스[5] 출신의 미국 정신과의사인 이지도르 지페르슈타인 박사가 있었다. 그는 러시아어에 능통하다는 점을 이용해서 매년 한 번씩 베흐테레프 연구소를 방문했고, 내가 그랬었듯이, 그들의 개인 및 그룹 요법 세션을 참관했다. 소련에는 이렇다 할 정신요법을 가르치는 곳이 베흐테레프 연구소밖에 없었기 때문에 박사는 얼마 안 가 소련의 정신요법 분야에서 미국의 전문가로 활동하게 되었다. 그는 이곳저곳을 여행하면서 강연을 하고 글을 썼다.

그가 우리의 헨리 핍스 클리닉에 들른 것은 그런 순회강연 여정 중의 하나였다. 레닌그라드에서 만난 미야시체프 교수의 연구에 대해 평소와 같이 얘기한 뒤 박사는 이상한 것을 보았다고 말했다. 그는 여러 해 동안 줄곧 베흐테레프 연구소를 방문해왔는데, 마지막으로 갔을 때는 새롭고 놀라운 일을 목격했다는 것이었다. 간단히 말하면, 그 연구소의 지적인 분위기가 완전히 변했다는 것이었다. 전에는 연구진들과의 토의 내용이 대부분 (레닌그라드 출신으로 노벨상을 받은) 파블로프와 관련된 것으로서, 의사들은 그의 연구 성과에 입각하여 자기들의 개념과 치료법을 정당화하려고 노력했었다.

지페르슈타인 박사가 놀랄 만도 한 것이, 마지막 방문했을 때는 그게 아니었기 때문이다. 젊은 심리학자와 정신과의사들이 모

---

5) Byelorus(Belarus, Belorussia). 동서남북으로 각각 러시아와 폴란드, 우크라이나, 리투아니아 · 라트비아와 국경을 마주한 내륙 국가.

두 동양철학과 요가, 선禪 등에 대해서 얘기하고, 올더스 헉슬리의 〈멋진 신세계〉와 〈섬〉, 헤르만 헤세의 〈동방 순례〉 같은 책들을 언급하더라는 것이다. 이것은 페레스트로이카와 글라스노스트가 선언되기 훨씬 전의 일이다. 나는 그들의 관심 변화가 환각 체험에서 비롯되었을 거라고 말하여 지페르슈타인 박사의 의문을 풀어주고 싶었지만 그런 사실을 알리는 것이 그들에게 불편한 결과를 가져올 것 같아서 입을 다물었다.

그런 변화는 내가 여러 차례 확인한 것들을 또다시 입증하는 사례였다. 학계의 신망을 얻고 있는 지적인 심리학자와 정신과 의사들도 홀로트로픽 의식상태를 체험하게 되면 물질과학적 세계관으로는 그것을 설명할 수 없기 때문에 보다 심원한 동양의 정신과학과 세상의 비의들을 찾게 된다는 것이다.

◆◆◆

정신과 우주

별들이 보여주는 것

점성학의 예지는 내가 의식 연구에 몰두해온 50년 동안 체험한 가장 놀라운 것들 중의 하나이다. 홀로트로픽 의식상태를 연구하고 체험하는 사람은 물질주의적 세계관을 버리고 여러 가지 비의적인 가르침에 마음을 여는 경향이 있다. 그러나 점성술에 대한 나의 불신은 너무 강하고 끈질겨서 오랫동안 의식 연구를 해오면서도 그대로 남아 있었다. 별들이 세상사는 물론이고 인간의 의식상태와도 어떤 관계가 있다는 착상이 내가 동양철학과 침구요법, 역경易經 같은 것을 받아들인 뒤에도 오래도록 터무니없는 비현실적인 이야기로 들렸다.

내가 점성학을 이해하고 그 가치를 발견하는 데는 여러 해가 걸렸다. 그것과의 첫 만남은 내가 체코슬로바키아의 텔레비전 프로그램에 출연했던 1966년에 있었다. 프라하의 정신의학 연구소에서 내가 맡고 있던 환각 연구 프로젝트를 논의하기 위해 토크쇼의 호스트로 초대되었는데, 거기에는 유진 요나스라는 슬로바키아인 정신과의사도 있었다. 그는 점성학을 25년 이상 공부했고, 바빌로니아와 아시리아, 이집트, 인도의 전통들에 대해서도 알고 있었다. 마르크스주의의 검열제도 때문에 점성학이란 용어를 사용하는 대신 자신의 작업을 '우주생태학적 영향력' 연구라고 불렀다.

우리 두 사람이 참가한 텔레비전 프로그램에서 그는 여성 생식기능에 작용하는 우주생태학적 영향력에 관한 자신의 연구 결과를 이야기했다. 그리고 고대의 힌두 점성술 문헌에서 찾아낸 기법을 이용해서 태아의 성별을 예측하고 오기노식 피임법이 이따금 실패하는 이유를 설명했다. 그는 브라티슬라바[1]나 하이델베르크의 대학들과 함께 진행한 어떤 연구에서 수태 시의 천궁도를 보고 태아의 성별을 열일곱 번이나 적중시켰다. 통계학적으로 보면 이런 결과를 얻게 될 확률은 지극히 희박한 것이다. 이것은 초음파 기술의 발달로 태아 성감별이 가능해지기 훨씬 전의 일이었다.

유진과 나는 쇼가 시작되기 전에 서로에게 자신의 연구 주제를 간단히 소개하고 잠깐 이야기를 나누면서 방송이 끝난 뒤 집으로 가는 길에 저녁을 함께 하자고 약속했다. 식사를 하면서 그는 점성학에 대한 자신의 열정을 토로하고 인사점성학[2]이 환각 연구에도 큰 도움이 될 수 있다고 강변했다. 나중에 나의 고객 몇 명의 출생천궁도와 그 당시 운행 중인 행성들의 위치를 조합하여 흥미로운 해석을 해주었는데, 나는 재미가 있긴 했지만 과학교육을 받

---

1) Bratislava. 다뉴브 강 북쪽 연안에 있는 항구도시이며 슬로바키아의 수도이다.
2) natal astrology. 개인의 타고난 명命과 변화하는 운運을 연구함.

은 사람답게 점성술에 대한 불신이 너무 커서 그의 제안을 따를 수 없었고 거기에 빠져들지 못했다.

이런 일이 있으면서 나는 점성학 신봉자가 되진 않았지만 일단 마음속에 씨앗이 심어졌고 그것이 싹트는 데 또 여러 해가 지나야 했다. 볼티모어의 메릴랜드 정신의학 연구소에서 7년이 흐르고 1973년에 캘리포니아 빅서의 에살렌 연구소로 옮겨가서 몇 달이 지났을 때였다. LSD 정신요법에 관한 논문을 쓰려고 에살렌에 온 리처드 타너스와 알게 되었는데 그는 나의 연구에 대해 듣고 도움을 요청하러 온 것이었다. 그 당시 에살렌에서 함께 작업할 만한 곳은 내가 살던 집 지하실의 작은 스튜디오밖에 없었다. 릭은 이곳으로 옮겨왔고, 논문 작업을 위해 만났던 우리의 관계는 친구 사이로 빠르게 발전했다.

이렇게 해서 점성학에 대한 내 관심의 두 번째 장이 시작되었다. 에살렌에서 릭과 나는 점성학에 완전히 인생을 바친 아르네 트레티빅을 만났는데, 그는 항상 천체력을 들고 다니며 매일 매 시각 행성들과 자신의 인생사가 어떻게 상응하는가를 체크하는 사람이었다. 그는 자신의 관찰 결과를 우리에게 알려주는 데 그치지 않았으며, 행성들의 위치 계산법을 가르치고 행성들 각각의 원형적 특성을 설명하여 우리 스스로 점성학의 기본 교의가 어떤 것인지를 체험하게 만들었다.

그의 방식은 효과가 있어서 릭과 나는 직접 경험을 통해 점성학의 가치를 확인했다. 이것이 계기가 되어 릭은 점성학을 지속적으로 공부했고 결국 자신의 천직으로 삼기에 이르렀다. 나는 비일상적 의식상태 연구를 계속했지만 이때부터는 점성학이 중요한 수단이 되었고 또 나의 연구 분야에서 빠질 수 없는 부분이 되었다. 여러 해 동안 릭과 나는 한 조가 되어 서로를 보완하면서 함께 연구했다. 나는 환각 세션과 홀로트로픽 호흡법 워크숍 및 수련, 신비체험, 정신적 비상사태, 정신이상 등으로부터 임상 결과를 수집했고, 릭은 자신의 점성학 지식과 문화사에 대한 높은 식견을 이용하여 그것들을 분석했다.

이런 식으로 여러 해 동안 작업하여 우리는 점성학의 기본 전제를 확실하게 뒷받침하는 유력한 증거들을 축적했다. 그것들은 자연계와 홀로트로픽 의식상태의 내용과 출생천궁도 사이에 체계적인 상응관계가 존재함을 보여주었다. 나의 홀로트로픽 의식상태 연구와 점성학을 연결하는 첫 번째 요소는 출생 전후의 시기를 네 단계로 구분한 기본 주산기 단계들(BPMs)과 태양계 외곽의 네 행성이 상응한다는 점이다. 나의 기본 주산기 단계 개념은 내가 점성학을 알기 오래전에 홀로트로픽 의식상태 그 자체만의 임상 관찰을 통해서 성립된 것이다.

첫 단계(BPM I)의 긍정적인 측면은 자궁 내부의 평온한 시기에 관한 회상이다. 이것의 특징은 경계가 없는 느낌, 바다 같은 환희, 우주적 합일감, 시간과 공간의 초월, 실재의 신비로운 차원에 대한 인식으로서 해왕성의 원형적 특성을 반영한다. 이 단계가 부정적으로 회상될 경우도 마찬가지다. 신비감 아닌 혼돈과 망상, 화학적 오염, 실재에 대한 편집광적 인식, 알코올이나 마약에 중독된 것과 같은 상태를 체험하는 데 이것들은 모두 해왕성의 부정적 측면인 것이다.

자궁은 수축하기 시작했는데 자궁경관은 아직 열리지 않아서

'출구'가 없는 상태인 두 번째 단계(BPM II)는 성숙과 죽음, 힘든 일, 혹독한 시련, 우울, 억압, 압축, 궁핍 등등 모두가 토성의 원형적 특성과 관련된다. 열등감과 죄의식, 무언가 부적당한 느낌 등도 여기 포함되고, 존재에 대한 회의와 비관, 의미상실, 아무것도 향유할 수 없고 실재의 신성한 차원과 단절된 느낌이 드는 것도 그렇다. 이 모든 것이 토성 원형의 부정적 측면이다.

세 번째 단계(BPM III)와 명왕성의 점성학적 상응관계는 특히 주목할 만하다. 이것은 출생의 마지막 단계로서, 저항할 수 없는 힘에 떠밀리고 엄청난 에너지와 이리저리 부딪치며 광란하는 황홀경 속에서 탄생과 섹스와 죽음, 재탄생, 배출, 외설 등을 경험한다. 나아가 도시 특유의 범죄적·심리적·성적·신화적 관점에서 삶과 죽음에 관련된 체험, 화산 폭발과 정화의 불길과 지하세계의 주제들도 여기 포함된다. 이 모든 것들이 점성학에서 말하는 명왕성의 원형적 특성이다.

그리고 마지막으로 산도産道에서 탈출하는 네 번째 단계(BPM IV)는 천왕성의 원형적 특성과 상응하며, 신화에 나오는 우라노스(천왕성)의 성질을 그대로 보여준다. 특별히 이 주제를 다룬 에세이에서 릭이 자신 있게 말했듯이, 우라노스와 관련된 원형은 그리스 신화의 거신巨神 프로메테우스의 성격을 정확히 반영한다. 어려운 상황의 갑작스런 해결, 한계의 돌파 내지 초월, 눈부신 조명과 통찰, 독창적(Promethean) 현현顯現, 인식력의 부상浮上, 압박으로부터의 해방, 자유, 이런 것들이다.

출생 전후의 네 단계가 네 행성의 원형을 모르는 상태에서 구분되었다는 점을 생각하면 전자와 후자의 상응관계는 놀라운 것이다. 그러나 더욱 놀라운 것은 체험자의 출생도에서 어떤 한 행성의 효과가 두드러지면 홀로트로픽 상태에 들어 있을 때 그에 해당하는 단계를 체험하게 된다는 사실이다.

여러 해 동안 우리는 수천 번에 걸쳐서 이 사실을 확인했다. 이런 상응관계는 놀라울 정도로 정확해서 점성학이 ― 특히 출생 천궁도에 작용하는 운행 중인 행성들의 효과가 ― 오랫동안 찾아 온 의식 연구의 로제타석[3]이 되어줌을, 즉 자발적이거나 인위적인 과거·현재·미래의 홀로트로픽 상태를 자연계의 법칙과 연결해서 이해하는 열쇠임을 알게 되었다.

과거의 체험들과 관련된 상응관계는 이론적으로도 흥미가 있고, 일정 기간에 걸친 연구의 기반으로 삼을 수 있었다. 그리고 현재 운행 중인 행성들의 효과는 정신적 비상사태를 겪고 있는 사람들의 불가해한 체험을 이해하고 그것의 시기를 예측하는 데 큰 도움이 되었다. 나아가 미래에 있을 운행 중인 행성들의 효과를 미리 아는 것은 홀로트로픽 세션을 계획하는 데 그 가치를 헤아릴 수 없을 정도였다.

현대의 서양인은 물질과학 문명의 지배를 너무 많이 받고 있어서 홀로트로픽 의식상태가 찾아올 때 그것을 올바로 이해하고 수용하여 근본적인 변화를 일으키기가 쉽지 않고 또 거기에 시간이 걸린다. 여기서 말하는 근본적 변화는 인간의 정신과 실재의 본질을 꿰뚫어 알고 새로운 자료들을 소화함으로써만 가능한데 그 과정이 너무 어렵고 많은 우여곡절을 선사한다. 홀로트로픽 의식

---

3)   Rosetta stone. 1799년, 이집트 북부 나일 강 하구의 소도시 로제타 부근에서 발견된 비석. 그리스 문자와 고대 이집트 상형문자 등이 새겨져 있어서 고대 이집트 문자 해독의 실마리가 되었음.

상태와 점성학의 관점에서 본 힘겨운 문제들은 임시변통이나 위장술로는 극복되지 않는다. 그것들은 철저한 분해와 수리를 요구하면서 물질과학에 대한 믿음을 ― 기존의 형이상학적 가정을 ― 완전히 바꾸게 만들 것이다.

심리학과 정신의학에 있어서 근본적 변화가 요구되는 것들은 정신의학에서의 치료 기준의 역할과 그것이 병명과 관련해서 임상의학에 미치는 영향이다. 이 부분은 내가 다른 책들에서도 여러 차례 논의했던 의식 확장, 심신상관성 증상들의 다층 구조, 내면의 전파탐지기 개념, 자연치유력 등등에서 더 나아간 것들이다.

일상적이거나 비일상적인 의식상태에서의 모든 체험들이 어떤 특정 시기에 운행 중인 행성들의 원형적 특성들과 깊이 관련되어 있고 또 그에 따라서 끊임없이 변화한다. 정신의학의 임상가와 이론가들은 정신병을 체계적으로 분류하기가 쉽지 않음을 발견한다. 우리는 현재 네 번째로 개정된 '진단 매뉴얼'[4]에 의지하고 있지만, 심리학자와 정신과의사들은 거기에 기술된 진단 내용이 실제로 환자를 만나서 보는 증상과 다를 때가 많다고 푸념한다.

실제의 증상이 다르게 나타나는 것은 점성학의 관점에서 보면 행성들 상호간의 좌상座相[5]과 그것의 원형적 영향력이 끊임없이 바뀌기 때문이다. 시간이 흐르면서 행성들은 강력한 좌상을 이루었다가 거기서 분리되기를 반복하는데 좌상을 이룬 행성들이 목성에서 명왕성에 이르는 태양계 외곽의 별들일 경우에는 특히 중요하고 효과도 오래 이어진다. 좌상을 이룬 둘이나 그 이상의 행성들

---

4) Diagnostic and Statistical Manual(DSM). 미국 정신의학회가 정하는 정신질환 진단용 분류체계집.
5) aspect. 지구를 중심으로 한 두 행성의 각도.

이 의미하는 원형적인 연합 세력은 그 시대 특유의 색채를, 이를테면 시대사조를 나타낸다.

예를 들면, 1965년을 전후한 약 10년 동안은 천왕성과 명왕성이 합을 이루었는데 이것은 20세기 동안 단 한 번 있는 일로, 지상에서는 그에 상응하여 광란성의 의식혁명, 사회변혁과 시민권 운동, 기술공학의 승리, 음악과 미술 분야에서의 신기원, 성해방, 여성운동, 반체제문화와 창조성 등등이 이어졌다.

1990년대에 천왕성과 해왕성이 합을 이룬 효과는 심오하지만 격하게 표현되지 않는 정신적이고 사회적인 변화, 또는 독일 통일과 동유럽 국가들의 해방 같은 '벨벳혁명', 위험한 초강대국인 소련의 평화로운 해체로 나타났다. 융의 심리학이 더 널리 받아들여졌고, 정신세계 분야의 책들이 베스트셀러 반열에 올랐으며, 신화와 임사체험, UFO 피랍 현상, 기계를 통한 초월적 의사소통(ITC), 가상현실 같은 초개인적 주제들이 전문가와 일반 대중의 눈길을 끌면서 영화제작자들의 관심 대상이 되었다.

전 세계에 작용하는 중요한 행성들의 좌상이 개인의 출생 천궁도를 자극하면 그 사람은 감정적인 문제를 일으키거나 심신 상관성의 징후를 보이는 경향이 있다. 그래서 서로 다른 시대에 사는 정신과의사들은 자신보다 이르거나 늦은 시대의 의사들과 같은 현상을 보지 못하는 것이다. 모든 경우에 적용될 수 있는 확실한 '진단 매뉴얼'을 만들기 어려운 것은 그 때문이라고도 할 수 있다.

이것이 전부가 아니다. '캘리포니아 통합학문 연구소'의 연례 강좌에서 릭 타너스와 나는 심층심리학의 여러 유파들을 논하고

각 유파 창시자들의 출생도를 분석했다. 그러자 그들은 자기 고객의 정신을 객관적으로 이해하여 타당성을 영원히 인정받을 보편적 결론을 이끌어내지 못했음이 드러났다. 그들은 자기 출생도의 특별한 좌상이나 관찰 당시의 통과 효과[6)]가 암시하는 주관적인 인식 틀에 갇혀서 — 자기만의 색안경을 통해서 — 고객의 문제를 바라보았다.

따라서 육체 기관의 이상에 의해 정의된 질병이 아니면 정신의학은 어떤 병이 반드시 어떤 현상을 보일 것이라고 말할 수 없다. 결국 심신상관성의 증상을 연구한 결과는 여러 가지 요인의 복잡한 상호작용에 의해서 결정된다. 연구가 자신의 출생천궁도와 관찰 당시의 운세, 특정 시대의 정신을 결정하는 태양계 외곽 행성들의 좌상, 환자의 체험을 좌우하는 환자 자신의 운세 같은 것이다.

병리적 현상을 분명하게 설명하고 특정 방법으로 확실하게 치료할 수 있는 정신의학을 상상한다면 그것은 환상이다. 오직 가능한 방법은 특정 시간의 상황 분석에 이용될 수 있는 도구와 인간관계의 관점에서 증세를 설명하고, 환자의 운세와 실제 경험에 입각하여 증상을 구분하는 것이다. 그리고 보정을 위해서, 시대사조를 나타내는 좌상이나 연구가 자신의 출생도와 운세도 고려할 필요가 있다.

점성학에 의해서 밝혀지는 것들은 그 내용이 너무나 복잡 미묘하고 해석의 여지가 풍부하며 상징적이어서 그 기원의 신성함을 인정하지 않을 수 없다. 그것은 모든 현상을 뒷받침하는 질서와 그

---

6) transit. 운행 중인 행성들이 출생천궁도의 민감점을 자극하는 효과.

질서를 낳은 초월적 지성이 존재한다는 증거이다. 여기서 흥미로운 의문이 생겨난다. 점성학과 공존할 수 있는 포괄적인 세계관이 있을까? 세월이 흐르면서 나는 어떤 갈등이나 어려움 없이 점성학에 의해 내 경험과 관찰을 소화하고 설명할 수 있는 세계관이 존재한다는 결론에 도달했다. 그러나 그것은 현대의 서양문명을 좌우하는 사상 체계와는 완전히 다르다.

그런 세계관을 나의 책《코스믹 게임》(Grof. 1998)에 설명하고, 본서의 바로 앞에 출간한《미래의 심리학》(Grof 2000)의 한 단원에 요약해서 제시했다. 실재에 대한 이런 시각은 홀로트로픽 의식상태의 경험 관찰에 기반을 두고 있으며, 우주를 물질계의 관점에서 바라보지 않고 '절대의식'의 무한한 유희로 묘사한다. 고대 인도의 문헌들도 현상계의 일을 '신의 유희'로 생각하고 그와 같은 시각으로 우주를 바라보았다. 우주를 이해하는 이런 방식은 새로운 패러다임의 과학이 발달하면서 점점 더 호응을 얻고 있다.

우주가 저 자신을 스스로 창조한 초월적 기계장치가 아니고 초월적 지성에 의해 창조되었다면, 점성학을 우주조직 속으로 병합된 서로 다른 많은 질서들 중의 하나로 이해하기가 좀더 쉬워진다. 점성학은 과학적 세계관과 반대되는 것이 아니라 과학의 유용한 보완물이 될 수도 있다. 이것을 인정하게 되면 정신병 진단과 심리학 연구를 포함한 여러 분야에 점성학을 널리 이용할 수 있을 것이다.

주류의 과학자들은 점성학 원리를 시험한다 해도 일차원적 인과율에 적용하기 때문에 자신이 기대했던 결과를 얻지 못한다. 이것은 점성학에 과학적(?)으로 저항했던 칼 세이건의 실례에서 드러난다. 내가 이 분야에 관심이 있다는 말을 듣고 그는 이렇게 말했다. "교육을 받은 지성인이 어떻게 그런 허무맹랑한 것을 믿을 수 있는지 이해할 수 없습니다. 점성학은 완전한 쓰레기입니다! 당신에게는 명왕성보다도 여기 있는 내가 더 영향력이 있습니다." 칼은 영리한 사람이어서 질량과 거리와 중력장을 재빨리 계산했고, 행성들이 인간의 정신이나 지상의 사건에 어떤 물리적 영향력을 갖지 않는다고 결론지었다. 그에게는 달리 작용할 수도 있는 메커니즘을 생각할 여유가 없었다.

인간의 정신과 지상의 사건들에 대한 행성들의 물리적 영향력만을 생각한다면 충분히 교육받은 점성가들도 점성학이 터무니없다고 하는 칼의 결론에 동의할 것이다. 그들은 인과론이 아닌 상응론의 관점에서 모든 것을 이해한다. 점성학의 세계관을 수용하기 위해서는 확정되어 있는 기계장치로서의 우주상을 버리고, 초우주적 지성의 기초 청사진에 기반을 둔 우주를 생각해야 한다. 점성학의 세계관에 의하면 행성들의 움직임과 그들 상호 간의 좌상은 세계의 원동력을 나타낸다. 그 원동력이 물질계의 사건들을 다스리고 특징짓기 때문에 우리는 행성들의 위치 변화에 의하여 물질계에서 어떤 종류의 일이 발생할지를 추론하고 예측할 수 있는 것이다.

점성학의 예언은 구체적이지 않고 원형적이라는 사실을 명심해야 한다. 점성학을 과학적 사고와 공존할 수 없다고 생각하면서 판단하려는 자세는 잘못이다. 제대로 비판하려거든 본인 스스로 그것의 이론과 실제를 알고 심리학적 원형들에 대한 지식이 있어야 한다. 그런 다음 스스로 연구하면서 점성학적 예측과 실제의 결과가 어떻게 일치하는지 따져보는 것이다. 열린 마음을 갖는 사람

이 이런 식으로 공부한다면 비난 대상은 점성학이 아니라 전통과
학의 물질주의적 세계관임을 알게 될 것이다.

◇ 에필로그

50년 동안 나 자신을 포함한 수천 사람의 홀로트로픽 상태를 연구해오면서 체험하고 관찰한 결과는 나의 인생관과 세계관을 크게 바꾸었다. 이 책에 수록된 이야기들은 그런 전환을 촉진했던 대표적 사례들이다.

1956년에 프라하의 찰스대학 의학부를 졸업했을 때는 내가 속해 있던 문화 및 학계와 마찬가지로 나도 인간의 정신과 우주에 대해서 서양의 물질과학이 만들어낸 상像을 갖고 있었다. 이런 세계관은 어떤 기계장치와 같이 분명하게 한정되어 있는 우주와 최우선 원인으로서의 물질이라는 추상적 가정에서 생겨났다. 이런 가정 하에서는 생명과 의식과 지성은 물질의 부산물 같은 것이었고, 불활성의 무생물이 수십억 년 진화한 끝에 거대한 우주의 어느 한구석에서 우연히 만들어진 것이었다.

이런 패러다임 속에서는 우주와 자연은 인도하는 지성도 없고 기반이 되어줄 기초 청사진도 없었다. 천문학과 상대론적 양자물리학, 화학으로부터 생물학과 심리학에 이르기까지의 다양한 과학 분야들에 의해서 알려진 무한히 복잡한 모든 것들이 물질 입자들의 무의미한 유희로부터 생겨난 것이었다. 우주는 원인과 결과의 법칙에 지배되는 철저히 한정된 거대한 기계장치였다.

이런 관점에서는 우주가 저 자신을 스스로 창조한 것이었다. 무기물의 입자들이 우연히 모여 유기물이 만들어지고, 이것들이 다시 우연히 세포가 되었다. 단세포 생물로부터 인간에 이르는 진화의 모든 과정이 유전적 돌연변이와 자연의 선택에 의해서 이루어진 것처럼 보였다. 이런 세계관에 따르면 자연계에서의 진화는 기본적으로 적자생존과 이기적인 유전자의 전략에 의존했다. 이것은 개인의 삶과 집단의 경제·정치·군사적 상황에서 자기 아닌 것들과 경쟁하거나 그들을 희생하면서라도 자기 목적을 달성하려고 애쓰는 인간의 행동을 볼 때 타당한 것 같았다.

인간 본성의 이런 우울한 모습은 지그문트 프로이트와 그의 지지자들이 개척한, 우리의 모든 행동이 결국은 동물적 본능에 의해서 좌우된다고 보는, 심층심리학의 발견들에 의해서 더 확고해졌다. 그렇다면 사랑의 감정은 우리의 타고난 적개심이나 부모의 성적 무관심에 대한 반작용일 뿐이었다. 윤리적 행위는 징계에 대한 두려움으로부터 생겨났고, 심미안은 힘과 충동에 대한 심리적 방어기제였다. 사회적 제약과 형사처분, 부모의 통제에 의해 생겨난 초자아가 없다면 우리는 무분별한 난교를 벌이거나 죽이고 훔치는 데 열중할 것이었다. 프로이트는 자신의 〈문명과 그 불만들〉(Freud 1971a)에서 그런 식으로 유창하게 말한다.

프로이트와 그의 지지자들이 바라본 종교적이거나 영적인 주제들은 미신과 어리석음, 원시 마법적 사고, 초급과정, 항문기 충동의 억압에서 비롯된 강박적 행위, 미해결의 오이디푸스·엘렉트라 콤플렉스 등이 반영된 것이었다. 이런 관점을 〈환영의 미래〉나 〈토템과 터부〉(Freud 1971b & 1971c) 같은 책에 처음 발표한 것도 역시 지그문트 프로이트였다. 영적인 모든 것을 이렇게 퇴출시켜버림으로써 원시적 민속신앙으로부터 높은 수준의 체계들을 ― 요가, 불교, 수피즘 같은 체계들을 ― 분별해내지 못했다. 그리하여 영적인 세계를 직접적으로 체험하는 것은 심각한 정신병의 표현으로 여겨졌다.

50년에 걸친 직업적 관찰과 개인적 체험을 통해서 그와 같은 나의 세계관은 철저히 무너졌고, 나는 그것의 추상적 가정을 근저에서부터 되묻지 않을 수 없었다. 그리하여 일반 지성인들의 엄청난 반대를 무릅쓰고 우주와 정신과 인간에 대한 전혀 다른 이해방식을 수립해왔다. 그 결과로 생겨난 세계관은 올더스 헉슬리가 말한 '영원의 철학', 특히 동양의 위대한 철학들과 비슷했다. 현재의 내가 생각하는 정신은 물질의 부산물이 아니라 그와 같거나 그 이상인, 존재의 기본적 측면이다.

나는 이제, 우주는 창조되었고 그 모든 수준과 차원에 우주의식과 상급의 창조적 지성(anima mundi)이 침투해 있다고 믿는다. 우주가 제각각의 건축용 블록들(기초 입자와 물체들)로 이루어진 거대한 기계장치와 같다고 하는 뉴턴 방식의 이미지는 모든 것이 의미심장하게 상호 연결되어 있는 유기적 전체인 통일장의 상으로 바뀌었다. 이제 나는 개개인의 정신이 우주의식의 전체를 구성하는 필수적인 부분이며 본질적으로는 그것과 동등하다고 생각한다.

좀더 분명히 말하면, 홀로트로픽 상태에서의 경험과 관찰 결과들을 이해하기 위해 기존의 심리학과 정신의학이 사용하는 모델을 크게 확대해야 했다. 생물학과 생리학, 출생 이후의 경험들, 프로이트의 개인무의식 같은 것들만으로는 그것을 도저히 이해할 수 없었고, 새롭게 이해하는 데는 출생 이후의 경험들 외에 두 개의 항목이 더 필요했다. 그것은 (출생 당시의 정신적 외상에 관련된) 주산기의(perinatal) 경험들, 그리고 (조상과 민족과 집단 무의식에서 비롯된 계통발생학적 기억이나 카르마와 원형적인 힘들이 작용하는) 초개인 영역이었다.

보통의 정신과의사들이 정신병이라 부르는 것에 관한 나의 견해도 크게 변했다. 이제 나는 육체 기관의 이상이 아닌 감정에서 비롯된 심신상관성의 질환(심인성 정신병)은 출생 이후 유아기와 아동기, 청소년기의 정신적 외상만으로는 제대로 설명할 수 없다는 것을 분명히 알고 있다. 그런 질환의 뿌리는 보다 깊어서 주산기와 초개인 영역에까지 이어져 있다. 심신상관성 질환의 깊이를 인정하면 처음에는 너무 어렵게 느껴질지 모르지만 그것은 깊은 무의식에까지 작용하는 (출생 당시의 기억, 전생의 기억, 우주적 합일감 등등) 새롭고 강력한 치료법에 의해 해결될 수 있다.

인간 정신을 새롭게 이해할 때 또 한 가지 마음 설레게 만드는 것은 내면적인 자연치유력이다. 일반적으로 정신요법의 목적은 정신이 어떻게 작용하고 증상은 왜 자라나며 그것이 무슨 의미가 있는가를 알아내어 여러 가지 치료 기법을 발달시키자는 것이다. 그러나 이런 방법의 큰 문제는 기초 이론에서부터 심리학자와 정신과의사들이 서로 동의하지 않고 경쟁한다는 점이다. 그에 반하여 홀로트로픽 상태에서의 방식은 놀라울 정도의 완전한 대안을 보여준다. 환자의 내면적 지성을 활성화시켜 치유와 변신을 도모하는 것이다.

새로운 세계관의 가장 놀랍고 감동적인 점은 보이지 않는 영적 차원을 실재계로 인정하고, 정신이상 증세를 보이는 사람들을 정신병자로 분류하지 않으며, 진지한 영적 탐구를 지극히 정당하고 중요한 행위로 간주한다는 것이다. 그러나 이 말은 직접 체험에 기반을 둔 참다운 영성 추구를 말하는 것이지 조직화된 종교의 독단적인 이데올로기를 가리키는 것이 아니다.

지금까지 개략적으로 말한 새로운 세계관은 내가 마음대로 건조한 것이 아니고 추측의 결과도 아니다. 출생 시와 유아기의 정신적 외상이 남긴 흔적에서 해방될 수 있었던 사람들, 심오한 초개인적 체험을 겪은 사람들로부터 자연스럽게 생겨난 철학적 시각인 것이다. 깊은 체험을 통해 얻어진 이런 세계관은 생활방식이 얼마나 중요한가를 일깨운다. 성공적인 삶을 위해 우선 필요한 것은 배우고 생각하고 기억하고 판단하고 물질적 환경에 적절히 대처하는 보통의 지성이다. 보다 최근의 연구 결과는 환경에 적절히 응답하고 대인관계를 능숙하게 처리하는 '감정적 지성'을 중시한다.[1] 홀로트로픽 상태를 연구하면서 관찰한 결과는 우리 삶의 질이 궁극적으로 '영적인 지성'이라 불리는 것에 의존한다는 '영원의 철학'의 기본 교의를 확신시켰다.

영적인 지성이란 영성을 추구하면서 개인적 체험을 통해 얻어진 자신과 실재에 대한 깊은 통찰이다. 그런 통찰이 배어든 삶을 위해서 영적인 지성이 필요한 것이다. 불교에서는 이런 영적인 지혜를 반야라고 불렀다. 자기탐구의 경험을 통해서 얻어진 영적인 지성은 조직화된 종교들의 독단과 달라서 물질과학적 세계관을 넘어선다. 또한 영적인 메시지에 대한 근본주의자들의 오해와 왜곡을 개선하는 데도 효과가 있다. '지적 설계론(Intelligent Design)'의 개념은 생명과 우주의 진화에 대한 과학적 발견이 더욱 발전된 것이지 단순히 과학을 대체하기 위한 것이 아니다.

홀로트로픽 상태를 이용한 체계적이고 믿음직한 자기탐구는 감정에서 비롯된 심신상관성의 증상을 개선하는 데 도움이 되고 인격을 긍정적인 방향으로 변화시킨다. 나는 그런 종류의 정신적 탐구에 몰두해 있는 사람들을 오랫동안 지켜볼 기회가 많았다. 그중의 어떤 이들은 명상가로서 규칙적으로 수련을 했고, 또 어떤 이들은 환각 세션을 하거나 이런저런 정신요법에 참가했고, 샤먼의 길을 선택한 사람들도 있었다. 또한 심령적 위기(정신적 비상사태)를 겪으면서 적절한 도움을 얻어 긍정적으로 변화한 사람들도 많이 보았다.

---

1) Goleman, D. 1996. Spiritual Intelligence: Why It Can Matter More Than IQ. New York: Bantam

심령적 죽음과 재탄생을 체험하고 출생 전후의 좋은 기억들을 다시 체험한 경우에는 무분별한 욕구와 야심이 사라졌다. 또한, 공격성도 현저히 줄어들고 내면적 평화와 자기수용, 타인에 대한 관용으로 이어졌다. 이것은 의식의 초점이 과거와 미래에서 현재로 바뀌고 삶의 의욕이 증가하기 때문이다. 그날그날의 일과 음식, 연애, 자연, 음악 같은 인생의 소박한 것들에 만족하지만, 그보다 더 중요한 이유는 특정 종교와 무관하고 모든 것을 포용하는, 보편적이면서도 신비로운 영성이 나타나기 때문이다.

　　타인들이나 인류 전체, 동물, 식물들과의 동화同化 같은 초개인적 체험을 겪고 나면 영적인 개안과 변신이 더 확실해진다. 또 다른 초개인적 체험은 다른 나라와 다른 문화, 다른 시대, 신화의 세계, 집단무의식 속의 원형적 존재들을 만나는 것이다. 우주적 합일과 자신의 신성을 체험하게 되면 창조된 모든 것과의 일체감이 증가하고 경탄과 사랑, 연민, 내면적 평화가 찾아온다. 치유의 목적으로 심리학 차원에서 무의식을 공부하기 시작한 것이 삶의 의미에 대한 철학적 탐구와 영적인 발견의 여정으로 바뀌는 것이다.

　　초개인적인 체험을 하고 나면 인도주의적이고 생태학적인 관심이 생겨나서 어떤 대의를 위해 헌신할 필요를 느끼게 된다. 이것은 우주 안의 경계들이 자의적恣意的이고 우리들 한 사람 한 사람이 존재계의 전체 그물망과 동일하다는 거의 세포 수준의 인식에서 비롯된다. 자연에 대해서 어떤 일을 하는 것은 우리들 자신에 대해 그 일을 하는 것임을 분명히 알게 되는 것이다. 사람들 사이의 여러 가지 차이는 위협적으로 느껴지기는커녕 성별

과 민족, 언어, 신앙, 피부색, 정치적 신념이 어떻든 오히려 재미
와 풍요를 더하는 것처럼 느껴진다.

　　이런 변화를 겪은 사람은 특정 국가의 국민이거나 특정
민족, 특정 사회, 특정 이념, 특정 정당, 특정 종교의 구성원으
로서보다 지구인으로서의 의식을 발달시킨다. 이런 식의 변화
가 대대적으로 일어날 수 있다면 우리는 이 지상에서 살아남을
수 있는 가능성이 그만큼 커진다. 우리는 인류 역사상 전례가
없는 아주 극단적인 시대를 살고 있다. 당면 과제는 이 지구 생
명의 미래이다. 과거의 방식을 그대로 유지한다면 결국 자멸의
길을 걷게 되고 인류는 살아남지 못한다. 그러나 방금 말한 내
면적 변화가 충분히 많은 사람들에게서 일어난다면 우리는 위
기를 극복할 가능성이 높아지고 타고난 크나큰 잠재력을 이용
하여 보다 나은 미래를 창조할 수 있을 것이다.

◇ 감사의 말 ◇

이 책은 나의 내면세계로의 놀라운 탐험인 동시에, 환각물질이나 그 외의 다른 방법을 통해 유도되었든가, 혹은 일상생활 속에서 저절로 찾아온 비일상적 의식상태를 연구하면서 경험한 나날의 현실들로 이루어져 있다. 이 연구를 통해서 나는 정신병자의 마음속에만 존재한다고 생각되어온 그런 세계로 멀리 나아갔다. 몇 년 동안 고심한 끝에 내린 결론은 내가 체험한 불가시적 존재와 내면세계들이 우리의 집단무의식 속에 실재하며, 그(것)들 스스로도 자신의 존재가 인지되기를 바란다는 것이었다. 비일상적 의식상태를 통해서 직접 체험해본 사람은 여기에 동의할 수 있을 것이다.

주관적이면서 객관적이기도 한 이런 놀라운 발견들은 나 혼자만의 연구에 의한 것이 아니었다. 연구가 진척되면서 새롭게 생겨나는 관점을 공유할 마음 열린 사람들의 큰 도움이 있었던 것이다. 내 연구를 통해 얻어진 새로운 정보의 여러 관점을 직접 체험에 입각하여 인정하고 격려하면서 도와준 많은 동지들에게 깊이 감사한다. 세월이 흐르면서 이런 사람들의 수가 너무 많아져 여기에 그 이름을 다 적을 수 없으니 특히 중요한 부분에서 도움을 준 사람들만을 언급한다.

내가 미국에 도착한 직후 특별 연구원으로 나를 초청하고 나중에 조교수 직위를 제공했던 사람은 존스홉킨스 대학 정신의학과장인 조엘 엘크스 박사였다. 학계의 신임을 받는 뛰어난 학자인 조엘 박사는 열린 마음의 소유자로서 인간 정신과 환각 연구의 새로운 전망에 깊은 관심을 보여주셨다. 60년대 말과 70년대 초의 미국에서 마지막으로 환각 관련 연구를 진행했던 메릴랜드 정신의학 연구소의 우리 팀에게 정보와 경영 및 관리를 통해 그가 제공한 도움은 아주 귀중한 것이었다. 소장이었던 앨버트 컬랜드 박사와 우리 팀의 구성원들에게, 그중에서도 특히 샌디 엉거와 월터 팡크, 찰즈 새비지, 빌 리처드즈와 그의 아내 일저, 밥과 카렌 라이히, 시드니 울프, 리히 옌센, 열린 가슴으로 나를 받아준 프랑코 디 레오와 낸시 주얼, 이들에 대한 감사의 마음은 합당한 말을 찾기 어렵다.

나를 캘리포니아 빅서의 에살렌 연구소로 이끌어준 마이클 머피에게 특히 감사한다. 그는 인간의 잠재력 탐구를 목표로 하는 이 연구소를 딕 프라이스와 함께 설립했다. 에살렌에서 보낸 1973년부터 87년까지의 기간 동안 나는 아주 유익한 많은 것들을 체험했다. 이 연구소에서 진행하는 다양한 워크숍 프로그램 덕분에 세계적인 훌륭한 사람들, 즉 새로운 과학 패러다임 개척자, 여러 가지 정신요법 창시자, 정신세계의 중요한 인물들을 직접 만날 수 있었다. 아내인 크리스티나와 함께 한 달짜리 워크숍을 1년에 두 번씩 진행하면서 우리도 그런 중요한 인물들을 초청할 수 있었고, 그를 통해 최상의 가르침을 접할 뿐 아니라 그들과 인간적 유대도 맺을 수 있었던 것이다. 또한 우리가 실험을 통해서, 자기 계발과 치유에 강력한 효과가 있는 홀로트로픽 호흡법을 개발한 것도 에살렌이 이상적인 조건을 갖추고 있었기 때문이다.

에살렌을 방문하는 강사들과의 유대를 통해 아내와 나는 북미와 남미, 유럽, 오스트레일리아, 아시아에서 대규모의 초개인 심리학 회의를 이어갈 수 있었다. 각계의 기라성 같은 인물들과 만나고 여러 분야로 이어진 그들의 프로그램을 접하면서 인간의 정신과 본질에 대한 나의 이해 범위는 더욱 확대되었다. 새로운 전망을 공유하는 이런 회의 참가자들이 견실한 교육적 배경과 뛰어난 지성, 학계의 깊은 신임을 얻고 있는 사람들이라는 점도 큰 힘이 되었다.

빅서에서 밀 밸리로 옮긴 후 정기적으로 모임을 가져온 샌프란시스코 만^灣 지역의 도반들과 우리의 가까운 친구들에게도 감사한다. 엔젤리스 애리언, 마이클과 산드라 하너, 잭과 라이아나 콘필드, 보카라 레전드러, 람 다스, 프란시스 본, 로저 월쉬 등이다. 우리가 함께한 저녁식사와 명상모임, 다양한 주제들에 관한 정보 교환은 나에겐 새로운 개념과 영감, 유익한 제안, 통렬한 비판으로 소중한 것이었으며, 초개인적 전망과 영적인 세계관의 올바른 길을 충실히 나아갈 수 있도록 강력한 원조와 확신을 제공해주었다. 또 하나의 친구로서 총명한 점성가이자 모범적인 심리학자인 릭 타너스는 내가 점성학을 이해하고 수용하기 위해 여러 해 동안 함께 한 수많은 토의와 강좌, 워크숍 등에서 큰 도움을 주었으니, 점성학은 나의 지성과 사상을 크게 성장 확대시켰다. 그 외에 어빙 라슬로와 랄프 메츠너로부터도 많은 영감과 확신 및 도움을 얻었다.

여러 해 동안 우애를 갖고 우리의 작업을 도와준 마이클 마커스와 자네트 잰드, 존 뷰캐넌, 보카라 레젠드러, 벳시 고든에게도 깊이 감사한다. 정신과의사로서 정서장애를 전공한 내 동생 파울은 예리한 지성과 과학적 열정과 관용을 함께 지닌 특이한 사람으로서 나의 친구이고 열렬한 팬이지만 솔직하고 성실한 비판자이기도 하다. 20년 넘게 같이 일한 친구들인 타브와 캐리 스파크스에게도 특별한 감사를 보낸다. 그들은 그로프 트랜스퍼스널 트레이닝(GTT)의 공동 책임자이자 우리가 세계 여러 곳에서 개최한 국제 초개인 회의와 워크숍의 공동 코디네이터로, 우리의 인생에서 중요한 역할을 했다. 타브는 여러 해 동안 나의 여행 동반자이자 공동 지도자였고, 캐리는 우리가 함께 한 모든 사업의 중심인물이었다.

정신세계 탐구의 획기적 수단을 세상에 선사한 알베르트 호프만 박사, 그의 LSD 발견과 연구가 없었더라면 불가시적·비일상적 차원의 진실은 나에게 감추어진 채로 남아 있었을 것이다. 나의 사생활과 직업에서, 그리고 그의 선물을 올바로 사용한 수많은 다른 이들의 인생에서, 그의 발견을 통해 얻어진 모든 것 ― 그 모든 것에 대해서 이 자리를 빌려 그에게 무한한 존경심과 함께 심심한 감사를 보낸다.

나는 그를 여러 상황에서 직접 만날 수 있는 특전을 누렸다. 해를 거듭할수록 그를 향한 나의 애정과 감탄은 깊어갔으니 그는 뛰어난 과학자인 동시에 비범한 인물이기도 했다. 창조적이고 충만한 축복받은 삶의 한 세기를 넘긴 그는 놀랄 만한 생명력과 호기심, 모든 창조물에 대한 사랑을 보여주었다. 몇 달 전 스위스의 그뤼에르에서 우리의 수련생 그룹과 함께 하루를 보냈을 때 우리들은 모두 과학 강의를 듣는 것이 아니라 영적인 스승을 친견하고 있는 것처럼 느껴졌다. 아인슈타인이나 뉴턴 같은 위대한 과학자들은 자신의 분야를 치열하게 탐구하여 물질계와 자연현상의 기반을 이루는 신성한 법칙을 알렸지만, 호프만 박사도 그들과 같은 그룹에 드는 인물임을 우리는 확신했다. 나의 남은 인생 동안 그는 나에게 하나의 모범으로, 훌륭한 본보기로 남을 것이다.

감사의 말이 여기서 끝날 수 없다. 나의 아내이자 연인, 최고의 친구, 동업자, 도반인 크리스티나, 여러 해 동안 그녀가 선사한 영감과 내 인생에 기여한 모든 것, 그리고 우리가 함께한 사업들에 대하여 깊이 감사한다. 특히 그녀는 '정신적 비상사태 조직망(SEN: Spiritual Emergency Network)'을 설립하여 중독과 집착, 영적인 탐구 사이의 관계를 이해하는 데 독자적으로 기여했고, 나와 함께 홀로트로픽 호흡법을 개발했다. 전 세계에서 우리가 함께 진행한 호흡법 워크숍과 수련은 놀라운 정보원으로서 이 책 속의 많은 이야기에 자료를 제공했다. 크리스티나는 이런 이야기들 속에서 중요한 역할을 했고, 이 책의 원래 제목처럼 '불가능한 일이 일어날 때' 항상 그 자리에 있었다. 이 책과 이전의 다른 책들에 담긴 내용이 우리의 사생활에 누累가 된다는 사실을 나는 잘 알고 있다. 이 자리를 빌려 크리스티나의 인내와 이해에 감사하고 그녀의 용서를 빈다.

이 책의 출간에 중요한 역할을 해주신 두 분에게도 감사드린다. 내가 높이 평가하고 찬미하는 태미 사이먼은 혼자 힘으로 음반과 영상물, 서적을 발간하는 사운즈 트루 사社를 설립했는데, 이 회사는 독방에서 작업하던 한 인물로부터 자체의 최신 설비를 갖추고 50명 이상이 함께 일하는 조직으로 성장했다. 사운즈 트루의 음반들을 통해서 영적인 스승들의 사상과 새로운 과학 패러다임, 초개인 심리학을 포함한 인간의 정신세계 탐구, 대체의학 등이 세상에 널리 알려졌다. 이 책의 출판을 결정한 태미에게 감사드리고, 노련한 기술과 열정으로 원고를 편집하면서 내 이야기가 독자에게 가장 적절한 형태로 전달될 수 있도록 조언을 아끼지 않았던 알리서 파인슈타인에게도 감사한다.

◇ 참고문헌 ◇

Aziz, R. 1990. *C. G. Jung's Psychology of Religion and Synchronicity.* Albany : State University of New York Press.

Bache, C. M. 1988. *Lifecycles : Reincarnation and the Web of Life.* New York: Paragon House.

Franz, M. von. 1980. *On Divination and Synchronicity : The Psychology of Meaningful Chance.* Toronto : Inner City books.

Freud, S. 1971. *Civilization and Its Discontents. The Standard Edition of the Complete Psychological Works of Sigmund Freud,* Vol. 21. London : The Hogarth Press.

— 1971. *The Future of an Illusion. The Standard Edition of the Complete Psychological Works of Sigmund Freud,* Vol. 21. London : The Hogarth Press.

— 1971. *Totem and Taboo. The Standard Edition of the Complete Psychological Works of Sigmund Freud,* Vol. 13. London : The Hogarth Press.

Fuller, J. G. 1951. *The Ghost of 29 Megacycles.* London : Souvenir Press.

Gauquelin, M. 1973. *Cosmic Influences on Human Behavior.* New York: Aurora Press.

Goleman, D. 1996. *Spiritual Intelligence : Why It Can Matter More Than IQ.* New York : Bantam.

Grant, J., and D. Kelsey. 1967. *Many Lifetimes.*

Greyson, B.m and N. E. bush. "Distressing Near-Death Experiences." *Psychiatry* 55. (1992) : 95.

Grof, S. 1975. *Realms of the human Unconscious : Observation from LSD Reseach.* New York : Viking Press.

— 2000. *Psychology of the Future.*

— 1998. *The Cosmic Game : Explorations of the Frontiers of Human Consciousness.* Albany : State University New York Press.

Grof, C., and S. Grof. 1991. *The Stormy Search for the Self: A Guide to Personal Growth through Transformational Crises.* Los Angeles : J. P. Tarcher.

Grof, S., and C. Grof. 1989. *Spiritual Emergency : When Personal Transformation*

Becoms Crises. Los Angeles : J. P. Tarcher.

Holler, S. A. 1994. *The Gnostic Jung and the Seven Sermons to the Dead*. Wheaton, IL : Quest Books.

Jung, C. G. 1960. *Synchronicity : An Acausal Connecting Principle*. Princeton, Nj : Princeton University Press.

— 1964. Flying saucers : *A Modern Myth of Things Seen in the Skies*.

— 1973. Letter to Carl Selig, February 25, 1953. C. G. *Jung's Letters*, Vol. 2., Bollinggen Series XCV. Princeton, Nj : Princeton University Press.

Koestler, A. 1971. *The Case of the Midwife Toad*. New York : Random house.

Mack, J. 1994. *Abductions*.

— 1999. *Passport to the Universe*.

Macy, M. H. 2001. *Miracles in the Storm : Talking to the Other Side with the New Technology of Spiritual Contact*. New American Library.

— 2005. "The miraculous side of instrumental transcommunication." A lecture at the Seventh International Conference on Science and Consciousness in La Fonda Hotel, Santa Fe, NM.

Mansfield, V. N. 1995. *Synchronicity, Science, and Soul-Making : Understanding Jungian Synchronicity through Physics, Buddhism, and Philosophy*. Chicago: Open Court Publishing.

Moody, R. A. 1975. *Life After Life : The Investigation of a Phenomenon-Survival of Bodily Death*. Atlanta: Mockingbird Books.

— 1993. *Reunions : Visionary Encounters with Departed Loved Ones*. New York : Villard Books.

Perry, J. W. 1974. *The Far Side of Madness*. Englewood Cliffs, NJ : Pretice Hall.

— 1976. *Roots of Renewal in Myth and Madness*. San Francisco : Jossey-Bass Publications.

Rawlins, D. October, 1981. "Starbabay" Fate 34.

Ring, K. 1982. *Life at Death: A Scientific Investigation of the Near-Death Experience*. New York : Quill.

Ring, K., and S. Cooper. 1999. *Mindsight : Near-Death and Out-of-Body Experiences in the Blind*. Palo Alto, CA : William James Center for Consciousness Studies.

Rogo, D. S. and R. Bayless. 1979. *Phone Calls from the Dead.* Englewood Cliffs, NJ : Prentice-Hall.

Sabom, M. 1982. *Recollections of the Death: A Medical Investigation.* New York : Harper & Low.

Sagan, C. 1979a. "Amniotic Universe : Reflections on Birth, Death, and God." *Atlantic Monthly : 39-45.*

— 1979b. *Broca's Brain.* New York : Random House.

— 1983. *Cosmos.* New York : Random House.

— 1997. *The Demon-Haunted World : Science as a Candle in the Dark.* New York : Ballantine Books.

Senkowski, E. "Instrumental Transcommunication(ITC)." An Institute fot Noetic Science Lecture at the Corte Madera Inn, Corte Madera, CA, July, 1994.

Schwartz, L. 1981. *World of the Newborn.*

Strieber, W. 1987. *Communion.*